¡OH CUBA HERMOSA!
EL CANCIONERO POLÍTICO SOCIAL EN CUBA HASTA 1958

Tomo -I -

Cristóbal Díaz Ayala

¡OH CUBA HERMOSA!

EL CANCIONERO POLÍTICO SOCIAL EN CUBA HASTA 1958

Tomo -I-

¡Oh Cuba hermosa!
El cancionero político social en Cuba
hasta 1958. Tomo I

Concepto creativo, cubierta
y diagramación: Mariita Rivadulla Professional Services
                    San Juan, Puerto Rico.
Ilustración cubierta: Andrés
                    Revista *Carteles*, La Habana, Cuba. Año 33. Núm 8.

© CRISTÓBAL DÍAZ AYALA, 2012

ÍNDICE

Prólogo 6

Tomo -I-

Capítulo 1. El siglo XV 13
Capítulo 2. Siglos XVI al XVIII 21
Capítulo 3. Siglo XIX: El punto cubano 34
Capítulo 4. Siglo XIX: La canción 65
Capítulo 5. Siglo XIX: Una fuente esencial 78
Capítulo 6. Siglo XIX: La guaracha 98
Capítulo 7. Siglo XIX: Himnos y marchas 140
Capítulo 8. 1900-1958: El punto cubano 151
Capítulo 9. 1900-1958: El teatro bufo 246
Capítulo 10. 1900-1958: La trova 328
Capítulo 11. 1900-1958: Sexteto Habanero 388
Capítulo 12. 1900-1958: Ignacio Piñeiro 408
Capítulo 13. 1900-1958: Miguel Matamoros 435

Tomo -II-

Capítulo 14. 1900-1958: Antonio Machín 6
Capítulo 15. 1900-1958: Arsenio Rodríguez 33
Capítulo 16. 1900-1958: Julio Cueva 62
Capítulo 17. 1900-1958: Otras fuentes 81
Capítulo 18. 1900-1958: Teatro lírico cubano 100
Capítulo 19. 1900-1958: La ola del esclavismo 148
Capítulo 20. 1900-1958: Negritud 181
Capítulo 21. 1900-1958: Religiones afrocubanas 221
Capítulo 22. 1925-1958: Político social 242
Capítulo 23. 1925-1958: Ambiente guajiro 312
Capítulo 24. 1925-1958: Géneros musicales, instrumentos ... 336

Bibliografía 389

PRÓLOGO

Vamos a ser muy amplios en los temas que consideramos deben incluirse en estas categorías de político-social. La razón está en las características que encontramos en el cancionero cubano.

La imperiosa identificación

Como dice Jorge Castellanos en su obra "Invención poética de la nación cubana" (Ediciones Universal, Miami, Florida, 2002, p. 17) *Las naciones se inventan a sí mismas*: y nos explica que en ese proceso se involucran todos los que conviven sobre un territorio determinado, y termina diciendo: *Todos son inventores... pero tal vez más que nadie, al principio, los poetas.* Y veremos cuán ciertas son esas palabras en el caso cubano. Y poetas fueron los compositores que escribieron sus propias canciones, y también los que vieron musicalizados sus poemas por compositores.

Hay en nuestra historia una constante preocupación, necesidad o deseo de referirse a lo cubano, de singularizar la isla y/o sus habitantes; es casi una obsesión por manifestar esa identidad cubana.

Hay razones históricas para ello. Desde que comienza a nacer el sentido de lo criollo, frente a lo español, esa urgencia por distinguirse, por separarse de lo hispano, va a manifestarse en expresiones literarias, en documentos políticos, en ensayos de todo tipo. No iba a ser la canción popular ajena a estas inquietudes. Cuando esa urgencia de existencia propia distinta a lo hispano se va materializando en posiciones políticas, más importante será el papel de la canción popular para poder expresar ese sentir, que en algunos momentos de la historia, por razones de censura, no se pueden manifestar en otra forma.

La canción como arma política

Y cuando con el devenir del tiempo, las opciones del pueblo cubano se dividieron básicamente en tres posiciones, independencia, autonomismo con España o anexión a los Estados Unidos, los que escogen la primera de estas opciones, usarán el arma de la canción popular no tan solo frente a la asimilación hispana, sino a la norteamericana, representada por la fórmula anexionista. Pero curiosamente, aun los militantes de los grupos autonomistas o anexionistas, pensaban que Cuba podría mantener una personalidad propia, con un cancionero suyo, bien como provincia española o como estado norteamericano, tal cual las provincias y estados de esos respectivos países conservan en menor o mayor escala.

Rodolfo de la Fuente en su cuidadoso trabajo de revisión a esta obra, hace aquí una glosa interesante: *Hay una canción popular y un arte creado mayormente en los marcos del independentismo, mucho más que en las otras dos vertientes de la posible trayectoria política nacional. Incluso, muchos artistas hicieron presentaciones con frecuencia en el exterior a fin de recaudar fondos para la independencia cubana. La canción popular fue, de esa manera, un arma más de la independencia. Cuba fue independiente primero en su música que en todo lo demás.*

Agregaríamos a lo anterior, que esa actitud se repite en la Cuba republicana, cada vez que los cubanos, o parte de ellos, han sentido en peligro su independencia.

El cosmopolitismo

Pero paralelamente a esta necesidad imperiosa de publicar y mantener la cubanía, Cuba tiene desde sus primeros tiempos una actitud de isla abierta: nunca ha sido hasta donde se le ha sido permitido, una isla aislada. Su posición geográfica, bien llamada por España Llave de las Indias, creó desde temprano una actitud abierta hacia el resto del mundo. Obstaculizada muchas veces esa actitud por los españoles, con sus políticas aislacionistas y proteccionistas, el cubano aprendió a negociar y mantener relaciones hasta con los piratas y corsarios. Siempre ha habido una actitud de trascender las fronteras del mar, y convertirlo no en obstáculo, sino en el camino para relacionarse con el resto del mundo.

Y la presencia desde los primeros siglos en la bahía habanera de la Gran Flota Española, la que se reunía anualmente para hacer el viaje de regreso a España, traía periódicamente a La Habana las culturas de todos los pueblos latinos que habitaban el resto de América; era un intercambio constante de noticias y eventos de toda índole. Este querer siempre saber qué estaba pasando en el resto del Mundo, lo veremos reflejado en innumerables canciones: ¿Qué podía importarle a Cuba la actitud del Kaiser alemán durante la Primera Guerra Mundial?; o ¿la posible aprobación de una ley del divorcio en Espanã en 1934?o ¿ el secuestro de un hijo del aviador Lindbergh en los EU? Sin embargo todos estos acontecers fueron tema de canciones cubanas. Y ya veremos otros muchos ejemplos, de ese otear constante de nuestros compositores por el resto del mundo.

Graves problemas de Cuba:
Esclavitud y Discriminación

Mientras casi toda la América central y meridional se libran del colonialismo español a principios del siglo XIX, y ya lo había hecho Haití del francés, a fines del siglo anterior, Cuba demora otro siglo esa liberación hasta 1902. Se le teme al negro, que es en buena parte del siglo XIX, mayoría poblacional. Se desea la liberación del colonialismo español, pero no se está dispuesto a pagar el precio: la abolición de la esclavitud.

Todo esto se va a dejar un complejo de culpa nacional, que como veremos, se va a reflejar en la canción popular: en el siglo XX, tendremos todo un cancionero dedicado a la condenación de la esclavitud, especie de catarsis colectiva, y como complementario, como una forma subliminal de compensar ese agravio colectivo, se crea, se cultiva y se mantiene, el mito de la mulata cubana.

Otra oportuna glosa de De la Fuente: *Se dice que Cuba concreta su proceso de formación nacional con la Guerra de Independencia, donde se unen negros y blancos con el fin de la libertad. Aunque se siguieron arrastrando los problemas raciales, que aún perduran.*

Los problemas de la nueva república:
Dependencia, malos gobiernos, ausencia de moral público, y otros males sociales

Todos estos temas van a tener amplio tratamiento en la canción popular, a lo largo del siglo XX, hasta 1958 inclusive. La República, que nace con el impedimento terrible de la Enmienda Platt, que permite a los Estados Unidos intervenir en Cuba cuando lo estimen conveniente, crea una perniciosa dependencia con ese país, que la canción popular denunciará; a su vez, los sucesivos gobiernos enfrentan esta limitación, claudican la mayoría de las veces, y brotan las epidemias de caciquismo, militarismo, peculado, discriminación y otras similares. No hay moral pública, y desde los cantores repentistas del punto cubano, a los autores y artistas del teatro bufo cubano, hasta nuestros trovadores, habrá siempre temas exponiendo esa situación.

La otra cara de la moneda:
La perenne exaltación de las bondades de Cuba, su flora y fauna, sus seres humanos, su música

Y es lógico que así sea. Para eso es la canción popular, para hablar de realidades, de miedos, de catástrofes, de odios y rencores; pero también de sueños, de esperanzas, de querencias, de recuerdos.

Esa exaltación de los valores y del entorno es un acto de reafirmación nacional, que se ha pregonado copiosamente tanto dentro como fuera de la isla (De la Fuente).

Como vemos, es un programa bastante ambicioso. Ya iremos explicando nuestras razones para su inclusión, en cada caso.

Por otra parte, debemos considerar que la canción, un producto cultural, se convierte en un bien económico en la medida que para su divulgación, depende de medios mediante los cuales ese producto se materialice, se conserve, se divulgue, se conozca y se consuma.

Por siglos, ese proceso fue meramente humano: la canción se creaba, se inventaba por un autor singular o colectivo, que era generalmente su propio intérprete inmediato. En sucesivas ejecuciones de esa canción original, ésta va extendiendo el ámbito de sus oyentes, algunos de los cuales se convierten en intérpretes. De esa manera la canción se va manteniendo y ampliando en el tiempo y el espacio; mediante la transmisión meramente oral, traspasa los límites de la aldea o tribu en que nació, y amplía su área de presencia. Pero también, mediante esa trasmisión oral, se va trasmitiendo de generación en generación.

En un punto determinado de eso proceso, se busca la manera de fijar, de perpetuar la canción, lo mismo que se hizo antes con el pensamiento, mediante la escritura. Pero la canción es letra y música: en cuanto a lo primero, la escritura de cada uno de los pueblos primitivos que acceden al lenguaje escrito, va a resolver el problema, pero tardará un poco más en el transcurso de los siglos, para encontrar un lenguaje para escribir la música, para llevar al papel escrito el lenguaje musical.

Al momento de la conquista de Cuba, Europa había logrado dominar ambos lenguajes y la música se escribía, pero era la culta, no la popular, la que tenía acceso a esta ciencia que estaba en sus comienzos. Por eso de los cantos de los habitantes originales de Cuba, sus indios, no quedó huella: no había entre los conquistadores cronistas que dominasen el arte de la música, y menos aún deseos de conservar memoria escrita, detallada de sus cantos y bailes, el areito.

Ni aún en siglos posteriores, hasta el XVIII, habrá interés en perpetuar la canción popular: la escritura está reservada para la música religiosa, la militar, la de la aristocracia y después también la de la burguesía. Será en el siglo XIX, cuando los ingleses hagan una distinción entre la música popular en general, y una clase de música popular, que denominan "folklórica" y a la cual definen de acuerdo con ciertas características de antigüedad, y empiezan a preocuparse en la perpetuación y divulgación de ese tipo de música mediante la escritura.

Como consecuencia de todo lo anterior, en los primeros siglos solo encontraremos referencias escritas escuetas sobre la música popular en Cuba, y no será hasta el siglo XIX que aparecerán algunas formas de ella en escritura musical. Es por eso que el investigador Ned Sublette llega a decir en su obra "Cuba and his music" (Chicago Review Press, 2004, p. 299) : "En cierto sentido, la historia de la música empieza solamente con la invención del sonido grabado. Todo lo anterior es prehistoria: tenemos evidencia –descripciones, anotaciones, documentos- pero no sabemos como la música sonaba".(La traducción es nuestra). Veremos la importancia de lo anterior, del capítulo IV en adelante.

No ha sido fácil planificar el trabajo por la diversidad de temas a tratar. Hemos tenido que usar un sistema ecléctico, en que básicamente, seguimos el orden cronológico. Esto fue fácil en los primeros capítulos 1 y 2, que cubren los siglos XV al XVIII, con una producción musical escasa; pero ya para el siglo XIX, necesitamos los capítulos del 3 al 7, para cubrir los diferentes géneros musicales que usó la canción popular; El siglo XX, hasta 1958, lo hemos tratado en forma muy sui géneris; A veces cubriendo en un solo capítulo un género musical, como es el caso del punto guajiro en el capítulo 8; pero de ahí adelante, atendemos a veces al ámbito en que se produce la canción, el Teatro Bufo, en el capítulo 9, los Trovadores, en el 10 y en el 17, Las orquestas danzoneras; los capítulos intermedios, del 11 al 16, los hemos dedicado específicamente a un grupo, el Sexteto Habanero en el 11, y los siguientes a figuras de compositores, para dar un perfil más individualizado, de diversos tipos de canción popular.

Por su importancia para nuestra canción popular comprometida, dedicamos un extenso capítulo 18 al Teatro Lírico Cubano. De ahí en adelante, cada capítulo estará dedicado a diferentes temas importantes de nuestro cancionero político-social, comenzando en el 19, el tema del esclavismo, iniciado en el capítulo anterior en el teatro lírico; en el 20, el tema de la negritud; 21, las religiones afrocubanas; en el 22, las que podemos llamar canciones con un sentido más estricto de la problemática político-social; el 24, a géneros musicales e instrumentos, y el 25, a un submundo dentro del mundo cubano, el ambiente guajiro. Terminamos en 1958, porque el primero de enero de 1959, Cuba comienza un período de su historia de características muy diferentes, que requiere un estudio aparte, por su complejidad.

Algunas explicaciones sobre abreviaturas, etc.

Como incluimos las letras de muchos discos, hemos simplificado su identificación, con el sello disquero a nombre completo, salvo las marcas Victor (V) y Columbia (C0) que por su presencia mayor estimamos hacerlo así. Si el número del disco no tiene letras, es uno de 78 rpm; Los discos de larga duración de 33 rpm se identifican como Lp, y los compactos, por CD.

La fecha es la de grabación, completa cuando la tenemos, comenzando por el mes, sigue el día y por último el año o dejando el decenio sin el último año 195_ o agregando las letras "ca" al año, para indicar que es aproximada : ca.1950 .

Todas las grabaciones son en La Habana, salvo que se agregue el nombre de otra ciudad o país.

Hemos tratado, en lo posible, de usar ejemplos de canciones que hayan sido reeditadas en CD's, y por tanto sean asequibles al lector, pero desgraciadamente no siempre ha sido posible.

Pedimos disculpas por las letras incompletas, por no ser posible siempre, descifrar textos que escuchamos en discos muy antiguos, a veces rayados y grabados sin las ventajas técnicas de los tiempos actuales.

Al copiar las letras, usamos algunas abreviaturas, cuando además del solista hay coros, comenzamos cada verso con la inicial s) por solista o c), por coro, o iniciales parecidas, que resultan del texto mismo de la canción.

La palabra (bis) separada del texto de un verso, significa que ese verso, y los anteriores que no estén separados por una línea sin texto, se repiten. Un número al lado de (bis), significa que se repite por las veces que señala el número.

Cuando un estribillo de uno o más versos se repite en una canción, se señala poniendo la primera palabra del primer verso, seguido de la inicial etc.,

El género musical, cuando el disco lo trae o lo sabemos, lo incluimos en cada caso.

El nombre del compositor va en cada caso, salvo que se trate de un capítulo dedicado a un compositor determinado. Lo mismo se hace con los intérpretes.

Hemos usado letras en negrita para los títulos de las canciones analizadas; pero en sus letras, hemos usado cursivas para señalar algunas palabras claves de los temas que tratamos en ese libro, como el nombre de los géneros musicales, los instrumentos, otras palabras relativas a la música cubana, como *arrollar*, o términos relativos a la negritud, como *mulata, negra, pri*eta, etc..

Las notas a pie de cada canción, traen explicaciones relativas al significado de alguna palabra, o explicaciones históricas de su época etc. Se usan citas de libros, algunas veces en forma abreviada, pero pueden completar la información en la Bibliografía al final del libro. En todo caso, los diccionarios más usados, el Diccionario de la Lengua Española, de la Real Academia Española, Vigésima Segunda Edición 2001, aparece citado como RAE; y el Diccionario de Americanismos de la Asociación de Academias de la Lengua Española, Ediciones Santillana, 2010, aparece citado como DAE.

Gracias a la Biblioteca de la Florida International University, por permitirme usar los fondos de la Colección Díaz Ayala allí existentes, y otros; a José Ruiz Elcoro por su ayuda importantísima en muchos capítulos de este libro; a Rodolfo de la Fuente, Sergio Santana y Elmer González por su cuidadoso y fructífero trabajo de revisión del texto, haciendo además importantes recomendaciones.

A mi esposa Marisa Méndez por su revisión, corrección, comentarios y sugerencias a lo largo del libro, y a mi hija Marisa Díaz Méndez, ya que sin su ayuda, la parte técnica de este libro estaría todavía perdida en las entrañas de una computadora…

A mis futuros lectores, desde ahora gracias por su paciencia por interesarse en este largo texto, pero si encuentran a lo largo del mismo, errores u omisiones que estimen se pueden corregir, o completar la letra de una canción, o simplemente cambiar impresiones con el autor, con mucho gusto les espero en **fundmusicalia@onelinkpr.net**. Me sería muy grato compartir ideas con ustedes.

Cristóbal Díaz Ayala

CAPÍTULO 1
El siglo XV

El Areyto: Una hipótesis

En el otoño de 1492 la expedición española comandada por Cristóbal Colón, llega primero a lo que luego se llamarían las islas Bahamas, y después irían apareciendo las que después serían Haití (La Española) y Cuba (Fernandina). En viajes sucesivos se encontrarían con otras de las islas que pueblan el mar Caribe. Va a comenzar un período que durará aproximadamente hasta 1520 en que con éste y viajes sucesivos, España hará suyas gran parte de estas islas; establecerá un sistema llamado encomiendas, en realidad una forma muy severa de esclavitud, que en pocos años exterminará casi completamente la población indígena. De ella quedará poca huella, mayormente la que dejan los descubrimientos arqueológicos, algunos nombres indígenas, sobre todo topónimos, y lo que recogen los llamados Cronistas de las Indias, los relatos de éstos sobre el entorno, esa población y su cultura.

Al parecer estos indígenas eran siboneyes, en proceso de extinción, y taínos, con una cultura un poco superior, amén de incursiones de caribes, procedentes de la tierra firme o continental, al este del Mar Caribe. Y los Cronistas de Indias, son los pocos personajes de esta etapa que escriben sobre lo que ven, o después, lo que les cuentan o investigan, hasta el Siglo XVII. El primero es por supuesto, Cristóbal Colón, que se convierte por necesidad en lo que en el idioma publicitario se llama un creativo, o sea, la persona capaz de "vender" un producto determinado. Su cliente básico son Los Reyes Católicos, a quienes supo convencer de la idea de un camino más rápido y seguro para llegar a Las Indias y por ende a sus riquezas en especies, metales y piedras preciosas. El Diario de Don Cristóbal Colón, es una pieza fascinante del arte publicitario; como la "tierra rica" de pronto no aparece (llegará más tarde cuando se llegue a Tierra Firme) y tiene que sustituirla por la tierra en que parece hay un poco de oro, pero eso sí: "es la tierra más fermosa que ojos humanos hayan visto" dice al llegar a Cuba. Colón está cambiándole la vaca por la chiva, a sus reyes. Y no hay tiempo ni espacio para detalles de tipo antropológico sobre estos nuevos súbditos.

Desde los primeros momentos de la conquista, hay alguien que viene con otras miras: Fray Bartolomé de las Casas. Nace en Sevilla en 1474. Era hijo de uno de los compañeros de Colón, enriquecido a consecuencia de los "repartimientos"de tierra en La Española. Termina sus estudios de Derecho y Filosofía y parte hacia América en 1502 para atender las propiedades de su padre en La Española. Se ordena de sacerdote en 1510. Pasa luego a Cuba y en 1514 empieza su cruzada de obra y palabra, contra los abusos a los indígenas, renunciando a los que tenía. Viaja incansablemente por las tierras descubiertas, cruza el Atlántico 14 veces, publica en 1552 su "Brevísima relación de la destrucción de las Indias", y su obra magna, "Historia General de las Indias", no es publicada hasta 1876. Muere en Madrid en 1569 (González Porto-Bompiani: Diccionario de Autores-Montaner y Simón, Barcelona, 1963.)

A Colón le interesa lo que pueden hacer estos nuevos súbditos, los indios, y le basta que estén sometidos; al padre Las Casas, le interesa también lo que piensan, y la mejor manera de convertirlos a la religión católica. Así, cuando narra las vicisitudes del conquistador Hojeda, ocurridas en Cuba, en las proximidades de la provincia y puerto de Xagua nos cuenta que Hojeda le habló a los indios de Dios, y les dejó una imagen de su madre, Santa María, en una pequeña ermita, y dice Las Casas: *"Fue admirable la devoción y reverencia a la imagen tuvieron desde adelante y cuan ornada tenían la iglesia.... hiciéronle coplas en su lengua, en sus bailes y regocijos que llamaban areytos, la y letra luenga, cantaban, y al son de las voces bailaban"*.

(Bartolomé de las Casas, Historia de las Indias. Edición de Agustín de Millares Carlo y estudio preliminar de Lewis Hanke. Tomo II.Fondo de Cultura Económica, México, 1965.p. 404). **De aquí en lo adelante cuando citemos a los Cronistas, respetaremos el lenguaje y la ortografía de la época que usaron.**

En el tomo 1 de la propia obra, p. 462, cuando habla de los indios de La Española, (Haití) vuelve a hacer referencia indirecta al areyto cuando alude al rey indígena Mayobanex y dice que: *"a la reina su mujer había enseñado hacer areyto del Magua, que es bailar los bailes de la Vega, que era el reino de Guarionex"*. Como ven son alusiones al areyto, una en Cuba y otra en La Española.

Será otro cronista quien nos suministre amplia información sobre esta institución. Gonzalo Fernández de Oviedo y Valdés, que nace en Madrid en 1478. Con amplia preparación en Humanidades, escribe "El libro de la cámara real del Príncipe Juan", (hijo de los Reyes Católicos). Después de otros viajes y cargos en Europa, en 1513 toma parte en la expedición de Pedrarias Dávila al Darién; regresa a Europa, está por Flandes y Nápoles. Coincide en Barcelona con el padre Las Casas, con quien está de acuerdo en su defensa de los indios. En 1520 es nombrado gobernador de Darién y en 1523 regresa a España, y escribe su obra "Historia general y natural de las Indias", que comprende lo sucedido desde 1492 hasta 1523, y que se publica en 1525. Desde 1549 fue alcalde y después Regidor Perpetuo de Santo Domingo, hasta 1556. Murió en Valladolid en 1557. (González Porto y Bompiani: Diccionario de autores-Montaner y Simón, Barcelona, 1963)

Veamos que nos dice del areyto: *Por todas las vías que he podido, después que á estas Indias passé, he procurado con mucha atención, assi en estas islas como en la Tierra Firme, de saber por qué manera ó forma los indios se acuerdan de las cosas de su principio é antecesores, é si tienen libros, ó por cuáles vestigios ó señales no se les olvida lo passado. Y en esta isla* (se refiere a La española), *á lo que he podido entender, solos sus cantares, que ellos llaman areytos, es su libro o memorial que de gente en gente queda de los padres a los hijos, y de los presentes á los venidores, como aquí se dirá.*

Gonzalo Fernández de Oviedo y Valdés: Historia General y Natural de las Indias, Islas y Tierra-Firme del Mar Oceano, por el Capitán General Gonzalo Fernández de Oviedo y Valdés, Primer Cronista del Nuevo Mundo. Publica la Real Academia de la Historia, cotejada con el códice original, enriquecida con las enmiendas y adiciones del autor, etc. Imprenta de la Real Academia de la Historia, Madrid, 1851, p. 125

Más adelante continúa:

Passemos a los areytos o cantares suyos,(---)Tenían estas gentes una buena é gentil manera de memorar los cosas passadas é antiguas; y esto era en sus cantares é bayles, que ellos llaman areyto, que es lo mismo que nosotros llamamos "baylar cantando" (Obra cit., p. 127)

Vuelve a tocar el tema en la página 128 de la obra citada, ahora para señalar uno de esos areytos que debe haber presenciado, pues se produce en La Española, donde él había ido con Nicolás de Ovando, y aprovecha para señalar, que ese mismo modo de cantar se encuentra en las otras islas y Tierra Firme (el continente americano) y cuenta varios de los eventos que el areyto recoge, obviamente una memoria histórica, social, del acontecer de la tribu:

En el tiempo que el comendador mayor don fray Nicolás Ovando gobernó esta isla, hizo un areyto antel Anacaona, muger que fue del cacique ó rey Caonabo (la cual era gran señora)(...) Assí que tornando á nuestro propósito, esta menera (?) de cantar en esta y en las otras islas (y aun en mucha parte de la

Tierra Firme) es una efigie de historia ó acuerdo de las cosas passadas, assi de guerra como de paces, porque con la continuación de tales cantos no se les olviden las hacañas o acaescimientos que han passado. Y estos cantares le quedan en la memoria en lugar de libros de su acuerdo, y por esta forma rescitan las genealogías de sus caciques y reyes ó señores que han tenido, y las obras que hicieron, y los malos o buenos temporales que han pasado o tienen; é otras cosas que ellos quieren que a chicos é grandes de comuniquen é sean muy sabidas e fixamente esculpidas en la memoria. Y para este efecto continúan estos aréitos, porque no se olviden, en especial las famosas victorias por batallas.

Por si fuera poco, agrega en la misma página Fernández de Oviedo, un atinado comentario de historia comparada:

Esta manera de bayle paresce algo á los cantares e dancas de los labradores, quando en algunas partes de España en verano con los panderos hombres y mujeres se solaban; y en Flandes yo he visto la mesma forma de cantar, baylando hombres y mugeres en muchos corros, respondiendo á uno que los guía ó se anticipa en el cantar, segund (sic) es dicho.

Y dice algo más: compara estos areitos con algunas manifestaciones de cantos europeos, y nos recuerda que el romancero español es de trasmisión oral.

En la página 128, el autor aclara que vio areytos en La Española, en el año de 1515 y sigue dando detalles en esa página y la 130, y habla de los instrumentos usados en esas fiestas, describe esos tambores, acompaña dibujos de su forma, entra en detalles de su hechura y de su ejecución, que demuestran, o que estuvo presente en más de una ceremonia de areyto, o que fue un concienzudo investigador. La próxima cita, de las páginas 129 y 130, tienen todo el estilo y sabor de un espectador, no de alguien a quien le contaron:

En tanto que duran estos sus cantares é los contrapases ó bayles, andan otros indios é indias dando de beber á los que dancan, sin se parar alguno al beber, sino meneando siempre los pies é tragando lo que les dan Y esto que beben son ciertos brevages que entre ellos se usan, é quedan, acaban la fiesta, los mas dellos y dellas embriagos é sin sentido, tendidos por tierra muchas horas. Y assi como alguno cae beodo, le apartan de la danca e prosiguen los demas; de forma que la misma borrachera es la que da conclusión al areyto. Esto cuando el areyto es solemne é fecho en bodas ó mortuorios ó por una batalla, ó señalada victoria é fiesta; porque otros areytos hacen á menudo, sin se emborrachar. E assi por este vicio, otros por aprender esta manera de música, todos saben esta forma de historiar, é algunas veces se inventan otros cantares y dancas semejantes por personas que entre los indios están tenidos por discretos é de mejor ingenio en tal facultad.

Y termina homologando toda la información brindada sobre La Española, con lo que sucede en las otras islas:

De la isla de Cuba y otras, que son San Juan y Jamaica, todas estas cosas que se han dicho de la gente y otras particularidades de la Isla Española se pueden decir, aunque no tan copiosamente, porque son menores, pero en todas ellas hay lo mismo.(Gonzalo Fernández de Oviedo, "Sumario de la natural historia de las Indias". Edición, introducción y notas de José Miranda. Fondo de Cultura Económica, México, 1950 p101-102).

Si la anterior información es sincrónica y Fernández de Oviedo está contando que eventos y costumbres parecidas existían en las otras islas, también nos brinda información acrónica muy relevante: recordemos que la primera isla colonizada es Haití, y que después se irán colonizando Cuba, San Juan (Puerto Rico), etc. O sea, ¿que pudo pasar en esos pocos años en que se va conquistando el Caribe? ¿Hubo comunicación entre las islas, se pudo saber en Cuba, en Puerto Rico, lo que estaba sucediendo en Haití? Parece que sí.

*Aquesta isla (Haiti) fue muy poblada de indios, y hubo en ella dos reyes grandes, que fueron Caonabo y Guarionex, y después sucedió en el señorío de Anacaona. Pero porque tampoco quiero decir la manera de la conquista, ni la causa de haberse apocado los indios, por no me detener ni decir lo que larga y verdaderamente tengo en otra parte escrito, y porque no es esto de lo que he de tratar, sino de otras particularidades de que vuestra magestad no debe tener tanta noticia, o se le pueden haber olvidado, resolviéndome en lo que de aquesta isla aquí pensé decir, digo que los indios que al presente hay son pocos, y los cristianos no son tantos cuantos debería haber, **por causa de que muchos se los que en aquella isla había se han pasado a las otras islas y Tierra-Firme*** (p. 85) Obra citada Sumario etc. (El subrayado en negrita, es nuestro).

El otro Cronista de Indias que vamos a mencionar es muy posterior al Padre Las Casas y a Fernández de Oviedo. Antonio de Herrera, nace en Segovia en 1559 y muere en Madrid en 1625. Erudito, conocedor de lenguas clásicas, biógrafo y uno de los más importantes historiadores de su tiempo. En 1596 Felipe II lo nombró Cronista General de Castilla e Indias, cargo que también desempeñó en los reinados de Felipe III y Felipe IV. Su cargo le permitió tener acceso, sin restricciones, a toda la documentación alusiva a la conquista de América. Nunca visitó el Nuevo Mundo. Su obra tiene a su favor, el acceso a una información y perspectivas que no tuvieron sus colegas anteriores, la objetividad que puede dar la distancia y los años, y hasta el mayor tiempo para dedicar al estudio y la escritura. En contra, que no conoció los hechos de primera mano. Pero eso descalificaría a la mayor parte de los historiadores que el mundo ha tenido.

Dejó muchas obras, pero lo que nos interesa, está en "Historia General de los Hechos de los Castellanos en las Islas y Tierrafirme del Mar Oceano" Cubre cuatro décadas, desde el año de 1492 al 1531, editada originalmente en 1601, y reeditada por la Tipografía de Archivos de Madrid, en 1934, Tomo II, p. 234 y sigs:

...de sus antiguedades no sabían nada, sino por canciones, que cantaban con un instrumento hecho de un madero hueco, y delgado, de dos tercias de largo, y una de ancho, y la parte adonde tocaba, era en forma de tenaza de herrador, y de la otra somejante a una maza, de manera que parecía una calabaza, con el cuello largo;y este instrumento sonaba tanto que se oía poco menos de una legua, y con aquel sonido cantaban sus romances, y le tocaban los hombres más principales, que desde niño lo aprendían y a cantar con él en las danzas, que se usaban adonde se emborrachaban .

Ya antes De las Casas y Fernández de Ovando habían mencionado este instrumento, el mayohuacán y no incluimos sus descripciones porque coinciden más o menos con ésta, salvo que aquí nos agregan un detalle importante: este tambor era audible a una legua, unos 5,500 metros, distancia bastante apreciable. Posiblemente Oviedo y sobre todo Las Casas, compararían ese alcance con el de las campanas, al uso en aquellos tiempos en Europa.

Y otro detalle importante, que lo tocaban *los hombres más principales,* y no pudiera ser de otra forma, lo que era la memoria viva, o sea, una profesión, un cargo dentro de la tribu, de algo que era esencial para el desarrollo funcional de la misma. Por eso llama la atención de que este cronista, como los otros, lo comparen a la función del romance en la sociedad de la que vienen; el romance en Europa es ejercido por los juglares, que son itinerantes, que van de población en población entreteniendo a los nobles y a los pobres, en ambos casos por unas monedas, cantando entre otras cosas, relatos de recuerdos históricos, pero su función no es de enseñar, en fijar en una nueva generación los eventos históricos importantes: lo suyo es básicamente entretener. La realeza y la nobleza tienen ya sus escritores, encargados de ese menester. En cambio el cantante del areyto es una voz de autoridad, que convive en el grupo al que canta: su decir es para recordar, para construir la memoria histórica colectiva.

De Herrera es más fácil de entender, porque al parecer, o usó un español ya modificado, o los editores de 1934 usaron el español moderno. Recuerden que en el caso anterior, como en el párrafo que copiamos ahora, se está refiriendo a La Española o Haití pero también que para Los Cronistas, todas las islas pasaron por un proceso idéntico.

Túvose por cierto que un cacique antiguo, dijo a otro, que se conoció en el tiempo del descubrimiento de esta isla que los que quedasen después de él, gozarían poco su dominio, porque vendría una gente vestida que los sujetaría y todos se moririán de hambre, y los más pensaban que éstos serían los caribes; pero como no hacían más que robar y huir juzgaron que serían otros, **y después conocieron que era el Almirante y los que con él fueron; y este pronóstico pusieron luego en canción, y lo cantaban con los demás romances, tocando su tamboril, así en los días de sus fiestas, como en bodas y** *otros regocijos, yendo asidos de las manos, uno a uno, cantando y gritando, el primero y respondiendo hombres y mujeres y otras veces ellos y ellas, de por sí, bebiendo del vino que hacían del maíz y de otras cosas, hasta que caían borrachos, cosa, que entre ellos se usaba mucho, y esta fiesta duraba ordinario de la mañana hasta la noche.* (El subrayado en negrita es nuestro).

Resumiendo: Parece evidente que los habitantes de las Antillas, especialmente Santo Domingo y Cuba, usaban una institución músico-bailable, como otros muchos pueblos mas o menos avanzados que ellos; que en ese sistema, se usaba la oralidad para fijar en la memoria colectiva los acontecimientos importantes, de contenido político, social. Así la definió Fernando Ortiz, como "ceremonia socio-política".

Posiblemente el ensayista más importante de nuestro tiempo sobre la música cubana, Leonardo Acosta, en su libro "Otra visión de la música popular cubana" (Editorial Letras Cubanas, 1ra. edición, 2004) comienza la Parte I de dicho libro, con esta frase: *"Todo empezó antes"* y más adelante en el texto, aclara que esa frase la tomó de la también investigadora y ensayista Gloria Antolitia, que la expresó en forma parecida: *"Porque todo comenzó más temprano de lo que se cree"*, en su importante libro "Cuba: dos siglos de música siglos XVI y XVII" (Editorial Letras Cubanas, 1984, p51).

En ambos casos, estos autores se refieren a algunos eventos o fenómenos marcados en nuestra historia musical en que un análisis más detenido, lleva a la conclusión, que su aparición es anterior a la que se tiene establecida, y hay que realizar, dice Acosta, una especie de "arqueología de la música" para precisar estos posibles orígenes anteriores. El maestro sigue analizando en páginas sucesivas otros casos en que es necesario revisar lo que se tiene por hechos irrebatibles, pero que en verdad no lo son, y dice en la página 23:

"mi opinión es que hay más supervivencia indígena de lo que generalmente se admite" y agrega otra voz en su apoyo, la del compositor y musicólogo cubano Hilario González, que había dicho:

"Entre las muchas mentiras históricas con que 'nos casaron' los colonialistas españoles, quizás la mayor sea la de que nuestros aborígenes fueron exterminados en el siglo XVI así como la de que no dejaron huella cultural en nuestra nacionalidad".

Cuando comencé a investigar para la realización de la presente obra, parece que las anteriores ideas se me habían quedado de alguna forma fijadas, y busqué el origen de una conciencia colectiva, de una memoria común, no en los pueblos europeos y africanos que llegaron a América a fines del siglo XV, sino en sus aborígenes. Como señala Jesús Guanche en su obra "Procesos etnoculturales de Cuba", (Editorial Letras cubanas, La Habana, 1983, p. 104), el areíto actuaba como "conciencia social histórica", y como total, merece una mención en nuestro devenir como pueblo.

Es cierto que las pruebas que aportamos son de referencia, circunstanciales, pero tienen un peso lógico evidente. Si para los españoles, más bien empeñados en demostrar la irracionalidad, la bestialidad de estos aborígenes, seres no de otro siglo, sino de otra era de la civilización humana, habitantes del paleolítico frente a las primeras generaciones de la Edad Moderna, saliendo de la oscuridad de la Edad Media, si para algunos de esos españoles, los cronistas, es digno de comentar este mecanismo nemotécnico de los areytos, que les recuerda a fenómenos culturales parecidos en Europa, parece que nuestra hipótesis tiene cierto peso: que la primera piedra del edificio monumental de nuestro cancionero político-social, no vino de Europa o Africa, sino que estaba aquí, en nuestros aborígenes, y que lo mismo sucede con otros hermanos pueblos caribeños, pues compartimos esta hermosa herencia común, que primero se detectó en Santo Domingo.

CAPÍTULO 2
Siglos XVI al XVIII

Gloria Antolitia, en su importante libro "Cuba: Dos siglos de música"(Ed. Letras Cubanas,1984, p. 42) señala que musicalmente el siglo XVI es pobre, por las razones que explica. Es una isla que al agotarse los escasos yacimientos auríferos, los conquistadoress prefieren seguir a Tierra Firme, y es poca la presencia de ellos que queda en la isla. Más que nada, es música militar y algo de la religiosa la que se va escuchar, y posiblemente al principio del siglo quedan algunos vestigios de la ceremonia del areito, entre los diezmados indígenas.

En el siglo XVII, las cosas mejoran ligeramente para Cuba. Además del evento importante del Espejo de Paciencia, que estudiaremos más adelante, plantea Antolitia la posibilidad de que vinieran a Cuba las canciones gitanas nacidas en las prisiones de España, sobre todo de Cádiz y Sevilla, conocidas como carceleras, y que pueden haber llegado por medio de los presos que se trajeron para la construcción del castillo del Morro, a fines de ese siglo (p. 50): Era música muy rústica, acompáñándose de sonidos que hacían con cualquier objeto duro que pudieran entrechocar con otro; es posible que en esos cantes hubiera quejas sobre su estado, lo que las calificaría de canciones de contenido político, pero no tenemos prueba.

La musicóloga y profesora de la Universidad de Granada, María Gemberro Ustárroz, en su importante trabajo *Aportaciones a la historia musical de Cuba, Santo Domingo y Puerto Rico a partir de fuentes españolas (siglos XVI-XIX)*,(Boletín Musical de Casa de las Américas, No.10-2002, p. 3) hace interesantes aportaciones al tema que nos ocupa, dividiendo esas aportaciones en cinco apartados: 1, música religiosa, 2, música teatral, 3, música y baile en las celebraciones cívicas y populares, 4, música militar y 5, los orígenes del Conservatorio de la Habana.

Hablando de las del tercer grupo, hace la profesora un comentario muy atinente:

En las islas del Caribe, como en los restantes territorios de la monarquía hispánica, la música servía para subrayar los acontecimientos políticos importantes y podía convertirse en un medio eficaz de propaganda política. Las descripciones (muchas veces impresas) de proclamaciones y exequias reales, recibimientos de virreyes, altos funcionarios y obispos que llegaban a la América colonial, constituyen una fuente de gran interés… La música solía estar presente tanto en los cultos religiosos especiales que ese tipo de ceremonias implicaban como en las fiestas populares que se celebraban por las calles.

O sea, la mera convocatoria bajo un marco oficial a una actividad en la que seguramente se hablaría del evento político a celebrarse, nacimientos o muertes en la familia real, recibimiento o despedida de figuras gubernamentales, militares o religiosas, ya tiñe a la actividad, y por ende a la música en la ocasión interpretada, de un color político-social.

Y nos ofrece la profesora Gemberro varios ejemplos de ese tipo de acontecer, en que desde la década de los sesentas del siglo XVIII, los negros libres tienen permiso para tocar en sus cabildos en las fechas religiosas importantes.

Un documento importante:
El espejo de paciencia

Se trata de un larguísimo poema, considerado como la primera producción poética cubana. Partimos de su presunto autor, Silvestre de Balboa, nacido en La Gran Canaria aparentemente en 1563, y fallecido en Puerto Príncipe (Camagüey), 1649. Se supone llegó a América entre 1590 y 1600. En 1604, fecha en que se supone se escribió este poema, se encontraba en Bayamo, pero residió habitualmente en Puerto Príncipe. En 1621 fue confirmado en esa ciudad como escribano del cabildo. Su única obra, Espejo de Paciencia fue dado a conocer por José Antonio Echevarría en "El plantel" (1838) como parte de la "Historia de la isla y catedral de Cuba" del obispo Pedro Agustín Morell de Santa Cruz. Apareció publicada íntegramente por primera vez en la segunda edición de la "Bibliografía cubana de los siglos XVII y XVIII" (La Habana, Imp. del Ejército, 1927, p. 375-404, de Carlos M. Trelles. Más tarde apareció en el tomo primero de "Evolución de la cultura cubana 1608-1927" de José Manuel Carbonell (La poesía lírica en Cuba, T 1. La Habana, Imp. El Siglo XX, 1928, p22-56. En 1929, al republicarse la "Historia de la isla y catedral de Cuba" mencionada antes por la Academia de la Historia de Cuba, se volvió a incluir. Todos los datos anteriores fueron brindados por el profesor José Ruiz Elcoro.

Estamos usando la versión que del poema aparece en "Antología de la Poesía Cubana"de José Lezama Lima (Editora del Consejo Nacional de Cultura, Cuba, 1965, vol 1.) Jorge Castellanos, en su libro "Invención poética de la nación cubana", hace un buen resumen de esta obra y su momento:

Estamos a menos de un siglo de la Conquista de Cuba por Diego Velázquez. El país dista muchísimo de haberse convertido en nación. Es una isla vacía: una triste factoría, con apenas 20,000 habitantes repartidos en los casi 120,000 kilómetros cuadrados de su superficie. Y, sin embargo, ya un escritor español (canario por más señas) toma noticia poética de nuestra realidad natural, de nuestra fauna y nuestra flora. Y las elogia y exalta al narrar un suceso de gran resonancia en el rincón caribeño donde ocurre: el secuestro del obispo Fray Juan de las Cabezas Altamirano por el <capitán> Gilberto Girón, su posterior rescate por <cueros y dineros> y la final derrota del pirata gracias a la acción concertada de los vecinos, blancos, negros y mulatos, españoles y criollos.

Pero está aquí además El Espejo de Paciencia, porque en sus versos se habla de instrumentos musicales, de baile, de toda una fiesta, como sucede en estas estrofas que describen la llegada a Yara del sacerdote salvado; es toda una celebración de canto y baile, es la primera descripción de un guateque cubano:

> *Con amor, voluntad, gozo y contento,*
> *al son de una templada sinfonía,*
> *Flautas, zampoñas y rabeles ciento, (1)*
> *Delante del pastor iban bailando,*
> *mil mudanzas haciendo y vueltas dando*
>
> *Era cosa de ver las ninfas bellas*
> *coronadas de varias laureolas*
> *Y aquellos semicapros junto a ellas*
> *Haciendo diferentes cabriolas.*
> **Danzan con los centauros las más bellas**
> **Y otros de dos en dos cantan a solas;**
> **Suenan marugas, albogues, tamboriles,**
> **Tipinaguas y adulfes ministriles. (2)**

(1) La zampoña era un instrumentos rústico, a modo flauta, y el rabel uno de cuerdas, tambíen rústico (RAE).
(2) Albogue era una flauta simple (RAE), y tipinaguas y adulfes aunque no aparecen en el diccionario, deben haber sido instrumento musicales también, como los otros.

El Poema se divide en dos cantos: el segundo narra como los cubanos asaltan y matan a los piratas, regresando a Bayamo, donde les esperaba todo el pueblo, y ahí viene un segundo guateque:

> *Encuéntranse con ellos en Manegua,*
> *Ameno sitio, rico de labranzas,*
> *Donde al corto camino ponen tregua*
> *Mientras duran abrazos y alabanzas.*
> *Luego caminan la pequeña legua*
> *Con músicos a coros y mudanzas*
> *Hasta que todos vieron del Bayamo*
> *El ameno lugar que tanto amo.*

Las últimas estrofas del segundo canto, que terminan el poema, nos anuncian el motete, que era una breve composición musical que se cantaba en las iglesias, y que resume el contenido de todo el relato:

> *Estaba apercibido ya en la iglesia*
> *Blás López, sacristán de aquella villa,*
> *A quien todo el Bayamo estima y precia*
> *Como a Guerrero la sin par Sevilla;*
> **Y con la dulce voz de que se precia,**
> **Con los cantores de su gran capilla,**
> **A este motete dió principio y gracia,**
> *cual el famoso músico de Tracia.*

Todos los subrayados en negrita, son nuestros.

El motete, el que Lizama considera "la más antigua composición poética de que se tiene noticia en nuestra literatura" en definitiva narra brevemente el suceso, ensalza la figura del obispo, su paciencia y humildad, y asimismo la de Ramos, su libertador; se repite varias veces esta cuarteta:

> *La paciencia y humildad*
> *hoy muestran su magestad*
> *y á Ramos le dan la gloria*
> *de tan famosa victoria.*

Tiene el poema sus exageraciones de figuras mitológicas y frases de la época, pero por otra parte hace una enumeración de la flora y fauna cubana, sus lugares, y sobre todo, la exaltación a nivel de héroe en el relato de un negro esclavo, Salvador Golomón, que es quien en definitiva vence y mata al pirata, y se le ensalza de esta manera:

> ¡Oh Salvador criollo, negro y honrado!
> ¡Vuele tu fama, y nunca se consume;
> *que en las alabanzas de tan buen soldado*
> *Es bien no se cansen lengua y pluma!*
> *Y no porque te doy este dictado,*
> *Ningún mordaz entienda y presuma*
> *Que es afición que tengo en lo que escribo*
> *A un negro esclavo, y sin razón cautivo*

El Padre Las Casas no lo hubiera escrito mejor. Es en consecuencia, el poema y por ende el motete, lo que nos interesa por la parte musical, un documento de contenido histórico de un problema político-social acaecido en Cuba, al parecer en el siglo XVII.

Pero Espejo de Paciencia ha tenido detractores. El mismo Lizama, se extraña del documento: "*es realmente asombroso que en una ciudad incipiente, como Santa María de Puerto Príncipe, aparezca el Espejo de Paciencia acompañado de los seis sonetos laudatorios*" (Obra cit. p. 15)

Pero más adelante, en el propio documento (p. 67) rechaza las críticas a la veracidad del documento:

Nos parece difícil que hoy pueda mantenerse el punto de vista de que el Espejo de Paciencia, fue una broma literaria de Domingo del Monte o de José Antonio Echevarría. Sería una broma demasiado extensa, además tendríamos que afirmar que <la broma> demuestra más talento poético que el resto de la obra <en serio> de del Monte o de Echevarría, que no pasaron de poetas estudiosos y con pocas gracias inspiradoras.

Pero siguen los detractores. En 2002 Leonardo Padura publica su novela "La novela de mi vida" (Tusquets Editores, Barcelona, España) que es un relato novelado de la vida del poeta cubano José María Heredia, y en donde recoge en la p. 295 la versión de <la broma literaria> . Lo mismo hace Leonardo Acosta en "Otra visión de la música popular cubana" ya reseñada, en que al pasar, dice en la página 27 cuando está hablando de Arrate que su tesis del exterminio de los indios es "a nuestra historiografía el equivalente a la amañada obra épica de Silvestre de Balboa, igualmente sospechosa, en el orden literario."

En todo caso, aún probada la "broma literaria" lo que haría sería trasladar la fecha del motete y el poema, del siglo XVII al siglo XIX en que supuestamente sus creadores hicieron en verdad dicha obra: pero el substrato de hechos históricos ocurridos en el siglo XVII aunque narrados en un motete del siglo XIX, quedaría como un documento a considerar en la historia de nuestra música de contenido socio político.

Los cantos negros anónimos compilados por Lezama Lima

En la obra antes mencionada de Lezama Lima, Antología de la Poesía Cubana, vol 3, p. 170 y siguientes aparecen lo que el autor denomina "Cantos negros anónimos" y explica que estos "revelan el sentido del ritmo y la religiosidad de los negros, principalmente los lucumí, con gran diversidad de cantos rituales dedicados a Elegguá, a Changó, a Yemayá y a Obatalá. Su letra está hecha para ser acompañada de instrumentos de percusión, tres tambores que conjuntamente se llaman Batá" (..."Se cantaban estos cantos en los cabildos, en las comparsas"(...) Y cita obras de consulta.

Los cantos aparecen en lenguas afrocubanas y en español, generalmente mezcladas, pero ninguno aparece dedicado a los orishas que enumera Lezama Lima en su introducción. Aunque hay una serie de obras para consultar que enumera, no relaciona los cantos incluidos con sus fuentes. En algunos, se señala su época, por siglo, y en otros, no se fija la misma. De todas formas, deben haber sido en su época, una serie de cantos religiosos, o preferiblemente festivos, en que esclavos, o libertos mezclaban distintas lenguas, y pueden haber nacido hasta en barracones, antes que en cabildos, y de una forma u otra, han sobrevivido por lo menos en el recuerdo y quizás haya en ellos elementos de valor social o político que merezcan su inclusión en este trabajo. Hemos respetado la ortografía del original. El uso combinado del español y las lenguas afrocubanas, más los episodios de la vida del esclavo que en su mayoría relatan, nos parece los califica como canciones de contenido social., y por eso las incluimos. Se empieza ya a hablar de lo que se convertirá en un mito; la mulata cubana.

Cantos de cabildo

Piqui, piquimbín, (bis)
tumba, muchacho,
yama bo y tambó.
Tambó ta brabbó
Tumba, cajero.
Jabla, mula.
Piqui, piquimbín, (bis)
Pa, pa, pa, práca,
prácata, pra,pa.
Cucha, cucha mi bo.

Dondó jachero
pa un palo
palo ta duro
jacha no cotta
Palo ta brabbo

¿Que son ese?
Si palo son jocuma,
yo sé quiebrajacha
Bamo be quien pue ma
Dondó jachero
pa un palo.
Gayo cambia bo
Tu jabla y no conose.
Piqui, piquimbín (bis)
tumba, muchacho,
yama bo y tambó
Tambó ta brabbo (bis)
hasta Cucha, cucha mi bo.
(Anónimo, siglo XVIII)

Canto congo de cabildo para tres tambores.
Mula, caja y tumbador.

(Toque)
¡Engó teramene!
Jabre cutu güiri mambo.
¡Engó, etc.
Jabre cutu güiri diambo.

¡Engó, etc.
Jabre cutu guiri dinga.
¡Engó, etc.
Jabre cutu muana inquén diame.
¡Engó, etc.

(Palabras)
-¿Elo güire? ¿Elo güire?
Su messé, la cabayero,
dipénseme la moletti
ba jablá poco cuetto,
ni so cosa dé mietto
ni biene con la lía
congo de brujilía.
Yo mimo soy cabanga,
mimo cheche lucuanda.
¡Yambó chiriquí engunde!
Movimbe prende lengua.
Tambó manda suppende...
¡Cautibo, casa malo!
(Toque)
Repite 1ra. parte.
(Anónimo, siglo XVII)

La frase Jabre cutu güiri dinga se usa en el son montuno Bruca maniguá de Arsenio Rodríguez, como veremos más adelante cuando estudiemos a ese autor. Y es de notar como esta costumbre de mezclar lenguas africanas con el español, que veremos muy frecuente en la canción cubana, se usaba ya en el siglo XVIII.

Cantos de comparsa Ta Julia

-Ma Rosario tamalo
¡Cángala lagontó!
-A be que cosa tiene.
¡Cángala, etc.
Tiene barriga y doló
¡Cángala, etc.
-Etá embarasa
¡Cángala, etc.
Culebra Lásuttá
¡Cángala, etc.

-¿Qué diablo son ese?
pregunta e mayorá
Mira diente d'animá,
mira fomma ne roccá,
mira sojo d'ese nimá,
¿candela ne parese?
¿Que nimá son ese
que ne parese majá?
Ta Juliá mimo ba matá.

(¡Báquini ba di ba yo!)
-¿Que nimá son ese?
(¡Báquini etc.
-Yo coje guataca.
(¡Báquini, etc.
-Yo coje la pala.
(¡Báquini, etc.
-Tierra con l'asaó.
(¡Báquini, etc.
-Ma Rosario tá buena.
(¡Báquini, etc.
-Mañana ba trabajá.

(¡Báquini, etc.
-Grasia Ta Juliá
(¡Báquini, etc.
-Fué quien la mató
(¡Cángala lagonto!)

                (Anónimo siglo XVIII)

Canto para matar culebras
                Arreglo de R. Guirao

(Negrita)
-¡Mamita, mamita!
yen,yen,yen.
¡Culebra me pica!
Yen, yen yen.
¡Culebra me come!
Yen, yen, yen
¡Me pica, me traga!
Yen, yen,yen

(Diablito)
-¡Mentira, mi negra!
Yen, yen, yen
Son juego e mi tierra.
Yen, yen, yen.

(Negrita)
-¡Le mira lo sojo,
parese candela!...
¡Le mira lo diente,
parese filere!

(Diablito)
-¡Culebra se muere!
¡Sángala muleque! (bis)
¡La culebra se murió!
¡Calabasó-so-so!
¡Yo mimito mató!
¡Calabasó –so-so
(Negrita)

-¡Mamita, mamita!
Yen, yen,yen.
Culebra no pica
Yen,yen yen
Ni saca lengüita.
Yen, yen,yen.
Diablito mató.
¡Calabasó-so-so!

(Diablito)
-¡Ni traga ni pica!
¡Sángala muleque!
¡La culebra murió!
¡Sángala muleque!
¡Yo mimito mató!
¡Calabasó-só-só!
           (Anónimo)

Mamá Iné

Aquí están todo lo negro,
que benimo a sabé
si no consede pemmiso,
pa ponenno a molé.
¡Ay, Mama Iné!...
Bamo a cottá la caña
que bamo a molé
¡Ay Mama Iné!... (bis)

La bendisión, mi amo;
su messé ¿no culdiba?
la yegua que yo teniba
la mayorá no la cujiba
Disisa que me la comprá
Eyo dinero no me dá
pa mí. ¡San Antonio!
¡Yo me queriba jorcá!
Fottuna la compañera
que la soga me cottá.

E beddá, e beddá...
Aquí etán todo lo negro
(Repite lra parte).

> (Anónimo, 1868).
> Comienza como el son del mismo
> nombre de Moisés Simons.

La culebra se murió

La culebra se murió,
Don Panchito la mató.
A ti mimmo te picó,
Don Panchito la mató.
 A tí mimmo te picó.
Mayorá su messé
que cosa bamo jasé
Yo tumba la caña
yo yena carreta
y yeba trapiche
que jora comé?
(Repite lra. parte).

> (Anónimo)

Mandinga moro

Nótese como se enuncia con orgullo la referencia étnica: Mandinga.

Gangá mabién, cororó,
guan sirolé cuajele.
Bueno bueno...
Su salí mendó
y afela melá...
Mandinga somo.
ete e mi nombre,
a que no le gutte
que no se some
Ete e mi gutto,
ete e mi pasió.
¡Señore adió...!
¡Cabayero, adió...!
(Repite lra parte).

> (Anónimo)

Canto para toque de rumba

Mangui, mangué!
Sison manguito
echámelo aquí;
mi Federiquito
no son pa tí.
Mangui, manguito
mi chibiriquito
quié lo iba a desí:
que eso manguito
no son patí.

¡Mangui, mangué!
               (Anónimo)

Canto funeral

¡Cundingui,
cundingui
din, din din!

Bamo llorá
muetto pobre.
Mañana toca a mí,
pasao toca a tí.
(Repite lra. parte).
               (Anónimo)

Son

Mulatica colorá,
aprende désa negrita
que se planchó la pasita,
se cotó la melenita
y tiene la bemba rosá.
Aprende de la negrita
cótate e moño
colorá
cótate e moño
colorá;
aprende de la negrita (bis)

> que sabe labá,
> planchá, que se cotó la melenita
> y e la reina del solá.
> (Anónimo)

Son siglos en que se va gestando el nuevo cancionero criollo, nacido del aporte español, pero al mismo ya se mezcla con la adaptación a su nuevo hogar de las culturas africanas, que mezclan el bozal (o español hablado por los esclavos), con elementos de sus lenguas africanas.

El interludio inglés

El 14 de agosto de 1762 entraron los ingleses a ocupar La Habana, tras su sitio y conquista, que duró varias semanas. La zona ocupada incluía las antiguas provincias de Pinar del Río, La Habana y Matanzas, pero de hecho donde más hizo sentir fue en La Habana. (Fernando Portuondo "Curso de Historia de Cuba", Editorial Minerva, La Habana, 1941). La ocupación duraría menos de un año, los ingleses se retiraron el 6 de julio de 1763, pero sus efectos económicos y políticos serían muy importantes para Cuba.

Y hasta sociales. Bachiller y Morales en su obra "Cuba: monografía histórica" (La Habana, 1883), incluiría la letra de composiciones populares y de décimas alusivas al hecho, me recuerda Ruiz Elcoro, especialmente la cuarteta que aparece en casi todos los libros de Historia de Cuba:

> Las muchachas de La Habana
> No tienen temor de Dios
> Y se van con los ingleses
> En los bocoyes de arroz.

El bocoy, nos explica Pichardo en su diccionario, era un barril o tonel de boca muy ancha, en que se echaba la Miel de purga, el Azúcar o Café. Los había de varios tamaños, pero podían alcanzar hasta una cabida de 150 galones. El breve poema era una crítica social, reflejo del repudio popular a estas aventureras chicas. Hoy lo vemos de otra forma: dice mucho del carácter decidido de la mujer cubana, y el cosmopolitismo que es también característico de todo nuestro pueblo.

CAPÍTULO 3
Siglo XIX: El punto cubano

Existen diversas opiniones sobre el comienzo de este género. Helio Orovio lo denomina Punto guajiro y lo sitúa en el siglo XVII (Diccionario de la música cubana, Editorial Letras Cubanas, 1992). Otros, como Radamés Giro (Diccionario Enciclopédico de la Música en Cuba, Editorial Letras Cubanas, 2007) lo denomina sencillamente Punto y lo sitúa a fines del siglo XVIII; Olavo Alén (De lo Afrocubano a la Salsa; Géneros musicales de Cuba Editorial Cubanacán, Puerto Rico, 1992) lo llama igual, Punto guajiro, y lo sitúa también a fines del siglo XVIII; convengo con ellos dos y además con la salvedad que hacen de que hasta la publicación en 1836 del "Diccionario provincial casi razonado de voces y frases cubanas" de Esteban Pichardo, no hay una prueba escrita de su existencia. Y por las razones que explico en mi libro "Los contrapuntos de la música cubana"(Ediciones Callejón, Puerto Rico, 2006) prefiero la denominación de Punto cubano, y coincido con mis colegas en su origen canario-andaluz.

Pero como todas las referencias escritas que vamos a usar son del siglo XIX, aquí lo hemos situado, hasta que algún día y quizás en el Archivo General de las Indias, aparezca prueba escrita de su existencia anterior, y se pruebe una vez más el postulado de la Sra. Antolitia: "Todo comenzó más temprano de lo que se cree".

Pichardo en la obra citada, nos da más información sobre el Punto, que todavía no se llamaba así, sino Ay o Llanto, precisamente por la interjección que se usaba (y se sigue usando en muchas tonadas del punto) y el tono agudo y lastimero de algunos de sus intérpretes, Nos habla además al señalar algunas de sus características, que se usaba en la parte occidental de la isla, pero también en "Vueltarriba" o zona oriental, o sea, el punto copaba la isla, y en un país con comunicaciones muy precarias como era la Cuba de aquellos tiempos, significa años para lograr esa saturación. Por eso hablamos de fines del siglo XVIII.

A diferencia de los géneros o actividades musicales que pudieron haber surgido en Cuba antes, y de los que desgraciadamente como hemos visto solo escribieron los Cronistas de Indias (el areyto) o los escritores del Siglo de Oro español (el fandango, la gayumba, etc) sí hay literatura sobre el punto cubano; ya Pichardo nos dice cómo se bailaba, cúales eran los instrumentos acompañantes, tiple, guitarra o arpa.

José Jacinto Salas Quiroga, joven periodista español que visita La Habana en 1838 y que al año siguiente publïca su libro "Viajes" describe una controversia (típica forma del punto) como una "extraña conversación en verso, pero también define su tonada, su canto, como *un continuado monótono grito: empezaba con impetuosidad, y concluía en una cadencia que imitaba bien la languidez y la molicia...parecía un suspiro prolongado que buscaba quien lo escuche.*"

La controversia, o diálogo musicalizado, se separaba del repertorio que habían traído los españoles a la América; canciones de trabajo, canciones para infantes, canciones del ocio, en el mejor de los casos, con la alternativa solista- coro, que también ostentaba el contingente africano, que por supuesto, también debe haber traído sus cantos de trabajo, de infantes y de religión-ocio, en su caso.

Esta característica dialogal, la presentaría después otros géneros latinoamericanos ubicados en Puerto Rico, Venezuela, Argentina y otros países; pero al parecer aquí comenzó, y bien pudo venir de nuestros antecedentes canarios o andaluces.

La otra característica muy peculiar del punto cubano, es su aspecto literario; quizás con un poco de menosprecio, Pichardo llama "letrillas" a sus textos, pero se apresura a agregar que "son generalmente décimas" Y esto son palabras mayores. Los demás géneros provenientes de Europa que hemos mencionado se basaban en fórmulas en verso más sencillas, coplas o redondillas que es lo que imperaba en el romance y otros cantes de la época.

Pichardo se estaba refiriendo a la estrofa que el español Vicente Espinel perfeccionara en 1591 como redondilla de diez versos, y después llamada décima o espinela, una complicada y rígida forma musical en que los versos deben rimar bajo una fórmula predeterminada, y que pronto en España se hizo la favorita de los escritores clásicos como Calderón de la Barca y Lope de Vega. Cómo la aristocrática décima llegó a los humildes guajiros cubanos, no lo sabemos. Decíamos en el libro antes citado, "Los contrapuntos":

De todas formas, es portentoso que una forma erudita como la espinela, fuera adoptada como estrofa usual del punto cubano, en vez de tomar formas verbales más sencillas, como cuartetas, cuando los versadores o autores de estas décimas fueron gentes de poca o ninguna educación formal, analfabetos en muchos casos.

Es cierto que Silvestre de Balboa, de quien hablamos en el capítulo 2, pudo haber traído de España la novedad de la décima, y de hecho incluye tres de ellas en el Motete que acompaña su poema Espejo de Paciencia; es posible que poco a poco esa bella forma poética se abriera paso durante todo el resto del siglo XVII y el XVIII, y ya en este último siglo, hay huellas de poetas importantes usando la décima: Dr. Juan Miguel Castro Palomino, José Rodríguez Ucres, hasta mujeres como la Marquesa Jústiz de Santa Ana, Manuel de Zequeira y Arango, y otros incluidos por José Lezama Lima en su Antología de la Poesía Cubana, citada anteriormente: ¿Pero cómo pudo propagarse por toda la isla hasta convertirse en un género conocido por todos? Un misterio que quizás nunca resolveremos.

El punto cubano usará también ocasionalmente la cuarteta, sola o combinada con la décima. Y en su amplio cancionero, tendrá un buen lugar la canción de contenido político, si interpretamos con tal carácter todas las manifestaciones en que se exalta el patrio suelo, el terruño, diferenciándolo así de España. Y como ya vimos en Espejo de Paciencia, será también oportunidad de nombrar las cosas, y por sus nombres cubanos; será siempre un eterno desfile de palabras que identifican flores, árboles, animales, acciones del hombre, palabras no existentes en el idioma español, muchas de ellas rescatando del olvido epítetos de las lenguas indígenas; por eso y para eso es que Pichardo hace su diccionario, que es <razonado>, porque explica el origen de muchas de esas palabras, y lo llama < provincial>, porque quiere pasar la censura y usa esta palabra asimilista que lo convierte, al solo efecto, repito, de conseguir el Imprimatur est, en algo supuestamente español, pero distinto.

Pero empecemos con el libro de Samuel Feijóo, "Cuarteta y décima" (Editorial Letras Cubanas, 1980) y veamos algunas de las cuartetas usadas en Canturías de Punto y baile cubano, desde el siglo XIX:

Canturía de Punto Guajiro

Me gusta la calderilla
porque suena como plata;
más me gusta la *mulata*
porque tiene *jiribilla*.

Hay dos palabras claves, casi subversivas, en esta cuarteta: Mulata, esa invención famosa de dos razas, de la que se hablará largo y tendido en este libro:

Y Jiribilla, palabra que en vano pueden buscar hasta en la edición de 2001 del Diccionario de la Lengua Española, que no está tampoco en Pichardo ni en otros códices de la cubanidad, como el Glosario de afronegrismos de Don Fernando Ortíz, ni en el Catauro de cubanismos, del propio autor; habría que esperar al Diccionario Mayor de Cubanismos de José Sánchez Boudy (Ediciones Universal, Miami, 1999) para que esta palabra, de sobra conocida por los cubanos, apareciera en un diccionario, para describir el talante rápido, inquieto, de una persona determinada. El Diccionario de Americanismos de las Academias de la Lengua Española, Perú, 2010 al fin la incluyó, y a falta de otra abreviatura de su propio diccionario, que de la misma no aparece, le llamaremos DAE en este libro.

De La Fuente hace una oportuna glosa, para aclarar que "Jiribilla" ya estaba en el "Léxico Mayor" de Herrera, cuyo último tomo se editó en 1959.

Y es que el cubano se complacía en usar esas palabras que se habían ido sembrando y cosechando en la tierra misma, que eran distintas, que eran suyas. Ahí va otra cuarteta:

> Conmigo que se sujete
> en el modo de cantar
> porque yo le hago volar
> las *yaguas* del caballete.

Las yaguas, que son los peciolos o bases de las pencas u hojas de las palmas, palabra indígena que se demoró en llegar al RAE, y claro, todo el verso está codificado para el que no sea cubano; las yaguas son las tablas del bohío, y las que están sujetas al caballete, que es la parte más alta de nuestra vivienda típica.

> Qué bonito *no* es llegar
> a una linda *sitiería*
> y encima de una *baría*
> oir al *sinsonte* cantar.

SITIERÍA, que aparece en el DAE pero mal definida, es un área delimitada que ocupa el sitiero con su casa, sus animales y cultivos. *Baría* es un árbol cubano, que ya estaba en Pichardo, y que al fin llegó al RAE, después de muchos siglos. Y el *Sinsonte*, que es de todo el caribe, pero cuyo nombre nos viene de México, Sentsontli, nos explica Pichardo, o sea que ya en el siglo XIX, o antes, Cuba aceptaba mexicanismos en su habla común. Pero lo más interesante es el uso del "no" como complemento de sentido afirmativo; la frase afirmativa normal, sería "es llegar", y la negativa, "no llegar", para aquí tenemos "no es llegar", que aunque aparezca absurdo, es un afirmativo enfático.

Otras cuartetas recogen, o quizás se convierten en refranes consuetudinarios:

> Ese gallo que no canta
> algo tiene en la garganta;
> algún día cantará
> y a muchos le pesará.

> Si la suerte me *abayunca* (1)
> en árido desencanto,
> rompo mi lira y no canto,
> pero no canto más nunca.

(1) Aquí nos resolvió Don Fernando con su Catauro de cubanismos. Abayuncar es abatir o dominar a una persona o animal. Parece ser voz de origen mandinga. Y eso de estar aportando voces al idioma de otras lenguas es un fenómeno de esencia social. Está reconocido en el DAE.

Y otra cuarteta se refocila en nombrar árboles cubanos:

> Cuando este verso se acaba
> otro verso comenzó
> y por eso digo yo:
> guásima, troncón de *yabá*

Díganme si esta cuarteta no recuerda los versos sencillos de Martí:

> Yo no canto para nadie,
> ni nadie me ponga asunto,
> yo canto para un difunto
> que está penando en el aire.

En la décima, con más espacio literario se expresan con más generosidad esas características de exaltación hacia la naturaleza, de la insistencia en nombrar nuestra flora y fauna, los nombres tópicos, empezando por el de Cuba.

Paisaje

> El pintado *carpintero*
> labra en la palma su nido

y al ser del viento mecido
se burla del mundo entero.
El *totí* vuela ligero,
luce su negro plumaje;
en el espeso boscaje
la tierna **tojosa** anida,
y a esto en mi *Cuba* querida
le llamamos un paisaje.

A veces a la décima, como a su pariente más encumbrado, el soneto, se le agrega al final un estrambote, para hacer más rotundo el mensaje:

La sitiera cantando

En una hermosa mañana
por una casa pasaba
donde sentí que cantaba
una sitiera cubana.
Yo con la intención más sana
a escucharla me paré:
al poco rato observé
que en su canción deliciosa
mencionaba la preciosa
tierra del *Cucalambé*.

Decía en su canto: <*Cubita*,
patria de mi corazón,
quien pudiera en mi canción
darte alegría infinita>

Aquí el autor se permitió una intertextualidad, al mencionar al Cucalambé, famoso poeta decimista del que hablaremos más adelante; y usa el estrambote hábilmente, para introducir una segunda voz en su relato. Y su pregunta es relevante: la alegría infinita para Cuba, es obviamente, su libertad de España.

Y con ésta, hemos empezado la relación de las décimas que cantarán el tema esencial de este siglo: La emancipación de Cuba. Desde 1810 comienzan las guerras libertadoras en América, que siguiendo el ejemplo de Haití en el siglo anterior, conseguirán en pocos años, la independencia de todos los países, salvo Cuba y Puerto Rico, y ambos por la misma razón: el miedo a los esclavos, con el ejemplo muy cercano de lo sucedido en Haití. Le tomará a Cuba casi un siglo lograrla, y será función esencial del punto cubano, concientizar al pueblo en la necesidad inminente de ser libres.

Según Feijóo, las siguientes son décimas mambisas anteriores a la Guerra de los Diez Años:

Décimas de libertad

El pájaro que se cría
libre cantando en el monte,
 comparemos al *sinsonte*
que en jaula no cantaría.
De tristeza moriría
por la sencilla razón
que las jaulas sólo son
para el que nace enjaulado
y aquel que haya despreciado
de este mundo la ilusión.

Nace el pez para nadar,
la yerba para el ganado,
para la guerra el soldado,
y el ave para volar.
Nació el rey para reinar,
la lira para que vibre,
para el fuego el *ajengibre*, (1)
la liebre para correr,
para el hombre la mujer,
y el hombre para ser libre.

(1) Igual a Jengibre, planta medicinal. Pichardo, obra cit.

Nace libre el forastero;
de su tierra viene aquí;
se pasea en el país
como noble caballero.
Nace libre el mundo entero;
libre la esperanza mía

libre la paloma cría
su hijo en el *cardosanto*, (1)
¿y yo que he sufrido tanto
no seré libre algún día?

(2) Planta medicinal. Pichardo, obra cit.

¿No nace libre el mosquito,
el *rodador y el jején* ? (1)
¿Por qué no soy yo también
libre en mi suelo bendito?
El más libre gusanito
nace libre en su alcancía
con más suerte que la mía,
sin conocer luz moral,
y yo, siendo racional,
¿No seré libre algún día?

(1) Ambos son insectos, más pequeños que el mosquito. Pichardo, obra. cit.

¿No nace libre el *mamey*,
el *cedro, el jobo, la yaya,*?
¿No es libre la *guacamaya*,
la jocuma y el jagüey?
¿No es la palma de *yarey*
más alta en la ortografía?
Libre la zarza, la *jía*,
el mango y el peralejo...
y yo poniéndome viejo,
¿no seré libre algún día? (1)

(1) Todos los mencionados son árboles de la foresta cubana. Pichardo, obra cit.

¿No nace libre la abeja
en el cáliz de la flor
tomando de su licor
que el sereno libre deja?
¿No es libre cuando se aleja
por aquella serranía
a buscar la flor que ansía

para la miel de su caja?
Y yo, con tanta ventaja
¿no seré libre algún día?

¿No nace libre el amor
para querer a cualquiera
y Cuba con tanta palmera
¿cómo no es libre Señor?
Nace libre el español,
viene aquí con alegría,
libre nace la *baría*(1)
en el monte y en el llano,
y siendo yo buen cubano,
¿No seré libre algún día?

(1) Arbol. Ver Pichardo, obra cit.

Libre nace el arroyuelo
bajo de cualquiera losa
y sobre la arena hermosa
se extiende por el suelo.
Libres los astros del cielo,
libre la Virgen María,
libre paloma que hacía
su nido en el cardosanto,
y yo que a Cuba le canto,
¿no seré libre algún día?

¿No nace libre el sinsonte
de rama en rama saltando,
no nace libre volando
allá en las faldas del monte?
Libre nace el horizonte,
libre la fortuna mía
y libre el pez que se cría
en la soledad del mar,
siendo yo tan liberal,
¿no seré libre algún día?

Si nace libre la hormiga,
la *bibijagua* y el grillo,

sin cuestiones de bolsillo
ni español que los persiga,
ninguna ley los obliga
a ir a la escribanía
a comprar la libertad, (1)
y yo con más dignidad,
¿no seré libre algún día?

(1) Este largo poema con pie forzado de <¿no seré libre algún día?>, es una obra maestra de psicología. En ocho décimas, como en una letanía, confronta al oyente con la libertad que tienen los forasteros, animales, incluyendo minúsculos insectos, las plantas, los seres divinos. Como las mejores canciones de contenido político, no incitan a la acción, sino al pensamiento. Iban dirigidas a un público del cual, gran parte, eran esclavos todavía; no es hasta la última estrofa, en que se menciona la escribanía (donde se va a gestionar la libertad, cuando se puede); al llegar a ese momento, el cubano esclavo que lo escuchase respiraría aliviado: había estado temiendo que se olvidaran de él: pero de forma indirecta, estaba planteada su situación: ¿Iba a ser menos, a tener menos derechos que la hormiga, la bibijagua y el grillo? Y sus hermanos blancos y negros libertos, tenían forzosamente que entender la injusticia absurda de la esclavitud. No era cuestión de ir a la escribanía a comprar la libertad, sino sencillamente hacer libres a los esclavos.

Las siguientes décimas recogidas por Feijóo, corresponden al período de la Guerra de los Diez Años (1868-1878)

Ésta comienza con la cuarteta que contiene los pies forzados de las cuatro décimas.

A los cubanos

¡Que calle ya el zapateo!
¡Callen ya el tiple y el güiro! (1)
¡La música del guajiro
será la del tiroteo!

(1) Son los instrumentos primeros que usará el punto cubano; después se agregarán otros, como veremos.

Ya se cansa el corazón
de sufrir tantos rigores:
que a los tormentos mayores

nos condena la opresión.
Ya es demasiado baldón
entregarnos al recreo,
y ocultar nuestro deseo
de ser libres y cubanos.
¡Abajo con los tiranos!
¡Que calle ya el zapateo! (1)

(1) El zapateo era la forma bailable que acompañaba en las fiestas al punto cubano. Es de origen hispano. El africano no tenía zapatos con qué zapatear.

Está la patria enlutada,
pues perdío a López y Agüero,
a Estrampes, Arces, Armenteros (1)
y otros mil de alma templada.
Su muerte no está vengada,
y tan sólo algún suspiro
que desde oculto retiro
les brinda apacible el viento
en su triste monumento
¡Callen el tiple y el güiro!

(1) Menciona algunos de los protomártires de nuestras gestas emancipadoras.

De los malvados patones (1)
y de su necia arrogancia,
vienen aquí la ignorancia,
la estafa y contribuciones.
Ellos nos roban millones
que para España dan giro
y no nos dejan respiro
y nos insulta un zoquete,
porque no toca el machete
la música del guajiro.

(1) Patón en Cuba, según el Dic. de Cubanismos de Sánchez Boudy cit, es el que baila mal.

Siendo libres no veremos
a nadie andar cabizbajo,
porque de nuestro trabajo
muy felices viviremos
Dinero no pagaremos
a tanto vil fariseo,

> conque a armar el escarceo
> si somos hombre de honor
> y la música mejor
> *será la del tiroteo.*

Vemos que el talante no es reflexivo, sino llamando a la acción, como cabe ante un conflicto armado; da la impresión que van dirigidas hacia la población de las grandes ciudades, especialmente La Habana, donde seguían bailes y fiestas después de comenzado el conflicto en Oriente; y apelan a razones de pesos y centavos, más que las de tipo patriótico. Hay siempre mucho sentido común y práctico, en la décima cubana.

Glosa popular

> *Anda hijo, no te tardes:*
> *toma el machete y la lanza (1),*
> *vete a pelear por tu tierra,*
> *y pon en Dios tu esperanza*

(1) No sabemos si se menciona la lanza como una figura retórica, o si efectivamente todavía era la lanza un arma en uso, como lo había sido en las guerras libertadoras latinoamericanas a principios del siglo XIX.

> Ya se escucha en la sabana
> del clarín ronco el sonido;
> ya se alza todo el partido
> por la Libertad cubana.
> Levanta esa frente ufana,
> no temas, no te acobardes;
> ese valor en que ardes
> de tu padre herencia fue
> y asi mismo te diré:
> *Anda hijo, no te tardes.*

> Patria y Libertad espera
> al que, queriendo ser hombre
> corre a que inscriban su nombre
> en la cubana bandera.
> El que peleando allí muera
> gloria sin igual alcanza:
> el valor y la pujanza

harán triunfar los cubanos;
y así, de mis propias manos,
toma el machete y la lanza

Aunque soy madre y te quiero
como a hijo de mis entrañas,
verte morir en campaña
a verte esclavo prefiero.
Pórtate como guerrero
a quien la muerte no aterra:
los peligros de la guerra
se han hecho para el que es hombre
y si quieres tener nombre
vete a pelear por tu tierra.

Anda, y pelea con valor,
que yo ruego a Dios por tí,
y no vuelvas más aquí
si no vuelves vencedor.
El que muere con honor
merece eterna alabanza;
así, pues, sereno avanza
frente a frente al enemigo,
mi bendición va contigo
y pon en Dios tu esperanza.

Al ejército libertador de Cuba

*Bala, tizón y machete
con el godo (1) han de acabar,
si no queremos estar
siendo de España el juguete.*

(1) Dice el Dic. de la RAE que así se le llama despectivamente en Chile y Bolivia a los españoles; pero también en Cuba, para aquella época. El término cayó en desuso después.

Cansado ya de sufrir
el yugo de los tiranos,
han jurado los cubanos
por su libertad morir.

Ninguno quiere vivir
tratado como un zoquete;
el garrote o el grillete
nos espera, si cedemos,
y es preciso que le demos,
bala, tizón y machete

Con asesinos, ladrones,
están haciendo la guerra,
porque vienen de su tierra
más hambrientos que gorriones
Se llevan nuestros millones,
 que es lo que quieren buscar;
y el que no logre escapar,
¡Pobre si se queda aquí!
pues el valiente mambí
con el godo ha de acabar.

En su fatua altanería,
nos cuentan punto por punto
sus victorias de Sagunto,
de Numancia y de Pavía,
Pero aquí su cobardía
vienen a patentizar,
y tienen que confesar
su impotencia conocida.
Ninguno quede con vida
si no queremos estar.

 Sigamos en nuestra empresa,
sin ceder un sólo instante:
vence siempre el que es constante
y da pruebas de firmeza.
Ya es notoria la fiereza
del cubano, que promete
perecer sin que le inquiete
su futuro porvenir.
¡Lo que no quiere seguir
siendo de España el juguete!

Lo de Bala, tizón y machete no era una frase literaria; era en realidad el plan estratégico del Ejército Libertador: Balas y machete para el enemigo, pero sobre todo, tizón para destruir la industria azucarera, quemando cañaverales e ingenios. De haber sido posible llevarlo así a cabo, la guerra hubiera durado menos de un año posiblemente, y con la independencia de Cuba.

Maceo

Martínez Campos creía
que Cuba iba a ser de España,
y andaba por las montañas
con piezas de artillería.
Y Maceo le decía:
váyase usté pá La Habana,
yo con mi tropa cubana
hago a Cuba independiente
a fuerza de plomo ardiente
y pólvora americana.

A un negro renegado al servicio de España y presunto Gobernador

Albricias, nuevo Pelayo,
español carabalí,
antes que salgas de aquí
ojalá te parta un rayo;
y cuando vistas el sayo
de gobernador, compadre,
que te cuadre o no te cuadre
y no lo tomes a guasa,
te mandaremos a casa
de la puta de tu madre.

Quítate esa flor

Quítate esa flor canaria,
que te hace poco favor,
 porque te sienta mejor
una estrella solitaria.
Quítala, que es ordinaria,

> y nada te anuncia bueno,
> y si acaso de tu seno
> se enamora un español,
> dale en pruebas de tu amor
> una copa de veneno.

Otra fuente de décimas patrióticas

Jesús Orta Ortiz (El Indio Naborí) en su libro "Décima y folclor" recogió también una buena muestra de décimas patrióticas, creadas ya comenzada la guerra en 1868, como esta que recogió el diario El Eco de Ceja de Pueblo, en su edición de 15 de enero de 1869, donde informaba que en una reunión entre cubanos y españoles, un criollo había improvisado esta décima:

> ¡Muera sí, muera el tirano
> muera la maldita raza
> de Borbón, pues no se enlaza
> en su historia un hecho humano.
> Reinen en suelo cubano
> la paz, la tranquilidad:
> a nuestra felicidad
> viva todo el que coadyuva,
> ¡Viva España! ¡Viva Cuba!
> ¡Y viva la libertad!

Esta décima y otras por el estilo, eran después cantadas en los campos insurrectos. El Sopimpero, hoja política republicana publicaba el 16 de enero de 1869 cuatro décimas que eran un grito de guerra, como esta:

> ¡Oh Cuba, tierra adorada!
> ¡Oh tierra de bendición!
> tierra do la inspiración
> señalado ha su morada!
> Tú, cual perla desgranada
> de las regiones del cielo,
> bajaste a ser un modelo
> de pueblo en toda la tierra
> y es preciso que haya guerra
> para libertar tu suelo.

Y continúa el Indio Naborí: El Negro Bueno, en su edición del 17 de enero de 1969, traía este valiente epigrama de diez versos:

> El Ministro de Ultramar
> es un excelente chico:
> A Cuba y a Puerto Rico
> nos manda una circular
> en que nos promete dar
> con mesura y mucho tiento
> libertades, que al momento
> nos pudieran hacer daño:
> nos darán un tanto por año
> o sea...un tanto por ciento.

Estos y otros poemas pudieron ser publicados gracias a una efímera libertad de prensa que se produjo en Cuba con motivos de los hechos políticos ocurridos en España, y que dieron esperanzas que duraron muy poco, de que las nuevas figuras gobernantes dieran la independencia a Cuba, pero demuestran como la décima se había convertido en un poderoso instrumento de divulgación de ideas para un pueblo en gran parte analfabeto, pero que mediante el mecanismo de la décima que se publicaba en diarios, que era así recogida y conservada, aprendida por trovadores que después la repetirían en territorio mambí, y a escondidas, en territorio sometido a los españoles.

Un libro muy peculiar:
"La lira criolla. Décimas, canciones y guarachas"

La que revisamos es la Segunda edición, aumentada, de 1897 editada por la imprenta y librería La Moderna Poesía, fundada en1890 por José <Pote> López Rodríguez, refundida después en 1926 con la Librería Cervantes y convertida en Cultural S.A., parte del conglomerado de negocios que tuvo Pote y después su hijo, José López Serrano (Ver; Guillermo Jiménez: "Las empresas de Cuba de 1958", Edit. Ciencias Sociales de La Habana, 2004. p. 250.

En realidad el libro parece ser la conjunción de varios anteriores editados antes, el titulado Décimas, que corre hasta la página 58, y en la siguiente comienza el de "Canciones cubanas", y en la 95, el de "Guarachas y Boleros de Santiago de Cuba", que parecen conforman una primera parte y por último en la 162, "Los cantares de guerra", como una segunda parte. No hay uniformidad tipográfica ni en el texto, ni en los títulos, ni en las orlas o adornos usados. Analizaremos ahora la sección de Décimas, y la de Los cantares de guerra.

Al pie del coco

Son unas décimas de Felipe López de Briñas (hijo).1895. Es una bucólica estampa del campesino que sube al cocotero, valiéndose del *trepe* que evidentemente es lo que Pichardo llama trepadera, un artilugio hecho con soga y yaguas, que permite subir los troncos lisos de palmas y palmeras, y así el autor introduce otro cubanismo, y nos cuenta además que el *tiple y el acordeón los llaman con el danzón y la décima cubana* : unos valioso datos, que no era ajeno el guajiro a bailar al compás del acordeón, danzones. Y por último, tomando prestado como es muy dado a hacer el cancionero cubano, intertextualizando, termina sus versos con una conocida frase: *y no debe favores a ninguna extraña tierra.*

Del propio autor son las décimas **"El bohío"**, "improvisadas en 1895 ante la instalación cubana del bazar de la Cruz Roja en el Casino Español de La Habana": No obstante a estar en el Casino Español, el autor aprovecha para incluir cubanismos como yagua, cobija (el techo del bohío), y recordar que:

> ... ¡Hogar de los siboneyes
> para tí no hubo Colón!
> Del tiempo la evolución
> borró con rencor sombrío
> cuanto en este suelo mío
> dejó de los indios trazas
> ¡Mas si pereció la raza
> aun se levanta el bohío.
>
> Ah! Cuanta enseñanza encierra
> ese humilde hogar cubano.
> Los que con callosa mano
> llenan de frutos la tierra;
> los que con la suerte en guerra
> nunca a la labor rehacios,
> brindan al comercio espacio...
> Viven en *bujío* ruinoso
> mientras dan al poderoso
> modo de habitar palacios.

No creo que quedasen muy satisfechos los españoles comerciantes que acudían al Casino Español, escuchando estos versos...

Una frase que se usará como un ritornelo en muchas de estas décimas, es "al son del tiple" como la usa José E. Triay en sus décimas **"El Veguero y la**

Guajira" y más todavía, "Al son del tiple y el güiro" frase que se seguía usando en décimas escritas a fines del siglo, en que en muchos casos, el tiple había sido sustituido por la bandurria o el laúd, y el güiro, por las claves.

Volvemos a topar con la mulata en la décima. Ahora son la de Jacobo Domínguez Santí, **"Un mayoral a su prieta"** que comienza con la cuarteta que establece el pie forzado de sus décimas:

> ¡Qué ganas tengo mulata
> que se acabe la molienda
> para soltarle la rienda
> a esta pasión que me mata!

Y en los versos le contará:

> Por tí mi prieta adorada
> cambié de vida y de genio,
> y soy otro en el Ingenio,
> cuando mando la *negrada* .

Noten la diferencia entre negro y mulato.

A mediados del siglo XIX, está en su apogeo en lo literario el movimiento llamado siboneísmo, iniciado por el poeta José Fornaris, con su libro Cantos del Siboney, el libro de poesía más vendido en la historia de Cuba hasta el momento de su aparición, en 1855. Con los pocos datos antropológicos existentes, Fornaris y sus seguidores crearon un indígena ideal, viviendo en un paraíso que era Cuba, frente a los asaltantes indios caribes, invasores de su tierra. En realidad era una alegoría de lo que los españoles hacían con Cuba, como reconoció Fornaris. Al decir de Castellanos en su obra antes citada, que estamos resumiendo en lo atinente en este párrafo, era "Pobre antropología, pero excelente propaganda revolucionaria". Su más importante seguidor fue Juan Cristóbal Nápoles Fajardo (1829-1862), conocido por su pseudónimo de "El Cucalambé". Cultivó el siboneísmo, pero también el criollismo, una poesía destinada a resaltar las bellezas del suelo cubano. A diferencia de sus maestro, y más cercano a lo popular, El cucalambé escribía décimas para que la gente las cantase, dándole así un campo de diseminación mucho mayor a su obra. Como dice Lezama en la obra antes citada: *Lo que seduce en él es el júbilo nominal, el descubrimiento de yerbas, árboles, animales. La misma palabra se goza en su onomatopeya. Hay en él una primitividad, una frescura inaugural que no ofrecen Pobeda ni Fornaris. Tiene una alegría matinal, el nacer de todos los días en nuestro campo".

Hatuey y Guarina

Quizás por su extensión, sea de sus poemas el menos musicalizado, pero indiscutiblemente su contenido en palabras de origen indígena, lo hace un paradigma de la poesía cubana, junto con otros, sobre todo los agrupados en su poemario "Los Rumores del Hórmigo", en sí un tratado de cubanismos. Hay que destacar además, el mensaje codificado que lleva el poema: la estrofa dedicada a la guerra con los caribes, es en realidad la guerra contra los españoles.

>...¡Oh, Guarina! guerra, guerra
>contra esa perversa raza
>que hoy incendiar amenaza
>mi fértil y virgen tierra.
>En el llano y en la sierra,
>en los montes y sabanas,
>esas huestes caribanas
>sepan, al quedar deshechas,
>lo que valen nuestras flechas,
>lo que son nuestras macanas.

A Cuba

No pueden faltar estos versos de la puertorriqueña Lola Rodríguez de Tió, infatigable luchadora por la independencia de Cuba y Borinquen. Avecindada en Cuba entre 1889 a 1895, fue expulsada ese año por sus labores revolucionarias: Sin duda, los cuatro primeros versos de este poema escrito en Cuba en aquellos años, es una de las citas más frecuentadas en la literatura latinoamericana.

>Cuba y Puerto Rico son
>de un pájaro las dos alas,
>reciben flores ó balas
>sobre el mismo corazón...
>Que si la ilusión
>de mil tintes arrebola,
>sueña la musa de Lola
>con ardiente fantasía,
>de esta tierra y de la mía
>hacer una patria sola.

El Partido que Jose Martí funda en Nueva York, era para lograr la independencia de ambas islas. En él figuraron personajes importantes de Borinquen junto con los cubanos. La certeza de los cuatro primeros versos, la avalan siglos de historia; el sueño de los versos restantes, sigue siéndolo. Pero sigue vigente.

Cantares de la guerra

Francamente esta sección nos dejó perplejos. Como todo el resto del libro, tiene fecha de 1897, en plena guerra, y debe haberse publicado todo en un momento en que las censuras fueron levantadas, pues de otro modo no se explica se incluyeran versos en la primera parte de franca crítica a la situación política por parte de los cubanos. O sea, era un libro dirigido al público cubano partidario de la independencia, para memorizarlo, para cantarlo en reuniones secretas o en lugares donde no alcanzara la presencia española; pero esta segunda parte, es todo lo contrario, es un conjunto de décimas, y de otras formas versificadas, escritas al parecer por españoles, atacando en muchas de ellas en forma virulenta y ofensiva, con numerosos ribetes de racismo, a los independentistas cubanos.

Es como si en un libro, tuviéramos en la primera parte salmos de la Biblia, y en la segunda, versículos del Corán.

Sin embargo, aparentemente se vendió, a juzgar porque esta es la segunda edición. Es también prueba de que, desde antes de la guerra de 1868, y sobre todo, después de la misma, y cada vez que la censura lo permitía, con ocasionales y esporádicas libertades de prensa, se desataba una verdadera guerra de palabras, a veces paralela con la de los sucesos bélicos, en que España llevaba la ventaja, pues en época de censura podían siempre escribir contra los cubanos. Lo que no tuvieron nunca fue la razón. Quizás Pote, un pobre emigrante gallego que levantó una fabulosa fortuna en Cuba a base de su sagacidad para los negocios y su capacidad de trabajo, pensó que esta era la mejor manera de poder publicar un libro que contuviera material en contra de España; la parte segunda era una especie de caballo de Troya: se hubiera visto mal que la censura prohibiera un libro que contenía tan encendidos versos en contra de los insurrectos. Lo cierto es que el libro circuló. Más adelante veremos que Pote siguió publicando después de 1898, pero décimas estrictamente cubanas...

La llegada de los soldados, largos endecasílabos que describen la bienvenida estrepitosa a los que llegan, con un final melancólico de las madres que se quedaron esperando. Desde luego, nada confortante para los recién llegados, si es que lo llegaron a leer. Pero vamos a concentrarnos en las que se hicieron para cantarse, como las cuartetas de **Cantares de la guerra** de Javier de Burgos:

> Del machete de Maceo
> he de hacer unas tijeras,

para cortarle las uñas
a la bruja de mi suegra.

O Sinesio Delgado, que en la primera cuarteta toca un tema que será repetitivo en todos los escritores: la infinita superioridad numérica del Ejército cubano. ¿A quién pretendían engañar?

Para honrar a nuestras tropas
no atacan los enemigos,
sino consiguen juntarse
dos mil contra veinticinco.

Ya presentían también, por otra parte, que faltarían armamentos (y también vestuario y alimentación) por lo mucho que se robaba por los suministradores, de acuerdo con oficiales y subalternos:

Aunque por falta de cuartos
se acaben las bayonetas,
siempre podrán darse cargas
con navajitas de á tercia

Parece que había algo en común entre los soldados de ambos bandos, si creemos a Miguel Echegaray en otras cuartetas. cuando dice del soldado español:

En cuanto deja el fusil
corre a coger la guitarra
¡Piensa en su patria y se bate!
¡Recuerda su patria y canta!

A juzgar por Constantino Gil, los aragoneses eran más sinceros:

Semos cien aragoneses
los que estamos en la trocha
¡Cuidao! que somos muy brutos,
y todos de Calamocha

Aquí estoy de centinela
esperando a que me maten,
¡Dichosos los jorobaos
que no los joroba nadie!

Madrecica de mi vida,
¿Pá que me hiciste nacer?
¿Pá qué me diste aquel beso
que no te he de degolver?

Con tu Virgen del Pilar
me he frabicao una cruz
Y a mí que me han de matar,
si soy de Calatayuz.

Más festivo, Félix Limondoux se entretiene jugando con lo negro, y Maceo:

¡Mira tú si yo te quiero
que voy a matar mambises
porque te estorba lo negro!

Me está pasando contigo
lo que le pasa a Maceo:
que, si te miro, quisiera
pasar la trocha...y no puedo

Tomás Luceño quizás estuviera expresando el sentir de muchos:

A Castilla y León
nuevo mundo dió Colón
¡Cuanto me habría alegrado
que no se le hubiera dado!

Y jactancioso, Celso Lucio proclama:

Negros son los enemigos
y negros tus ojos son,
éstos son los que me matan
que aquellos los mato yo

No tema usted, madre,
que me machetéen;
a mí no me asusta ni Máximo Gómez
ni mínimo Pérez.

Esta décima de Rafael Solís es muy humana:

>Me dijo un negro llorando
>debajo de un aguacate
>-¡Por Dios niño, no me mate
>mi madre me está esperando!
>Yo sus ruegos escuchando
>y sin pensar en quien era,
>le permití que se fuera...
>y es porque supe aquel día
>que mi madre se moría
>por no tenerme a su vera.

Y también esta cuarteta del propio autor;

>Un sordao español dise
>cuando lo troncha una bala
>mu cayandito ¡Ay mi madre!
>y muy alto: ¡Viva España!

>Y José de Velillas, vehemente:
>Ya apaga su resplandor
>esa *estrella solitaria*
>temible por lo incendiaria,
> pero no por el valor:
> en vano el mambí traidor
>afila en Cuba el cuchillo
>porque en España es sencillo
>el oficio de guerrero
>y es héroe...cualquier cunero
>con traje de rayadillo!

>Hermosa tierra cubana,
>donde el sol ardiente brilla
>tiene sangre de Castilla
>y la lengua castellana:
>cese ya la lucha insana
>que a España aflige y te inmola;
>una estrella triste y sola
>no compite con el sol:

¡mientras haya un español
tienes que ser española!

Manuel del Palacio es más grosero:

Muchos mambises de Cuba
negros como su alma son
y aunque destiñan no vales
lo que cuestan de jabón.

Pero a sinceridad nadie le gana a Antonio Palomero:

Yo no sé quien es Maceo,
ni tampo qué es la guerra,
solo sé que en mi casita
mi pobre madre me espera

Niña, por tus negros ojos
de pena me estoy muriendo...
¡Calcula tú vida mía,
si tendré rabia a los negros!

Felipe Pérez González la emprende también con los filipinos:

En Cuba y Filipinas
viles y arteros,
hieren á España infames filibusteros;
traidores víboras
a que ella dió en su pecho
calor y vida.

Parece que los mambises han aumentado; según vimos en un poema anterior, estaban 2000 contra 25 españoles, lo que viene a ser, 80 mambises por un español, cuenta, que ratifica alarmado Don Felipe, porque los cubanos han aumentado: Ahora son cien para cada español: ¿De dónde salen tantos mambises?

Si no son cien para uno
los mambises, no pelean;
el español nunca mira
si él es uno para ochenta

> Los yankees a los mambises
> dan dinero y dinamita,
> mas no valor ni vergüenza,
> porque eso allí no se estila.
>
> Comparados con Maceo,
> Bandera y Máximo Gómez,
> son santos Gestas, Caín
> y Judas Iscariote.

Menos mal, se aprendieron el nombre de otros dos generales cubanos... Ricardo de la Vega le busca el lado humorista:

> Cuando llegue a la manigua
> he de buscar a Maceo,
> a ver si lo pongo verde,
> ya que no le ponga negro.

También por la guasa se lo toma el famoso humorista español, Vital Aza, en "Desde la trocha"

> Si se propasa el tunante
> voy a hacer con ese feo
> lo que haría con Maceo
> si lo tuviera delante.

Parece que muchas de las estrofas que hemos incluido eran espontáneas, de soldados con no mucha preparación, pero al seguir creciendo y alargándose el conflicto, el tono se va haciendo más agrio, sobre todo ante la muerte de Maceo, según dice Sinesio Delgado:

> Aventurero salvaje
> que manchó, cruel y fiero,
> sus dotes de guerrillero
> con actos de bandidaje,
> ¡bien muerto está! que insolente
> ultrajó nuestra bandera;
> pero confesemos que era
> un enemigo valiente

porque probó su valor
y no hay que negar lo cierto,
y porque el valor del muerto
dá más honra al vencedor.

Ya se llega al ridículo con Rafael Torromé en "España siempre gloriosa:"

El plan de los insurrectos
para quebrantar a España
estaba urdido con maña
y era de grandes efectos.

Sorprender nuestra inacción
con dos fieras sediciones
que apoyaban dos naciones:
Norteamérica y Japón…

Negó su oro el extrangero,
y nosotros exclamamos:
de nadie necesitamos;
aquí nos sobra el dinero.

Cuando no haya hombres, irán
las mujeres a la guerra;
si no hay oro en nuestra tierra
venderemos nuestro pan..

Ante la patria ofendida
no hay nadie que nos detenga;
venga la victoria, y venga,
aunque nos cueste la vida.

El desorbitado Felipe Pérez y González ya es torpemente ofensivo en "A Máximo el Chino Viejo", Epístola esdrújula, que construye con cuanta palabra así acentuada, negativa, pueda existir: bárbaro, vándalo, tártaro, zángano, gárrulo, etc.

Siguen otros poemas que evidentemente, tratan de subirle la moral a la tropa, pero son largas melopeas que no resisten la musicalización; no deben haber tenido mucho éxito. Asi se hacen homenajes a la Trocha de Júcaro a Morón, Pozohondo, Peralejo, o se acusa de violadores y asesinos a los mambises ("Pequeñeces") o de otras barbaridades en "Carta franca" de F. Basoa Marsella.

Otro libro interesante:
El tiple cubano

La misma Imprenta, La moderna Poesía, que de hecho era la más importante de Cuba, publica en 1901 una obra con título larguísimo, que ocupa toda la portada del libro: *El tiple cubano- Décimas criollas- Cantos del Pueblo de Cuba- Amorosos, descriptivos, patrióticos compuestos por los más célebres poetas y recogidos en los campos para cantar al son del tiple campesino.*

Más que el título, parece el prólogo del libro. Pero hablemos del "tiple campesino", que va a ser nombrado en nueve de las composiciones contenidas, y en dos se le llama tiplecillo, ya solo, o acompañado del arpa y/o el güiro. En la obra "Instrumentos de la música folclórico-popular de Cuba" del Centro de Investigación y Desarrollo de la Música Cubana, el tiple era una pequeña guitarra de registro muy agudo, y según Argeliers León, una bandurria pequeña de cinco cuerdas dobles, de acuerdo con dibujos del siglo XIX y fotografías de inicios del XX. Existía también en Puerto Rico, donde se menciona en la obra El Jíbaro de Manuel A. Alonso.

Lo curioso es que en 1901 cuando sale este libro, que está recogiendo décimas de todo el siglo XIX, ya el tiple no se usaba al parecer para tocar el punto cubano, siendo sutituído por la bandurria, el laúd y la guitarra según veremos más adelante cuando analicemos las grabaciones hechas de punto cubano a principios del siglo XX. Como en "La lira criolla", aparecen trabajos de poetas conocidos junto con otros de versadores que al parecer se dedicaron mayormente a la décima de contenido popular. En el libro aparece "El bohío", de López de Briñas, incluído en el otro texto que acabamos de analizar.

Hay un extenso poema de José E. Ponce, **Bellezas de Cuba**, con 30 décimas (300 líneas) pletóricas de nombres cubanos de frutas, flores, árboles, peces, aves, animales en general, comidas, costumbres; y por supuesto "sus lindas prietas", y todo al son del arpa, el tiple y el güiro: un sintetizado diccionario de cubanismos.

En la p. 55 aparece **"La bandera cubana"** que debe ser posterior a 1898, ya libre Cuba de los españoles, pero muy al comienzo de la ocupación americana, y suponemos anterior a la aprobación de la Enmienda Platt, limitando la soberanía cubana.

> Cinco franjas verás, niña,
> Y un triángulo punzó,
> En la Estrella que brilló
> De mi Cuba en la campiña.
> Procura no se destiña

Ninguno de sus colores,
Que cubanos trovadores
Cantan la luna latente,
De aquello hijos de Oriente
Que a tus pies regaron flores

Esa cubana bandera
Que la victoria alcanzó,
En los campos tremoló
Izada en verde palmera.
La misma que placentera
Hoy en tus manos se posa,
Insignia la más hermosa
Que acariciaron tus manos,
Y que ofrecen los cubanos
 Mantener siempre gloriosa.

El punzó que simboliza
el pudor y la castidad;
Y el blanco, virginidad
Que el poeta idealiza.
El azul nos profetiza
La dicha que está cercana,
Y esa estrella que engalana
Nuestro triángulo bendito,
Está dando sólo un grito:
La República cubana.

La esclava tierra de Hatuey
Entre cadenas vivía,
pero ya la tiranía
Nos la libró Makinley
Fué defensor de la ley,
castigando al vil tirano;
Y el Congreso americano,
que proteje la inocencia,
Dijo con honra y conciencia:
<Cuba será del cubano.>

El autor de este poema, que firma Canitel (Es un seudónimo, y en todo caso, debe ser Canistel, que es una fruta cubana), comete un doble error gramatical y poético en la cuarta línea de la última décima: Escribe Makinley, y es Mc Kinley, es palabra llana, que no rima con Hatuey. Pero el error mayor lo comete, junto con todo el pueblo cubano, al creer en los versos de la cuarteta final.

Y es que no leímos bien el mensaje de abril de 1898 de McKinley al congreso, que pidió y obtuvo *authorization to take measures to secure a full and final termination of hostilities between the Government of Spain and the people of Cuba, and to secure in the island the establishment of a stable government, capable of maintaining order and observing its international obligations.*(Autorización para tomar medidas para asegurar una completa y final terminación de hostilidades entre el Gobierno de España y el pueblo de Cuba, y asegurar en la isla el establecimiento de un gobierno estable, capaz de mantener el orden y y cumplir sus obligaciones internacionales. "Encyclopedia of Cuba". Greenwood Press, 2003, p. 194. Está bien claro. ¿Quien habló de soberanía?..

Es posible que al estallar el escándalo de la enmienda Platt le hayan salido décimas al paso, pero no las hemos encontrado.

Yo pensaba que la expresión cubana "Hacer un coco" (Entusiasmarse con algo) era de los años cuarentas del siglo XX, pero para mi sorpresa, en las décimas de **"La guajira al guajiro",** Contestación de Herminia M. Valdés, nos encontramos que ya "se hacían el coco" la gente en el Siglo XIX, y también "mudaban el paso" (cambiar de idea, de actitud) frase esta que con el tiempo se convirtió en "cambia el paso", recogida en una guaracha-chachachá de Pedro Aranzola que grabara la orquesta Aragón, "El paso de Encarnación" aunque tomándola en su sentido literal: "Cambia el paso, que se te rompe el vestido" . Pero el público la cogió por su sentido figurado... Y el coco, con el nombre de "A romper el coco" fue una famosa guaracha de los cincuentas de Otilio Portal, que grabaron el Trío Servando Díaz, el Conjunto Casino, y Benny Moré: "Es un coco lo que tengo contigo". Sigue teniendo razón Gloria Antolitia: "Porque todo comenzó más temprano de lo que se cree". Coco, en ese sentido, es tener pasión, obsesión o capricho por una persona o cosa.

> Puedes estar muy seguro
> De que no te he de hacer caso,
> Conque así, *muda de paso*,
> Que este camino es muy duro.
> Si no te conviene, juro
> Que eso a mí me importa poco,
> A mí *no me haces tú el coco*
> Con nada, ni con dinero,

>   Porque de tí nada quiero
>   Aunque de amor estés loco.

Aunque no estamos incluyendo todas aquellas décimas que incluyen cubanismos, porque convertiríamos esto en un tratado de lexicografía, tengo que comentar el poema en décimas a "A E…, de un poeta conocido, Miguel Teurbe Tolón, a quien no le basta nombrar aves conocidas como el colibrí, totí, sinsonte, sino nos habla de un marbí, es en realidad el Malvis, un pájaro migratorio que pasa por Cuba; que nos aclara Pichardo es Guatiní, y en realidad es otro nombre para el Tocororo, el pájaro nacional de Cuba.

Algunos de los poemas de este libro, como "Cantos de esclavo", "Mi bandera" y "10 de Octubre" han sido transcritos en el capítulo 8 de este libro, ya que al parecer fueron grabados como veremos.

La mayor parte de las décimas escogidas por el editor, son amorosas y otras dedicadas a las bellezas campesinas, muchas bucólicas, como "El tesoro del guajiro", de C.J. Valdés.

Hay además un acendrado y orgulloso amor por Cuba. Pero esa no era la realidad, y menos en el año de edición de esta compilación, 1901, en que se encontraba Cuba sometida a la intervención norteamericana.

CAPÍTULO 4
Siglo XIX: La canción

Volvamos al libro La Lira Criolla (1897), reseñado en cuanto a las décimas, en el capítulo 3 anterior, donde dejamos aparte las canciones que cubriremos ahora. Las dos primeras que nos trae ese libro que pueden tener sentido político, son **El destino**, en la p. 60, y **La partida**, en la p. 62. Ambas parecen meras canciones de despedida, pero por la época y el medio en que se publican, nos hace pensar que en ambas hay una ausencia motivada por razones políticas: las guerras contra España. En **El destino**, el autor Ramos dice:

> El destino me lanza, ángel mío
> a que parta lejos de tí;
> más no olvide criatura que el sí
> me juraste con loca pasión...

En la segunda, **La partida** de S. Lima, la razón parece un poco más clara:

> A partir decididos estamos
> pues lo quiere la suerte tirana,
> Dios bendiga de gloria La Habana
> que nunca jamás veré.
>
> Mas si acaso en lejanas regiones
> dicha eterna nos brinda la suerte,
> un recuerdo tendremos inerte
> de la patria que el cielo nos dió.

La Bayamesa, p. 65, es la canción cubana más importante del siglo XIX. Tres bayameses, Francisco Castillo Moreno, José Fornaris y Carlos Manuel de Céspedes, hombres de letras, aficionados a la música y sobre todo patriotas, unieron sus talentos para componer esta canción que estrenaron en 1840 (1851 para otro autores) en la ciudad de Bayamo. Llegaría a ser la canción romántica más importante, emblemática y representativa de la música cubana en ese siglo, pero despúes del inicio de la Guerra de los Diez Años en Cuba, con esta y otras letras mas revolucionarias, se convertiría además, en una emblemática canción política. De esta parte hablaremos en el próximo capítulo.

¿No te acuerdas, gentil bayamesa,
Que tu fuiste mi sol refulgente
Y risueño en tu pálida frente
 blando beso imprimí con amor?

¿No recuerdas que en tiempo dichoso
Me extasié con tu pura belleza
Y en tu seno doblé la cabeza
Moribundo de dicha y amor?

Ven y asoma a tu reja sonriendo,
Ven y escucha amorosa mi canto;
Ven no duermas, acude a mi llanto,
Pon alivio a mi negro dolor

Recordando las glorias pasadas
Disipemos mi bien la tristeza,
Y doblando los dos la cabeza,
Moribundo de dicha y amor.

Fue grabada por Esther Borja con la Orquesta de Cámara de Madrid y coros, en 1953 (CD21- Montilla); En Cuba en forma instrumental con orquesta dirigida por Roberto Sánchez Ferrer, LpKubaney 123; Dúo Sonia y Miriam, LpKubaney 192; Dúo Cabrisas-Farach, LpModiner233, y por EvelioTieles violín y Esther Ferrer, piano, LpEgrem3619, entre otros.

Pero volvamos a "La lira Criolla". La mulata empieza en este siglo a construir su mitología: Veamos esta canción de Antonio Valdespino, titulada **La Canela**:

No hay mujer más deliciosa
ni que tenga más candela
que la *mulata* canela
cuando se pone a bailar

Porque esa mujer sabrosa,
además de su hermosura
tiene su frágil cintura
que es una cosa sin par.

Ay! mi *mulata*
bella sin par
cuando la miro
dulce bailar

Ninguna como ella tiene
por lo linda y hechicera
tanto dulce en la cadera
ni movimiento sin par

Porque es la canela
y no hay nada más
la rica *mulata,*
mulata sin par.

O esta otra titulada **La Serenata**, sin autor, y que más bien parece una pieza del teatro bufo, pues tiene varios personajes:

Hace un año que te ví
y no te pude olvidar;
era pura, casta y bella
la que yo quería amar.

Mulata te quiero,
me muero por ti
si tú no me amas
que va a ser de mí.

¡Ay! dame un beso
por compasión;
pero mi *mulata*
que me abrase el corazón.

Guardia : Y á ver la licencia
de esta serenata

que en este *distritu*
non quieru bachata. (1)
Y he dicho que pronto
Y he dicho que pronto,
que si no con esto
les doy un componte (2)

El dueño: Yo estoy en mi casa
señor don Civil,
tómese un traguito
y lárguese a dormir.

Pero por Dios mulata,
voy á morir
si tu me niegas
este placer.

Mira que tengo
el alma enferma
para poderme
comprometer.

Guardia: Ya pueden cantar,
ya pueden reir
que da su permiso
un guardia civil.

(1) Nótese que ya la palabra bachata se usaba en el siglo XIX como sinónimo de parranda, jolgorio, diversión desordenada, dice Ortiz en su Glosario de Afronegrismos, agregando que no es africana sino por muy lejano grado, que no establece. El REA sin embargo, lo considera africanismo.

(2) Componte es cubanismo que trae Ortiz en su Cataruo. Es castigo con palo o vergajo, especialmente cuando son agentes de la autoridad quienes así castigan. Seguramente en escena, el guardia cuando dice "que si no con esto" debe haber mostrado el tolete, símbolo de su oficio.

La Lira trae una tremebunda canción que dice "Sacada a Félix Montoro el cual asesinó a su mujer el día 24 de octubre de 1894" Y aparece como autor, "Lino". Como cuestión social, el machismo es evidente.

Canción

El veinte cuatro de Octubre
día de San Rafael,
Félix Montoro en la Plaza
asesinó a su mujer.
No hay que decir que esto es cierto
porque no hay seguridad,
caballeros, poco a poco,
y conserven su amistad.
En la casa de socorro
cuando su madre llegó,
la pobrecita decía
Severiana se acabó.
El fué a cumplir su destino
bien se lo decía yo
que lo prendiera Miró
por ser tan chota Faustino.
Si yo tuviera valor
en una copa de vino
envenenaba a Faustino
por chota y conversador.

La Lira trae también, en la mejor tradición del romancero español, una serie de "cantos" a la muerte de Manuel García, "El rey de los campos de Cuba", famoso personaje de este siglo, una especie de Robin Hood criollo, para unos considerado bandolero, y para otros patriota. Veamos ésta como ejemplo:

Muerte de Manuel García

Hoy que ha muerto el bandolero
Que fue de esta tierra espanto
En un elegíaco canto
Decir como ha sido quiero.
Mas voy a expresar primero
Por ser asunto del día,
Que la vida no quería
Y sin salir de la tierra
Quiso hacer a España guerra
El rey Don Manuel García.

Sucedió el levantamiento
Hoy de todos conocido
Y el tan célebre bandido
A la guerra fue al momento.
Capitán de un regimiento
El mismito se nombró,
A gente que se le unió
Sus órdenes fue acatando
Y así como ordeno y mando
La partida dividió.

Llegose al Seborucal,
Tomó efectos y dinero,
Mas no como bandolero
Sino como general.
La cosa no iba tan mal;
Mas llegó la hora insana
Y no pudo esa mañana
Estender(sic) el pagaré
Que firmaba a nombre de
La República cubana.

Según refiere la gente
Allí mismo fue temida
Entre los de la partida
Una guerra contundente.
Unos dicen que de frente
Un compañero lo hirió,
Otros afirman que no;
Pero la verdad ha sido
Que a Manuel, su hermano, herido
En un serón lo llevó.

Mas después en otro lado,
Sintiendo venir la gente,
El bandolero Vicente
Dejólo allí abandonado.
El cadáver fue encontrado
Y llevado en el momento
A la Mocha, no sin tiento

Para muy pronto llegar
Y allí poder practicar
Serio reconocimiento.

En la Mocha se decía
Que era el bandolero isleño,
Mas otro tuvo el empeño
De que era Manuel García.
Y era verdad, a fe mía
Y no mentira de escuela,
Pues clavándole la espuela
A su caballo, llegó
Y allí lo reconoció
El de La Lucha, Varela. (1)

(1) La Lucha era un periódico, y Varela, un reportero del mismo.

La zarzuela El Brujo, del maestro Mauri y letra de Barreiro, trae entre otros números que se hicieron populares, este **Punto**, que aunque no está escrito en décimas, rinde también homenaje a la mulata:

No esperéis, no que yo abra
la puerta de mi bohío
que aquí espero a la *mulata*
dueña del corazón mío

Como escondido en el bosque
feliz canta el ruiseñor,
así canto á mi *mulata*
las penitas de mi amor.

Libre por fin a tu lado,
mulata de mi pasión,
siempre fiel y enamorado
te será mi corazón.

En tus brazos, vida mía,
quiero amoroso vivir
y tu amor que es mi alegría
de tus labios siempre oir.

Hay un bolero del oriental Pepe Sánchez, considerado el autor del primer bolero cubano, este es otro, se titula **La cubana**, pero la menciona solo una vez en los dos cuartetas de las que componen este bolero; en cambio Santiago Soré, en otro llamado **La Serpentina**, en cuatro cuartetas, menciona cuatro veces a la mulata.

Bolero, canción o guaracha, se titula **El Bilongo** de J. Valdés, que es también mencionado por Samuel Feijóo en "El son cubano" (Edit. Letras Cubanas, 1986, p. 16). Bilongo es cubanismo por hechizo o brujería, que reconoce el RAE. Y por supuesto, es la mulata la que tiene el bilongo. En el siglo siguiente, Guillermo Rodríguez Fiffe compuso una guaracha muy famosa con el mismo tema, Bilongo, o La negra Tomasa.

No he visto mejor fandango
y á decirlo no me opongo
que el que baila mi *mulata*,
porque ese tiene bilongo.

¡Ay bilongo!
ay bilongo
que mi *mulatica*
sale a bailar!

Por eso cuando ella sale,
Me río y me desmondongo, (1)
porque mi *mulata* tiene
¡ay! muchísimo bilongo.

¡Ay bilongo!
¡ay biolongo!
que mi *mulatica*
sale a bailar!

(1) El DAE lo trae como palabra peruana, pero en un sentido que no aplica en este caso. Más bien parece ser otra forma del verbo desmondingarse, que si aparece allí como cubanismo, acompañado de risa, como cansancio, como desmondingarse de risa.

Hay también una parodia de la guaracha llamada "La mulata callejera" titulada **Las elecciones**, suponemos para puestos locales todavía bajo el dominio español, y en que vemos ya existían fraudes electorales:

>...yo soy candidato
> ese soy yo,
> tengo mi voto
> y otro elector
> Con mi figura, señores,
> y mi proceder gentil,
> estoy diciendo: ¡Electores,
> vengan a votar por mí!
>
> Y luego va y luego va...
> y luego va...a...
> cojiendo(sic) allá en la escalera
> al que a otro quiere votar
> y repartiendo centenes
> como pedazos de pan...

Pero el delirio mulateril continúa, Joaquín A. Riquelme compone **La Pelota** donde se habla de su mulatica, a la que también denomina trigueña. Pelota es cubanismo por pasión, amor exagerado, es tener pelota por alguien. (Fernando Ortiz, Catauro de cubanismos).

Vienen también dos pregones, que bien pueden ser de las primeras composiciones musicales de este tipo, uno es **El casabero** o vendedor de casabe, tortas hechas de yuca y que sustituían al pan, y que además pregona guayaba con quesito, y comenta que "de los guachinangos grandes (así se les decía a los oriundos de México y/o de América Central, Pichardo) nacen los guachinanguitos"; y en confidencia importante nos dice "que vale mas comer casabe, que jugar la lotería". Y ya de despedida, advierte: "yo no admito las monedas que tengan agujeritos" Al parecer, se le hacían agujeros a las monedas de oro o plata, con lo que obviamente disminuía su valor real.

El otro pregón, **El chino comerciante**, de "Lico" se revive en el siglo siguiente con el nombre de "El chino vendedor" en los cuarentas en las voces del Trío Pinareño, que lo graban después en los sesentas (Lp Discuba 592), con cambios en la letra desde luego.

> Señores, ¿quién es este chino
> que se me pasa delante?
> Este chino vende mucho,
> este chino es comerciante

Chino que vendes tú
que yo te quiero comprar   -
y dime lo que tú vendes
para oirte pregonar.

Yo llevo galletica Santu Lumingo (Santo Domingo)
chuculate, panitela,(chocolate, panetela)
cuculonga
uá, uá, uá,

Yo lleva nalanja de china
caña de la tiela(tierra)
platanito mansango (por manzano)
la milonga de agua(por malanga)
uá, uá, uá,
Yo lleva butifala catalana
churisa lan tlimeña (chorizo ¿)
putage las gallega (potage a la)
fabada lan tulianga (fabada asturiana)
uá, uá, uá,

Yo lleva buniatu sancuchangua(boniato salcochado)
bacalao leflitu (bacalao refrito)
salina gallega (sardina gallea)
abincón con hueva
y se cabá, uá, uá, uá...

La negritud completa tiene también sus admiradores: Como de autoría "Del pueblo" se incluye el bolero **La rumberita**, que en la letra se aclara es negrita; y hay otro bolero llamado así, **La negrita**, de hecho la negrita Juana Modesta…

El despatriado que es como aparece en La Lira Criolla, se ha conocido también con los nombres de **El expatriado**, y también como **Allá en mi Cuba**, nos dice JRE "fue editada por Anselmo López a fines del siglo XIX y devino canto patriótico por excelencia de los exiliados cubanos en Tampa y Cayo Hueso durante de Guerra del 1895. Fue popular en España, donde aparece recogida con el título de Allá en mi Cuba en el libro "Álbum de Habaneras"(1948) de Xavier Montsalvatge, quien la transcribe, para voz, y la hace acompañar de una historieta apócrifa que elude el sentido patriótico y político de la pieza. O sea una prueba más de las escaramuzas entre los dos cancioneros, el cubano y el hispano, que en este caso se apropia de una canción cubana, la lleva al tiempo de habanera, y cambiando su letra, la convierte en parte del cancionero nostálgico de España.

Como "El despatriado", la grabó el trovador Juan Cruz en julio 28 de 1905 en La Habana disco Victor 72003, que no hemos podido escuchar. Después de la revolución, Las Hermanas Martí lo grabaron como "Himno del desterrado", en tiempo de habanera.

> Allá en mi Cuba, en mi nativo suelo
> en cuyos prados la belleza mora
> hay una flor que solitaria llora
> mi triste vida abandonada allí.
>
> Mas si ella ha sido la fúlgida esperanza
> que el despatriado en su carrera lleva,
> la casta flor cuya fragancia eleva
> al bello hermoso y celestial jardín.
>
> Ella tal vez ignorará, quien sabe,
> que yo la adoro con pasión vehemente,
> ella tal vez ni de mi amor presiente
> el sacro fuego en que me siento arder.
>
> Y si mañana cuando a Cuba vuelva
> por la desgracia me sienta abatido,
> a exhalar iré mi último gemido
> allí donde ella me juró su amor.

Canción de los deportados

Seguimos con el contenido de la Lira Criolla:

> Cruzando por los mares
> iba el Guipúzcoa,
> llevando a los proscritos
> hijos de Cuba. Suerte tirana
> ¿Quién pisará primero
> tierra cubana?
>
> Casi me estoy muriendo,
> tengo un empacho

de esa tocineta
que echan al rancho;
con tal comida
yo no llego a la tierra
santanderina.

Cuando á Don Timoteo
le echaron garra,
se encontraba en el fondo
de una tinaja.
La policía
luego le limpió el llanto
de sus mejillas.

Cerca de las Azores
pensaba Agüero
en la mujer que deja
sola en el pueblo.
¡Dios del cristiano
vuélvele a su cielito
camagüeyano!

Hemos saltado muchas por no estar seguros fueran musicalizadas por su extensión, pero esta décima si vale la pena, en que se menciona a la prieta, que no sabemos si era mulata o negra, tres veces. No tiene autor, y se llama **Apreturas**.

Es aprieto tan fatal
el aprieto en que me has puesto,
prieta hermosa que yo apuesto.
á que no hay aprieto igual.
Sácame de aprieto tal,
prieta, y de mí ten piedad,
no aprietes más con crueldad
mi apretado corazón;
mira que es grande apretón
prieta, el no ver tu beldad.

Y sólo hemos encontrado un poema en este libro en que se celebre a una belleza rubia; el de A.H. del Valle, **Tus ojos y tus labios** cuando le dice: "Dueña de las trenzas blondas".

También en **La Cubana,** dedicada a Porfiria Hernández y Escobar, escrita por Br. E. Mantecón y González, se hace el elogio a la mujer, sin mencionar su color, y lo mismo sucede con **La Joven,** también de Mantecón, dedicada a Caridad Sánchez

A la mulata, como hemos visto, se le menciona a veces con el diminutivo, en forma cariñosa, mulatica; pero en una décimas humorísticas que firma 'FR' tituladas **La puerta de mi bohío** nos encontramos el aumentativo:

>Una noche en Vuelta Abajo
>me encontré una *mulatona*
>que se llamaba Petrona...

Otras canciones de la época no son festivas, como **En una triste y oscura bartolina.**

>En una triste y oscura bartolin
>Lo vi encerrado y me saludó
>Me llevan, dijo con rumbo a Chafarinas (1)
>O a las desiertas playas de Fernando Poo. (2)
>Si ves a mi madre en el muelle no vaya
>Porque es muy triste verme partir
>Y si sucumbo del Africa en las playas
>Tan sólo en ella, tan sólo en ella, pensaré al morir.

(1 y (2) Eras islas africanas, colonias españolas, a las que se enviaba a los presos cubanos. Esta letra nos fue suministrada por JRE, que además nos informa fue usada erróneamente con el título de El Expatriado en el CD de Estudios Abdala editado en 2004, con la voz de Liuba María Hevia.

CAPÍTULO 5
Siglo XIX: Una fuente esencial

Se trata de la obra "Cuba Colonial-Música, Compositores e Intérpretes 1570-1902 de Zoila Lapique Becali (Ediciones Boloña, La Habana, 2007) un completísimo trabajo en que se estudian todos los ángulos del producto musical cubano en esos años. En lo que nos atañe, comencemos por la p. 80 en que nos cuenta que en el diario El Regañón de La Habana de 23 de marzo de 1801, se comenta que en una feria celebrada en Guanabacoa se tocó una nueva contradanza que tenía por título **El abrazo fraternal patriótico**; Se las trae el nombrecito, y habría que pensar quienes eran los "abrazantes" ya que por supuesto era instrumental la pieza.

Agrega la autora datos interesantes que recoge de esa fuente y otras, sobre la intensidad de la pasión por el baile en los habaneros, y sus secuelas sociales, al punto que el gobierno en 1803 dispuso, con motivo de la festividad de la virgen de Regla, limitar su extensión "para detener todo abuso en juegos prohibidos, la continuación escesiva en los bayles en la noche, que en ella se recojan a la hora acostumbrada sin andar vagando por las calles" (pag.81).

Es evidente que los excesos de bailes provocaban preocupaciones sobre el orden público en la ciudad. Y las críticas muchas veces se concentraban en la contradanza cubana, precisamente por encontrar en ella presencias africanas, además de que, por proceder de la contradanza de Francia, y dada la situación política existente en 1809, con España invadida por las tropas napoleónicas, no era extraño que el diario El Aviso de la Havana, arremetiera contra "la balsa y contradanza, invenciones siempre indecentes que la diabólica Francia nos introdujo" (p. 95). Con todo, la gente seguía bailando al compás de orquestas integradas por negros y mulatos.

Y la música tenía que seguir los eventos de la política: En el teatro Principal se canta el 22 de septiembre de 1814 una obra en un acto titulada **El mejor**

día de La Habana, para conmemorar la vuelta del rey Fernando VII al trono español (p. 95).

El Diario de la Habana del 14 de diciembre de 1812, anunciaba la presentación del cómico cubano Francisco Covarrubias, quien en unión de Manuel Prieto, "ejecutará un diálogo de negritos, cantando y bailando al estilo de su nación".(p. 97) Eran los principios de nuestro teatro bufo: y lo importante es que cuando se dice nación, no se está refiriendo a la nación española, sino a la nación de los supuestos negritos, sea congolesa, lucumí, o la que fuera. La tonadilla española seguía primando en La Habana entre 1807 y 1812, estrenándose muchas y ya comienza a aflorar lo afrocubano; una de esa obras se titula **El feliz desengaño o El Negrito** en la que Covarrubias hacía el papel de tal. Otras tonadillas de 1819 son **La solitaria, La nueva en la fonda y El negrito** que cantaron "las Sras Galino y Gamborino y los Sres. García, Pau y Covarrubias, que será "el negrito" (p. 98) Lo afrocubano seguía abriéndose paso.

Una actividad musical tan intensa, estaba necesitando una editorial impresora de partituras, y Cuba la tuvo en La Habana cuando en 1822 la establece Santiago Lessieur y Durand, un francés. (p. 107) En 1823, se atiende también la necesidad de papel pautado, o sea, el papel con el trazado de cinco líneas paralelas sobre el que se escribe la música, y se abre una fábrica en la calle Aguacate a ese efecto.(p. 108). Ya tenían los cubanos, principalmente los habaneros, tres maneras de tener acceso a la música escrita; la más antigua, las partituras que aparecían en diversas publicaciones periódicas de la época, que muy bien cubre Lapique en esta obra y en otra suya anterior, "Música colonial cubana-Tomo 1-1812-1902" (Edit. Cubana, 1979); las que empezó a producir la imprenta de Lessieur y otros editores que le siguieron; y por último, copiando de alguien la partitura usando el papel pautado impreso. Lapique trae en la p. 109 y siguientes el nombre de muchas de las partituras editadas en esta década de 1820, casi todas son contradanzas y danzas, pero como son instrumentales, solamente los nombres nos dejan atisbar algo que pueda tener significación histórica; por ejemplo que el dengue ya era enfermedad conocida y sufrida en Cuba, a la que se le dedica una contradanza en esa época, y hasta un minué, llamado **La melancolía del dengue** (p. 110). Y sabemos, por una contradanza titulada **La taravilla** que los niños de la época ya empinaban o volaban cometas, o lo que en Cuba se llamaban papalotes, o en aquella época según Pichardo, Cometones, porque la taravilla, como dice la contradanza, o trabilla, como también le llama Pichardo, era un pedacito de alambre doblado que se le adicionaba al cordel del papalote, para con él apresar el cordel y por ende el papalote de otro "empinador". Ya ven hasta para lo que sirve la música, para situar en el tiempo la existencia de determinado evento (la epidemia del dengue) o costumbre (un juego infantil).

Aparece otro editor en 1836, Louis Caire, también francés, y en el mismo año, el alsaciano Juan Federico Edelmann. Y empieza a publicarse música en que aparecen células de origen africano; así señala Lapique a la contradanza **La Matilde** publicada en 1829 en que detecta dos células de ese tipo, y sobretodo otra contradanza publicada en 1830, **El abufar**, ya que para ella: "es la primera contradanza hallada a la que podemos llamar plenamente cubana" (p. 112) . Por cierto, no hemos encontrado el significado de la palabra "abufar".El DAE considera "abufarse" un puertorriqueñismo por inflarse.

Es importante recordar, que la música impresa solo reflejaba un aspecto de la música cubana contemporánea de aquella época; se limitaba a determinados géneros, preferiblemente interpretados a piano, y nunca incluyó el punto cubano, y mucho menos los cantos religiosos de las distintas etnias afrocubanas, y menos su música bailable. Pero no hay regla sin excepción. El músico catalán Juan Casamitjana llegó a Santiago de Cuba en 1832 como Director de la Banda del regimiento de Cataluña, y residió allí, aún después de retirado, hasta 1866. Se integró al ambiente musical, cooperando con el maestro Laureano Fuentes Matons en canciones que apartándose de los modelos italianos en boga, tenían un sabor más popular y a veces vulgar como **La cachucha y La maloja**.

Formó además su propia orquesta y "cuenta la tradición santiaguera que se hallaba una noche de agosto de 1836 en el café Venus cuando pasó por el lugar la comparsa del Cocoyé, encabezada por las mulatas María de la Luz González y María de la O Soguendo. Impresionado por los sones de la comparsa, compuso una obra para banda que gustó muchísimo al auditorio cuando se interpretó por primera vez." (p. 119) .La obra es el famoso **Cocuyé.**

Otra excepción la señala Lapique en la p. 120 de su enjundioso libro: Otra publicación periódica de la década de los treintas, El látigo del Anfibio, cuyo editor era Bartolomé José Crespo y Borbón, más conocido por su seudónimo de Creto Gangá, un español que siempre trató de ridiculizar en sus obras literarias al negro, publica en 1839 dos canciones, la primera no tiene autor ni título y "la letra imita el supuesto léxico del negro bozal para pretender ser humorística, pero en realidad trata de justificar la condición humillante que aquella sociedad esclavista imponía al negro." La otra canción apareció el mismo año en las páginas del Noticioso y Lucero de La Habana Se titula **El pelado a la derniére**, cuya letra, nos dice Lapique, "hace alusión a los románticos rapados de la época" Otra ocasión en que la música nos permite atisbar lo que socialmente estaba sucediendo. Ambas piezas, para Lapique, pueden considerarse antecesoras de la guaracha. Están escritas para acompañamiento de guitarra, no de piano.

Y así va entrando en el repertorio de la música cubana este género que Pichardo llamó "baile de la gentualla casi desusado" pero que al parecer, tuvo su regreso gracias a las compañías españolas de tonadillas, entre las que va intercalándose la guaracha hasta llegar al teatro bufo, primero el español, y después el cubano.

Y es que el proceso de integración de ingredientes africanos a la cultura cubana, era inevitable. No lo querían ver los cubanos, pero un colombiano, Félix Tanco Bosmeniel –matancero por adopción- como dice Lapique, amigo de Domingo del Monte, le dice en una carta que este recoge en su obra Centón epistolario":

...la influencia de los esclavos no solo en las costumbres... sino en el idioma, pues como tu sabes se han introducido en él infinidad de palabras y locuciones inhumanas y bárbaras que son de uso corriente en nras.(sic) sociedades de ambos sexos que se llaman cultas y finas. La misma influencia se advierte en nros.(sic) bailes, y en nuestra música .¿Quién no ve en los movimientos de nuestros mozos y muchachas cuando bailan contradanzas y valses, una imitación de la mímica de los negros en sus cabildos? ¿Quién no sabe que los bajos de los dansistas del país son el eco del tambor de los Tangos? Todo es africano, y los inocentes y pobres negros, sin pretenderlo, y sin otra fuerza que nace de la vida de relación en que están ellos con nosotros, se vengan de nuestro cruel tratam.(sic) inficionándonos con los usos y maneras propias de los salvajes de Africa (p. 123)

Y agrega en otra carta, también recogida por Del Monte:
...Dejemos la ridícula manía o el error, de pintar una sociedad escogida, la sociedad blanca sola, aislada, porque los negros se destiñen y ensucian esa sociedad, y es preciso verla con los tiznes que le deja su roce: es decir, es necesario, indispensable, ver los negritos. (p. 123)

Hemos dicho antes que ese problema, de aceptar el mensaje –la cultura africana, sin saberlo—pero no aceptar el mensajero –el afrocubano- es un problema que todavía hoy, aunque en menor escala, nos afecta.

En la p. 125 de la obra que venimos reseñando, nos llama la atención otra contradanza, ésta de Manuel del Monte y publicada en 1838. **El conde de Alarcos**. El título se refiere obviamente al drama estrenado ese mismo año de la pluma de José Jacinto Milanés (Matanzas, 16 de agosto 1814-14 de noviembre, 1863-Francisco Calcagno: " Diccionario Biográfico Cubano" Ed. Cubana-Miami-1996). El acompañamiento monorítmico era el de tango (afrocubano). Y se trata de un caso de intertextualidad, el uso, en una obra musical, de un elemento que pertenece a otra obra musical, o a una obra literaria, o referente a determinado suceso histórico. A lo largo de esta obra, iremos señalando otros casos de este fenómeno, pero este es uno de los primeros que nos ha salido al paso. Habría que escuchar esta danza para ver si contiene elementos dramáticos en su música que coincidan con el texto de la obra.

A veces la intertextualidad alcanza solamente a usar una palabra, un título, que se haya hecho notorio en un momento determinado. Eso sucede con la contradanza **La ley brava**, de la que nos habla Lapique en la p. 131, que se puso de moda en 1841 y de la que nos dice que según Pedro Deschamps Chapeaux, la misma se refería a las ganancias excesivas que hacían los prestamistas, y contaba que en un baile de cuna, en el barrio de Belén, las muchachas cantaban un versito, que parece alguien le había inventado a la danza:

> *Me abrasa como una lava*
> *la sandunga de esta danza*
> *¿Y que cosa no se alcanza*
> *en tocando la ley brava?*

Salvo esta letra no autorizada, hasta esos años la danza era instrumental. Para Lapique, la primera contradanza cantada, género que después empezó a conocerse cono Habanera, es la titulada el **Amor en el baile**, publicada en 1842 (p. 132). El nuevo género causó un impacto posiblemente mayor fuera de Cuba; los españoles adaptaron el género inmediatamente, porque el mismo se prestaba a letras con referencias a Cuba, su paisaje, sus mujeres (incluyendo la inevitable mulata).

Pero aunque en La Habanera, en el asidero de la palabra, había cabida para temas de contenido político o social, salvo que incluyéramos las decenas de ellas hechas sobre todo en España, que aluden de una forma u otra a la belleza del paisaje o la mujer cubana, en realidad no funcionó en términos generales como vehículo para esos temas. Ya llegaremos a algunos de esos casos.

Como se siguieron haciendo danzas y contradanzas con el único fin de bailar, para 1841 encontramos otro caso interesante, que nos narra la autora en la p. 137. La prensa anuncia la publicación de la contradanza de Buelta y Flores titulada **La Valentina**, para un baile a realizarse el 23 de febrero a favor de la Real Casa de Beneficencia. Pero lo interesante es que se trataba de introducir en Cuba la tradición originaria de Escocia de celebrar el día de San Valentín, que hoy conocemos como el Día de los Enamorados, aunque los avispados comerciantes de todo el mundo lo están cambiando por el Día de la Amistad, o del Amor y la Amistad, lo que aumenta extraordinariamente las ventas, porque tenemos más amigos que amores... Pero lo interesante es que para introducir esta costumbre entre nosotros, la atracción en ese baile, sería una comparsa, "...una especialmente compuesta de señoritas y caballeros de La Habana, bien ensayados, bailará un *tango africano*, justificando con su finura que también esta danza se puede desempeñar con el decoro que el público ha admirado en la *cachucha* ...y otras niñas se han ofrecido presentarse para bailar la *cracoviana y la smolenska*".

Creo que antes he dicho que La Habana, por su posición geográfica, nació con vocación cosmopolita: Ahí lo tienen. Otra forma de relacionarse con el medio ambiente fue la costumbre de las orquestas de aquella época, de ponerle nombre a las danza que tuvieran que ver con una actividad o entidad determinada, en este caso, **La Feria del Pilar** de Buelta y Flores, estrenada en 1843 y dedicada claro está a las fiestas a celebrarse en ese barrio.

En 1844, La conspiración de la Escalera, una aparatosa causa en que se vieron implicados cientos de afrocubanos libres y esclavos, so pretexto de un movimiento destinado a producir un levantamiento contra los blancos, trajo cientos de muertos y muchos tormentos físicos a los implicados, y fue especialmente dura con el sector de los músicos; nombres importantes, como los de Buelta y Flores, y White, entre otros, sufrieron los duros rigores de ese proceso. Pasarían algunos años para que esos y otros músicos, pudieran retornar a sus trabajos. Pero ya en 1848 Sisto María de la Torre, tenía el valor de estrenar una danza titulada **El Triunvirato**, ostensiblemente dedicada al nombre del ingenio donde se sucedieron cruentos alzamientos de esclavos en 1844, que dieron lugar al fatídico proceso. (p. 142).

Como harían después los danzones, muchas contradanzas se dedicaban a lugares públicos, como **El paseo de los Molinos** de 1846 o **El Prisma**, a la revista del mismo nombre, en el mismo año. (p. 148). Cuando visita Cuba una compañía operática que interpreta la ópera Ernani de Verdi, e interviene una excelente cantante, Fortunata Tedesco, Manuel Saumell le dedica la contradanza **La tedezco** (sic) utilizando como tema un aria de la ópera, o sea, un caso de intertextualidad de los que hablamos.

Al comenzar la segunda mitad del siglo, Claudio Brindis de Salas (padre) logra reaparecer después de su amargo trance con La Conspiración de la Escalera.

Por agradecimiento, ya que ha sido el General Concha quien lo amnistía, nombra a su nueva orquesta "La Concha de Oro", y debuta con ella en un sarao oficial ofrecido en el Palacio de Gobierno de La Habana. Y quizás iniciando una tendencia que van a seguir muchas orquestas cubanas, la "autopropaganda", estrena una contradanza que se llama **La Concha de Oro** (p. 165).

En 1851 es fusilado el patriota camagüeyano Joaquín de Agüero y Agüero y otros por conspirar contra España. Un músico camagüeyano, el mulato Vicente de la Rosa, compone una melancólica danza titulada "La sombra de

Agüero" que se tocaba a escondidas al piano, y además siempre se abreviaba su nombre como **La sombra** pues era imposible nombrar a Agüero, a quien se le dedicó otra danza en 1852 titulada **Los Lamentos** de Nicolás González, también interpretada con las precauciones del caso. (p. 166)

Tenemos una fuente adicional en esta caso: El libro de Roberto Méndez Martínez, "Leyendas y tradiciones del Camagüey", Edit. Acacia, Camagüey, Cuba, 2006. Nos dice que después de la ejecución de Agüero y otros el 12 de agosto de 1826, *numerosas criollas se cortaron el cabello y los hombres se vistieron de oscuro en señal de luto por los fusilados y así se exhibieron en las áreas de paseo, mientras las familias más notables preferían cerrar sus salones e irse al campo, pues consideraban indigno el ofrecer bailes y diversiones en días tan amargos.* Circulaba una cuarteta:

> *Aquella camagüeyana*
> *Que no se cortase el pelo*
> *No es digna que en nuestro suelo*
> *La miremos como hermana.*

También de esos tiempos es **La canción del desterrado**, de la que Lapique narra una de las muchas anécdotas de los efectos que producía entre los emigrados cubanos. Este es su texto:

> De mi patria tan sólo me resta
> Un recuerdo carísimo y triste
> Un recuerdo de amor en que ecsiste
> Mi azaroso i cansado vivir
> Es la patria un amor sacrosanto,
> Que se siente y no puede explicarse:
> Lejos de ella no puede gozarse
> ¡Oh! no hay dicha; se llora y no mas...
> Mas es fuerza que en clima entranjero,
> Me dedique a ser libre, a ser hombre,
> Libertad, libertad, dulce nombre
> Por ti pierdo mi patria y mi amor.

La costumbre de titular danzones con el propio nombre de la orquesta, y otros con el de algún diario, que seguramente se haría eco de ese feliz bautizo, continuó; en 1856, Feliciano Ramos llama a su orquesta **La sandunguera**, y por supuesto así también se llama una danza, que estrena en un baile y otra **Rocío**, mismo nombre que tenía un recientemente comenzado periódico...

(p. 177). Ya desde 1848 existía una orquesta con el nombre de "El Siglo XIX", y veremos en su oportunidad que en la siguiente centuria, hubo una orquesta "Siglo XX". Hasta la fecha, no sabemos de ninguna orquesta cubana nombrada "Siglo XXI"...

También es vieja la costumbre que los músicos tengan que contribuir "voluntariamente" a los gastos de guerra, u´ otros pretextos parecidos. Un baile en el café de Don Juan Escauriza en enero de 1860, se dedica para los gastos de la guerra colonialista que España había iniciado en Marruecos desde 1859, al invadir ese territorio con el propósito de anexárselo. Y por supuesto, hay que estrenar números alusivos: una polka titulada **La derrota de los moros en el serrallo** y una danza, **Victoria para nosotros** (p. 181).

También el ambiente musical podía ser influenciado con ideas de otras artes, como fue por ejemplo el movimiento siboneísta que se produce en aquello tiempos en la literatura cubana sobre todo en poesía, intentando recrear el pasado de la presencia indígena en Cuba. En el fondo, era una forma de diferenciarse de la cultura española, sin aceptar la presencia de la cultura negra. Como dice Lapique, *los indigenistas buscaron un elegante y romántico pasado aborigen y rechazaron todo lo negro o mulato. Era más <elegante y distinguido> ser considerados descendientes de los siboneyes que reconocer que tenían sangre de una etnia africana.* Y así en el diario "La Piragua" aparecen en 1856 dos contradanzas: **Los cantos del Siboney,** y **La Piragua**, y hubo otras por el estilo. (p. 193). Pero no duró mucho esta moda.

Desde principios del siglo XIX se habían ido introduciendo en el ambiente de zarzuelas, entremeses, sainetes y tonadillas españoles que se presentaban en Cuba, elementos cubanos; primero personajes criollos, que a su vez van integrando géneros musicales ya de características criollas, todo lo que va preparando la aparición del primer grupo de Bufos cubanos en mayo de 1868, con gran éxito, que produjo además la creación de otros grupos similares. Con el comienzo de La Guerra de los 10 años, el 10 de octubre de 1868, era inevitable que los bufos de una u otra manera, se hiciesen voceros de lo que estaba ocurriendo en la manigua. Una guaracha de los bufos, **El negro bueno** se transforma en una especie de canto revolucionario: Nos cuenta Emilio Bacardí en sus crónicas de Santiago de Cuba, que "se le canta en la manigua, se le adapta un texto liberal para solidarizarla con la revolución, y aparece publicada en el diario rebelde "El Alacrán Libre" de 12 de enero de 1869".

Sólo diez días después, en el Teatro Villlanueva actuaba la compañía de bufos que ya había tenido encontronazos con los asistentes españoles a sus funciones, especialmente los voluntarios, y anunciaban la reposición de la obra "Perro huevero" anunciando que era un beneficio para socorrer "a varios insolventes" que era casi a las claras, decir insurgentes. Se comenzó con una canción, y después la danza **Gorriones y bijiritas**, de simbolismo bien conocidos, siendo las bijiritas los cubanos y los gorriones los españoles; era francamente una provocación. Los nombres de otras piezas no eran menos provocativas: la danza **Se armó la gorda**, y la guaracha **Ya cayó**. Según avanzaba la función los ánimos se caldeaban, y a los gritos de "Viva Céspedes" contestaron los voluntarios con Viva España", hasta que éstos sacaron las armas y tirotearon al público (p. 205).

Por supuesto, los Bufos fueron censurados y tuvieron que salir de Cuba. Como dice Lapique, con el surgimiento del teatro bufo adquieren su ciudadanía dos géneros musicales cubanos: la guaracha y la rumba, y agreguemos que en ambos tendrá amplia presencia la canción de contenido político-social (p. 205).

Durante el siglo XIX, visitaron Cuba europeos y norteamericanos que después hicieron crónicas de sus viajes, género literario muy de moda en ese siglo. Quizás el más importante de todos fuera el pintor de origen escocés nacido en Londres en 1864, Walter Goodman, que estuvo en la isla entre 1864 y 1869 y las publica en 1873. Goodman se diferencia de otros cronistas que escribieron sobre Cuba, que no la visitó, sino convivió en ella varios años; que estuvo poco tiempo en La Habana, y mucho en Santiago, donde abrió un estudio de pintura conjuntamente con el pintor cubano Nicasio Rodríguez y Boldú, que tuvo además a otro pintor cubano que lo acompañó en el viaje, Joaquín Cuadras, a quien él dedica el libro, y lógicamente tuvo siempre en ellos buenos traductores; además, su carácter de artista, lo hacía mirar y comprender realidades sociales que a otros visitantes, sobre todo norteamericanos, con prejuicios religiosos y raciales que les impedían captar la realidad. (Ver extensa nota biográfica en: www,askart). Por eso sus observaciones, que transcribe Zoila Lapique, son importantes, pero hemos preferido tomarlas directamente de la versión en inglés, "The Pearl of the Antilles or An Artist in Cuba, by Walter Goodman- Henry S. King and Co. London, 1873") porque hay ligeras diferencias en la traducción hecha por la Editorial Letras Cubanas en 1986, que usa Lapique. Y además hemos agregado otras observaciones de Goodman. Por ejemplo ésta en el capítulo 6, está dedicada a los pordioseros que acuden a su estudio en Santiago de Cuba un día determinado de la semana a procurar limosna y comida:

The lame, or otherwise afflicted, are content with simply directing attention to their misfortunes, while the <less favoured> attract public by humming a wild air, to which a gibberish libretto is attached, or by descanting upon social and political matters. The ill-paved condition on the Cuban streets, the inefficient supply of water, the bad lightning of the town at night, the total abscence of anything like proper drainage, are favourite topics with these open-air orators.

Nuestra traducción:
Los cojos, o impedidos de otra forma, se contentan con llamar la atención directamente a sus desgracias, pero los más afectados atraen al público generalmente canturreando una rústica melodía a la que añaden una confusa letra o cantando sobre cuestiones sociales y políticas. La mala pavimentación de las calles en Cuba, el ineficiente suministro de agua, la mala iluminación de la ciudad de noche, la total ausencia de un drenaje adecuado, son los tópicos favoritos de estos oradores al aire libre.

O sea, lo que hoy llamaríamos canciones protesta, en Santiago de Cuba, a fines de la década de 1870.

La próxima selección sí aparece en el libro de Lapique, pero hacemos nuestra propia traducción.

The "danza criolla" is the patriotic music of Cuba, and every fresh carnival gives birth to a new set of these "danzas". When the air happens to be unusually "pegajoza" or catching, a brief song is improvised, and the words of this song chime so well with the music which suggests them, as to form a sort of verbal coounterpart of the melody.

The merits of these songs are not, however, confined to a judicious selection of words to suit the air. There is often a quaint local humour conveyed by the doggerel verse; the charm being greatly enhanced by the introduction of creole slang and mispronounced Spanish. Fragments of these effusions occasionally degenerate into street sayings, which are in everybody's mouth till the next carnival.

Nuestra traducción:
La danza criolla es la música patriótica de Cuba, y en cada nuevo carnaval nace un nuevo repertorio de danzas. Cuando la melodía resulta ser inusualmente pegajosa, **se improvisa una letra** *que suena tan bien con la música que la inspiró, que se convierte en la contraparte de la melodía.*

Los méritos de estas canciones no se limitan sin embargo a la juiciosa selección de las palabras que se ajustan a la melodía. Hay frecuentemente un curioso humor local trasmitido en esos versos festivos y rudos. El encanto se realza por el uso que se hace del vernáculo criollo y el español mal pronunciado. Algunas de esas frases suelen degenerar en **dicharachos callejeros,** *y están en boca de todos hasta el próximo carnaval (p. 206).*

Lo subrayado en negro, hecho por nosotros, es extremadamente importante. Hemos estado citando danzas y contradanzas cubanas, que por sus títulos, y/o circunstancias, pudieran tener sentido social o político: Pero lo que nos revela Goodman, no está, que yo sepa, en ningún escritor cubano: **Que el**

pueblo le agregaba letra a las danzas: O sea, que la interpretación de las mismas, fuese en el salón de baile, el público las coreaba, y lo mismo cuando se hacía en un salón hogareño, por el puro deleite de escucharlas. ¿Cuántas de las danzas de las que tenemos noticia pasaron por ese proceso? ¿En ese sentido de atracción marcadamente local del que habla Goodman no habría ideas relativas a la situación política de Cuba, que es el tema del sigloXIX? ¿Y en esos dicharachos callejeros, no habrá contenidos de importancia social?

Entre otras consecuencias, ya no podemos estar tan seguros que **El amor en el baile** sea la primera danza con letra: ¿Es posible que alguna anterior, aunque la letra no aparezca en la partitura, fuera cantada con letra, que desgraciadamente no se ha conservado? ¿Será posible que Gloria Antolitia tenga razón una vez más, "porque todo comenzó más temprano de lo que se cree?

Cuando más adelante en su libro, nuevamente Goodman habla de este tema cuando reseña un baile en que toca la orquesta de Lino Boza, con mucho tino Lapique incluye también este pasaje:

La orquesta toca una de las últimas danzas de Lino Boza, compositor negro, como ya he dicho, y además clarinetista de renombre. Esta danza es de las más pegajosas e irresistibles. Hoy resuena en toda la ciudad, y mañana con una rima absurda y cargada de disparates, la cantarán en español criollo, tan perfectamente encajada en la música que parecerá ser como el eco de la melodía (p. 215).

Más adelante Lapique (p. 223) nos incluye un recorte de la Revista Literaria La Tertulia de noviembre de 1872, que corrobora las expresiones de Goodman: al parecer se había introducido un tipo de danza llamada "coreada" que escandalizaba al escritor de la nota.

Durante las guerras que libraran los cubanos en este siglo por su liberación, fue frecuente también que se cambiara la letra de una canción para sustituirla por una patriótica. Ya veremos que así se hizo con la Habanera Tú, pero siguiendo el hilo cronológico, digamos que una canción de Muñoz Cedeño titulada **Hermosa Rubia**, durante la Guerra de los Diez Años se le cambió la letra a **Hermosa Cuba** (p. 219).

> Hermosa Cuba, mi patria bella,
> víctima humilde del opresor,
> de mi existencia fúlgida estrella
> a quien consagro todo mi amor
> mientras rigores mil ha sufrido
> de la inconsciencia y la crueldad
> tus buenos hijos ya han advertido
> los moribundos ayes que das.

> Ya por Oriente brilla radiante
> la hermosa estrella que sola está,
> y por tu suelo viene triunfante
> lanzando rayos de libertad,
> mientras terribles por las montañas
> suenan los rifles, suena el cañón
> y del tirano muera la saña,
> ten fe en tus hijos y espera en Dios.

Otra, como **La presa enferma** fue eco de realidades dolorosas; escrita en el calabozo por Cecilia Porras-Pita, condenada el 26 de 0ctubre de 1871 por un consejo de guerra español a seis años de galera por sus actividades revolucionarias. No se sabe cómo, la canción trascendió a todo el ámbito nacional. Comienza diciendo: *La presa enferma, que tanto gime/ Hoy de sus hijos ya separada, Templan sus manos arpa sagrada,/ Pidiendo al cielo triste morir/*

Y siguen sus estrofas contando las vicisitudes de la madre, y el ruego de los hijos pidiéndole al Conde Valmaseda (al frente del gobierno español en aquel momento) la libertad de la presa. Se dice que los hijos de la cuitada, Esperancita y Manuel, lograron ser recibidos por Valmaseda, y sin decir palabra, Manuel se sentó al piano y le cantó la prohibida canción, y éste, conmovido, le conmutó la pena ordenando su destierro a Isla de Pinos (p. 222)

Otra nota importantísima le debemos a Zoila Lapique de su riguroso trabajo investigativo: A la muerte del director Juan de Dios Alfonso en 1877, su orquesta siguió pero dirigida por Raimundo Valenzuela, y según tradición oral, dice Lapique, Valenzuela fue el primero en introducir fragmentos de zarzuelas españolas y arias de operetas vienesa y óperas italianas y francesas en los danzones (p. 224). Ya veremos la importancia que esto tendrá.

Como quien va regalando perlas, Lapique nos incluye esta nota de 25 de julio de 1875 tomada de La Sombra, publicación satírica:

Chacachá, chacachá. *Sonó la danza, y sonó el güiro y sonaron los timbres de las hermosas, cuyos suspiros* **chacacheados** *formaban coro con el* **chacachá** *de los bastones, y redoblar de dedos, y de repente se oye otra música más sublime...* (225) En otra crónica de El Moro Muza de octubre 24 de 1875, donde se destaca la importancia del güiro, se vuelve a usar esta palabra onomatopéyica del sonido del mismo: **Chacachá, chacachá (p. 225).**

Solamente para los que todavía se preguntan de donde salió la palabra chachachá, y para recordarles, "porque todo comenzó más temprano de lo que se cree".

Si consideramos que elementos nuevos de comunicación, formas nuevas de conformarse las relaciones económicas –que en definitiva son sociales– en la historia del hombre, tendremos que considerar el pregón un objeto de estudio para este libro, y su pariente cercano, el jingle, anuncio comercial que usa la música para trasmitir el mensaje, y precisamente Lapique nos trae en la p. 249, un danzón, **Aceite de San Jacobo**, "que es considerado el primer jingle cubano", publicado en el medio El Almendares en 1882; de hecho en la p. 250 aparece el facsímil de dicha partitura de la que se advierte hay letra, pero no podemos por el tamaño descifrarla, suponemos hablará de las bondades de ese producto alimenticio.

La táctica de anunciar nuevos productos musicales en los mismos elementos que componen el hecho musical, sea la partitura, la orquesta que la interpreta, o la obra teatral de la que es parte, lo que podemos llamar el autoanuncio, es viejo y muy frecuentado en la música cubana, como veremos a lo largo del libro. Lapique nos trae en la p. 250, uno antiguo e importante: Un sainete que defendía los bailes cubanos, titulado "El proceso del oso" del libretista Ramón Morales Álvarez y el compositor Enrique Guerrero estrenado en el teatro Torrecillas en enero de 1882. Aunque el debate es entre la Danza y el Danzón, salen a relucir otros muchos géneros bailables.

Con la terminación de La Guerra de los Diez Años en 1878, los Bufos se fueron reincorporando al quehacer musical y con ellos, la creación de obras en que cuando lo permitía la censura, afloraban temas políticos y o sociales. Son tiempos también de encarnizada lucha entre los seguidores de la danza, y los que estaban a favor del emergente danzón. Este último, como hacía la danza, aprovecha acontecimientos sociales o políticos para bautizar un danzón. Cuando en 1890 un bill o ley propuesta por el político americano Mac Kinley crea conmoción en Cuba porque nos perjudica económicamente, inmediatamente Miguel Faílde, estrena un danzón titulado **El bill de Mac Kinley** (p. 279).

José Martí funda el diario Patria en Nueva York el 14 de marzo de 1892, órgano del partido que aspira a la liberación de Cuba y Puerto Rico. A los tres meses, publican **La bayamesa** de Pedro Figueredo (Que se convertiría con el tiempo en el himno nacional de Cuba) y su equivalente, **La borinqueña** (también convertida en himno, mucho tiempo después, de Puerto Rico). El diario no vuelve a publicar números musicales, que ocupan un gran espacio, pero estos dos eran imprescindibles: Martí comprendía la fuerza que dimanaba de esa música; en la edición en que los publica, de 3 de septiembre de 1892, inserta esta nota:

Mañana no habrá un hogar antillano donde no se oigan los acordes que conservan vivo el fuego patriótico de los hijos de Lares respondiendo a las notas valientes del himno que más de una vez ayudó a triunfar a los hijos de Yara.

Ni el inicio de la Guerra de Independencia en 1895, pudo detener la vida musical, sobre todo en La Habana. En 1890 se había inaugurado el Teatro Alhambra que se iba abriendo paso ante la fuerte competencia de otros. El 2 de octubre de 1896, anunciaba "la divertida zarzuela en un acto del Sr. Cascabel, titulada Ibor-City" Era muy valiente la puesta, pues Ibor-City era el barrio de Cayo Hueso donde vivían y trabajaban tabaqueros cubanos exilados, que tanto habían cooperado económicamente a la guerra comenzada. El solo título auguraba que el tema, de alguna forma, tendría que ver con esto.

En 1898 se produce el cese de la Guerra de Independencia, aunque mal bautizada ahora en el caso cubano, como Guerra hispanoamericana. Si acaso, Guerra hispanocubana-norteamericana. Como simbólico colofón a la "Guerra de cancioneros" que sostuvieron en este siglo cubanos y españoles, del que hemos ofrecido buena muestra, El Nuevo Mundo, una revista madrileña, publica en su edición de noviembre 16, 1898 una habanera titulada **Repatriados** "a modo de nostálgica despedida". La pieza tenía como viñeta el dibujo del barco que devolvía a su país, quizás para siempre, a los españoles después de perderse la colonia antillana" dice Lapique.(p. 307) Era un buen colofón. Y ya el 15 de diciembre entraban las tropas cubanas en la Habana, a los sones del Himno Nacional, La Bayamesa, tocado por la banda Cuba. Muchos de los habaneros, estaban escuchándolo por primera vez, y en su versión arreglada para banda, era nueva para todos.

Ignacio Cervantes escribe **Himno a Cuba**, al que Lola Tió le pone letra, y se estrena el 15 de enero de 1899. Pero prevalecerá el de Perucho. Surgirán otros himnos, como **Viva Cuba Libre y La resurrección** o **El 24 de Febrero**, ambos de la pluma de Ramiro Mazorra.

En un libro anterior de Zoila Lapique, "Música Colonial Cubana-Tomo I (1812-1902) (Editorial Letras Cubanas, 1979) p. 185 habla de la canción "La Bayamesa" escrita en 1851, con versos de José Fornaris y música de Carlos Manuel de Céspedes y Pancho Castillo, y de la que ya hablamos en el capítulo anterior cuanda analizamos la publicación "La lira criolla", pero es bueno agregar las consideraciones que hace Lapique:

La canción de salón, de suaves acentos románticos al estilo francés e italiano... sin el menor colorido nacional, que no permitían una identificación con nuestro país, se había abandonado poco a poco hacia mediados del siglo....comenzó a destacarse por cierta atmósfera criolla en su música –el inicio de la frase melódica con anacrusas y la terminación femenina—y texto. Son las canciones amorosas que nos hablan de la belleza y ternura de la mujer cubana, de nuestros verdes campos y del cielo siempre azul.

Ellas representaron en plena Colonia, con esa temática y cadencia, una cubanía que se opuso como tal a todo lo peninsular. Y éste es el caso de La Bayamesa que, a pesar de la connotación amorosa de sus versos y de la línea melódica foránea, fue conocida casi como un himno patriótico...

La canción, sin saberlo, era premonitoria: La frase "recordando las glorias pasadas" sería muy cierta después, con el incendio de Bayamo en 1868.

La canción se dio a conocer en una fiesta en Bayamo, de ahí fue pasando a otras poblaciones de Oriente, y pronto se conocía en Cuba, y fuera de ella; cuando sus autores sobre todo Céspedes, fueron figura destacada en la guerra del 68. Como otras canciones parecidas, cambiaron sus letras, convirtiéndose en revolucionarias, y con ésta y otras estrofas parecidas se cantaron el resto del siglo dentro y fuera de Cuba:

> ¿No recuerdas, gentil bayamesa
> que Bayamo fue un sol refulgente,
> donde impuso un cubano valiente
> con su mano el pendón tricolor?
>
> ¿No recuerdas que en tiempos pasados
> el tirano explotó tu riqueza,
> pero ya no levanta cabeza
> moribundo de rabia y temor?
>
> Te quemaron tus hijos; no hay queja
> que más vale morir con honor
> que servir el tirano opresor
> que el derecho nos quiere usurpar.
>
> Ya mi Cuba despierta sonriendo,
> mientras sufre y padece el tirano,
> a quien quiere el valiente cubano
> arrojar de sus playas de amor.

Caso igual sucedió con la habanera Tuú compuesta en 1892 por Eduardo Sánchez de Fuentes con letra de su hermano Fernando:

> En Cuba,
> la isla hermosa
> del ardiente sol,
> Bajo su cielo azul,
> Adorable trigueña
> De todas las flores

> La reina era tú.
> La palma,
> que en el bosque
> Se mece gentil,
> Tu sueño arrulló
> y un beso de la brisa
> Al morir de la tarde
> Te despertó.
>
> Fuego sagrado
> Guarda tu corazón
> El claro cielo,
> su alegría te dió.
> Y en tus miradas
> ha confundido Dios,
> De tus ojos la noche y la luz
> De los rayos del sol.
>
> Dulce es la caña
> Pero mas lo es tu voz
> Que la amargura
> quita del corazón.
>
> Y al contemplarte,
> Suspira mi laúd
> Bendiciéndote hermosa sin par,
> Porque Cuba eres tú.

En 1895 los emigrados políticos cubanos le cambiaron la letra, la primera parte quedó en forma similar, nos dice Lapique, que nos ofrece la segunda, de la que solo tomamos algunas estrofas por ser muy larga:

> Gloria cantemos,
> Con tierna expresión.
> Y que Cuba se vea libre
> Al salir el sol.
>
> Con nobles hazañas
> muestras heroísmo,
> Porque jamás empañas
> Tu nombre tan digno.

Todo te augura
Feliz porvenir,
Más tarde la fortuna
Te hará sonreir.

La Habanera Tú ha sido grabada entre otros por las sopranos cubanas Rosalía "Chalía" Herrera (primera grabación hecha de una canción cubana, en 1900), Rosario García Orellana, María Teresa Carrillo, Iris Burguet, Ana Menéndez, Claudio García, barítono cubano, el tenor Manuel Alvarez Mera, la soprano boricua Olga Medolago Albano, y los dúos de Cabrisas Farach, Irizarry de Córdoba (puertorriqueño), por orquestas en versiones instrumentales como la del maestro Gonzalo Roig, Félix Guerrero, Violines de Pego, René Touzet, etc.

Otras canciones patrióticas de este siglo

La próxima está recogida en el libro de Lola María Ximeno y Cruz, "Aquellos tiempos..."mencionado antes. Es muy interesante, porque es de las primeras expresiones en que se plantea el problema de la esclavitud:

El esclavo

Qué me importa vivir en el mundo
de placeres y gloria rodeado,
si el destino me tiene vedado
hasta el goce de amar la virtud.

Que me importa que el cielo me diera
la razón que mi ser ilumina
si con ella mi frente se inclina
bajo el yugo de la esclavitud.

Que me importa admirar la grandeza
con que el cielo adorna a natura
ni tampoco admirar la hermosura
que en la tierra derrama el Creador

Cuando falta el libre albedrío
con que el hombre en la tierra dispone,
mi presente y futuro compone
el capricho de un amo y señor.

Esta es la letra original del **Bolero de Manzanillo**, que como nos explica Gonzalo Roig, su melodía sirvió para que se cantaran otros números con letra distinta:

> Allá muy cerca de Manzanillo
> desembarcaba una expedición
> y eran cubanos que a esta tierra
> querían ver libre de la opresión.
> Viva Cuba, patria querida
> do con fiereza luchó el mambí
> y viva el rifle y el yaguarama (1)
> que defendieron el país.

(1) Es un machete. Es un cubanismo que está en el Catauro de cubanismos de Ortiz. Pienso que debe haber sido el machete de hoja más larga, no el corto usado en el corte de caña; además de las ventajas para cortar ramas altas, indiscutiblemente era el más apropiado para herir al enemigo en las cargas al machete.

El Bolero de Manzanillo, siguió creciendo, porque entre los últimos años del siglo XIX, y principios del XX, hay todo un pueblo con una mayoría analfabeta ansiosa de saber más de su historia: el punto y boleros como éste, van a ser sus maestros:

El Nuevo Bolero de Manzanillo

> Hay una joya que llaman Cuba
> donde combates con gran valor
> por hacerse libre de humillaciones
> y del dominio del Español.
>
> Viva Cuba, Viva mi patria,
> viva la tierra del marañón
> que vivan todos los cubanitos
> que se batieron con gran fervor
>
> Allá en las lomas de Manzanillo
> un guacamayo yo ví flotar
> y era Weyler que con su gente
> venía dispuesto para evacuar.

Que viva Gómez, gloria a Maceo
vivan los hombres de gran valor
una corona a José Martí
que fue el primer conspirador.

Salió Canellas con dos mil hombres
los insurrectos a dispersar,
y le salieron los Orientales
y los hicieron chaquetear. (1)

Que viva Cuba, viva mi patria,
vivan los hombres de gran valor;
una corona a Panchito Gómez
que también fue libertador.

Allá en las lomas de Manzanillo
una bandera se vio flotar
y era Gómez que con su gente
venía dispuesto para pelear.

Que viva Cuba, viva mi patria,
Vivan los hombres de la Invasión
Que todos ellos han demostrado
ser cubanos de corazón.

Ya pasaron los tristes días,
pueblo cubano de tu esclavitud
ahora libre ya gritaremos
viva el gobierno de Jimaguayú.

Que viva Acea, gloria a Crombet
viva Rabí, viva Ledón,
una corona para Moncada
el malogrado Guillermón.

Maceo es el apellido
que está grabado en mi corazón
y por eso yo le deseo
gloria al héroe de la Insurrección.

Viva la Perla de las Antillas,
que vivan todos los que pelearon
un adiós a los que evacuaron
de Cuba quinientas millas.

Un viva le doy a Gómez,
a Quintín Banderas y a Ledón
un altarito traigo en el pecho
para los mártires de la Insurrección.

Viva Díaz, viva Rolof,
viva de Gómez la inteligencia
y viva la Independencia
y todo el que fue libertador.

Todo aquel que sea cubano
debe honrar este pabellón,
y el nombre de Pedro Pérez
jamás borrar de su corazón.

Viva Oriente, viva Occidente,
gloria a Maceo y su cañón
y viva, viva el plomo caliente
que se tiró en la insurrección.

(1) Chaquetear es huir ante el enemigo, según RAE. El relato tiene el estilo de un viejo romance. Es curioso en la mención de nombres, que se incluyen entre las figuras de más renombre, otros mucho menos conocido, como Acea, debe ser el Teniente Coronel Isidro Acea, oficial en las tropas al mando de Antonio Maceo.

CAPÍTULO 6
Siglo XIX: La guaracha

La opinión más generalizada en cuanto a este género musical. es la que recoge Radamés Giro en su "Diccionario Enciclopédico de la música de Cuba"(Editorial Letras Cubanas, 2007, T-2.) o sea, un género cantable y bailable de origen andaluz, bailado en una especie de zapateo acompañado de coplas populares. En esta definición basicamente coinciden varios diccionarios que cita. Aparece en Cuba en el siglo XIX, como parte del complejo musical de las tonadillas españolas que además cultivaban otros géneros, todo lo cual se consolida en las compañías de Bufos españoles, y cuando surgen su contraparte, los Bufos Cubanos, ya la guaracha toma más relieve, aparece toda una coreografía escénica con los trajes precisamente llamados de guaracheros, trasciende además del teatro a la calle, y se convierte en uno de los géneros más usados en este siglo XIX, como atestiguan los testimonios que existen.

Pero tenemos duda de ese origen andaluz: Nos inclinamos más a la definición escueta de Helio Orovio, en su "Diccionario de la Música Cubana", (Editorial Letras Cubanas, 2da, Edición, 1992) en que lo define como "Género cantable y bailable. Su origen está en la confluencia de lo hispánico y lo africano, pero plasmado en algo netamente cubano". Quizás porque surgiera después o porque no lo menciona ningún escritor español, no se incluye en el grupo de géneros que hemos mencionado antes, los llamados cantes de ida vuelta, que tienen impronta americana, en su mayoría afrocubana, de los que no puede precisarse su origen, pero sí su mezcla .

Me parece que hace más sentido situarla allí. En cuanto a lo que nos interesa, su presencia como vehículo de mensajes o huellas de tipo político-social, no son tan frecuentes como en otros géneros cubanos de este siglo, por el carácter humorista, lúdico, de su aspecto literario.

Pero sí fue muy popular. Como dice Giro en su obra citada, "La guaracha se componía expresamente para el teatro bufo, pero una vez popularizada, sus autores la interpretaban en otros medios, por lo que el género llegó a ser tan importante como la propia obra para la que había sido creada"

Tuvo acceso a la música impresa, como veremos, pero además tuvo presencia, aunque modesta, en lo literario: En 1882 se publica un pequeño libro, "Guarachas Cubanas Antiguas. Curiosa Recopilación desde las más antiguas hasta las más modernas" (Segunda edición de 1882).La primera parece haber sido de 1867. Con una introducción de Antón Arrufat, se hace una nueva edición en La Habana en 1963, que es la que estamos usando, y sobre la que el músico y musicólogo cubano José Ruiz Elcoro ha hecho intensa investigación y estudio, al igual que en otras fuentes de la guaracha cubana, que usaremos constantemente en este Capítulo, y lo mencionaremos como JRE.

De este librito hemos seleccionado 33 guarachas que nos interesan a los efectos de nuestra obra.19 de ellas, tienen que ver con el tema de la negritud cubana, específicamente con el tema de la mulata, muy expuesto, estudiado y analizado en múltiples trabajos, quizás siendo emblemático o embrión de todos, la novela Cecilia Valdés de Cirilo Villaverde, que en realidad no sabemos identificar como síntoma o como símbolo de este tema. Pasemos sobre ellas:

La Danza (p. 16). Es una guaracha, pero dedicada a otro género musical, La danza y sus ventajas frente a otros géneros no cubanos, como veremos. Pero comienza con un picaresco requiebro a la mulata. Para JRE, las iniciales "G.R." pueden encubrir al escritor José Güell y Renté, poeta, periodista y dramaturgo, que tuvo una vida intelectual intensa y fecunda y trató los temas negros en su literatura. (Ver Francisco Calcagno ibidem, p 319 y 320)

La Danza

En la escuelita,
Para bailar,
Mi mulatica
Siempre es... la mar!

(Estribillo)
Si compañera se alcanza
Que baile con perfección,
Sentimos bailando la danza
Gratísima sensación,
Y un delicioso calor
Que revive al bailador.
Las polkas, valses

Y el rigodón
Por tanto pases
Dan convulsión.

Sólo la danza
Me da placer,
Porque se alcanza
Lo que yo sé.

Pues si bailamos
Sin intención
Nos abrazamos...
Con perfección...

Chambicú

Aparece con este nombre en el libro y autor de letra y música, CV, que JRE estima puede significar "Canuto Valdés" seudónimo usado por Francisco (Pancho) Valdés Rodríguez, fecundo compositor de guarachas.

Cuando chiquitico
marinero fui
Y al subir a un palo
Un pie me rompí.
(Estribillo)
¡Ay! Adiós, *chinita*;
Me quieres matar;
Con esa risita
Vasme a estrangular.
¡Ocuite, Ocuite, Ocúí!
¡Oh, Juana, Chambicú!
Mulata de mi vida,
¡Quien fuera como tú!

Ven conmigo, *china*;
Yo te cuidaré,
Y un pájaro lindo
Te regalaré.

> Dame tu sonrisa,
> *Mulata*, por Dios,
> Y verás que gusto
> Tendremos los dos.
>
> Ven conmigo, *china*
> No digas que no;
> Ven conmigo, *china*,
> Donde vivo yo.

Otra versión más corta en su letra, con el nombre de **Juana Chambicú** fue publicada en partitura en el siglo XIX, nos sigue informando JRE, y fue grabada en la década de 1950 en los estudios de Radio Progreso de La Habana, por Celia Cruz con acompañamiento de piano de Lino Frías, reeditado en el Lp Barbaro B-229, de 1995. Una de las pocas guarachas de ese siglo que puedan escucharse. La letra de esta dice:

> Juana Chambicú
> Vamos a cantar yo y tú
> una guaracha muy buena
> de la *negra* Filomena
> y de Juana Chambicú.
> Ocuite, ocuite, ocuite
> ay, Juana Chambicú
> ay *mulata* de mi vida
> por qué no me quieres tú.

En la primera versión aparece la palabra mulata, pero también china y chinita. En el cubano coloquial, es frecuente en la intimidad de la pareja, o con familiares o personas de confianza, que el hombre se dirija cariñosamente a su mujer, independientemente del color de su tez, como china, negra o los diminutivos chinita o negrita, y generalmente con el posesivo mi, delante; en estos casos, con independencia del color de su piel: Pero nunca, que recordemos, como mulata o mulatica, salvo que efectivamente, en ese caso, la mujer lo sea. Idiosincracia de los pueblos.

En la primera versión, aparece también una negra Filomena, parece se le agrega el adjetivo para diferenciarla de Chambicú, mulata; nos llama la atención JRE el parecido del final de la segunda versión la cuarteta final que es igual a la correspondiente de la famosa habanera La Paloma:

Ay chinita que sí,
Ay chinita que no
Ay vente conmigo chinita
Adonde vivo yo.

Los Caleseros

Autor: Manuel García.

Según JRE, puede tratarse de Manuel R. García, destacado artista del teatro bufo en los años ochenta del siglo XIX.

Del trote suave de mi jamelgo
El cielo santo voy a implorar,
Desciendan viajes del firmamento,
Suene la plata, vuelva a sonar.

En mi simona, blandos cojines,
Negrita santa, vos, para ti,
Donde te llevo sentadita,
Si una peseta sueltas aquí.

Llego a tu puerta, te dejo en ella,
Sueno la cuarta, vuelvo a marchar,
Y canto al mundo, porque comprenda
Que goza el negro con manejar.

Cuando mi jaiba caiga en la calle,
No la levantes, por compasión;
La llevaremos a los uveros
En lo más alto del carretón.

No es fácil de entender la letra de esta guaracha. Jamelgo es caballo flaco; Simón, en España, según el RAE, es coche de alquiler, parece que en Cuba eran femeninos. La cuarta según DAE, es mexicanismo para látigo corto. Jaiba es un crustáceo parecido al cangrejo, pero no creo se refiera a este tipo de jaiba que va a llevar los uveros, o plantas de uva caleta, como le decían en Cuba a esta planta por crecer justamente en caletas o pequeñas entradas arenosas del mar.

La villa de las lomas

Así aparece en el libro, pero nos informa JRE que su partitura fue editada en La Habana en el siglo XIX por Anselmo López con el título de **Despedida de Guanabacoa** y que la letra es de Felipe Poey y Aloy, el sabio naturalista y poeta cubano, pero que en la letra no aparece el estribillo que tiene esta versión, "por lo cual puede inferirse que se trata de la pieza original y entonces pudiera ser esta una adaptación guarachera de la canción Despedida de Guanabacoa" lo que hace mucho sentido, porque no creo Don Felipe se atreviera a dedicar una guaracha a una mulata... Y la canción aparece con ese nombre en la biografía de Poey en el Diccionario Biográfico de Calcagno.

Adiós, villa afortunada,
Donde a Mirta conocí,
Donde amarla prometí,
Donde el nombre de mi amada
En los troncos escribí.

(Estribillo)
Mulata santa
Ponte una bata.
Y asómate a la ventana
A escuchar mi serenata.

¡Adiós, nené!
¡Que lindo pie!
Zapatos de punta dura;
Mulata, te compraré.

Adiós, lomas de esmeraldas,
Que con ella recorrí;
Adiós, flores que le dí
Adiós, lazos y guirnaldas,
Que en su frente entretejí.

Adiós, calle venturosa,
Donde su hermosura ví,
Donde sus pasos seguí,
Donde su boca graciosa
Me dió con amor el sí.
Adiós mi querida Mirta,
Virgen pura que adoré

Padres y hermanos que amé,
Amigos del corazón
que ya nunca más veré.

El Infanzón

No hay noticias sobre las iniciales del autor de la música, J.M.P.

Vamos a bailar, divina
En el salón
La dancita <La Cristina>
Con infanzón. (1)

(Estribillo)
¡Qué bueno es
Bailar así,
Mulata! ¿Ves
que sabroso tropezón
damos con el infanzón?

Ven y alegre bailaremos
Con Juan de Dios,
Y allí nos divertiremos
Muchos los dos.

Tú que tienes la cintura
Flexible así,
La reina de la hermosura
Serás allí.

Pero ¡Qué bien nos daremos
El tropezón!
Nada, nada, bailaremos
Sin infanzón.

(1) Hay una nota del editor de 1882, que el infanzón parece referirse al guardainfantes, una especie de falda con aros de ballena con cintas, que se ponían las mujeres en estado debajo de la saya, para proteger al infante.

Es curioso que dentro de una guaracha, se menciona una danza, La Cristina. Anuncio gratuito. Juan de Dios (Alfonso) era el famoso director de orquesta, mulato.

Las Calabazas

Las iniciales de AD no corresponden a ningún autor conocido.

El pretendiente se queja de que todas las mujeres le dan calabazas, (lo desdeñan).

"Blancas, *negras y mulatas*,
todas lo mismo me dan;"

¡Que te vaya bien, Chinita!

Música y letra: Francisco (Pancho) Fernández.

Nos dice JRE: "A este autor se debe la creación en nuestro teatro del personaje <negrito catedrático>, escribió muchas obras, y actuaba en ellas".

Adiós, *negrita* de fuego,
Que armando vas tanto embrollo:
Me has dejado medio ciego
Con ese sígueme pollo. (1)

(Estribillo)
Si no me miras, ni se necesita,
Aprisita.
¡Que te vaya bien *chinita!*
Ve con Dios, ve con Dios;
Eso lo esperaba yo.
Siga el tren, siga el tren;
China, que te vaya bien.

Si porque te crees candela
Piensas ¡ay! que me sofocas,
Ya yo salí de la escuela;
Por lo tanto te equivocas.

No me tires más rabazos, (2)
Pues no te sigo la pista,
Y me voy vendiendo lista, (3)
Si siguen los latigazos.

En fin, no nos transaremos
Porque ya nos retiramos

Negrita, si no nos vemos,
Nosotros nos aguaitamos. (4)

(1) Siguéme pollo era un adorno de cintas que llevaban las mujeres en la cabeza, cayéndole por la espalda (RAE).
(2) Rabazo es golpe fuerte que dan algunos animales con el rabo, (RAE).
(3) Vender lista es pavonearse, exhibirse.
(4) Aguaitar es aguantarse, esperar (RAE).

Las Negras Tomasa y Rosa

                  Música y letra de A.H. Hallorans.

Las *negras* Tomasa y Rosa
Nacieron en el manglar; (1)
Cuando se tercian (2) la manta,
nadie las puede tachar.

(Estribillo)
¡Vayan dos *negritas*!
De la pipa (3) son:
Cuidado mi hermano
con un resbalón.
Para el que las mire
No hay piedad;
Y si se descuida...
¡No hay novedad!

Cuando arrastran la chancleta
Y aun lado tercian la manta,
Nadie delante se planta,
Porque pierde la chabeta. (4)

Cuando salen a paseo,
Cautivan los corazones;
Si yo alguna vez las veo,
 Me dan malas tentaciones.

Con sus argollas de plata
Y sus medias de colores,

Si se ponen una bata...
¡Ay Dios mío, qué sudores!

(1) Manglar es sitio donde crece el árbol de mangle, pantanoso; pero en La Habana de aquellos tiempos era un barrio habitado por los curros, afrocubanos de mala fama.
(2) Terciar es colocar algo en forma diagonal (RAE).
(3) De la pipa es como en la frase pasarlo pipa, pasarlo bien.
(4) Debe ser chaveta, sinónimo vulgar de cabeza.

La Mulata

Se le atribuye a Raimundo Valenzuela, compositor y director mulato de fama.

Una *mulata* me ha muerto:
¡No hay quien prenda a esta *mulata*!
¿Cómo ha de haber hombre vivo,
Si no prenden a quien mata?

(Estribillo)
Quiéreme *china*,
Tan sandunguera
Y yo te llevo
A la Chorrera.(1)

La *mulata* es como el pan;
Se debe comer caliente;
Que en dejándola enfriar,
Ni el diablo le mete el diente.(2)

Es más dulce que el azúcar
Cuando quiere una *mulata*;
Entre todas las mujeres,
Sin duda es la flor y nata.

Es un sabroso bocado
De jalea y panetela:
El que no lo haya probado
No sabe lo que es candela.

(1) La Chorrera es el punto de desemboque del Río Almendares al noroeste de La Habana. Existía y existe un pequeño castillo y había al parecer algún café o algo parecido en el sitio.
(2) Esta cuarteta ha sido "tomada prestada", por muchas otras canciones posteriores.

La mulata Rosa

Música de Santiago Zamora.

Se publicó la partitura en su época, arreglada para canto y piano, por Enrique Guerrero (JRE), citando a Rine Leal, "La selva obscura. De los bufos a la neocolonia" (Ed. Arte y Literatura, La Habana, 1982) nos dice que fue un éxito teatral de la tiple Elvira Meireles, una de las grandes del teatro bufo, que le valió el sobrenombre de "La mulata Rosa".

No hay *mulata* más hermosa,
Más pilla y más sandunguera;
Ni que tenga en la cadera
Más azúcar que mi Rosa.

(Estribillo)(1)
Esto es candela	¡Válgame Dios!
Esto es primor:	Todos te buscan,
No hay en la escuela	Incluso yo;
Otra mejor	Porque mi negra
Pero ¡ay *mulata*!	Es el terror.

Si revuelve la cintura
Y baila poquito a poco,
Deja al compañero loco,
Y pierde hasta la figura.

Hay una aquí que pregona
(Que en el comercio campea)
Que se vuelve su persona
Una pasta de jalea.

Hasta a los muertos da vida
Tan solo con su calor.
¡Ay Rosa, Rosa querida,
Dame por piedad, tu amor!

(1) Hemos respetado la forma en que aparece el escribillo impreso en el original, a dos columnas, quizás esto indique esta parte se cantaba a dos voces, cada una con texto distinto.

El negro José Caliente

Al *negro* José Caliente

Nadie lo puede tachar;
Quien quiera que se presente
Lo rajo por la mitad.
(Estribillo)
Mi nombre asusta a la gente
Si lo llego a pronunciar
Donde se planta Caliente
No hay quien se atreva a chistar.

Los hombres me tienen miedo,
Y las mujeres amor;
Probar al momento puedo
A cualquiera mi valor.

Si algún *negro* parejero (1)
Quiere conmigo pelear,
Al punto le doy el cuero
Y me voy a refrescar.

Aquí está José Caliente
Dispuesto para luchar:
¿No hay nadie que se presente?
Pues me voy a enamorar.

(1) Parejero, según RAE es cubanismo por confianzudo. También pudiera estimarse fanfarrón.

La negrita del Manglar
de JP?

A mí me llaman los hombres
Por mi sandunguera sal,
Además de muchos nombres,
<La *negrita* del manglar>.

(Estribillo)
Yo soy de azúcar
Para querer,
Yo soy de fuego

Para el placer.
Vengan, vengan a mirar
La *negrita* del Manglar.

Un pañuelo en la cabeza
Y unas medias de color,
No hay otra de más belleza
Que lo lleve con más primor.

Es flexible mi cintura,
Mi corazón es un volcán;
Por mi preciosa figura
Cuántos ¡ay! suspirarán.

Son las *negras* parejeras
Si me quieren imitar,
Porque no pueden ligeras,
Como yo, revolotear.

Arroz con frijoles

M y L. de EG, que JRE estima debe tratarse de Enrique Guerrero, pianista, compositor de contradanzas, canciones y guarachas de su época.

Un blanco con una *negra*
Se casaron hace un mes:
El marido tiene suegra
Y creo que bruja es.

(Estribillo)
Tiene tres bemoles
Pareja tal
Que arroz con frijoles
Suelen llamar.

El arroz es el marido,
Los frijoles la mujer;
Pronto será convertido
En chocolate pastel.

Chocolate colorado,
No hay duda que así será
¡Matrimonio afortunado!
¡Cuánta mescolanza habrá!
Cómo los dos se casaron,
Yo no puedo comprender...
Sin duda se avidriaron (1)
Para tal barbarie hacer.

(1) Vean más adelante "El Mascavidrio", así se les decía en Cuba en el siglo XIX a los borrachos; avidriaron puede significar que estaban borrachos

Si hasta ahora la mayoría de las guarachas contenían homenajes para las bellezas negras y mulatas, y elogios para los negros valientes, ésta es cruelmente racista: Todo era aceptable mientras no hubiera matrimonio interracial...

El tabaquero

José "Pepe" Sánchez, nos informa JRE, tiene una guaracha de este mismo nombre, que grabó para el sello Odeón con el Quinteto de Trovadores, puede tratarse de esta misma obra.

En teniendo una chabeta(1)
Que pueda muy bien cortar,
No hace falta otra herramienta
Para poder trabajar.

(Estribillo)

Ya ves, *mulata*,   Tasajo frito,
Que con agrado   Plátano asado,
Siempre a tu lado   Es el bocado
Yo te tendré.   Que te daré.

Al hacer una perilla(2)
No hay quien me pueda igualar;
Para mí es cosa sencilla
Y para otros...¡la mar!

Sepan esos malos tacos
Que me tienen interés;

Que hago trescientos tabacos
Desde las nueve a las tres.

Ven pues *mulata* querida,
De mi dicha a disfrutar,
Y pasaremos la vida
En delicioso gozar.

(1) Chabeta o Chaveta, que ya definimos antes en otra acepción, es también una especie de cuchilla con la que el tabaquero corta las hojas de tabaco.
(2) RAE correctamente lo define como "extremo del cigarro puro, por donde se fuma". DAE erróneamente lo define como de Honduras, "parte aovada del puro por donde se fuma".

Tú no va queré o ¡Negra!, tú no va queré

Música. y letra: F. V

JRE considera tres posibles autores para este número: Francisco (Pancho) Valdés, del que ya se habló o Juan Francisco Valerio, también coetáneo y autor de Perro huevero, etc, la obra que estaba en escena cuando los sucesos del teatro Villanueva, y otras obras. Y por último, Fernando Valdés Aguirre, figura literaria, aunque al parecer sin antecedentes en el teatro bufo.

Las cuerdas de la guitarra
¿Quieres saber cuántas son?
Prima, segunda y tercera,
 cuarta, quinta y bordón.

(Estribillo)
Al disipar mis enojos
Siente el alma un gran placer,
Y cuando quiero endulzarme...
¡*Negra*, tú no va a queré!

Los ojos de mi *mulata*
Luceros del alma son;
Al fulgor de sus destellos
Se inspira mi corazón.

Cuando mueve la cintura
Se aumenta mi padecer,

Y es porque si quiero fuego...
¡*Negra*, tú no va a queré!

Los rumberos
                    Anónimo

Para complacerte, *negra*
Vengo a cantar con placer,
Despierta, prenda querida:
Oyeme, pues.

(Estribillo)
Si en dulce calma
reposas ya,
Deja que el alma
Te llegue a amar.
Yo vengo a verte;
Por caridad,
Ven y contempla
Mi dulce afán.
Oye, *prieta*, los acentos
De este errante trovador
Que viene de tierra adentro
Abrasado por tu amor.
¡Candela y no más!
No hay novedad;
Mi canto es bueno.
¡A cantar, a *gozar*!
Yo soy rumbero.

Para que goces, mi *negra*,
Vuelvo a cantar con placer;
Despierta prenda querida:
Oyeme pues,

Ésta, como otras de las guarachas que hemos incluido, aparecen también en el libro de Dolores María Ximeno y Cruz, "Aquellos tiempos...Memorias de Lola María de Ximeno y Cruz, Prólogo de Fernando Ortiz, Tomos I y II Imp. y Papelería El Universo, La Habana, 1928. Las últimas estrofas difieren un poco de las anteriores. Por su construcción, es una serenata. Destaca el uso del verbo gozar, creo es la primer vez que lo veo, y será muy usado en el siglo veinte en letras musicales.

Los ayes del alma

Música y letra anónimos.
Está editada en partitura en su época (JRE)

Ven, *mulatic*a mía;
Vente conmigo a gozar;
Ven, ven, a pasar un día
En una rumba sin par.

(Estribillo)
¡Ay! ¡Ay! Me dices que no,
¡Ay! ¡Ay! No puedo salir
¡Ay! ¡Ay! Te respondo yo:
¡Ay! ¡Ay! Si puedes venir
Y con esos ayes, que del alma son,
Se hace pedazos mi corazón.

Por lo mucho que te quiero
Te convido, dulce bien;
Ven, ven, con este *rumbero*
para gozar de un edén.

Tenemos un nuevo personaje: El rumbero. Mucho dará quehacer en las letras del próximo siglo.

La Belén

Música y letra de Enrique Guerrero

(Coro)
Cantadores, a cantar;
Esta noche sí
Vamos a gozar
Repiquen los tambores;
Cantemos con primor

(Tenor)
¿Que tienes tú *negrita*,
Que siempre te he de encontrar?
Ven, para que no me busques,
A vivir con tu *moruá*.
(Tiple)
Me entusiasma este *negrito*
Con su modo de cantar;
Y eso que yo no lo he visto
Revoloteando el *fambá*

(Coro, repite Cantadores, etc.)
(Tenor)
Escúchame, mi *negrita;*
Yo no entro en tu *fambá*;
Si tú me quieres querer,
¡Ya verás!

(Tiple)
Repite Me entusiasma etc.

Por su estructura, parece ser lo que califica Carpentier una tonadilla escénica criolla (JRE). En ella se usan dos palabras del lenguaje usado por las sociedades secretas abacuá o ñáñigos existente en Cuba: moruá, que es uno de los personajes importantes de dicha sociedad; La palabra fambá, tiene dos acepciones como explica Ortiz en su glosario de afronegrismos; es el lugar de ceremonias secreto de dicha sociedad, y a ella sólo tiene acceso alguno de sus miembros, nunca mujeres; y en lenguaje de la mala vida, como dice Ortiz, significa "la parte trasera de las personas".¡ Si con ese sentido fue usada en dos ocasiones en esta guaracha, es de una lascividad que parece del siglo XX, finales!

La Belencita

Música y letra: I.G. o J.G

Según JRE, aparece el seudónimo I.G. con la canción y como J.G en el índice, y en este caso pudiera tratarse de Juan José Guerrero, uno de los principales artistas bufos y padre del compositor ya citado, Enrique Guerrero.

Aquí está la *mulatica*
Más sabrosa y sandunguera

Que tiene la Habana entera,
Y que mata con mirar.

(Estribillo)
Dame, sí, de amor
Una prueba, un millón,
Que mitigue la pena
A mi fiel corazón.

Es la *mulata* más bella
Que ha nacido en el Manglar;
Siempre seguiré su huella;
Siempre la tengo que amar.

Al verla tan sandunguera,
No sé lo que siento aquí;
Por ella mi vida diera...
Mulata, dime que sí.

¡Wamba!

Autor: F.V.R.

Ya dijimos que para JRE, debe tratarse de Francisco Valdés Rodríguez.

¡Ay! Dame un beso *mulata*,
Con tus labios de coral,
Que suspirando a tu lado
Puedes el bien disfrutar.

(Estribillo)
La pelota ¡qué pelota!
Que dentro mi pecho está
Vámonos juntos al cielo,
Y sabrás lo que es ¡la mar!

Ven a vivir a mi lado;
Gozaremos del placer;
Tu serás mi bien amado,
Yo tu *mulato* seré.

Tanto los dos gozaremos
Unidos por el amor,

Que contentos viviremos
Sin conocer el dolor.

La mulata bailadora

¡Ay! ¡Qué *mulata*, la bella Rosa!
¡Ay! ¡Cómo baila, válgame Dios!
¡Ay! ¡Caballero, si usted la viera,
Con qué sandunga y con qué primor!

(Estribillo)
Tan suavecito   Como el turrón!
Tan despacito   ¡Ay! Para aquí,
Tan sabrosito   ¡Ay! Para allá,
¡Válgame Dios!   ¡Ay! Como viene,
¡Ay! Como juega   ¡Ay! Como va
Con la cadera   *Mulata, mulata*;
¡Ay! ¡es tan dulce   *Mulata* sin par!
Déjame que yo te baile
Para saber lo que es la mar!

Si el compañero no es hombre listo,
Y se descuida y pierde el compás,
Ella lo llama. y le dice <¡Entra!>
Y él, poco a poco, bailando va.

Ella lo llama y lo vuelve loco;
Ella lo mata con su bailar;
El que no es bobo deja matarse,
Porque al morirse gozando va.

José Ruiz Elcoro encontró otras piezas no incluidas en el Libro de guarachas, pero que también entran en la "mulatería".

La Mulata

Anónima.

"Existe la partitura para canto y piano, sin fecha, editada por Edelmann. Clasifica la obra como `canción` sin embargo por su letra, por su estructura musical, indicación de tiempo Àllegretto` estamos ante una guaracha típica. Esta pieza aparece reproducida en Argeliers León, "Del canto y del tiempo", Editorial Pueblo y Educación, La Habana, 1981."

Trigueñita de mi vida
tu me quieres volver loco
no me bailes tan aprisa
báilame poquito a poco.

Trigueña santa
tan sandunguera
pídeme *china* que te doy
lo que tú quieras.

La mujer que quiere a dos
Es discreta y entendida
Si una vela se le apaga
Otra le queda encendida. (1)

Trigueña santa, etc.

La mujer que fuere pobre
No tiene que pedir celos
Que harto favor le hacen
Con quererla pelo a pelo

Trigueña santa, etc

El amor del hombre pobre
Es como el del gallo enano
Que en correr y no alcanzar
Se le pasa todo el año.

Trigueña santa, etc.

Mis ojos fueron testigos
Que te vieron persignar
Quien te pudiera besar
Donde dices enemigos. (2)

Trigueña santa, etc
Quien fuera gatito prieto
Y por tu ventana entrara
Y a tí te diera un besito
Y a tu madre la arañara.

Trigueña santa.

(1) Esta cuarteta se usa mucho intertextualmente, en guarachas y sones del siglo XX.
(2) Creo que en ese momento, los dedos se encuentran sobre el pecho, más o menos en el nacimiento de los senos.

Canción de la Mulata María

Música de Raimundo Valenzuela, letra de Federico Villoch. Nos dice JRE que fue una de las piezas integrantes de La Mulata María, zarzuela en un acto estrenada en el teatro Irijoa en La Habana, en 1896. Alude al personaje mítico de María La O. Blanca Becerra la grabó en 1916/7 en disco Columbia C3297. La letra es más extensa, pero la cuarteta escogida es muy popular, la incluyó María Cervantes como cita intertextual en su versión de Los Frijoles en junio de 1929, grabación Columbia Co3582X.

Yo ñama María la O,
y no hay *negra* como yo,
má bonita si la'brá
pero má graciosa no.

Que buena hembra

Arreglada por Manuel "Lico" Jiménez, Editada por Anselmo López en la segunda mitad del siglo XIX.

A mi espresión respondan todos, eso sí (bis)
el cocuyé con sus primores, si
recogiendo flores,
cogiendo flores con sus verdores
 el cocuyé con sus primores, sí
recogiendo flores,
cogiendo flores con sus verdores.
a mi amor le canto
a mi amor le canto yo
a mi amor le brindo y

le brindo yo mi corazón
que buena hembra (bis)
que buena hembra camará
que buena hembra
tírale un beso, camará
que buena hembra (bis)
tenía unos ojos
que si usted la viera
y ella me miraba caramba
y yo también la miraba
sumba *mulata*
que yo también sumbaré
sumba *mulata*
que yo también sumbaré.

La guabina

Música y letra de Manuel Mellado. JRE: Hay partitura. Arreglo para canto y piano de Enrique Guerrero. Según Rine Leal (Obra citada), Mellado fue el gran descubrimiento de los Bufos de Salas de 1879. Fue autor teatral, actor, director y autor de guarachas.

Serafín Ramírez, y otros escritores de los 1800, tenían a La Guabina, como una de las guarachas más inmorales; y con razón. Guabina, dice la RAE copiando al pie de la letra la definición de Pichardo que ya tiene casi dos siglos, es un pez de río, de carne suave y gustosa, con cuerpo mucilaginoso, algo cilíndrico y cabeza obtusa. A la calenturienta imaginación cubana, ya eso es suficiente para considerarlo sinónimo de pene. De manera que ya pueden imaginarse a lo que se puede comparar la puerta de la cocina, situada generalmente en la parte trasera de una casa. Eso en el aspecto digamos metafórico de la palabra; pero como además este pez tiene movimientos inesperados, cambios de rumbo, retrocesos, guabinear también es en Cuba equivalente a conducta indecisa, cambiante, y así lo recoge la RAE como cubanismo.

Y claro, no podía faltar la legendaria mulata en la historia de La Guabina, y con este nombre: Celestina, tampoco muy respetable en la literatura española.

La *mulata* Celestina
le ha cogido miedo al mar
porque una vez fue a nadar
y la mordió una guabina.

Entra, entra, guabina,
por la puerta de la cocina.
Entra, entra guabina,
por la puerta de la cocina

Dice Doña Severina
que le gusta el mazapán
Pero más el catalán
cuando canta la Guabina.

Entra, etc, repite.

Ayer mandé a Catalina
A la plaza del mercado,
que me trajera dorado
Y me le dieron Guabina!

(Entra, etc, repite).

El Negro bueno

Música y letra de Francisco Valdés Ramírez.
Este número era uno de los cantables de la obra "Perro Huevero aunque le quemen el hocico", la misma que se ponía en escena cuando los sucesos del teatro Villanueva a los que hemos aludido. Nos trae JRE este párrafo de la obra de Gonzalo Roig, sobre la música, incluida en Historia de la Nación Cubana Vol. VII Edit. Historia de la Nación Cubana, 1952, p. 434 y 435.: "también la guaracha El Negro Bueno, de extraordinaria significación política, antes y después de 1868, de Francisco Valdés Ramírez, periodista que fomentó la Compañía de los Bufos Cubanos, y en la cual actuaba como autor y actor, y que dio motivo a la masacre del Teatro Villanueva en esa ciudad; esa misma guaracha era aclamada en el mes de octubre de 1868, en Santiago de Cuba, en el Teatro de Verano, El Comercio, porque se identificaba como canto de proclama revolucionaria..."
Esta es la versión que aparece en "Guarachas cubanas" que hemos venido usando:

Aquí ha llegado Candela
Negrito de rompe y raja
Que con el cuchillo vuela,

Y corta con la navaja
(Estribillo)
¡Ay! ¡Ay! ¡Ay! !Ay!
Vamos a ver
¡Ay! *chinitica*,
¿Qué vamos a hacer?
Si al *negro* bueno
Lo quieren prender,
Al *negro* bueno
Quieren desgraciar;
Pero ninguno
Se quiere atracar,
porque si tira
Se puede clavar

Del Manglar al Monserrate
Y de la Punta a Belén, (1)
Todos doblan el petate (2)
Si toco yo a somatén (3)

Donde se planta Candela
No hay *negra* que se resista;
Y si algún rival la cela,
Al momento vende lista.

Candela no se rebaja
A ningún *negro* valiente
En sacando la navaja
No hay nadie que se presente.

(1) Estos cuatro nombres propios son barrios o lugares de La Habana.
(2) Según Pichardo, es voz mexicana para estera de dormir, pero más usada en el sentido de irse de un sitio o morirse, en liar o doblar el petate.
(3) Según el RAE es voz de origen catalana, grupo de guerreros que no son un ejército regular, en este sentido, Candela significa llamar a su grupo de pelea.

Cuenta también JRE, que cuando el primer viaje de Sarah Bernhardt a Cuba, se le incorporaron estos versos: "Aquí ha llegado Sarita/ la que dijo muy ufana,/ que los hombres de la Habana/ eran indios con levita".

Y esto ha sido siempre frecuente en los géneros populares, sea la guaracha, la copla; donde quiera que haya un género donde hay un estribillo, que actúa como elemento de empate de las distintas partes, es fácil agregar otras, sobre todo si son cuartetas. Está presente en zarzuelas y revistas españolas, son famosas las "coplas de Roque" en "Marina" o las de "Ahí va" de la revista "La corte del Faraón"; coplas que por años, viajaron por España y América, adaptándose muchas veces a sucesos coetáneos al lugar de cada función.

Guarachas sin mulatas pero interesantes

Rumba criolla

Música y letra de R.B.

Como vimos, la guaracha (o sus autores), no tenían reparo en ponderar las virtudes de otros géneros musicales cubanos, ya lo vimos con "La Danza", y ahora es con la rumba. Y es interesante destacarlo, me parece. Era ya una conciencia de "nosotros" y "ellos".

La *rumba* es un baile donde
Todo el cuerpo se menea:
Ninguna mujer se esconde
Cuando bailarla desea.

(Estribillo)
¡Vaya un meneo!
¡Brincos tan altos!
Yo me mareo
Con tantos saltos.
Solo me gusta en la *rumba*
El roce del *tumba-tumba*

Por recatada que sea
Una preciosa mujer,
En la *rumba* se menea
De la cabeza a los pies.

Enseñan la pantorrilla,
Y también...!muchacho, sió!
Rumba criolla sencilla,
No hay quien baile como yo.

> Las mujeres bailan *rumba*
> Y critican el can-can,
> Porque con el *tumba-tumba*
> De la *rumba, tumbarán.*

Esta última cuarteta parece escrita por Nicolás Guillén. ¿Cómo sería el tumba tumba? Pichardo cuenta de un juego de ese nombre entre chicos camagüeyanos que consiste con un golpe de mano, tumbarle al otro algo que tenga en la suya, pero no creo se trate de eso. Y el último verso de la guaracha, es críptico: ¿Que tumbarán?

Los Chinos

Música y letra de R.L.

JRE nos refresca algunos datos de la presencia china en Cuba, tan importante para nuestra cultura. "Los chinos arribaban a Cuba con un contrato de trabajo leonino, en que tenían que obligarse a trabajar por ocho años con un salario mezquino, para pagar los gastos del viaje, trabajando en la industria azucarera, sustituyendo a los negros esclavos. Los primeros 206 arribaron en 1847. Para 1861 ya había 34,834 y siguió aumentando en años sucesivos del siglo XIX".

Tan pronto podía liberarse, el chino procuraba trabajar en poblaciones, constituyendo pronto una colonia grande en La Habana y otras ciudades; preferían trabajar en cultivo de hortalizas y flores cerca de los lugares habitados, para venderlos en sus calles, o establecer negocios de lavado y planchado de ropa a domicilio, y más adelante, pequeños comercios de venta de frutas y comestibles elaborados como frituras, etc. O sea, el chino fue siempre una presencia muy visible, muy ligada al tejido social callejero, y rápidamente se convirtió en un personaje más de ese perfil proletario de todas las poblaciones, pero con sus costumbres ancestrales.

> Verás a todos los chinos,
> Cuando vienen de Cantón,
> Comer arroz con palitos,
> Y vivir en reunión
>
> (Estribillo)
> Aquí canto esta guaracha.
> Mi vida, por divertirte;
> Contesta con la *Mulata*,

Que me consuela al oirte.
¿Casita pa el chino no hay?...
¡Capitán, capitán, capitán!
El pobre chino se va.

Si te casas con un chino
Has de comer cundiamor, (1)
Y tu rostro peregrino
Amarillo se pondrá.

Muchas quieren a los chinos,
Y se dejan camelar,
Porque dan mucho dinero
Y se dejan engañar

Pero ni tiene amor propio
La que aun chino quiere amar
Porque el chino fuma opio
Y molesta a los demás.

(1) El cundiamor es planta herbácea trepadora, que da una frutilla pequeña, amarilla, con semillitas rojas. La mención es irónica, porque hacen falta muchos cundiamores para hacer una ración comestible…Obviamente, el autor no simpatiza con los chinos…

Ven Guajira

Música y letra: F.P (?)

Según JRE, puede ser Felipe Potestad, perteneciente a la primera generación de artistas bufos. Murió en 1885. Ver Rine Leal, La selva oscura, etc. p. 191 y 192.

Ven guajira;
No huyas así;
Eres bonita
Como una hurí (1)

(Estribillo)
No se acerque, caballero;
Váyase usted a la ciudad,
Que yo tengo mi montero
Que hará mi felicidad.

Lindo tesoro,
¡Cómo que no!
Que fiel te adoro,
Te lo juro yo.

Casa preciosa
 Yo te pondré;
Y allí, mi diosa,
Tuyo seré.

Pero, monona
¡No huyas así!...
¡Tan cimarrona(2)
Mujer no ví!

(1) Hurí, según RAE, son las mujeres de ojos negros grandes
(2) Cimarrones eran los esclavos que escapaban al monte para librarse de la esclavitud.

Los ponineros

Autor: Látigo (?)

Ponina ya era cubanismo en el libro de Pichardo, "Contribución o suscrición (sic) de tanta cantidad numeraria, o lo que se pacte que haya de dar o poner cada uno para costear algún baile, comida, diversión, &"; y aunque no lo dice, los "ponineros" son al parecer los que organizan la ponina, y no salen muy bien parados en esta guaracha de crítica social a su actividad. Ya existía el anglicismo cheque por check, y "trancar" según Ortiz es cubanismo por "fastidiar en una treta, mala acción, o juego"; Pico en RAE es pequeña cantidad, en este caso de dinero. Maní es sinónimo de dinero en el Diccionario de Cubanismos de Sánchez Boudy, y lo mismo sucede con "la mosca", que RAE dice son "bienes de cualquier especie", en este caso dinero. Bombas, en este caso parece ser según Pichardo, un sombrero de copa alto que el populacho llamaba así.

Puedes ves los *ponineros*
Si quieren un baile dar,
hacerse muy caballeros
Para los *cheques trancar*

(Estribillo)

Con las *poninas*   Mucho te halagan
(Que ellos no dan) (Por el *maní*);
Cosas divinas   Ellos no pagan,
Te ofrecerán   Pero tú si.

Y hasta se suelen guardar
Lo que llegan a juntar

Te ponen mil condiciones
Que ellos no podrán cumplir
Ofrecen que a sus salones
Nada le podrás pedir

Das el *pico* a la ligera
Pensando que has de gozar
Y si vas sin compañera,
Ya te puedes retirar.

Con lo que tú les pagastes,
Ellos *bombas* comprarán;
Tú *la mosca* le soltastes,
Y ellos en su gloria están.

Los altarcitos de cruz

Música y letra de J.O. (?)

Nos dice JRE que "la tradición de la celebración de la Cruz de Mayo es antiquísima, en España y países latinoamericanos. De Los Altares de Santa Cruz habla Emilio Bacardí en sus Crónicas de Santiago de Cuba. "Consiste en venerar dicha fecha (Mayo 3) en las casas mediante velorios festivos, en los que ante un pequeño altar improvisado y con flores, se hacen oraciones, cantos y comidas tradicionales. En ocasiones estos rituales se han mezclado con creencias y músicas de origen africano."

Fui una noche de visita
A casa de Doña Luz
Y había en una mesita
Un altarcito de Cruz.

(Estribillo)
Los altarcitos
Suelen hacer
Para las velas
Luego coger.
Con los restos del altar
Un mes pueden disfrutar.

Una joven de candela
Fue la que el ramo me echó,
Y vino con panetela
En una copa me dió...

Renegué de mi destino,
Pues cien pesos me costó
Una copita de vino
Y el ramito que me echó.

Ya no pienso más en volver
Por casa de doña Luz,
No sea que pueda tener
Otro altarcito de Cruz.

Al parecer, el Altarcito era de "ponina"...

El fambá

Anónimo.

Por dato facilitado por JRE, Gonzalo Roig, en su trabajo antes citado, p. 437, esta guaracha es la primera en utilizar "temas, ritmo y parte de su lenguaje en ñáñigo, en días que le cantaban a la mulata de rumbo, a los negros del manglar y personajes de la época".

Como explicamos antes, el fambá, no el cuarto del fambá, como dice la guaracha, como si el fambá fuera un personaje, era el recinto sagrado, secreto, de la secta abakuá, nadie puede ir a "inspeccionarlo" y en él no hay sacos, cañas y gallos, sino vestimentas, instrumentos musicales y otros elementos usados en las ceremonias abacuás. Encoriocos, no encorocos como dice la guaracha, son zapatos, en lengua abacuá (Ortiz, Afrocubanismos). Paluchero según Pichardo, era habanismo, mas que cubanismo, por charlatán. Y Los Sitios es un barrio de la Habana, debía ir en mayúscula. Y Betangó o Betongó, era un juego o sociedad abacúa de La Habana (Lydia Cabrera). Itán creo que es cuchillo.

El que venga a inspeccionarlo
Solamente encontrará
Los sacos, cañas y gallos
En el cuarto del *fambá*.

(Estribillo)
Y en el altar
Nuestras insignias
Podrán mirar.

Si quieren de mí burlarse,
Vengan cuatro, que son pocos,
Que ya pueden apretarse
Conmigo los *encorocos*.

El que se haga *paluchero*
Al punto lo enterrarán,
Porque yo le doy el cuero
Aprisa con el *itán*

Vamos, negros, no se metan
Que de *Los Sitios* (sic) soy yo,
Y mueren si no respetan
Al juego de *betangó*

Los Panaderos
Letra y música: LS

Aquí le damos la palabra nuevamente a JRE: "LS puede tratarse de Laureano Suárez, artista del teatro bufo, del cual se tienen escasos datos. Es reconocido muerto en 1885. Tal vez las iniciales L.S. puedan tener relación con Luis Susini, dueño desde 1865 en La Habana de la Real Fábrica de Cigarros La Honradez. Estaba instalada con todos los adelantos mecánicos de la época.

Contaba con 150 trabajadores, de los cuales 85 eran chinos y 10 yucatecos. Ver Susini, Luis:"Real Fábrica La Honradez", Imprenta y litografía particulares de la misma, La Habana, 1865, p. 11. La Honradez tuvo un importante taller de litografía, que editó mucha música cubana como parte de las cajetillas de cigarros, en cuyas ediciones quedaban distinguidas las iniciales L.S."

En una huelga terrible
Están hoy los panaderos,
Pues dicen que es imposible
Dar cinco panes por medio. (1)

(Estribillo)
¿Por qué querrán
A dos por medio
Vender el pan?

Después de ser tan chiquitos
Y tan mal condimentado,
Los harán más pequeñitos
Y no venderán fiado.

Del tamaño de las nueces
Son los que venden ahora...
Así se hacen muchas veces
Los capitales, señora.

Pretenden los panaderos
Lo que al fin conseguirán;
Poner más alto que el oro
A lo que ellos llaman pan.

(1) Posiblemente sea este el origen de una frase cubana que recoge Sánchez Boudy: "Dar mucho pan por medio". Querer mucho por nada o por poco.

Se trata evidentemente, de toda una canción de protesta social.

El Carnaval

Letra y música: Enúleo (?)

Cubramos nuestra careta
Con alguna artificial,

Que bien vale una peseta
No enseñar lo natural.
(Estribillo)
Todos desean
El disfrazarse,
Sin acordarse
Que ya lo están.
Pueden que sean
Más intrigantes
Esos semblantes
Que ocultos van.

Ya disfrazados estamos,
Sin que llegue el Carnaval;
Luego no necesitamos
La careta artificial.

Porque aunque nos disfracemos,
Nuestras faltas han de ver:
Los mismos siempre seremos
Que sin disfrazar ayer.

Mas son caprichos del mundo
El quererse disfrazar:
Siempre lodazal inmundo
Por doquiera hemos de hallar.

No sabemos quien es este Fernando Campoamor caribeño que se esconde bajo el nombre de Enúleo, pero ciertamente no esperábamos en el formato festivo de una guaracha, unos pensamientos de crítica social tan bien expresados.

Los usureros

Letra y música: G. F.

Como en casos anteriores, JRE piensa que las iniciales pueden referirse a otro artista del teatro bufo cubano, Guillermo Fernández, del que no hay más datos. Buena crítica social.

Dicen que es el usurero
Sinónimo de ladrón:

El que coja su dinero
Pierde su reputación.
(Estribillo)
Solamente quieren darlo
Cuando pueden tripicarlo.

Si te demoras en dos meses
En pagarles, ¡mal, muy mal!
Solamente en intereses
Triplicas el capital.

Para cerrar algún trato
Desconfían con rigor,
Pues te piden el retrato,
una prenda y un fiador.

Yo también puedo algún día
Entre sus garras caer;
Pero juro que sería
Por no tener que comer.

El quiquiriquí

Letra y música: J.M.

Quiquirito o Gallito americano lo llama Pichardo, y dice es gallo pequeño procedente de Norteamérica y Don Fernando en su cataruo dice que también se le llama quiquiriquí. Los ví mucho en Cuba, se tenían como curiosidad, pues sus huevos eran pequeñines. Pero sí recuerdo perfectamente haber escuchado la frase, dirigida a veces a la interesada: ¿Pero tu no tendrás tu quiquiriquí escondido? Se significaba con esto, tener un pretendiente, o un enamorado tímido, que no se atrevía a declararse. Güirito, no lo escuché nunca, al parecer equivalente a quiquiriquito. ¿Cuál fue primero, la guaracha, o el dicho?

A mí no me engaña nadie,
Tú tienes algún amor,
Y mucho más poseyendo
Ese rostro seductor.

(Estribillo)

No digas mentira;
Por tu madre, así
A nadie le falta
Su quiquiriquí.

Por mentecata que sea,
Convéncete, una mujer,
Algún <güirito> escondido,
Muchacha, debe tener.
Tu madre decía lo mismo
Antes de tenerte a tí:
No me vengas con belenes; (1)
Tienes tu quiquiriquí.

Como si fuera pecado
Un pasatiempo tener!
Yo no seré de tu agrado,
Pero algún otro ha de ser.

(1) Esto no lo habíamos escuchado. Una de las acepciones que da RAE para la palabra, es confusión. Por lógica, la frase parece querer decir No me vengas con confusiones, con cuentos.

El bailador

Letra y música: E. Caballero

Nos dice JRE que no hay información sobre el autor. Dedicado a la pasión de los cubanos por el baile en el siglo XIX, contada por más de un cronista de la época. Es un fenómeno social interesante, me parece.

En todas las escuelitas (1)
Hago furor:
Me llaman las señoritas
< El bailador>

(Estribillo)
Aunque no tenga   De noche y día
Para comer,   Bailar de flor,
El baile venga,   Es la alegría
Que es el placer   Del bailador.

Cuando no tengo dinero
Para bailar,
A casa del usurero
Voy a buscar.
Por comer no me apresuro
Por bailar, si;
Pueden creerlo, lo juro:
Yo soy así.

Es el bailar, a fe mía,
Mucho mejor;
Vengan, que lo desafía
El bailador.

El masca vidrio

Letra y Música: R.C.

Para JRE, puede tratarse de Raimundo Cabrera y Bosch (La Habana, 1852-1923), figura importante de las letras cubanas, con una producción en distintos campos literarios impresionante y dentro de éstos, autor del libreto de varias zarzuelas y revistas. Y también nos informa JRE, que masca-vidrios se usaba en Cuba en el siglo XIX y principios del XX para los beodos, y así se le decía al borracho como personaje típico del teatro popular cubano. La obrita tienes ribetes de crítica social.

De mascar vidrio a mi gusto
Nadie me puede privar;
Mascándolo no me asusto
Aunque me quieran matar.

(Estribillo).
Ricos y pobres   Del rico dicen:
Como yo soy,   ¡Que alegre está!
Todos, señores,   Y del que es pobre:
Lo mascan hoy.   ¡Borracho va!

Pero que diga cualquiera
Si todo no es borrachera.

Mascando vidrio me inspiro,
Quiero la lira pulsar;
Bailo, canto, río, suspiro,
Y suelo también llorar.

Uno que esté condenado
Se puede muy bien salvar;
Masque vidrio entusiasmado,
Y a la gloria irá a parar.

Con él el dolor se olvida,
Con él se puede gozar,
Por eso toda mi vida
Mascando vidrio he de estar.

El Zapateo

Música y letra P.L. (?)

Otro caso de una guaracha que se dedica a otro género musical cubano: el **zapateo**.

Los guajiros son dichosos
Si bailan el zapateo;
Es un baile donde veo
Muchas veces pies preciosos.

(Estribillo)
Mas no me gusta
Bailarlo a mí,
Pues me sofoco
Brincando así.
Y se baila separado,
 Gustándome a mí arrimado.

Las sayas hasta el tobillo
Se levantan con primor,
Y con un paso sencillo
Dan vueltas en derredor.
Escobillan de primera,
Llevan el compás mejor;

La soltura es hechicera
Porque muy ligeras son.
¡Quién pudiera ser el suelo
Donde ellas bailando están,
Para estar mirando al cielo
Siempre, siempre con afán!

Según Pichardo, Escobillar es "Bailar moviendo los pies en compás de 3 por 8, pasando cada uno por delante de la punta del otro, sin ocupar más ni menos de los tres tiempos medios o un compás, para que el otro pié ejecute lo mismo en igual intervalo y en ángulo recto uno del otro".

Juan Quiñones
Anónimo?

Para JRE, "Posiblemente haya sido escrita por Enrique Guerrero, artista bufo autor de canciones y guarachas, quien tiene entre sus contradanzas la titulada Juan Quiñones, que cita en su segunda parte el estribillo de esta guaracha (¡Ay Juan Quiñones, que sofocones, etc) " Pero el mismo JRE agrega: "En 1880 la compañía de teatro bufo de Miguel Salas presentó la pieza teatral Un secreto de Juan Quiñones, de Arturo Roberts, autor del que tenemos escasos datos".

Estaba Don Juan Quiñones
Haciendo dos mil esfuerzos
Apurado al capitán
Lo saque de Cayo Hueso.

(Estribillo)
¡Ay, Juan Quiñones
Qué sofocones!
Compadre, no digas nada;
Yo no quiero obligaciones.

Lo vinieron persiguiendo
Al paso de la Marqueta;
Lo vinieron a encontrar
A bordo de la goleta
Vámonos para la Habana
A buscar a Juan Quiñones,

A que nos dé explicaciones
De buena o de mala gana.

La mujer encinta estaba
Cuando se quiso escapar.
El pobre se figuraba
Que lo podía lograr.

Lo llevaron al juzgado
Su casamiento a firmar,
Y él alli juró llevar
Esa cruz hasta el Calvario.

¿Quién te mandó, Juan Quiñones,
Comer fruta prohibida?
Hoy tienes obligaciones
Mientras te dura la vida.

Estas que siguen, no pertenecen al libro Guarachas cubanas antiguas, fueron encontradas por JRE en otras fuentes.

Estas dos primeras fueron tomadas de "Aquellos tiempos...Memorias de Lola María de Ximeno y Cruz (autobiografía). Tomos I y II Imp. y Papelería El Universo, Habana, 1928, Tomo I pags 290 y 291. Pero las memorias son anteriores a 1886.

Y citamos directo a la autora:

"No olvidando yo, por la gracia especial que sabía imprimirle la autora de mis días, cubanísima en esta su afición, a las graciosas estrofas del **Testamento del Negro**, composición de Luis Victoriano Betancourt, que en música no tenía igual por lo ocurrente de la letra, como por lo acordado del metro":

Apunte ueté, señó ecrubano,
Apunte ueté, con la pruma en la mano,
Apunte ueté, un Faró dorao...!
Que yo lo tengo en la paré pintao!...

Y como preludio de la Ley de Emancipación, cuando la esclavitud vino la de **El Jardinero:**

Yo soy el jardinero,
Vengo a regar las flores

Cantando los amores
Del *negro guarachero*.

Yo me muero de placer
En oyéndote cantar.
¡Fuera! ¡Fuera!...
En oyéndote cantar.

¡Que siga la guaracha,
No hay novedad,
Que vienen los *negritos*
Cantando la libertad!

El Malakof

Nos cuenta JRE que "esta guaracha era de gran popularidad en la década de 1860, y los editores Juan Federico Edelmann y Anselmo López hicieron varias ediciones de la obra, para voz y piano. Todavía en 1860 Miguel Faílde la usó para componer su segundo gran danzón, titulado así, El Malakof."

Del Malakof nos dice Pichardo "En La Habana generalmente es conocida con esta denominación la armazón que usan las mugeres debajo del túnico, de la cintura a los pies, con varillaje de acero o ballena, para amoldarla. Ya la moda va decayendo". No lo encuentro en RAE, y no creo que sea un cubanismo. ¿De donde vino?

La piedra que rueda mucho
no sirve para el cimiento
y mujer sin malakof
que no espere casamiento.

(Estribillo)
Que sí, que no,
me gusta tu malakof
y si tú no te lo pones
de pena me muero yo

Don Pedro se casó ayer
Y después que se casó
un malakof encontró
en lugar de su mujer

*El Diario de la Marina
La Prensa y el Regañón*
defienden en sus locales
la moda del malakof

Los clásicos más severos
en el vestir y el andar,
cuando pasa un malakof,
se quedan sin respirar.

Estrategias de publicidad en 1860: Nombrar a tres de los diarios mas importantes de la Habana, haría que seguramente le dedicaran por lo menos una nota al famoso malakof...Propaganda gratuita.

CAPÍTULO 7
Himnos y marchas

Cuba, desde la conquista, empezó a tener dos cancioneros: el nativo, muy limitado pero suficiente para las necesidades de los indios, y el hispano-europeo de los conquistadores. Con la casi total extinción de los indios, ya para principios del siglo XVI, habían desaparecido sus instituciones culturales, y con ellas, el areyto.

El proceso de comenzar a construir el cancionero cubano, fue lento. Y se va desarrollando en tres áreas. La primera, cuando La ciudad de La Habana, con el establecimiento del sistema de flotas desde el siglo XVII, se convierte en un enorme laboratorio de experimentación y creación musical; en él se deben haber creado, o perfeccionados, todos esos géneros musicales que conocemos como "Cantes de ida y vuelta" : La chacona, el fandango, etc. No podemos reclamar su cubanía total, pero ciertamente ahí comienza a desarrollarse una música que es diferente a la que trajeron los españoles.

La segunda área comienza en los barracones donde viven los esclavos, o en los cabildos en que los afrocubanos tienen oportunidad de reunirse. Es un proceso lento, porque primero hay que lograr en ellos un cierto grado de entendimiento entre las distintas etnias africanas y sus respectivas culturas, que fueron llegando a Cuba con el proceso de la esclavitud. Una vez se produce esa homologación, en la que además había siempre células culturales idénticas, empieza a nacer la influencia que esa música va a tener en lo criollo. Pero esta presencia tardará de salir del barracón y el cabildo, a conquistar su espacio en la sociedad colonial.

Y la tercera área, la van creando los colonos canarios y andaluces, que van transformando la música traída de España, hasta ir creando para fines del siglo XVIII, nuestro primer género autóctono: el punto cubano.

Pero no será hasta el siglo XIX, que podamos hablar de un cancionero cubano completo, más usado que el español, por razones obvias. Pero España no cede. Si es evidente que en los bailes, la preponderancia cubana con la danza, y la contradanza es notoria, y ya a fines del siglo, con la presencia del danzón y la guaracha, es todavía mayor, todavía hay un reducto de la música "de la madre Patria": Las bandas militares e institucionales.

Además, desde 1868 hasta finalizar el siglo, son prácticamente tiempos de guerras, y estos son tiempos de marchas e himnos. Hay un documento de la época muy interesante, "El Álbum Regio; Es un lujoso libro que se edita en 1855. Hecho por el compositor Vicente Díaz Comas, deviene en crónica ilustrada, de amplia pretensión y simbolismo (partituras e imágenes plásticas) de un estudio histórico de la cultura española en la segunda mitad del siglo XIX. Trae acápites, como "Árbol genealógico de la Ilustre Casa Borbón," "Disertación Histórica y Cronológica de los timbres y blasones de los antiguos títulos de los Soberanos de España", y partituras de música que cubren los géneros de obertura, marcha, vals, polka, himno y contradanza, y le dan también entrada, a la contradanza, el zapateo y el punto cubano.

Trae un epígrafe titulado Isla de Cuba, que contiene información alusiva a la naturaleza de la Isla, también problemas sociales como la fiebre amarilla, y el señalamiento de que a partir de 1820 la Isla comenzó a tener un incremento considerable en su desarrollo económico, llegando a ser la posesión más importante de España.

En 1998 se hizo una nueva y lujosa edición de este libro en España, compilada por la musicóloga cubana María Teresa Linares y un estudio de su colega también cubana Victoria Eli Rodríguez. (Sociedad General de Autores y Editores y Fundación Autor. Madrid, 1998.)

No sabemos quien sufragó la edición inicial de la obra en 1855. No nos extrañaría que fuera la sacarocracia cubana. El libro estaba evidentemente dirigido a mostrar lo maravilloso que era lo que quedaba del imperio español, lo dichosa que debía sentirse Cuba de ser parte del mismo, y hasta poder participar, aunque modestamente, en su cancionero nacional.

Pero lo cierto es que no reflejaba en nada las necesidades del país, que era una cosa aparte de España, que el problema social que tenía no era la fiebre amarilla, sino la esclavitud negra, y en lo que nos atañe, que teníamos ya nuestra música que era escamoteada entre oropeles de orlas, banderas y escudos que adornaban el llamativo y cursi mamotreto.

Entre otras cosas, incluía dos himnos, uno titulado **"Españoles de júbilo henchidos"**. La segunda parte de la letra decía:

> Nunca sople la horrible discordia
> Ni su aliento perturbe la paz

Que mi Cuba con dulce concordia
Hoy al mundo presenta su faz, si su faz.

O sea, cuidadito con sueños independentistas...

El otro himno se titula " **Al nacer como el radiante**",
Y en él Cuba :

"Y con himnos gozosa pedía
Al Señor un reinado feliz"

Pero esa no era la realidad. El 19 de mayo de 1850, Narciso López Agüero tomó Cárdenas en la provincia de Matanzas por 19 horas, aunque en definitiva no prosperó el intento. JRE ha encontrado en la obra ya citada Aquellos tiempos...Memorias de Lola María de Ximeno y Cruz (autobiografía) con prólogo de Fernando Ortiz, (Tomo I, Imp y Papelería El Universo, Habana, 1928 p. 42) el **Himno de Narciso López**, con letra de Plácido Gener:

Ya en las playas de Cuba tremola
La bandera del azul y el punzó
Con la estrella del norte que dice
Libertad para siempre por Dios.
Y si acaso Narciso no viene
A librarnos del yugo tirano
Ya el acero teneís en la mano
Y el puñal que nos une a los dos.

La escritora afirma que el autor de la letra, lo era también de una danza titulada La Fili (La filibustera) cuya letra perteneciente a José Francisco Lamadriz decía: "Yo soy la Filibustera/ Viva López! Viva Cuba!/Viva su bandera! y que esta composición tuvo enorme popularidad en Matanzas a mediados del siglo XIX

En la obra enciclopédica : "Historia de la Nación Cubana" Volumen 7 en la sección dedicada a la música, se le dio cabida a un interesante trabajo de Gonzalo Roig, que de hecho anteriormente había tocado el tema en su discurso de ingreso a la Academia Nacional de Artes y Letras, publicado por la Imprenta Molina en 1936.

Roig dice cosas muy interesantes como éstas:

...sabemos que en la Manigua, tanto en la guerra del 68, como en la del 95 en que los rudos negros Ducasse entonaban décimas alusivas a la guerra en los

campamentos mambises, y también en algunas ciudades y en pueblos del interior de la Isla y en la propia Habana, al son del tiple, las guitarras, las maracas o el güiro, se cantaban obras del más encendido amor patriótico, de compositores y troveros como Enrique Guerrero, Miguel Faílde, Raimundo Valenzuela, Justo Soret, José Marín Varona, Rogelio G. Palacio y de la Torre, Rafael Palau, Calixto Varona, Jose Ma. Ochoa, Pablo y Ramiro Mazorra, José G. Fernández Blanco, y un sinnúmero de compositores anónimos –como el autor de la marcha patriótica- <Los Rifleros de Maceo>, por ejemplo- escribieron danzas, danzones, canciones, boleros e himnos, exaltando en ellos el movimiento guerrero en el cual militaban o con el cual simpatizaban...

Dice Roig que los primeros iniciadores en ese aspecto fueron Plácido Gener con el Himno de Narciso López y la danza Fili que ya hemos mencionado. Y continúa Roig:

Otros aseguran que el primer Himno que se escribió para la revolución cubana, tanto su letra como su música, lo fue el realizado por el patriota Francisco de Aguero (Frasquito) en el 1851 en Camagüey y que tituló Himno Cubano. También, en la guerra del 68, se escribió el Himno de las Villas con letra del poeta villareño Antonio Hurtado del Valle (El hijo del Damují), con música de un compositor sudamericano... y Y era tal el anhelo de libertad que animaba a sus compositores, que hasta al propio José White Laffite, ausente en Francia, se le hizo el encargo de que escribiera una marcha –que él tituló "Marcha Cubana para Gran Banda" con el sincero deseo de que esta fuera la sucesora de la Marcha Real Española; como también escribió su bellísimo himno a Cuba, Ignacio Cervantes y José Sánchez el Himno a Maceo, y Calixto Varona la Marcha Presidencial...

Aunque piadosamente no los menciona, añade Roig con amargura:
Contrastando con estos patrióticos pronunciamientos de nuestros músicos, se advierte la sumisión de otros compositores que, halagando a la colonia española, producían composiciones en loor a las glorias de su ejército y sus gobernantes....

También señala Roig, que en la guerras del 68 y 95 poco o nada se paralizaron las actividades artística en algunas de las capitales de provincias –con excepción claro está de los sucesos del Teatro Villanueva en 1869- y además alude a los conciertos públicos que ofrecían las Bandas Militares, como los de de Isabel la Católica, la del Apostadero de Marina, la de Ingenieros, la de Isabel Segunda, la de Artillería, la del Regimiento Reina María Cristina y la Banda de Bomberos y como esta última la dirigía el músico cubano Rafael

Rojas, incluía repertorio de compositores cubanos, siendo por tanto la preferida del público; pero es evidente que los integristas españoles mantenían su cancionero, que había un pugna constante entre los dos cancioneros.

Añade Roig :

Los mas señalados pronunciamientos patrióticos en ambas guerrras –la del 68 y el 95- los hicieron sus poetas, y sobre todo, los cantantes o troveros, como se les llamaba entonces a los autores de las canciones y al <cuadro de guaracheros> que actuaba en el Teatro Villanueva. Los creadores espontáneos y los profesionales también, tanto musicales como poéticos, dieron rienda suelta a su inspiración, y se daba el caso, como el de Rafael (El Cubano), adorador de Baco, vendedor de un periódico titulado < La Tarde> y avencindado en el cubanísimo barrio del Santo Ángel, que recitaba versos de carácter patriótico, desfigurándolos ante las propias autoridades españolas; entre otros, este:

> *Se figuraba Sixto Varela*
> *el gran dominicano,*
> *que nosotros los cubanos*
> *no plantaríamos bandera;*
> *era preciso no hubiera*
> *en el Cobre Caridad,*
> *que esa señora está*
> *rogando por los cubanos*
> *y ¡Viva Cuba independiente!*

Y a continuación, y como imprescindible estribillo, después de recitar los versos, entonaba los siguientes:

> *y si alguien te pregunta*
> *¿Quién vive?*
> *dile que un cubano libre*
> *que va pá la insurrección.*

Aunque hemos incluido otros géneros musicales que no son marchas o himnos, ha sido para no romper la unidad del excelente relato del maestro Gonzalo Roig y además nos hemos mantenido dentro de los límites del siglo XIX.

Otros himnos escritos por cubanos en el siglo XIX están mencionados en la p. 95 de nuestro libro "Los Contrapuntos de la música cubana" Ediciones Callejón, San Juan. 2006. También podemos agregar el himno "Villaclara"

(1895) con música de Antonio Berenguer y Sed, y letra de Néstor A. Palma.

Y no hemos hablado de los dos himnos cubanos más importantes del siglo XIX, el Himno Bayamés y el Himno Invasor.

Para agosto de 1867, como parte de los preparativos de la insurrección que preparaban, Francisco Maceo Osorio y Francisco Vicente Aguilera le piden al abogado y músico aficionado, Pedro (Perucho) Figueredo, que componga un himno, seguramente recordando el que había acompañado a Narciso López en su infortunada expedición.

Maceo es más explícito, le pide que haga "la Marsellesa de Cuba". En mayo de 1868 Figueredo le entrega al director de orquesta Manuel Muñoz la partitura hecha solo para piano, de La Bayamesa, para que le haga la instrumentación.

No nos detenemos en los detalles de cómo se estrenó, disfrazada de música religiosa en el día de Corpus Christi, y otros detalles que aparecen en nuestro libro, "Música Cubana, Del Areyto al Rap Cubano", (4ta, Edición, Fundación Musicalia, 2003).

Lo cierto es que cuando la ciudad de Bayamo cae en poder de los cubanos insurrectos el 20 de octubre de 1868, la ciudad entera oyó y cantó los versos de La Bayamesa.

Desde ese momento, su fama corrió por toda Cuba, y de una manera u otra, se cantó a sotto voce durante la Guerra de los Diez Años. Adormecida, pero no olvidada, permaneció para aparecer con más fuerza al comienzo de la Guerra de 1895. Por si se había olvidado, la publica el periódico Patria en Nueva York, muy cerca del comienzo del conflicto. Será de hecho nuestro himno nacional, aunque no se le reconoce como tal en ninguna de las constituciones de la República en Armas, ni en la Constitución de 1901; no es hasta la Constitución de 1940, artículo 5, el que establece: "**El Himno Nacional** es el de Bayamo, compuesto por Pedro Figueredo"

Sobre el himno se ha escrito y discutido mucho, en relación a los cambios sufridos al arreglo original del maestro Muñoz, que incluían al parecer un pasaje de La Marsellesa que se suprimió; se le agregó una introducción más marcial que también ha sido motivo de discusiones.

Aunque se dice que Figueredo escribió la letra a vuela pluma desde la montura de su caballo el mismo día de la toma de Bayamo, dudo que fuera así, entre otras cosas, porque el himno no tenía solamente las dos estrofas con que se le ha conocido y cantado oficialmente, esta era su forma original, como vemos, más extensa:

Al combate corred, bayameses,
que la Patria os contempla orgullosa.
No temáis una muerte gloriosa
que morir por la Patria es vivir!

En cadenas vivir es vivir
en afrenta y oprobio sumido.
Del clarín escuchad el sonido:
a las armas valientes, corred!

No temáis los feroces Yberos(sic)
son cobardes cual todo tirano
no resisten al bravo Cubano
para siempre su imperio cayó.

¡Cuba libre! ya España murió
su poder y su orgullo ¿dó es ido?
¡del clarín escuchad el sonido
¡a las armas valientes, corred!

Contemplad nuestras huestes triunfantes
contempladlos a ellos caídos,
por cobardes huyeron vencidos:
por valientes sabemos triunfar.

¡Cuba libre! podemos gritar
del cañón al terrible estampido,
¡del clarín escuchad el sonido
a las armas valientes corred!

Aunque no lo aclara la Constitución, las últimas cuatro estrofas se suprimieron en la versión oficial, quizás por ser ofensivas para la población española o de origen español, que siguió creciendo después que Cuba fue independiente, caso único en la historia.

Hay otras versiones del Himno, como la aparecida en la enciclopedia El Tesoro de la Juventud, que contiene 24 estrofas.

Del Himno Nacional hay numerosas versiones, tanto cantadas como instrumentales. Antonio Vargas, cuya nacionalidad desconocemos, lo graba entre 1901 y 1904 en Nueva York en el sello Zonófono No 2105 en versión de

7 pulgadas y en el 1135, versión de 12 pulgadas. La Banda municipal de La Habana lo graba en esa ciudad en 1904, cilindro Edison 18904. En forma instrumental lo graba en New York en 1912 la Victor Military Band, No.63866; Orquesta sinfónica cubana dirigida por el maestro Luis Casas Romero, sello Victor 65461en 1913 en La Habana; La Banda de Infantería de la Habana lo graba en esta en 1916, agregándole la Diana Agramonte, Victor 69417; Vicente Ballester, que suponemos español, lo graba en New York en 1918 disco Columbia 505; Y ya después de 1925, en discos grabados eléctricamente, no acústicos como los anteriores, hay grabaciones por la Banda de Aviación Española, lp Montilla 95, y por los sellos cubanos Panart, Puchito y Areyto.

La apelación del primer verso de la Marsellesa, es a "los hijos de la patria; y el primer verso del himno mexicano dice:"Mexicanos al grito de guerra" Y la Bayamesa llama al combate a los bayameses, no al cubano, que es mencionado en la tercera estrofa, eliminada en el uso oficial del himno. Pero podemos considerarnos todos incluidos en la segunda estrofa, que conmina a los valientes.

Por gestiones de nuestro colaborador, Rodolfo de la Fuente, hicimos contacto con el Director del Archivo histórico de Manzanillo, Delio G. Orozco González, quien nos envió un interesante trabajo sobre el himno, aclarando aspectos importantes, como el de que el verdadero nombre de lo que es ahora nuestro himno nacional, es La Bayamesa, tal como lo escribió Figueredo; pero además nos llamó la atención hacia otro himno coétaneo a éste, escrito por Carlos Manuel de Céspedes, titulado "Marcha de Manzanillo", escrito el 4 de octubre de 1868, pero al que no se le puso música en aquel momento, pero sí fue publicado en el diario "El cubano libre"de noviembre 26 de 1968, rescatado del olvido en el libro "Carlos Manuel de Céspedes.Escritos" (Ed. Ciencias Sociales, 1974, tomo 1,p. 46) escrito por Fernando Portuondo y Hortensia Pichardo. Nos aclara además el profesor Orozco que después fue musicalizado. Nos indica también Orozco que hay otro otro himno, éste con su música y llamado Resurrección, escrito por Bartolomé Masó en 1897, en plena Guerra de Independencia.

Durante la Guerra de Independencia de 1895, sí existieron bandas militares mambisas, cosa que al parecer no sucedió en las contiendas anteriores. Sí se fueron estableciendo los toques de corneta, que necesita un cuerpo armado, usando a veces tonadas de danzas conocidas, como ocurre por ejemplo, con el "toque de carga" tomado de la danza "La Caringa". Gracias a los trabajos de investigación del Dr. Beningo Souza, se recopilaron los toques de nuestros ejércitos libertadores, en total unos veinte, incluyendo la llamada Diana de Agramonte. Ver para más detalles, mi libro antes citado, Los Contrapuntos de la Música Cubana, p. 75. Y ahí hablamos también de las bandas que existieron en la Guerra del 95, la más importante de todas la que acompañaba a Antonio Maceo en la Columna Invasora.

La tarde de noviembre 14 de 1895, el General Enrique Loynaz del Castillo escribe los versos y concibe en forma rudimentaria un himno que titula "Himno a Maceo"; cuando éste se lo escucha a Loynaz, le hace una importante enmienda: le cambia el nombre a Himno Invasor. Loinaz y el Director de la Banda, Dositeo Aguilera, pasaron el resto de la noche llevando al pentagrama el Himno, que se estrena a la mañana siguiente.

Este vibrante himno, intenso, hermoso, se convirtió en la República en compañero casi inseparable del Himno Nacional, tocándose frecuentemente junto con éste en actividades oficiales. Desgraciadamente, a partir de la aparición de la radio en Cuba, la usaron partidos políticos para hacer propaganda de sus respectivos programas.

Himno Invasor

A las Villas, patriotas cubanos
que a Occidente nos llama el deber,
de la Patria arrojar al tirano;
es preciso morir o vencer.

Si es glorioso morir por la idea
que en mil lides a Cuba ensalzó
roja en sangre la Patria se vea
mas no sierva del yugo español.

De Martí la memoria adorada
nuestras vidas ofrenda el honor,
y nos guía la fúlgida espada
de Maceo al avance invasor.

De Cisneros ejemplo sublime
hoy los buenos sabrán imitar;
viva Gómez, que a Cuba redime
en glorioso y tenaz batallar.

Orientales heroicos al frente,
Camagüey legendario avanzad
nuestras armas darán a Occidente
y a la patria infeliz libertad.

Nos esperan las verdes sabanas
y los campos de rico esplendor.
¡Adelante la fuerza cubana!
¿Quién detiene el empuje invasor?

De Occidente la activa campaña
doquier lanza impetuoso fulgor
que no puede el soldado de España
igualar al cubano en valor...

Al galope, escuadrones, marchemos
que el clarín a degüello ordenó
los machetes furiosos alcemos,
muera el vil que a la Patria ultrajó.

Tanto el Himno Nacional como el Invasor tienen varias versiones grabadas que están detalladas en el libro antes mencionado, Los Contrapuntos de la Música Cubana.

Veamos cómo veía Gonzalo Roig en su trabajo antes citado, la situación al finalizar el siglo:

El 1897 es el desbordamiento de la canción patriótica, cuyo origen se remonta al 1830. Los cantares de la guerra llenan el espacio de San Antonio a Maisí; se cantan guajiras, ticas (sic) guarachas, canciones, distinguiéndose entre otras, las siguientes: "La guerrilla", "La evacuación", "Las penas de un deportado"; décimas del más encendido ardor patriótico como las de "El combate de Mal tiempo", "La caída del Guacamayo", "La bandera cubana"; las que cantaba Ramitos, tituladas: "La libertad de Cuba", "Los guerrilleros del Rancho", las de "Quintín Banderas", "Cuba para los cubanos", "La ley de los Orientales", etc., y las últimas canciones que se cantaban en el 1900, como "El bolero de Marianao", "La canción de los Orientales", "El bolero Camagüeyano" y "El bolero de Manzanillo", cuya música sirvió para cantar los tres anteriores. Una canción célebre por su hondo arraigo en el pueblo cubano, fue la titulada "El despatriado".

Zoila Lapique en su libro ya mencionado "Música Colonial Cubana" etc, trae una marcha (p. 233) que apareció en el diario Yara, fundado en 1878 en Cayo Hueso por cubanos exiliados. La letra era de Francisco Sellén, y la música de Rafael A. Veloz:

En Marcha

Pronto en marcha los jinetes
los infantes a la acción
hablen pronto los machetes
los fusiles y el cañón.
No se han hecho los aceros
para el brazo femenil.
A las armas caballeros,
viva el sable y el fusil.

Otras aparecen en este libro de Lapique, cuando menciona el diario El Fígaro, fundado en La Habana en 1885, que acostumbraba a incluir una partitura en cada edición. En la de 12 de octubre de 1892, incluye la "Marcha-himno a Colón" de Julio C. Arteaga, pero no aparece letra (p. 255). Y en la de 15 de enero de 1899, la marcha "La invasión" dedicada al Generalísimo Máximo Gómez, con música de Lesgardes Municipaux(?) y letra de Diego V. Tejera.

En resumen, sobre todo en la segunda mitad del siglo XIX, hubo extensa presencia de la canción de contenido sobre todo político, en el cancionero cubano; presencia además que representaba todas las capas sociales, desde el humilde guajiro a través del punto cubano, a la música escuchada en salones de la burguesía, fuese canción, o habanera, y la guaracha, presente en los teatros pero difundida después por el pueblo de voz en voz; no estaba solo ese cancionero, como vemos los españoles o hijos de españoles integristas, trataron de oponer un cancionero del que solo queda el recuerdo de las producciones recogidas en el libro La Lira Criolla, que analizamos. Y aunque hubo algunos anteriores al 1868, ya este año con La Bayamesa, surge una presencia grande de himnos y marchas bélicas, a tenor con los acontecimientos ocurridos hasta finalizar el siglo. Y en cuanto a éstos, las bandas militares y municipales fueron un vehículo de difusión de esta música, y la escuela en que músicos de escasos recursos, sobre todo afrocubanos, tuvieron oportunidad de estudiar y desarrollar sus carrreras musicales.

CAPÍTULO 8

1900-1958: El punto cubano

Comenzamos el siglo XX, tomando primero el período de 1900 a 1925, ya que la fuente más importante que tendremos de este período, son las grabaciones discográficas que en estos años se hacen por medios mecánicos, o sea sin intervención de la electricidad. Esta división es observada por todas las historiografías del disco, y en nuestro caso particular es muy valedera, porque la mayoría de los protagonistas de este período, desaparecen en el siguiente, creando así una diferenciación natural.

Este periodo aparece estudiado en mi obra "Cuba canta y baila- Discografía de la Música Cubana- Volumen I-1898-1925", a la que haré referencia frecuentemente como CCB y el número de página. En este período, la música de Cuba atrajo la atención de las grandes disqueras norteamericanas de aquella época, que enviaron sus equipos portátiles de grabación tan temprano quizás como 1903 (la Casa Zonophone) y en 1906, la Edison, y así sucesivamente. La causa de este interés, era lograr grabaciones que interesasen a los nacionales de un país determinado, para que compraran el equipo necesario para escuchar los discos o cilindros (CCB p. 24 y sigs).

Como se dice en el prólogo, y en el capítulo 3 anterior, es el disco la primera oportunidad que va tener la canción popular de ser estudiadada y evaluada a bases de documentos fidedignos: los discos. En otra obra nuestra, "San Juan-New York, Discografía de la música puertorriqueña: 1900-1942" (Editorial Gaviota, San Juan, 2009) he explicado la importancia y peculiaridades del disco como producto comercial y artefacto cultural, al mismo tiempo. Intento explicarlo aquí brevemente.

A principios del siglo XX, entre otros muchos inventos importantes, surgieron de una parte, el automóvil, y de otra, los fonógrafos, que permitían escuchar el sonido grabado. Ambos eran productos para fabricarse en serie, y venderse a las clases altas y medias. Ambos necesitaban de un producto adicional para funcionar: el auto, el combustible, que era un producto homogéneo, que se encargaron de aportar primero las farmacias y después las antiguas estaciones de coches y caballos convertidas entonces en estaciones gasolineras. Era un producto único, aunque con el tiempo surgieron pequeñas diferencias en cuanto a octanaje o fuerza, pero en general, nunca fue la gasolina un problema para la venta de los autos; estaba disponible, se gastaba totalmente al usarse, no había problemas de almacenaje con ella.

Pero la situación del fonógrafo era bien distinta. Diseñado originalmente como una curiosidad, e inclusive como un útil invento para evitar el dictado directo, sino que la persona dictase en un disco, que después pasaría la secretaria (así concibió originalmente Edison su cilindro, equivalentes al disco). Los fabricantes de fonógrafos tardaron poco en darse cuenta que tenían un sustituto de la música en vivo, mejor que el conocido hasta ese momento, que era la pianola, capaz de hacer sonar el piano mecánicamente, mediante aire, al pasar por unos cilindros de papel.

En ambos casos, al fabricante de carros y al de fonógrafos, lo que le interesaba era vender el producto principal, y en el caso del auto, éste no tuvo problemas en encontrar quien se ocupase del producto secundario, la gasolina. Pero no pasó así con el fonógrafo. Su producto secundario tenía que ser heterogéneo, el usuario no se iba a contentar con tener un solo disco para escucharlo hasta el infinito; había que proveerle música nueva, distinta, continuamente. Y esto implicaba bregar con otras series de actividades con que no contaba el fabricante: buscar músicos e intérpretes, repertorios a grabar, escoger los repertorios a reproducir, preparar el envase de este nuevo producto, tener distribuidores con espacio suficiente para exponer y almacenar ese producto heterogéneo, envasar y enviar un producto extremadamente frágil, etc. De otra forma, no se vendían los fonógrafos. Aunque el disco producía utilidades, era un producto complicado, cambiante. Era, en dos palabras, un mal necesario.

De esta dicotomía del disco -artefacto cultural y artículo de consumo- de las tácticas que tuvieron que crear los fabricantes para su producción, distribución y consumo, iremos hablando en los siguientes capítulos, y ahora veremos su importancia en esta primera etapa de las grabaciones, producto de la necesidad de las casas disqueras de tener música grabada de cada uno de los países a los que pretendían vender sus equipos, de ahí la táctica de enviar temprano a Cuba equipos con técnicos para captar esa música, convirtiéndose en la fuente más importante para nuestro estudio, por la razón de que hubo libertad absoluta para grabar, ya que los técnicos norteamericanos enviados no conocían el idioma, y en consecuencia, se grabaron canciones de protesta política, que quizás no se hubieran podido publicar en los diarios de la época; pero llegaban a Cuba en las grabaciones, protegidas por un sello disquero norteamericano: y nadie se atrevía a ponerle reparos.

Así se produjeron un número grande de grabaciones de punto cubano, y entre ellos, muchos con temas de contenido social o político. La primera empresa grabadora que nos visitó fue la Zonophone, en fecha que puede situarse entre 1903 a 1905, pero no hizo grabaciones de punto cubano. La siguiente, fue la Edison, en 1906, que no grababa discos, sino cilindros (Ver CCB p. 21 y sigs.) Aunque dicen en la nota de prensa sobre estas grabaciones (Ver CCB p. 60 y sigs) que se grabaron unas 300 selecciones, en realidad editaron 205, que es un número bien considerable para la época. Entre ellas había 28 puntos cubanos o guajiros, como les llamaron indistintamente en estas grabaciones. Hubo otros viajes de casas disqueras, y se hicieron un total de unas 350 grabaciones de puntos cubanos por artistas dedicados exclusivamente a este género hasta 1925; más adelante veremos que también se grabaron puntos por artistas de otros tipo.

Estos artistas grabaron acompañados de bandurria, que era un instrumento de la familia del laúd, pero más pequeño, con doce cuerdas dispuestas en pares (Ver CCB p. 69). En estas grabaciones se usan indistintamente ambos instrumentos, pero la bandurria va cayendo en desuso y de los 30's en adelante solo se habla de laúd. Es curioso, que como vimos en capítulos anteriores, las letras de los puntos, de canciones inclusive, seguían hablando del tiple, cuando ya éste debía haber desaparecido desde fines del siglo anterior. Generalmente el cantor no tocaba el instrumento de cuerda, sino se acompañaba con unas claves, que no seguían el patrón rítmico del son o el de otros ritmos afrocubanos (Ver CCB p. 70).

Como se sabe en el punto se cantan décimas, y por la extensión de éstas solo tres cabían en cada cara de un disco; si el tema necesitaba más espacio, se usaba la otra cara para tres décimas adicionales. Hay muchos de estos discos que son así.

Los temas tratados por estos cantantes, generalmente interpretando sus propias creaciones, podían ser muchas veces décimas que obviamente se habían producido y cantado antes de 1900, pero ahora había la oportunidad de escucharlas cuando una quisiera, gracias a la magia del disco; otras, aludían a hechos anteriores, como episodios de la guerra, o estaban dedicadas a patriotas de la misma; pero abundan las protestas por las condiciones económicas o la crítica política.

Vamos a revisarlas siguiendo el repertorio de cada intérprete, de los que desgraciadamente, sabemos muy poco: Antonio Morejón, grabó unos 65 números, aunque en algunos de ellos se trataba del mismo punto, grabado en más de una casa disquera. Esto lo hicieron otros de los artistas. Como no hemos podido escuchar todas las grabaciones de estos intérpretes, sino una parte de las mismas, que están en los archivos de la Biblioteca de la Florida International University de Miami, las iremos analizando identificando en cada caso, la grabación, intercalando otros títulos del mismo intérprete que pueden tener contenido político o social, pero que no hemos escuchado. Seguiremos el orden cronológico de fecha de grabación en los títulos. La fecha después de cada nombre es la de grabación, sigue el nombre de la casa grabadora, precedido de las iniciales "cil", si se trata de cilindro, todas las demás son discos. Viene después entre paréntesis el nombre del autor, caso de no haberlo puede suponerse sea el mismo intérprete. Cuando hemos podido escucharla y copiar la letra, la incluimos o un resumen de ella. Todos cantaban acompañados de bandurria o laúd, que fue sustituyendo al primero. Algunos, se acompañaban ellos mismos, como Silveira. Todas las grabaciones fueron en Cuba.

Esteban Figueroa

La Carestía de la vida. 5/31/1920. V-77318. No la hemos escuchado, pero el título es bien elocuente.

Antonio Morejón

No sabemos nada de su vida. Fue el primero que grabó puntos cubanos en 1906, y sus últimas grabaciones fueron en 1910, para un total de 65, de las cuales unas 33, la mitad, pueden ser de temas políticos o sociales, y quizás más, (Ver CCB p 83 a 85). Los cilindros tenían menos tiempo de grabación, y por lo tanto solo cabían dos décimas completas.

Qué le falta a Cuba. 1906 cil.Edison-18923.

Por el título, suponemos debe referirse a la situación político y/o económica del país.

Lo que le falta a Cuba. 1906. cil. Edison-18963.

Título parecido al anterior.

Al General Mayía Rodríguez. 1906 cil. Edison-19004.

El Mayor General Jose María "Mayía" Rodríguez, quien fuera jefe del Departamento Militar de Occidente, había fallecido en 1903, posiblemente se escribieron a su deceso.

Al Apóstol Martí. 1906 cil. Edison 19005.

Alza la vista al Oriente

1906 cil Edison 19006

Arza la vista al Oriente (1)
Y divisa los palmares   (bis)

Hermosos cañaverales
Habitados por vivientes
Allí verás relucientes
Los Arcos del Canasí (2)
Hay varias ceibas allí
En el faldo de una loma
Donde le cumplió Coloma (3)
El juramento a Martí

Con cuanto amargo dolor
Pregunto yo en el momento (bis)
¿Cuáles son los pensamientos
Del gobierno interventor? (4)
Contestadme, por favor
No lo sometan a orgullo
Que es muy triste el murmullo
Respecto al americano
Y ya es hora que al cubano
Se le conceda lo suyo.

(1) "Arza" por "alza" forma típica de habla del guajiro cubano.
(2) Poblado de la Provincia de Matanzas, convertido en municipio en 1879, suprimido en 1902 e incorporado a Matanzas, pero reinstalado como tal en 1924 ("La Enciclopedia de Cuba", Enciclopedia y Clásicos Cubanos Inc, 1974, Vol 7, p. 566)
(3) Patriota cubano.
(4) Al momento de la grabación, Cuba estaba bajo la Segunda Intervención de los Estados Unidos, que duraría hasta 1909. Pero ya los cubanos en1906, estaban ansiosos por salir de ella.

El Diez de Octubre. 1906 cil. Edison 19007.

En esa fecha en el año de 1868 se produjo el Grito de Yara, inicio de la Guerra de los Diez Años por la liberación de Cuba. Es posible que usase parte del poema de José Joaquín Palma (1844-1911) escrito en décimas, y publicado en el libro "El tiple cubano" del que ya hemos hablado.

Los Estudiantes. 1906 cil Edison 19043, parte 1; 19044, parte 2, 19045, parte 3.

Debe referirse a los ocho estudiantes de Medicina injustamente fusilados por el gobierno español, el 27 de noviembre de 1871 (La Enciclopedia de Cuba, Vol. 4 p. 441).

Ramón y Elvira
3/15/07. Victor 62260.

Los temas patrióticos estaban muy presentes en la obra de Morejón. En este además, hace una interesante innovación en el punto, que siempre es un monólogo, pero en este caso, el artista remeda un diálogo entre Elvira y su amado Ramón. Hemos antepuesto la letra E, a las líneas que corresponden a Elvira y R a las de Ramón:

E-¿A dónde va usted Ramón (1)
que tan lejos se retira? (bis)
R-¡No comprendes, Elvira
Que me llama la Invasión! (2)
E-Tenme, tenme compasión
R-Elvira, no puede ser
Tú debes de comprender
Que es indigno de caballero,
Que Cuba será primero
Que el amor de una mujer.

Creo sentir la metralla
En el campo del honor   (bis)
Y es que me salió el calor
Que mi patria no desmaya.
Debe ser una atalaya
Que se llega a pretender
Y si no puede suceder
Muero por mis compañeros
que Cuba será primero
Que el amor de una mujer.

E-Que el delirio no te aterre
R-Elvira, no seas cobarde,
Vete, díselo a tus padres
Que me marché pá la guerra
Voy a defender mi tierra
Voy en pos de ese laurel
Porque lo exige el deber
De patriótico entrevero
Que Cuba será primero
Que el amor de una mujer.

(1) Nótese el uso del usted entre esposos o novios, cual eran los personajes.
(2) Por la referencia a la Invasión, los versos sitúan el relato en los principios de la Guerra de Independencia, de 1895.

Martí. 3/15/1907. Victor 98535 idem 62394.

No sabemos si es el mismo texto que el punto anterior, "Al apóstol Martí".

A Cuba. 3/15/1907. Victor 98562, idem 62393.

Los estudiantes. 3/15/1907. Victor 98585, idem 62395.

Igual no sabemos si es el mismo grabado con Edison.

Punto guajiro a Honduras.

3/15/1907. Victor 98535, idem 62394.

Este número también se conoce como **A Honduras u Hondureña**. Los versos, con algunas modificaciones, se atribuyen al poeta José Joaquín Palma, en ocasión de haber sido invitado por el Presidente de Honduras, donde estaba desterrado, a la proclamación de la independencia de dicho país. Cuentan que antes de que Palma hablara, el presidente le ofreció una copa donde mezcló dos clases de vino. Brindaron por la independencia de Honduras y Cuba, y el público pidió que improvisara unos versos. (Ver CCB, p. 74).

Perdona Honduras mi acento
Que va mezclado con llanto:
Yo como hondureño canto
Mas como cubano siento
Y el amor y el ardimiento
Llega desde mi laúd
Y hace que con ansiedad
Yo cante tu libertad
Y en mí llore mi esclavitud.

Hoy se mezclan en mi mente
Cual dos tintes en un vaso
Crepúsculos del ocaso
Arreboles del oriente
Un arder mi alma siente
Que la entristece y espanta
Que le enerva y le levanta
Y hace que vibren ahora
De aquellas palmas que lloran
De aquellas fuentes que cantan

Ya que el lado lisonjero
Nos presta seguro asilo

> Quien puede vivir tranquilo
> Bajo un árbol extranjero.
> Amalia nuestro sendero
> Lo alumbra un astro fatal.
> No hay alivio a nuestro mal
> Si no apartan, hay Dios mío
> rumores del patrio río
> Abras del pueblo natal.

El negro Cancó. 3/15/1907. Victor 98538.
Esto en realidad pertenece al capítulo 20, Negritud.
El indio cubano. 2/5/1909. Victor 62335, parte s 1 y 2.
En todos los discos grabados en esta fecha, se hace constar que el compositor es el mismo Antonio Morejón, y que la bandurria es tocada por Tomás Ramos. El movimiento poético siboneysta de décadas anteriores, todavía podía producir presencia como en estas grabaciones.

Al Partido Liberal.
2/5/1909. Victor 62005

Sólo se ha podido transcribir parte de la letra, por las condiciones en que se encuentra la grabación, y nos ha facilitado la misma, el musícologo José Ruiz Elcoro.

> El Partido Liberal
> Que ....
> De hombres dignos y valientes
> Y sentimiento moral.
> Es el partido formal
> Partido de dignidad
> Que ama la libertad
> Y defiende su bandera
> Y quita la Carbonera (1)
> Y la triste Enmienda Platt (2)
>
> Vamos a formar la unión
> Y salvemos la bandera
> La doctrina de Aguilera
> Y de Martí el pensamiento
> Con la bandera abrazada
> Para no ver transformada

La lengua y el pensamiento
(Faltan tres versos)
Se le aplican los purgantes
Del siglo, de lavador
Se le quitan los calmantes
Con gestos de dinamita
(faltan seis versos)

(1) La Carbonera, o las Carboneras, porque eran dos, una de ellas la de Guantánamo, todavía existe. Eran concesiones territoriales de Cuba a los Estados Unidos.
(2) La Enmienda Platt, o prerrogativa del gobierno norteamericano a intervenir en Cuba, no se derogó hasta la década de los 30's.

Preguntas de un guajiro al gobierno interventor. 2/5/1909. Victor 62233.

A José Miguel Gómez. 2/5/1909. Victor 62899.

Precisamente días antes de esta grabación, el 28 de enero, el General de las tres Guerras de Independencia, José Miguel Gómez, había tomado posesión de la presidencia de la República, de manos del interventor norteamericano, Charles Magoon (La Enciclopedia de Cuba, Vol.9, p. 87). Sería interesante saber que le decía Morejón al nuevo Presidente...

Los gallos y la lotería. 2/5/1909. Victor 62900.

Las peleas de gallos habían sido prohibidas por el Gobierno Interventor, y restauradas con el primer gobierno republicano. Era un tema tan importante, que en el emblema del partido Liberal, aparecía un gallo sobre un arado. Algo parecido pasaba con la Lotería Nacional.

A los plagiadores

2/5/1909. Victor 62307

Así se le llamaba a los secuestradores en aquella época. Suponemos narra un caso que terminó con la muerte del secuestrado.

Hay que ser fuerte debemos
En el duelo del dolor
Sin un mundo de amor
Sobre nosotros sabemos
Después nos convenceremos
Que la tierra es un detalle,
Aquí el saber es llorar,
Aquí es un crimen saber,
Que es del bueno el padecer

Que le causa el malvado

Cuando las nubes pasando
Ya tras las nubes tendremos,
Los hombres aquí veremos
Sobre la tierra velando
Desde allí verán rodando
En el cielo cual la nieve
Cual el buho que se mueve
Sobre la fruta podrida,
Está en el mundo la vida,
Y esa que llaman la muerte.

Allí con seguro vuelo
 Nuestros pechos volarán
Y nunca allí llorarán
Como lloran en el suelo
Por razón que hay en el cielo
No se espirará (¿)
No habrá quien llore allí,
Quien oprime ni domine
Y que en el pecho asesine
Como se hace bien aquí.

A la corbeta. 2/5/1909. Victor 62002.

No sabemos si se trata del buque Nautilius al que nos referiremos más adelante.

El guajiro en el monte
ca. 1910 Columbia C814

Es un canto de amor a su tierra y sus costumbres, donde incluye además un elogio a los primeros pobladores de Cuba, los indios siboneyes. Posiblemente quedaran remanentes a los que el autor conocía.

Es mi anhelo como humano
Solo le pido al Dios mío
El vivir en un bohío
Bajo un alfombra de guano;
Sentir el tiple cubano

Viendo dos gallos pelear,
Sentir pájaros cantar
Y en la sombra ya del palo
Y luego de lo criollo (?)
Arando bajo un palmar

Si los indios de mi tierra
Vivieron bajo sus lomas
Como nidos de palomas
Escondidos en la tierra
Muchos hicieron la guerra
Y respetaron sus leyes
Y bajo los altos mameyes
Y   horas de zozobra (¿)
Hospitalarios y nobles
Son los indios siboneyes

Con mi sombrero de guano
Y con mi rústico equipo
Soy el verdadero tipo
Del guajiro cubano.
Empuña mi otra mano
Un manto de usareta (¿)
Y mi pobre chamarreta
No se donde la pondré,
Y crujen en mi pie
Los zapatos de baqueta.

El espíritu y el poeta

ca. 1910 Columbia C-849

Invita a otro trovador a agitar "el plectro dorado", y termina con esta bien lograda décima:

Trovador, ese es el tema
Que es el suelo del dolor;
Quizás un himno de amor
Sobre los astros hallemos;
Después nos convenceremos
Que la tierra es un pesar,
Aquí el saber es llorar,
Aquí es un crimen saber,

El ser bueno es padecer,
Y el ser malvado, gozar.

El chivo suelto 1/14/1911. Victor 63255.
En tono humorístico, comenta "los chivos" o negocios turbios del gobierno.

Cuan destino tan fatal
Te persigue patria mía
Aquí llorando noche y día
Más aumenta mi pesar,
Desventuras sin igual,
No se han visto con razón
Porque después del ciclón (1)
Los chivos en la sabana
Han convertido a La Habana
En clásico chilindrón (2)

Más serio que en un velorio
Estaba Tomás hablando
Se encontraba Don Gregorio,
Cuando en esto llegó Liborio (3),
y dijo con acento cierto
caballeros, les advierto
de que anden con cuidado
que el gallo dejó el arado
y anda con el chivo suelto (4)

Permita Dios que en el día
 que nublado se presenta,
se desprenda una tormenta
con toda su energía
que no quede en la bahía
ni siquiera un buque sano
que se hunda el oceano
y todito de repente;
y no quedara un viviente
que no quiera ser cubano.

(1) Efectivamente, había pasado un ciclón por La Habana y otras provincias desde el 14 de octubre del 1910. (Enciclopedia de Cuba V.9, p. 92)

(2) RAE: Guiso hecho con trozos de carne y verduras, en Cuba específicamente el que se hacía con chivo o cabro
(3) Liborio ya hemos explicado era el personaje que simbólicamente representaba al guajiro y/o al pueblo cubano.
(4) El gallo del arado, o sea, el símbolo del partido liberal, se había aliado con los que hacían chivos…

La ruina de Vueltabajo
1/14/1911 Victor 63255.

Esta era la zona tabacalera, en la provincia de Pinar del Río. El punto narra un conflicto de los tradicionales en esta zona, pero afectando a Cuba entera.

Dónde están amigos míos
Los tristes vueltabajeros
Que con fe fueron primeros
De hacer libre mi bohío (1)
Por los pinares sombríos
Que peleaban noche y día
Demostrando valentía
Para el cacique de Cuiba
Hoy se ven en la miseria
Envueltos en la agonía.

Está muy triste el final
Según la prensa lo anuncia
Y más triste la renuncia
Del caudillo general (2)
Y aquel que supo inventar
De nosotros tener civismo
Arrollando el caciquismo
De mi patria encantadora,
Renuncia pero en ella y adora
A Cuba con patriotismo.

Cubanos en estrecha unión
Es el primer elemento
Y todo su pensamiento
Salva nuestro pabellón
Debemos por tal razón
demostrar la inteligencia
Para que la intransigencia

Deje quieto el estandarte
Del pueblo que fue baluarte
De la santa independencia.

(1) El alzamiento de un grupo de vegueros de Vueltabajo en el siglo XVII, contra los abusos del Monopolio del Tabaco impuesto por España, es posiblemente el primer intento en busca de la independencia de los cubanos.
(2) Puede tratarse de la renuncia el 11 de diciembre anterior del General Faustino 'Pino' Guerra, Jefe del Ejército Permanente.

El canto del esclavo
1/14/1911 Victor 63487

Estas tres décimas, son la primera, la penúltima y última de un bello poema del mismo nombre, también conocido como El Cementerio del Ingenio, de la pluma de Francisco Calcagno, (1827-1903) importante escritor cubano del siglo XVIII, autor entre otros, del Diccionario Biográfico Cubano. El poema en total tiene nueve décimas. Aparece en la obra El Tiple Cubano, de la que ya hemos hablado en el capítulo tres.

¿Véis el corral de piñones
Más allá de los bohíos,
Donde cantan los judíos
Melancólicas canciones?
Veréis allí unos montones
De tierra de aspecto serio,
Sin árboles, sin misterio,
Sin cruz, ni flores, ni nada;
Venid, es de la negrada
El humilde cementerio.

¿Véis aquel montón cubierto
De silvestres florecillas,
Tristes flores amarillas
Que llaman flores de muerto?
Yo las cultivo, yo vierto
Sobre ellas llanto abundoso;
Dejad que llore piadoso
En incesante amargura:
¡Solo en esa sepultura
Halló mi madre reposo!

Compañeros de dolores
Que dormís sueño tranquilo,
Yo también aquí un asilo
Hallaré en mis sinsabores.
Nadie vendrá a sembrar flores
Nadie a oir el rumoroso
Cefirillo delicioso
Que entre los árboles zumba;
Yo también solo en la tumba
He de encontrar el reposo.

Lejos de la Patria
1/14/1911 Vi 63338

Puede tratarse del poema del mismo nombre de Ramón Codina, publicado en la obra El tiple cubano que hemos mencionado, que tiene cuatro estrofas, de manera que debe haberse eliminado una para conformar en los límites del disco.

Bella ondina americana,
Cuba hermosa, do florecen
Variadas plantas que mecen
Las brisas de la mañana;
Tierra que Vesta engalana
Con la palmera arrogante,
Con la piña rozagante,
La caña, el mango, el anón,
Oye la tierna canción
De mi pecho agonizante.

Es tu mujer deliciosa
Como la griega divina;
Y con su mirar fascina
Por lo afable y voluptuosa.
Eres tú la más hermosa
De las tierras que se ven;
Virgen que alumbra su sien
Con Sol de luz codiciada;
Eres la flor más preciada
Del americano Edén.

Patria de Heredia inmortal,
De Plácido y Rubalcaba,
Siento que mi vida acaba
En la ausencia, que es mi mal;
Préstame aliento vital
Para elevarme hasta el cielo
Y demandar el consuelo
Que mi pecho necesita:
Torne a tu playa bendita
Y expire, Cuba, en tu suelo.

Mas si la suerte me ordena
Que en tierra extraña sucumba;
Si vencido por la pena
Caigo en extranjera tumba;
Si el Hado fiero derrumba
Las ilusiones que aliento,
No importa; que el sufrimiento
Mi pasión no amenguará,
Y tuyo, Cuba, será
Mi postrero pensamiento.

El llanto de Liborio. 1/14/1911. Vi63775.
Ya explicamos quien era este personaje emblemático.
La soledad del guajiro. 1/14/1911 Vi 63775.
Mientras todos los temas que hemos incluido, se identifican como punto cubano o punto guajiro, que viene a ser lo mismo, este lo hace como punto pinareño, que sí tiene diferencias musicales en relación con el otro.
El siboney. 1/14/1911 Vi63865.
La candela por la libertad. 1/14/1911 V 63338.
Es posible se refiera a la tea incendiaria que aplicaron los insurrectos sobre todo en la Guerra de Independencia, a los campos de caña, para tratar de colapsar la economía, y lograr la independencia.
La invasión. ca. 1909.
Se hizo en cuatro partes, Columbia C224 y C225. Gómez y Maceo sabían que no podían repetir el error de la Guerra de los Diez Años: limitar el conflicto a las provincias orientales. Tan pronto comenzó la de 1895, y tuvieron asegurado el levantamiento en toda la provincia de Oriente, enfilaron La columna invasora hacia Occidente; en un momento determinado se divide la columna, quedando Gómez en el centro de la isla, y continuando Maceo

hasta llegar a Pinar del Río. Es cierto que la muerte de Maceo, demoró un poco el proceso de agotamiento que era la estrategia mambisa; pero ya para 1898, España no tenía ni recursos económicos ni humanos, para continuar la guerra; debía evacuar Cuba, o hacer la paz en los términos que impusieran los cubanos. Ese es el momento en que Estados Unidos, decide intervenir en la guerra. De eso deben hablar estos versos que no conocemos.

Que te falta Cuba mía. ca. 1909. Columbia C228.
No sabemos si son los mismos versos que grabó para la Edison.
Al apóstol Martí. ca. 1909 Columbia C226 (2 partes).
Igual, aunque ésta es más extensa que lo grabado para Edison.

El 27 de Noviembre
ca. 1910 Columbia C808

Ya hablamos de esto en "Los Estudiantes".

Allá a la tarde sombría
Do la niñez yace inerte
Más allá voces de muerte
en salvaje gritería
Y esta amarga agonía
Llevan las auras livianas
Mientras contestan ufanas
En mar de sangrientas olas
Carcajadas españolas
A las lágrimas cubanas.

La odalisca de occidente
De qué terribles heridas
Lleva el pesar en la frente
Y la palidez caída,
Su mirada entristecida
De entre músicas bellas
Melancólicas querellas
Recorren con pena suma
Sobre su dosel de espuma
Bajo un manto de estrellas.

Esos que tintos están
En sangre inocente son
Los hidalgos de Aragón,

Los voluntarios de Orán
Con gran vileza van
Al son de sus tambores
Como que demandan loores,
Belicosos y arrogantes
Oculten a los infantes,
Pasan los inquisidores.

El 10 de Octubre. ca. 1910 Columbia C842.

Pudiera tratarse del poema de José Joaquín Palma, Diez de Octubre, escrito aproximadamente en 1873, y publicado en "El tiple Cubano", p. 184.

El cubano loco
ca.1910 Columbia C831.

Aunque no hemos podido transcribir su letra completa, que es inaudible, algunos párrafos sin embargo, le hacen digno de mención:

El que pida la anexión
Con idea palpitante
……
……
……
……
El cubano anexionista
Va por vereda de
……
……

Aunque soy un campesino
Que no me sé expresar
Estoy dispuesto a destrozar
Las barreras del destino
Por lo tanto determino
Y yo……………razones
Del tratado de París
Y luego que mi país
…………………millones
…………………elecciones.

Y reclamen por venir

....
....
Yo a Cuba no la vendo
Mejor vivo en un destierro
En las lomas, en un cerro
Donde libre sea mi hogar
y.........
....
a los que   como perros.

Hondureño. Ca 1910 Columbia C962.
Es la misma que ya hemos entrado como Punto a Honduras.

A la Nautilus
Ca 1910 Columbia C963.

En 1909 atraca en el puerto de La Habana el buque escuela "Nautilus" primer barco español que llega desde el fin de la Guerra de Independencia, "al cual se le hace un caluroso recibimiento", dice Ambrosio Fornet en su libro Blanco y Negro, p. 109. Sin embargo, Gerardo Castellanos en su libro "Panorama Histórico" (La Habana, Ucar García y Cía, 1935, 3 vols) dice que fue el 24 de junio de 1908, y que: "El suceso despertó contradictarias reacciones en la población e hizo apretar los puños a muchos cubanos"(Citado en Julio Domínguez García: "Noticias de la República, Tomo 1, 1900-1929" Ed, Ciencias Sociales, 2003, p. 46).

Es cierto que los cubanos estaban muy deseosos de que terminase la ocupación norteamericana, que iba a producirse en los primeros días del año siguiente, y quizás era una manera de demostrar su repudio a esa presencia, pero de todas maneras, no entendemos como las décimas de Morejón, que en esa misma fecha de grabación habían cantado sobre los estudiantes mártires, del 10 de octubre, que sabía de La reconcentración de Weyler, de los crímenes de los milicianos en las ciudades y de los guerrilleros españoles por los campos, pudiera olvidar todo eso, en unas décimas extremadamente obsequiosas, una "guataquería" indigna. Por cierto, Morejón sigue diciendo "curto" por culto, y "arce" por alce.

Gloria a la patria española,
Homenaje a la corbeta
Curto le rinde el poeta
A la insignia que tremola

Dejadme cantar ahora
Con radiante inspiración
Saludando al pabellón
Que tremoló en nuestro suelo.
Quiero cantarle primero
A Fernando y a Colón.

Quiero aplaudirle cantando
Caro amigo a la corbeta
Como le cantó el poeta
A Churruca y a Fernando
Hoy que el céfiro blando
Entre las olas se mece
Mi lira no se enmudece
Quiere cantar con desmayo
Las glorias del gran Pelayo
Y el honor de Alfonso trece.

En este día de gloria
De placer y de ventura
Mi humilde estro procura
Dar un viva hacia la historia
Quiero recrearme en la gloria
De mi patria encantadora
Que el agua murmuradora
Arce en ondas mi bandera
Saludando al buque escuela
De la nación española.

Juan Pagés

Sólo sabemos de este rápsoda que era cojo, se decía que había cantado en la toma de posesión de Don Tomás Estrada Palma y que fue el autor de la tonada llamada "guambán", una especie de adorno ritmático que hacía al texto, logrando más cadencia (CCB,p. 71):

Apreciable señorita, guambán
desde que te conocí, guambán
siento una rebambararamba, guambán…

De hecho fue el primer número que grabó en 10/24/1916. **El guambán**, Victor 69255, aunque sin connotaciones sociales. En ese aspecto tiene pocas grabaciones, pero una es muy importante, como veremos.

Pensamientos de un guajiro. 2/7/1918. Victor 72645.
Es posible esos pensamientos fuesen de temas sociales o políticos.

El triste campesino
2/7/1918. Victor 72384

No tienen contenido político, pero es un ingenuo retrato del campesino cubano, como podemos apreciar en estos fragmentos que hemos podido descifrar:

> Soy un triste campesino
> Que coge sol y sereno   (bis)
> Porque tengo un campo bueno
> Que Dios me lo ha favorecido…
> Y como soy cantador
> La lluvia me divierte,
> Y tener la mala suerte
> De……………trovador.
>
> Ya viene la madrugada
> De tierna tranquilidad
> Y de ver, la oportunidad
> Las estrellas iluminadas… (1)
> ……
> Ya se siente el murmurío
> Bajo de aquellos palmares
> Pero vienen más pesares
> En el noble corazón mío.
>
> Tengo en el pecho una herida
> Pero al calor de mi seno (¿)
> Estos son los ratos buenos
> Que sacamos de la vida
> La pasamos divertido
> ……
> ……
> Cuando hasta el pueblo llegamos
> Cansado pero divertido,
> Gastamos en lo indebido
> El dinero que llevamos.

La despalilladora
2/7/1918 Victor 72646.

Es uno de los pocos casos, en que puede escucharse un punto cubano en CD, ya que fue transcrito en el CD Harlequin HQCD67. Haciendo más cortas las introducciones y los puentes del laúd, Pagés logra cantar cuatro estrofas, en vez de las tres usuales. Con algunas diferencias en la letra, parte de estos versos aparecen en la obra de Jesús Orta ya citada, p.177. Es un alegato a los abusos contra las obreras del despalillo, que quizás no hubiera tenido cabida en los diarios de la época, porque los fabricantes de tabaco y cigarrillos eran buenos clientes de los periódicos; pero la disquera no tenía ese problema, y así nos llega esta joyita. Hay palabras que no pudimos descifrar.

No sé por qué razón, Pagés comienza con una estrofa que debiera ser la segunda, y viceversa. De hecho, en ese orden que es más lógico, están en la publicación de Orta, pero aquí seguimos el orden de Pagés.

A las seis de la mañana
Un barril se les presenta
Con un frío que aparenta
La condición más tirana.
Me siento de mala gana
Y me pongo a trabajal (sic)
Llega la hora de almorzal
Yo bajo las escaleras
Y yo almuerzo de carrera
¡Qué malo es despalillal!

Con un vestido sencillo
Se ven de muy madrugada
Salir mujeres honradas
Derecho pa'l despalillo.
Algunas un pañuelillo
Se ponen para abrigarse,
Las pobres sin acordarse
De la ínime explotación
Que con burla e irrisión
En las fábricas les hacen.

Llega la hora de almuerzo
Y sueltan el despalillo,
Se comen un panecillo
Con un pedazo de queso

Se le aparece Travieso:
Diciendo despacharé
La que quiera le daré
Un huevito con estilo
Y le cobro cinco kilo
Por un agua de café.

Por ahí está Don Justo
Sentado en una butaca
Dicéndole a las mujeres
Que............... en capa
Y los hombres por......
Ustedes deben comprender
Que este hilo está muy malo
Y se tiene que romper
Por ahí viene Don Justo
Con la mano en la cintura
Diciéndole a las mujeres
Que no quiere picadura.

A Maceo. 2/9/1918. Victor 72384.

La copia que tenemos es casi ininteligible, se menciona a Maceo en dos ocasiones, pero no podemos fijar en qué contexto.

El tasajo a cinco pesos. 2/9/1918 Victor 72084.

Había muchas quejas en Cuba a principios de 1918, por la escasez de alimentos, provocada por la Primera Guerra Mundial y las especulaciones de los agiotistas. Ver Julio Domínguez García, obra cit., p.142.

Cubanos y españoles. 2/9/1918 Victor 72736.

La vida del botellero. 2/9/1918 Victor 72356.

Ya para este año desgraciadamente estaba bien establecida la institución de la "botella" o sea el empleo público que no se trabajaba, simplemente se cobraba, y lo disfrutaban miembros del partido político que estuviese en el poder.

Ideas de un veterano. 5/31/1920 V 77453.

Décimas de Zayas. 3/19/1921 V-73357. Partes 1 y 2, las dos caras del disco.

Alfredo Zayas era figura importante del partido liberal, que se enfrentaba en aquellos tiempos al presidente Mario G. Menocal. De eso deben hablar estas décimas.

El billetero. 3/31/1924. Victor 77572

Los sorteos de lotería oficial existían en Cuba desde los tiempos de la dominación española; siempre fueron objeto de polémica sobre su procedencia.

Habana la patria mía. 3/31/1924/ Victor 78134.

Sugerente este título: ¿Cómo Pagés concibe su patria limitada a La Habana? Aunque fuera del término que cubre esta sección, pero como se trata solamente de un disco adicional que hiciera Pagés aparentemente en el año de 1927, vamos a incluir estos dos números:

Discusión de una veguera y una poblana
3/25/1927. Victor 79399

Pagés, después de presentarse, asume la voz de la veguera:

A la diez de la mañana
De mil novecientos tres,
Celebraba Juan Pagés
A una veguera cubana.
Por cierto que una poblana
Al verla tan hechicera
Algo dudosa, altanera,
Y se le escapó el decir
En el modo de vestir
Se comprende que es veguera.

Es verdad que soy veguera
Nacida bajo un palmar   (bis)
Con una simplificada
A una persona siquiera
Pues al lado de mi razón
Que es la de mis brazos
Bien de dar malos pasos
No voy a la población
Y va la que mas……
Al decir que me rechazan.

Si te quieres divertir
En casa de una veguera   (bis)
Ven conmigo cuando quieras
Que yo te podré servir
Como para concluir
Te suplico de favor
Que no manches el candor

Y vístete de honradez
Y respeta mi sencillez
Que es el vestuario mejor.

La billetera
3/25/1927. Victor 79399

Es cruel con las billeteras, en su generalización final.

Vivo de la vida hastiado
Pero no maldigo de ella   (bis)
Soy conforme con la estrella
Que el cielo me ha dedicado.
Para al pueblo con agrado
Yo me dedico a cantar
No se vayan a marchar
 Y a los que venga a mi lado
Por la carretera central,
Nos da muy buen resultado.

Cual la contra al favor
Cual nivelillo al compás
Una muerte…… dado
O yo he de vencer tu amor,
No me trates con rigor,
 trátame condescendiente,
sabrás que soy permanente
como agua de un manantial,
siempre me verás nadar
a favor de su corriente.

Uno ve las billeteras
Pregonando por las calles
Muy simpáticas y amables,
Caminando zalameras;
Ofenderlas no quisiera,
Voy hacerle este reproche:
Unas pasean en coche,
Vistiendo su simpatía
Venden billetes de día
Y dan el premio de noche.

Miguel Puertas Salgado

Según Orta, (obra citada, p 36) Puertas era "el juglar villareño del laúd peregrino". O sea, uno de los casos en que el mismo cantante se acompañaba. Comenzó a grabar en 1919, por lo que debe haber sido más joven que los anteriores. Graba en este periodo unos 60 números, de los cuales unos 32 pueden tener temas de los que nos interesan, pero desgraciadamente hemos localizado solo 2 de los correspondientes a este periodo.

Décimas a Cuba. 5/7/1919 Victor 72383. Parte 1 y 2, las dos caras del disco.

El campesino y sus males. 5/7/1919 Victor 73031. Parte 1 y 2, las dos caras del disco.

Tristes recuerdos de Cuba. 5/7/1919 Victor 77317. Parte 1 y 2, las dos caras del disco.

Las desventuras de un jugador. 5/7/1919 Victor 72731. Parte 1 y 2, las dos caras del disco.

Lo que vale es el dinero. ca. 1919 Columbia C3476.

Discusión del burgués y el obrero.
ca. 1919 Columbia C3559
Parte 1 y 2, las dos caras del disco.

Grabado a dúo con Martin Silveira. Puertas es el burgués, y Silveira el obrero.

P-Yo soy el rico burgués
Con el sueño del dinero
Soy quien exploto al obrero
Y le doy el puntapié
Soy el que con interés
Me establezco donde quiera
Y en naciones extranjeras
Hago lo mismo que en Cuba
Porque mi capital suba
A costa de cualesquiera.

Yo tengo una vaquería,
almacenes y centrales
y juntos los materiales
que produzcan mejoría
Yo soy el que desafía al pueblo
Como un infierno
Yo nunca de modo tierno
Traté al proletariado,

después que yo lo he explotado
lo acuso ante el gobierno.

Trajino lo regular,
Yo le rebajo el salario
Y exprimo al proletario
Hasta hacerlo reventar
Me gusta predominar
Ante todo este enjambre
Y a mi vista y con calambre
Se desmayan en los talleres,
Hombres, niños y mujeres
Van muriendo por el hambre.

S-Es verdad que soy obrero
Y necesito de ti
Pero no creas que a mí
Se me contrató en dinero,
Yo soy en el mundo entero
El brazo de fortaleza,
Soy la palanca del mundo
Y un ejemplo fecundo
De mi regalada fuerza.

Tú recibes beneficios
A costa de mis esfuerzos
Y por mí en el universo
se han hecho los edificios
no se descuenta artificios
con tu conducta infernal
tu proceder no es legal,
esto lo sabe cualquiera
si el pobre obrero no fuera,
no existiera capital.

Tú dominas en la vida
Y tienes la preferencia
El alma y la conciencia
Tú la tienes perdida
La gente está convencida

De que tu eres un malvado
Y en tanto has destrozado
Pero ha de llegar el día
En que tenga soberanía
El pobre proletariado.

El novio liberal y la novia conservadora
ca.1919 . Columbia C3556
Partes 1 y 2, las dos caras del disco.

Al igual que hizo antes Morejón, aquí Puertas asume el diálogo entre María y Ramón. Liberal y Conservador eran los dos partidos políticos que disputaron el poder en las primeras décadas de la república.

María llegó la hora
De que un hijo del Caney
Te diga de buena ley
Que te quiere y que te adora.
Tu mirada seductora
Subleva mi corazón
Y siento tanta pasión
Por ti preciosa trigueña,
Que tu mirada serena
Me llega hasta el corazón.

Yo sé querido Ramón
Que me adoras locamente
Como adora el sol naciente
Al cerro de………
Pero aquí en mi corazón
Existe algo excepcional;
Yo sé que eres formal
Y hasta te llegué a querer,
Pero ha sido sin saber
Que tú eras liberal.

Será posible María
Que por el hecho de ser (bis)
liberal mi parecer
no pueda nombrarte mía,
donde está pues la energía

de tu noble corazón:
porqué secas mi ilusión
por qué me hablas de partidos
si el amor nunca ha seguido
políticas del corazón.

Parte 2
Ay Ramón, yo bien quisiera
Amarte con loco anhelo   (bis)
Y decirte que te quiero
.... fiera
Te vi por la vez primera
En la fiesta nacional;
Te adoré como el turpial
Ser amiga, ser tu esposa;
Ay mi padre ya te odia
Porque tú eres liberal.

Adiós gratas ilusiones
Adiós esperanzas mías (bis)
Adiós, amada María
Tomaremos otras direcciones
Adiós, gratas impresiones
Porque el destino me trunca
Y tú ingrata me......
A ....
María, me voy de aquí
Para....................

No, no te vayas bien mío,
Mira que te quiero tanto (bis)
Como quiere el cardosanto
a la gota de rocío.
Vuelve al fin cual el río
De tu pradera natal.
Que yo te juro formal,
Aunque mi padre se oponga
A que yo te quiera,
¡Yo soy tuya y liberal!

Discurso de un poblano y un guajiro. ca. 1919 Columbia C3623. Partes 1 y 2, las dos caras del disco.
Grabado a dúo con Martín Silveira.
Triste fin de Guillermo II. ca. 1919 Columbia C3395.
Debe tratarse del nacido en Postdam en 1859, discutido emperador de Alemania, que al finalizar la Primera guerra Mundial, en 1919, se discutía si se iba a juzgar como criminal de guerra, pero estaba refugiado en Holanda, donde murió (Encyclopedia Americana, International Edition, 1966, Vo.28, p 779. Es una demostración del cosmopolitismo cubano, porque: ¿Qué podía importarle a un humilde cantador de puntos, la suerte de Guillermo II?
Generales y coroneles. Ca 1919. Columbia C3865. Partes 1 y 2, las dos caras del disco.
Cuadrípedos (sic) políticos. ca. 1919 Columbia C3470.
Recuerdos de Mal Tiempo. Ca 1919 Columbia C3883, Partes 1 y 2, las dos caras del disco.
Esta batalla fue considerada la más favorable al Ejército Libertador Cubano (Ver CCB, p. 98).
"La misión de Mr. Crowder". 1ca. 1919 C. C-3395.
Crowder era el "procónsul" del gobierno norteamericano encargado de impartir "sugerencias" al gobierno cubano, bajo los términos de la Enmienda Platt.
La muerte de Estrada Palma. Ca 1919 Columbia C3591. Partes 1 y 2, las dos caras del disco.
Muere Don Tomás Estrada Palma, el primer presidente de la República el 4 de noviembre de 1908 en Santiago de Cuba.(La Enciclopedia de Cuba, Vol. IX, p 1 y sigs.).
El Napoleón cubano. Ca 1920 Columbia C3964, Partes 1 y 2, las dos caras del disco.
¿A quién se referirá? Posiblemente a Menocal.
24 de Febrero de 1895. Ca 1920.
Grito de Baire en Matanzas, inicio de la Guerra de Independencia.CCB, p. 99.
Las obreras cubanas. ca. 1920 Columbia 4091, Partes 1 y 2, las dos caras del disco.

Las seis provincias de Cuba
ca. 1920 Columbia 3941,
Partes 1 y 2, las dos caras del disco.

Tenemos incompleta la 2da. Parte:

Pinar del Río precioso
Con sus vegas de tabaco

Y el inmenso Taco Taco
Río largo y poderoso
Es todo tan amistoso
En esta linda región:
Hay refugio y protección
Por eso los pinareños
Que llegan halagüeños
A esta hermosa región.

Sale el tren por la estación
Y tocando la campana
Va atravesando La Habana
Con cautela y precaución
....
....
Y los bellos cañaverales
Y este mar verde y puro
Donde flota, bello, oscuro
El humo de los centrales.

Matanzas, pura y sin par
Aparece la tercera
Sonriente y hechicera
Las cuevas de Bellamar
En su cumbre singular,
.... aquí
Contemplaremos allí
Del viento rudo combate,
La ermita de Monserrate,
Y el valle de Yumurí.

Después Las Villas gloriosas
Son alegres y valientes
Que se batieron de frente
Por la libertad hermosa.
Tiene además una cosa
Que perfuma y que fabrica
Que será de nuestras Villas
Y su.................retrata,

Las preciosas cataratas
Que llaman Hanabanilla.

Camagüey luce altanero
Como ejemplo del pasado
Y de mano van de lado
Un pueblo digno y guerrero
Oriente orgulloso y fiero
................Al tirano
Y en la región santiaguera
ha ondeado la bandera
Del noble pueblo cubano.

Esta es Cuba la envidiada
Esa es mi bella Cubita
La madre tierra bendita
Por toditos adorada
Una ....
Cielo pródigo y fecundo
Manantial de amor profundo
Que brinda sus placeres
....
....

Recuerdos del Valbanera

                  Ca 1920 Columbia C3943,
                  Partes 1 y 2, las dos caras del disco.

Un ciclón ocasionó el hundimiento del vapor Valbanera en septiembre de 1919 con 200 personas, sin dejar señales. (La enciclopedia de Cuba, Vol VI, p. 182).

Paraliza y causa espanto
En la ciudad habanera   (bis)
Las notas del Valbanera
Que nos llegan por encanto.
Todo el pueblo está de llanto
Y es muy justo este dolor
Al no llegar el vapor
Por el puerto de La Habana;
Ya la cosa no es jarana,
Tengan piedad y amor.

Nos embarga un gran pesar
Cuanto llanto en los hogares (bis)
Hay ciento de familiares
Que ahora lloran sus pesares.
No se ha podido encontrar
Ni restos de este vapor,
Ni noticias de dolor,
Es extraño y misterioso
Este suceso horroroso
Que inspira solo temor.

El vapor salió a filón (¿)
De la ciudad santiaguera (bis)
Salió sin que el mar tuviera
La marea para un ciclón
Y llegaron a Petán (¿),
La goleta ya pasaron
solo hubo de presentar
y ya próximo al puerto
así pensaría de cierto
pero no pudo llegar.

Parte 2

Su ruta el vapor siguió
Hizo la telegrafía,
Entrar al puerto pedía
Pero no lo consiguió;
El viento mucho arreció
Y la mar enfurecida
Con rabia embravecida
El malecón despedaza,
Todo a su paso lo arrasa
Y al rato vuelve homicida.

Pasó el ciclón mar afuera
No se siente ni un rumor,
Ni notar ese vapor,
Ni hubo uno que lo viera.
El pueblo se desespera,
La tristeza es sin igual,

El silencio sepulcral
Pues noticias no se tienen
Y los amigos se detienen
Al ver el ciclón pasar.

El pesar aumenta y crece
Y el tiempo pasa veloz
El desengaño es atroz
Porque el vapor no aparece
Y porque esto acontece
Miramos la salvación
……………la tripulación
De valientes marineros
Y todos los pasajeros
en la misma situación.

Discusión del congo y del chino. ca.1920. Columbia C3942. Partes 1 y 2, las dos caras del disco.

Martin Silveira

De él sabemos un poco más: era negro, hijo de congos, tocaba la bandurria.(Ver CCB,p.100.) Fue el que más grabó, unos 145 números de los cuales unos 48 pueden tener temas que nos interesen. También fue el que más años grabó, desde 1907 hasta 1920.

A Quintín Banderas. 3/4/1907

Compuesta por O. Martínez. Fue uno de los generales más valiosos en la lucha por la independencia. Combatió bajo las órdenes de Antonio Maceo y Máximo Gómez. Sus tropas de fusileros fueron factor decisivo en muchos combates.

Guanajay. 3/5/1907. Victor 98550 y 62270

Cuenta su salida de Guanajay dando un largo viaje por decenas de pueblos de Cuba que va mencionando. Esta idea lo explotarán otros compositores cubanos, y por supuesto es un tema del folclore internacional.

A Cuba
3/5/1907 Victor 98551 o 62264.
La composición es de Horacio Martínez.

Pobre Cuba desdichada
Tanto como está sufriendo (bis)

Por estarla persiguiendo
Una sombra desgraciada
Tu estrella triste y nublada
Casi no puede alumbrar
Porque no logra alcanzar
Lo que le tocaba a tí
Ojalá que el gran Martí
pudiese resucitar.

Despierta mi Cuba amada
De ese sueño tan profundo (bis)
Que te mira todo el mundo
Confundida y perturbada
Canta a tu estrella sagrada
Independiente y soberana
Y quien sabe si mañana
Por fatales consecuencias
Te niegue tu independencia
 la nación americana.

Recuerda que en el pasado
Te viste muy abatida (bis)
Viviendo la triste vida
De un extraño apoderado
Ya que tú has alcanzado
Tu precio de redención
Ya que eres una nación
Con tan deslumbrante bandera
No la pierdas, y considera
Que hace falta la unión.

El congo 3/5/07. Vi-98510, y V-62260. ¿Sería autobiográfica?

Las agonías de Cuba .1/30/1909 Victor 62305 Partes 1 y 2, las dos caras del disco. La composición es de Armas.

La Nautilus 1/30/1909 Victor 62312. Partes 1 y 2, las dos caras del disco.

Ya cuando revisamos la producción de Morejón, dimos nuestra opinión, no sé si Silveira la cantó con la misma letra.

Las agonías del pobre. 1/30/1909 Victor 62331,(Armas). Partes 1 y 2, las dos caras del disco.

Solamente hemos podido descifrar las décimas tercera y sexta, o sea, las dos finales de ambas caras del disco.

>El pobre desde la cuna
>Nace para padecer
>Y jamás ve florecer
>El astro de su fortuna
>No tiene dicha ninguna
>Todas se vuelven heridas
>en dolencia encarnada
>con rigurosa ....
>ya ven ustedes las cosas
>que sufre el pobre en la vida.

>Luego de mil desengaños
>Y amarrarse el pantalón
>Y el que vive de ilusiones
>Padece de un desengaño.
>Porque tiene algo de extraño
>Que al reparar sus heridas
>..............................
>.............................. esposa
>Y así son todas las cosas
>Que pasa el pobre en la vida.

Una pelea en Punta Brava. 1/3/1909 Vi 62906.
No se trata de un combate, sino la narración de una pelea de gallos…

La vecina pedigüeña
>Ca 1909 Columbia C831

Le faltan partes, pero es una simpática estampa costumbrista.

>Cualquiera vive señores
>..............................
>Que quiere vivir de guagua
>Siempre pidiendo favores
>Hasta ....
>Ella le llega a pedir
>Ya no se puede vivir
>Desde el mismo amanecer

Que demonio de mujer
La que te voy a decir.

Allá viene la vecinita
Alguna cosa desea
Que le preste la batea
Le manda a decir mamita
………………………
Que lo voy a almidonar
a…………….a votar
La calle y el …………
Un pedazo de tasajo
Que no tengo que almorzar.

………………………
………………………
Siguen los…
Que le duele la cabeza
y…………………a la mesa
………………… brillantina
Y se va hasta la cocina
En……………… tos
Que hasta la raspa de arroz
Pá que lleve la vecina.

New York. Ca 1909 Columbia C820.
Sería interesante saber que pensaba Silveira de Nueva York…

La conspiración del 44
ca. 1909 Columbia C851.
Parte 1 y 2.

Ya hablamos de esto, La Conspiración de la Escalera en capítulo anterior. Que sepamos, es la única manifestación grabada que habla de este triste evento. Y no están muy claros sino un poco confusos estos versos, y no muy correspondientes a la realidad, porque poco años después, 1911, se produciría la llamada "Guerrita de 1911", en realidad una matanza de negros.

Ya se acabó aquel error
De esclavitud y despotismo (bis)
Hoy vive en Cuba lo mismo
El blanco que el de color.

Hoy se ven en Cuba a la par
Compatriotas, ciudadanos,
En los montes y en los llanos
En la trama (¿) y la ciudad
Y da la tranquilidad
De este gobierno cubano.

Pobre moreno africano
Y pobre el criollo franco (bis)
Si el negro le daba al blanco
Pues le cortaban la mano
Hoy tiene el negro cristiano
Le dan… ……………………
Le repartían ración
Al negro mala comida
pobre raza querida
cuando la conspiración.

Le daban funche (1) y tasajo
Sin manteca, bien maseado (¿) (bis)
Este pobre esclavizado
Que pasó mucho trabajo
De pobrillo tabaco,
Puntapiés y pescozón
Era un trato malón
Que de abusos cometieron
Con los perros bien le dieron
Cuando la conspiración.

Y encontró el negro esclavo
Con angustia poco cangre (2) (bis)
Al tratar con un marchante
Y sin ganar un centavo
Y hasta se ponían bravo
Si se hacía cimarrón
Le daban la extremaunción
Y le atacaban los perros,
Que mala Conspiración.

Si los perros dieron diente
Y los blancos se creían
Que el negro se rompería,
Que los perros eran gente.
Trataban indiferente
Al negro según razón,
Le daban esquifación (3)
a la hora de dormir
Ay no le gusta decir
Que mala Conspiración

Ya están perdiendo la maña
Muchos de esos caballeros
Que usan con mucho dinero
Al norte a pasear y a España
………………………………
………………………………con razón
Y si tienen de ocasión
Mucho tienen que pagar
Porque se llegó a acabar
La mala conspiración.

(1) Según Pichardo, obra citada, es comida hecha de maíz seco molido, agua, sal y manteca.
(2) Según el RAE, es parte del tallo principal de la yuca donde está el germen o yema para la propagación de la planta.
(3) Era la mísera muda de ropa que se daba a los esclavos, una vez al año.

Las miserias de este mundo
Ca 1909 Columbia C-962.

Hay muchos de esos señores
Que pasan de mano al…
Por el camino del crimen
Han llegado a los honores
Y en búcaro de flores
 Le brindan por su riqueza
Y ostentan la grandeza
Que siglos de sangre llenos
Y en un pedestal de cieno
Que va a darle la bajeza.

En este mundo fullero
Donde todo se remata
Más vale un hoja de plata
Que un cuchillo de acero
Al pobre lo considera
Lo mismo que un seco gajo
El rico con desparpajo
Nos brinda amistad esquiva
Se ofende si uno está arriba
Se alegra si uno está abajo.

La sociedad es un convite
Que al pobre le dice vete
Y en tan risible sainete
En ridículo lo mete
Cuando un banquete visite
Lo botan de lado esquivo
Y a ese le importa un pito
Tratarlo con moderación
El pobre es carne de cañón
Y siempre es el burro del rico.

La toma de Granada. 1/19/1911 Victor 63864.

Lo que quiere el guajiro. 1/19/1911 Victor 63337. Partes 1 y 2 por cada cara del disco.

El poeta loco. 1/19/1911 Victor 68864
Suponemos es la misma que grabara Morejón.

Una guajira que quiere votar. 1/19/1911 Victor 63863. Partes 1 y 2, por cada cara del disco.

A Cuba. 3/17/1913 Victor 66690. (versos de H. Martínez)
Debe ser la misma antes grabada en 1909.

A Canalejas

3/17/1913 Victor 65430.
Partes 1 y 2, por cada cara del disco.

Un extenso elogio a esta figura de la política española, muerto trágicamente. Es raro. Tendría que tener el autor mucha audiencia en la colonia española en Cuba, y además que fuesen liberales (de España), que explique esta grabación.

La España culta y gloriosa
Pensadora y liberal,
Esta vez lució tan mal
Por una cuestión luctuosa.
Perdió su vida preciosa
El ilustre Canaleja
Lo...... la conseja
Predicaron su exterminio,
Es entiendo un gran dominio
De gentes torpes y viejas.

En lucha el liberalismo
Por libertar la conciencia,
De la enorme penitencia
Del servil oscurantismo
Viene en forma de anarquismo
Un ignoro criminal,
Con la idea de saltar
Y un revolver disparando
Y en la calle asesinando
Al ministro liberal.

Lo cuenta este anarquista
Para matar así al hombre
Que con su bendito nombre
Gloria a España conquista
No es tener buena vista
Porque no tuvo razón;
triunfo para la reacción
Y un atraso para España,
Donde el clerical con maña,
Con pezuñas de un bribón.

Si de España este sendero
Que Canalejas trazara   (bis)
Por el cual desenmascara
La omnipotencia del clero,
El Papa se vuelve cero,
Porque el pueblo así reparo
A la educación, no es raro

Quiere ser libre, se instruye,
Y una nación constituye
Con un horizonte claro.

Entre las naciones viejas
Estaba España atrasada   (bis)
Y la isla adelantada,
Este señor, Canalejas,
Dejando atrás sin perplejas
A la Rusia y a Turquía
Por el mundo se decía
Que de España la nación,
Era un templo a la razón
Aunque fuese monarquía.

Orador y publicista
Y talentoso abogado, (bis)
Pero en España ha dejado
Su reputación bien vista'
Fue valiente periodista
Y del pueblo defendiente,
Le dejó un nombre decente
A su señora y sus hijos
Que con afanes prolijos
 siempre le tendrán presente.

La peste bubónica
7/2/1914 Victor 65984.
Parte 1 y 2.

En 1914 se inició una campaña sanitaria contra las ratas a consecuencia de un brote de peste bubónica. Los casos en la capital motivaron la clausura de varias manzanas de casas y la orden de sanidad de destruir por el fuego el establo situado en la calle Figuras, señalado como el principal foco de ratas. Hubo casos también en otras partes de la isla, como Santiago de Cuba. (Ver Ambrosio Fornet, Blanco y Negro, p.118).Pero como veremos, también Silveira la emprende con la epidemia política.

Caballeros mucho aseo
Fíjate que se ha colado (bis)
En algún barco ha llegado

Ese microbio tan feo;
Combatir el desaseo,
la basura y telaraña,
que vienen de tierra extraña
Limpien bien su habitación
Y que la desinfección
Haga buena su campaña.

Acabemos con las ratas
Y hasta las pulgas matemos (bis)
Y así pronto nos veremos
Libres de una peste ingrata.
Y aquel que tenga alpargatas
De la condición tan triste;
Eso no es cosa de risa
Esto en cambio es cosa seria
Y ya que existe miseria,
La limpieza es muy precisa.

Digo yo que viva alerta
No se empece el tiburón (bis)
Y su terrible ambición
Es…………………… abierta
Puede que si no está yerta
Con la limpieza esperanza
Esto-----lleva la matanza
Con deseos de tener,
Son capaces de perder
La casa con esta andanza.

No hay epidemia mayor
Que la epidemia política (bis)
Que a la patria pone crítica
A la hora del rencor
………………………….
De memorias y de rezos
Por la…………… de un hueso
Todo el mundo se desama
Y lo mas malo proclama
Por comerse solo un hueso.

El vivir de caridad
Es una pobre admisión (bis)
Para librar la nación
De una horrenda enfermedad
No se halla caridad
Y con el corazón aprecio,
Que se le bajen los precios
A tantas fabricaciones
Que cumplen en condiciones
De la.................... el precio.

Con toda esa maravilla
Y con cierta libertad   (bis)
.... encontrarse
Porque se quiere comida
No habrá genta más temida
Como la................. y su barriga
Y hasta la vida ....
Para estar felicitados
Que todos los ciudadanos
Tengan la barriga llena.

La Conjunción. 3/17/1913 Victor 65590

En la intensa política criolla, para las elecciones de 1912 efectuadas en noviembre de ese año, se unieron fuerzas del partido liberal y el partido conservador, resultando con esto triunfante el candidato conservador, General Menocal. A esto se le llamó la Conjunción Patriótica Nacional, y a comentar sobre ella debía estar dedicado este punto. (Ver La Enciclopedia de Cuba, Vol 9, p. 123.) Es casi increíble como el punto cubano se convertía gracias al genio de estos humildes repentistas, en una historia de Cuba musicalizada.

Condena de Asbert. 7/2/1914 Victor 67310.

El 3 de junio de 1914, el Tribunal Supremo de Cuba había condenado al Coronel y Gobernador de La Habana, Ernesto Asbert y Díaz por la muerte del Jefe de la Policía, Armando de J. Riva. O sea, al mes del suceso, ya estaba Silveira grabándolo; era un servicio noticioso muy eficiente. La Enciclopedia de Cuba, Vo. 9, p. 192.

A Martí. Ca 1914-1919 Columbia C2200

A Martí. No sabemos si es la misma que grabó Morejón. Noten que Silveira cambia nuevamente de sello disquero.

El Cometa
Columbia C-2776 ca1914.

En mayo de 1910 pasó cerca de la tierra el cometa Halley, provocando temores en muchos países de una posible colisión, y Cuba no fue ajena a estos eventos, que se reflejaron en más de una canción. Lo que es extraño que no sea hasta 1914, que no saliera esta grabación, en que el poeta aprovecha para entrar en galanteos un poco subidos de tono, si se capta el sentido metafórico de ciertas frases, como "yo quiero ponerte inflada", etc.

Ay! Solo para entretener
A los que están preocupados (bis)
Unos versos inspirados
Yo les voy a componer
Yo voy por los campos a ver
A la mujer que idolatro,
Siempre el pueblo de verraco
Me encima conversación
A ver de lograr la ocasión
Contra su miedo insensato.

Tengo una nueva receta
Para curar mal de amores (bis)
Hoy nos mandan los doctores
Un buen rabo de cometa,
Ponte tu primera dieta,
Nena de mi corazón
Mira que tu curación
Hoy me tiene encomendada,
Yo quiero ponerte inflada
De pura satisfacción.

Es el cometa una estrella
Que ahora empieza a fulgurar (bis)
Y tienes que respetar
La hermosa luz que destella
Por eso tú, niña bella
Fijarás bien la atención
Y verás en esta ocasión
Una hermosa catarata
Del fuego que se desata
Por la celeste mansión.

La moneda nacional

ca. 1914-1919 Columbia C2930.

En 1914 se aprobó la acuñación de moneda nacional. Julio Domínguez García, obra cit, p. 103. Ahora Martín incursiona en la numismática:

Hace tiempo que rodaba
El redentor soberano
Por nuestro suelo cubano
Eso es lo que faltaba
Muchos de estos se quedaba
A mi tierra hospitalaria
Porque era necesaria
Una moneda oficial
Con el escudo nacional
Y la estrella soberana.

Nuestra moneda en acción
De la que faltó a Cuba
Para que no tenga duda
Y humillarse a otra nación;
Se acabó la pretensión
Con el águila en La Habana
Porque la moneda cubana
Tiene fuerza y valor
Y se cotiza mejor
Que la plata americana.

Suponiendo que eso fuera
Imposible de probar,
Lo que pudiera tratar
En otra parte cualquiera
Entonces de esa manera
Porque en las Islas Canarias
En España y Portugal
La moneda nacional
Con la estrella solitaria.

El llanto de Cuba. (1914-1919) Columbia C2963. Partes 1 y 2, por las dos caras del disco.

Los aliados

ca. 1914-1919 Columbia C2930.

En la primera Guerra Mundial, 1914-1919, como se sabe Los Aliados comprendían Inglaterra, Francia y los otros países que se fueron oponiendo a Alemania. Pero en Cuba, Los aliados eran también uno de los dos grupos que prestaban el servicio de coches a caballo en aquellas décadas. Por supuesto, el otro se llamaba Alemanes. Al parecer, hubo una guerra de precios entre ambos grupos, que recoge Silveira. No pudimos descifrar la primera décima, pero las dos restantes dicen así:

> Primero era una peseta
> Porque la cosa iba mal,
> y la pusieron a real
> para andar como carreta.
> Y es que no hallaron escueta
> Para los largos paseos,
> Ha sido solo un meneo
> Para uno y otro lado,
> Ya uno llega derrengado
> Después de un fuerte mareo.
>
> Andando por la población
> En los pies salen los callos,
> Con estos pobres caballos
> Que están a media ración.
> Ellos halan del carretón
> De muy mala calidad
> No consiguen progresar
> Aunque lo pongan a medio,
> Por lo que resulta el remedio,
> Peor que la enfermedad.

Lamentos de la Guerra. ca. 1914-1919 Columbia C2942, Partes 1 y 2, las dos caras del disco.

Ya en función de corresponsal de guerra, Martín seguramente seguiría contando.

Maceo y Panchito Gómez. 1914-1919 Columbia C3182, Partes 1 y 2 por las dos caras del disco.

Rindiéndole homenaje a los dos héroes, Maceo y el hijo de Máximo Gómez, que cayeron juntos el 7 de diciembre de 1895.

El congo de Artemisa. ca 1914-1919 Columbia C3303.

No se puede escuchar bien, pero parece trata de la situación de los esclavos en el siglo XIX.

Al General Núñez. ca. 1914-1919 Columbia 3354

Esto debe haber sido a principios del año 1916, en que se discutía dentro del Partido Conservador, la aspiración del General Emilio Núñez Rodríguez a ser el candidato presidencial en las próximas elecciones, frente al deseo del Presidente Menocal, de ir a la reelección. Al fin se llegó al acuerdo de que fuera Menocal, con Núñez de Vicepresidente, (La Enciclopedia de Cuba Vol 9, p. 197)

La derrota de Alemania. ca. 1919 Columbia C3469. Partes 1 y 2, por las dos caras del disco.

Sigue Martín reportando, ahora es el fin de la guerra que se produce en 1919

Húyele al dengue. Columbia C-3592 ca. 1919.

En 1918 hubo una epidemia grande de influenza española en Cuba (Domínguez, obra citada, p. 149 y sigs) No sé si dengue era otro nombre para la misma enfermedad, pero en un país en que el analfabetismo era mayoritario, donde el punto cubano era la cartilla de estos iletrados, donde no existía otro medio de comunicación, estos cantores campesinos alertando a la población sobre las epidemias, hicieron un gran trabajo de profilaxis.

A mi bandera. ca.1919. Columbia C3622. Partes 1 y 2, por las dos caras del disco.

Puede ser la composición que con ese nombre aparece en la página 184 del libro "El tiple cubano" del que hemos hablado, y de la autoría de Onigagina

Discurso de un poblano y un guajiro. ca. 1919 Columbia 3623, Partes 1 y 2, por las dos caras del disco.

Canta Silveira, y Miguel Puertas Salgado. Ya lo incluimos cuando reseñamos las grabaciones de Puertas. Este debe ser el primer disco de controversia guajira grabado, o sea, cuando dos cantantes se van turnando al cantar décimas, para hablar sobre un punto en el que tienen ideas opuestas. Estas controversias fueron popularísimas en Cuba después de 1925, pero parece que en esta etapa, no se usaban tanto todavía.

Consejo a mis hermanos
Columbia C-3864 ca. 1920.

El año comenzó con huelgas, bombas, suspensión de las garantías constitucionales y otras manifestaciones. (Domínguez, obra citada p. 156 y sigs) Es posible ellas inspiraron estas décimas.

Aquella contra civismo
Hoy no te expone cubano (bis)
Pues debemos como hermanos
Conservar el patriotismo
Y si existe el *caciquismo*
Colosal y contundente
A mi patria independiente
Yo proclamo ver con calma
Si no se acude a las armas
Para no sentar precedente.

Así dirán las naciones
Y tendrán razón y paz   (bis)
Como el cubano es capaz
De tener atribuciones.
Siempre se ven conclusiones
Sobre Cuba idolatrada,
Tendrá que ver callada
 de Cubita lo que han hecho
y alguno tendrá derecho
a verse interpretada.

Todo ciudadano honrado
Tiene derecho a su voto (bis)
Que necesita remoto
Por su mente postulada.
A pesar de recetado
Como clara alteración,
Y llamarle la atención
A nadie con privilegio
Y evitar que sea el colegio
Parte de la revolución.

Por una patria adorada,
Tanto por sus hijos siente (bis)
Cuanta sangre de inocente
En sus campos derramada
Hoy te contemplo angustiada
Pero te doy un consuelo
En las horas de tu duelo,

De tu martirio y dolor
Mientras quien siembra una flor
En su querido suelo.

Por tus ojos bañados
Con lágrimas que te corren (bis)
Imposible que se borren
Recuerdos de temporadas
....
....
No te aflijas porque así
Esos momentos prolijos
Que parece que tus hijos
Ya se alejaron de ti.

Hoy recibe el sentimiento
Que tus hijos son culpables (bis)
Pero yo espero palpable
Que cesará tu tormento
Armarás tanto clamor
Que en tu suelo seductor
Las delicias reinarán
Y tus hijos te pondrán
Una corona de amor
(falta un verso)

Lo que es mi Cuba. ca. 1920 Columbia C3905. Partes 1 y 2, por las caras del disco.

Un guajiro de civismo

ca. 192o Columbia C-3939.

Obviamente el general a que se refieren las décimas es Menocal, que cubría su segundo periodo presidencial, 1917-1921, en unas elecciones de pureza discutible, en que el conflicto mundial tuvo entre otras consecuencias, dificultades en el abastecimiento y consiguiente carestía de la vida, que es lo que valientemente expone Silveira. Ante un hombre tan autoritario como Menocal, se necesitaba mucho civismo, y este cantor lo tenía.

Yo quisiera preguntar
Si usted por delicadeza

Me concediera franqueza
Para contarle mi mal.
No es posible General
Seguir esta situación
Para la alimentación
A pesar de no haber guerra;
A lo que de mi tierra
No hay quien............
.... protección.

Los guajiros han decidido
Que a la guerra me lancé
Pero que General, usted
Me atienda por patriotismo;
Yo veo que está el a(bis)mo
Por eso decirle quiero
Me da espanto el suelo
Y más de la subsistencia
Y aquí tendrá resistencia
El campesino sitiero.

Y que por más de un trillito
Se llevan mis animales
Lo mismo los liberales
Que conservadores juntitos
Por sacarlo del nido
General, ...
Para que baje el tasajo
Y todo lo que ha subido
Y quedaría agradecido
De paz, honradez y trabajo. (1)

(1) Ese era el lema político del partido Conservador de Menocal, y el poeta con ironía, se lo mienta.

Los gallitos de Liborio. ca 1920. Columbia C3951.
La estrella de cinco puntos. ca. 1920 Columbia C3951.
Es la estrella solitaria de la bandera cubana.

El indio cubano

ca. 1920 Columbia C3939.

Es otro delicado recuerdo a la población indígena. Infortunadamente, no tenemos los versos finales de la última décima.

Cuando los indios cubanos
Gozaron de aquel tesoro
Y despreciaban el oro
Como algo vil y raro
Por eso mismo mi hermano
El hombre por su maldad
Pone a poco su humildad
Despreciaba con placer
Aquello que pudo ser
Grandiosa felicidad.

Cuando Cristóbal Colón
Descubrió a esta nueva tierra,
Le formaron la guerra
Los hijos de su nación.
Dijeron que era ilusión
Con toda seguridad
Luego vieron la verdad
Que de por sí se confiesa
La sabia naturaleza
Para tu felicidad.

Cuando vino Irán Kartum (1)
Y con él el espiritismo
Aquí lo trataron lo mismo
Despreciando su honradez
(faltan seis versos)

(1) Creo que fue un famoso espiritista que visitó La Habana para propagar esta doctrina o creencia.

Invitación a Torriente. Ca 1920 Columbia C3963.

Debe tratarse de Cosme de la Torriente, figura importante en la historia de Cuba, en 1920 Senador y experto en cuestiones financieras, que estaba al frente de la Comisión que trataba de resolver los graves problemas financieros que tenía Cuba, con motivo de la Depresión Mundial que comenzaba.

(Ver La Enciclopedia de Cuba, Vol 9, p229) Pero puede ser también Ricardo de la Torriente dibujante del semanario "La Política Cómica" y creador del personaje Liborio, que se convirtió en símbolo del guajiro cubano, arquetipo que fue usado por escritores, el teatro vernáculo, etc. (Ver CCB, p. 161, nota 71).

El ajiaco de Liborio. ca. 1920 Columbia C3962. Ver nota anterior.

El sitio de Liborio. Ca 1920 Columbia C3963. Idem.

Discusión de la palma y la caña. Ca 1920 Columbia C3952. Parte 1 y dos, las dos caras del disco.

Aunque posterior a "Discurso de un poblano y un guajiro", que vimos antes, y que señalamos como un antecedente de la "controversia guajira", este número, por lo que hemos podido entender es una especie de antecedente, pues se entabla el debate entre la palma real y la palma de caña, sólo que Silveira canta por ambas, alegando la real, "Soy la primera protectora que el hombre tuvo en su pro" ya que le sirve para construir su bohío, le da palmiche para sus cochinos, etc, y la de la caña, habla de las riquezas que produce el azúcar.

Presencia del punto cubano en el teatro vernáculo de la época (Alhambra)

Aunque poca, también se registró alguna presencia en lo que en el libro ya citado CCB, llamamos la música del Teatro Alhambra, que es en realidad, la música del Teatro Bufo Cubano, que desde principios del siglo XX se concentra principalmente en este lugar, hasta mediados de los 30's.En este período se hicieron unas 826 grabaciones, de las cuales sólo 27 corresponden a puntos, y de ellos, muy pocos versan sobre los temas que nos interesan. Pero de todas maneras es importante su aporte, porque por el Teatro Alhambra pasaron miles de asistentes en los treinta años en que estuvo funcionando, de manera que era una exposición mucho mayor a la que pudieran tener los discos.

Cuba y sus palmares
1906 Cil. Edison 18895.

Adolfo Colombo y Pilar Jiménez, que lo volvieron a grabar en 3/11/1907, Victor 98516, que es la que hemos escuchado. Afortunadamente es otro de los pocos números de esta época reeditados en CD: Alma Criolla 803.

Tiene Cuba en sus palmares
Un quejido lastimero
Y tiene con el sitiero

La tristeza en sus cantares
En sus lindos platanales
El tabaco se cultiva (¿)
La yagua que siempre altiva
Cae rendida por su peso
Y al caer imprime un beso
A la tierra redimida.

Ya la tarde se ha encendido
Porque aquí todo es tabaco
El potro se ha puesto bravo
El macho se ha entristecido (1)
El malangal se ha perdido
En los nidos no hay un huevo
El boniatal casi nuevo
Se lo ha comido el Tetuán (2)
Y por la cosecha van
La mitad de los vegueros.

(1) Macho es otro de los muchos nombres que tiene el cerdo en Cuba;
(2) Tetuán era una plaga que atacaba al boniato, y lo va pudriendo, me aclara Rodolfo de la Fuente que tiene orígenes campesinos. Estas décimas que pintan un cuadro desolador, no están completas, deben ser parte de una de las pequeñas obras, sainetes o revistas, que se presentaban en el Alhambra.

A Maceo. 2/29/1917 Cil. Edison 600o4. Adolfo Colombo y Marcelino Areán. Aparece como autor Roger de Lauria, poeta y escritor.

A Matanzas. 3/8/1907 Victor 98514 y V-62263. Colombo y Jiménez, con el acompañamiento de Alberto Villalón, autor del número.

Punto de "Toros y Gallos". 3/5/1907 Victor 98512 y V-62262. Colombo y Jiménez. Toros y Gallos fue obra de las presentadas en el Alhambra, que versaba con el problema que explicamos antes, de la prohibición por el gobierno interventor, de estas dos actividades.

La fiesta del guajiro. 3/13/1907 Victor 98584 y V-62265. Colombo y Eugenio Ojeda (R.Palau)

El gallo y el arado. 2/10/1909 Victor 62231 Colombo y Pilar Jiménez. Ya hemos hablado del simbolismo de estos elementos en la insignia del Partido Liberal.

Hatuey y Guarina. 3/21/1913 Victor 65357 Colombo y Claudio García. Aparece como autor Alberto Villalón, debe serlo de la música ya que hay un famoso y extenso poema de José Nápoles Fajardo, "El Cucalambé" que es emblemático de todo el movimiento siboneista en nuestra literatura.

El Cucalambé. 3/21/1913. Victor 65588. Colombo y García. Autor: Jesús Pallas, que parece dedicó este número al poeta.

Patria mía. ca. 1909 Columbia C-840. Colombo y Miguel Zaballa.

Cuba aliada. 3/1918. Columbia C3246. Es parte de una obra así titulada de Jorge Anckermann, música y Federico Villoch, letra. Luz Gil y Carbonero. Cuba se unió a los llamados países aliados en la Prumera Guerra Mundial.

Un chino aplatanado. 7/1/1914 Victor 67708. Regino López y A. Feliú.

De Chaparra a la Habana. 3/20/1913 Victor 65425 Blanca Vázquez y Ofelia Rivas. Debe ser una referencia al presidente a la sazón, Menocal, que procedía del Central Chaparra.

Presencia del punto cubano en los trovadores (1898-1925)

De unas 746 grabaciones de trovadores en ese periodo, solo 17 parecen ser de puntos cubanos; hay que tener en cuenta que no siempre, la grabación trae el género; y de esas 17, solo 5 nos parece tienen que ver con el objeto de esta obra. No siempre el título nos puede dar idea del contenido de una canción determinada: podemos pecar por defecto, excluyendo algunas que pueden serlo, o por exceso, incluyendo aquellas que no son pertinentes. Preferimos pecar de lo primero.

Jesús del Monte. 1906 Cil. Edison 18931. Floro Zorrilla y Miguel Zaballa.

Siempre es interesante lo que se diga de uno de los barrios más populosos de La Habana, aunque también puede tratarse del levantamiento de los vegueros cubanos en el siglo XVIII, en contra del monopolio tabacalero establecido por el gobierno español.

La Nautilus. 2/2/1909. Victor 62231 Floro Zorrilla y Miguel Zaballa. La insumergible corbeta vuelve a aparecer. No sabemos si usan la misma letra que Morejón y/o Silveira.

Hatuey. ca. 1907 Columbia C-853 Zorrilla y Zaballa.

Punto de Nano
Victor 63335. 1/13/1911.

Reproducido en CD Harlequin 75. Terceto Nano. Aparece en el libro de Samuel Feijoo "Cuarteta y décima" p. 87. Es claro que "el hombre" es una alegoría a los Estados Unidos…

Un hombre que aquí llegó
Dijo: Cuba hermosa perla (bis)
Yo quisiera protegerla
Y su amparo le ofreció (Oyelo cantar)
Y entonces le dije yo
Con alegría en el alma:
Dejela usted en calma,
Que yo contenta la admiro,
Mientras haya aquí un guajiro,
Una choza y una palma (Oyelo cantar)

Quiero tener mi bohío
En medio de los palmares (bis)
Para aliviar mis pesares
Con tan dulce murmurío (Oyelo cantar)
Una piragua en el río
Donde poderme extasiar
Un ruiseñor que al cantar
Diga con nota sentida
Esta es mi Cuba querida
Preciosa perla del mar (Oyelo cantar)

Punto a Menocal. 7/2/1914. Victor 67322. Terceto Nano. Otro punto dedicado al General y Presidente. Menocal.

Al Presidente de la Juventud Liberal. Ca 1916 Columbia C2683. (Misquier) Dúo Villamil y Vilches.

El punto cubano de 1925 a 1958

La época que acabamos de exponer fue sin duda, la más importante que tuvo el punto en la industria disquera. De ahí en adelante, su importancia en ese aspecto, decrece extraordinariamente, sobre todo después que el radio, inaugurado en Cuba en 1922, ya es en la década de los treinta una presencia importante, aún en clases pobres. Sobre todo las emisoras creadas a lo largo de la isla, de carácter local, conquistaron enseguida una audiencia especialmente en programas matutinos de puntos cubanos. Había además contacto directo de los oyentes con los artistas a través del teléfono, complaciendo peticiones, saludando por cumpleaños, bautizos, bodas, en fin, una relación muy directa.

¿Para qué comprar discos si se puede tener ese servicio inmediato? De todas formas, algo se hizo, y es lo que vamos a ofrecerle, ya que de ese trabajo radiofónico que duró unos 34 años, y que siguió además después de 1959, lógicamente no tenemos pruebas.

A diferencia de todos los demás géneros musicales abordados en este libro, donde hemos separado todo lo sucedido musicalmente hablando hasta 1925, el punto cubano lo hemos seguido en este capítulo, hasta 1958, por la razón de que estilísticamente, sigue los mismos derroteros que tuvo hasta 1925.

María Cervantes

Hija de Ignacio Cervantes. Llevaba el arte en la sangre. En el año 1929 debutaba en el Teatro Campoamor, coetáneo con estas grabaciones de un estilo único, estampas de su tierra y de su tiempo. Inicia en Cuba la estrategia de usar el piano no como un mero acompañante sino como un elemento interlocutorio con el que se dialoga todo el tiempo. Ver Discografía, etc. bajo Cervantes, María. En este número la melodía es la de "El Arroyo que murmura" de Jorge Anckermann, pero las décimas pueden haber sido de María, con motivo de la inauguración del Capitolio Nacional. Su "Viva al General Machado" hay que tener en cuenta en que se produce cuando Machado estaba en el esplendor de las obras realizadas, la situación económica era buena, y no había cometido los crímenes que hizo posteriormente. Carlos Miguel de Céspedes era el Secretario de Obras Públicas.

Capitolio

5/1929 Columbia 3584x. New York.
Punto cubano.
Música, Jorge Anckermann.

En esta tierra dichosa
Patria de Martí y Maceo
Donde asombrada me veo
Ante obra tan grandiosa
No encuentro frase gloriosa
Con que poder elogiar
El acto de congregar
Tanto noble delegado
Y me limito a gritar
¡Viva el General Machado!

Después del viva a Machado
Otro viva he de gritar
A quien supo trabajar

Y el triunfo haberse ganado
Se siente menospreciado
El que igualarlo pretenda
Y sin que nadie se ofenda
Yo me dirijo hacia él
Cantando cual pobre ofrenda
¡Que viva Carlos Miguel!

Cinco franjas y una estrella
En un triángulo se posan
Y es la insignia más hermosa
Que tiene mi Cuba bella
Por eso a luchar por ella
Van los cubanos con ganas,
La bandera republicana
Que el americano brinda
Y no hay bandera más linda
que la bandera cubana.

Guajiras cubanas
Co. 2934X 1927.
Reeditado en Pentagrama CD-337.
Aunque titulado guaracha, es en realidad un zapateo.

En la fiesta del guajiro
Nunca falta el *zapateo*,
Porque es grato su meneo
Al son del *tiple* y el *güiro*
Siempre mezclado un suspiro
Que nace del corazón
Lleno de fuego y pasión
Son recuerdos primorosos
De estos campos hermosos
De fragante plantación.

En mi agreste campiña
Se producen los anones
Platanitos y melones
Que yo le brindo a mi niña.

La dulce caña y le piña
Las naranjas de cajel
Platanitos, canistel,
Que son dulces bocadillos
Zapotes como la miel
Y el sabroso mamoncillo.

Tengo yo todo mi encanto
En mi modesto bohío
Donde reina su albedrío
La mujer que quiero tanto.
El melancólico canto
Sólo allí pulsó mi lira
Porque allí sólo me inspira
Los recuerdos de la guerra
La bandera de mi tierra
Y el amor de mi guajira.

Dúo Calandria y Clavelito

Miguel Alfonso Pozo, "Clavelito", era un cantante de punto nacido en Las Villas. Desde los 40's estaba en La Habana, y como era buen improvisador pronto estuvo en programas radiales de controversia. En muchos de esos programas le acompañó Nena Cruz, "La Calandria" otra magnífica exponente de lo campesino, como en los de "Rincón Campesino", que se trasmitía por la CMQ. Sin embargo, su producción disquera es mínima, cuatro grabaciones en 1941, y otras cuatro en 1945. (Ver Discografía etc, bajo Calandria y Clavelito). Sus controversias no entraban en problemas políticos, y pocas veces sociales, como ésta:

El pasado y el presente
    11/16/1945 Victor 23-0485.
    (Miguel Alfonso)

m-Señores hemos llegado
a un presente que da horror
por eso es que fue mejor
cualquier tiempo pasado

h-No hable con tal desagrado
que hoy el gozo es lo que impera

es la época chuchera,
los jóvenes gozan bien
y hasta las viejas se ven
gozar con la lengua afuera.

m-Antes el hombre no anduvo
con cadenas de chuchero,
con plumas en el sombrero
y con pantalones de tubo;

h-Eso antes no lo hubo
ni hubo guagua ni camión
y cuando a la población
de bien del sur o del norte
usaban como transporte
un mulo y un carretón.

m-Hoy no hay mujer que se entalle
un ropaje consecuente,
ya la mujer del presente
Sale desnuda a la calle.

h-Antes no había ese detalle
la mujer no se exhibía
pero hoy a la luz del día
se tienen que presentar
porque hoy antes de comprar
se enseña la mercancía.

Adolfo Colombo

Después del 1925, Colombo hizo unas cuantas grabaciones, entre ellas estas décimas dedicadas al parecer al buque español Almirante Cervera, que suponemos visitara la Habana en aquellos días.

El Cervera. 9/1929. Brunswick Br40810, Partes 1 y 2, por las dos caras del disco.

Juan de la Cruz

Fue de los trovadores cubanos que grabaron hasta 1925, el que más grabaciones hizo después de esa fecha, entre ellas ésta en España, que titularon "Punto Cubano" pero que es en realidad la melodía de "El Arroyo que murmura" con otra letra, muy apta para hacer propaganda de Cuba en España, ya que se encontraba en ella como parte del Septeto Nacional, participando en la Feria Internacional de Sevilla. Lo acompaña Bienvenido León como segunda voz, y Eutimio Constantín en la guitarra. Afortunadamente esta reeditado en Harlequin CD56.

Punto cubano

10/30/1929 GRM AE3244.

Quiero tener mi bohío
En medio de los palmares
Para aliviar mis pesares
Con tan dulce murmurío.
Una piragua en el río
Donde poderme pasear,
Un ruiseñor que al cantar
Diga con nota sentida
Esta es mi Cuba querida
Preciosa perla del mar, (bien)

Frutos de mi Cuba son
El sabroso mamoncillo
El morado caimitillo
La caña y el marañón,
La guayaba y el anón,
Guanábana y canistel,
La piña de rica miel
Que al extranjero conmueve
Y el que el aguacate pruebe
No podrá comer sin él, (bien)

Todo aquel que sea cubano
Sea hombre o sea mujer,
Le advierto que ha de comer
Muy criollo y aguabano (¿)
Todo hecho con las manos
Porque es lo más adecuado,
No comer tan y mechado (¿)
Todo al estilo sencillo,
Reviéntame un picadillo
Con plátano verde a un lado, (bien)

Ricardo Ferrera

Laudista, cantante y compositor. En los 30's fundó junto a Manolo Fondevilla y Miguel Ángel Díaz el Trío Pinareño. En los 60's, el Trío se estableció en Miami. Datos tomados del Diccionario de Compositores cubanos, de Zenovio Hernández Pavón. Estas grabaciones deben ser anteriores a la formación del trío, y pueden tener valor social, pero no las hemos escuchado.

Las guaguas de La Habana. ca. 1928 Columbia 2931x.
La ciudad silenciosa. (Ricardo Ferrera) 4/9/1930 Victor 46826.
El impuesto del alcohol. (Agustín Pérez Calderón) 2/16/1931. Victor 30424. Con Agustín Pérez Calderón.

Agustín Pérez Calderón

Otro importante repentista, era afrocubano, dice Orta en su libro Décima y Folclore, p. 50. Hizo 4 grabaciones en 1928, 4 en 1930, 2 en 1931, 6 en 1937 y 2 en 1946, estas últimas a dúo con Pedro Valencia. De ellas hemos tomado las que pueden tener valor socio-político o costumbrista.

Los pepillitos
11/30/1928 Victor 46074.
Notarán que es una décima con variantes, no sigue el patrón clásico.

Toda la mujer que sea
Hija de tierra cubana (bis)
Debe venir a La Habana
Para que lo bueno vea
Rumbantíbiri, rumbantíbiri
*Rumbantíbiri, rumba*vera,
Ven conmigo matancera

Aquí goza y se recrea
Mirando a los jovencitos
Que se ponen ....
Y por los parques pasean
Y donde andarás que veas (bis))
Que esos son los pepillitos
Que están y no están en la acera,
Rumbantíbiri, etc.

Si vas por el Malecón
Verás unos muchachones (bis)

Que usan unos pantalones
Anchos como camisones
Rumbantíbiri, etc.
Andan con sus cinturones
Sin sombrero y una pipa
Con un traje de cuadritos
Y distinto el caminar;
No tienes que preguntar (bis)
Que esos son los pepillitos;
Rumbantíbiri, etc

Los zapatos y herraduras
Llevan y van caminando (bis)
Fuertemente taconeando
Y meneando la cintura,
Rumbantíbiri, etc.

De una manera seguro
Esos son los jovencitos
....
....
Y es muy justo que se acaben
En Cuba los pepillitos.
Rumbantíbiri, etc.

Contra las máquinas torcedoras
11/30/1928 Victor 46074.

Con sentimientos cubanos
Haré mi canto certero   (bis)
Estimados caballeros
Que trabajan como hermanos
Lo que con dolor humano
....
Trabajar a todas horas
El tabaco con afán
Y hoy quieren quitarle el pan
Las máquinas torcedoras.

No es que yo haga campaña,
Lo hago porque quedarán (bis)
Varios padres sin amparo
Y sus hogares sin el pan.
Esas máquinas extrañas
Son del mal cooperadoras,
Esas máquinas torcedoras
Para quitarle el trabajo,
Por eso son del …………
Las máquinas torcedoras.

No es que sea caballeros
Ni sea justo como humanos (bis)
……………… en vueltabajo
Que es la vida del cubano
De ese modo el tabaquero
Trabaja a todas horas
Con sus manos …………
………………………………
Porque viene la competencia
De máquinas torcedoras.

Se acabó el rascabucheo. 2/10/1930 Victor 46826 (A.P. Calderón)
La guerra española. 6/14/1937 Victor 82116 (Agustín Pérez Calderón).
 Son versos que llaman a la conciliación entre los españoles, ante el conflicto que comenzaba.

España la preferida
Está hoy sin regocijo (bis)
Viendo que sus propios hijos
Quieren acabar con ella.
Traten de poner medida
Pensando en el patriotismo
Porque si no el egoísmo
Su existencia acabará
Y su gloria arrojará
Al más peligroso abismo.

Por poderosa razón
España por ti Cuba llora

Porque fue la madre y autora
De su primera fundación.
Traten de buscar la unión
Obrando con gesto ufano
Respetando vuestro hermano,
Olvidando el episodio
Para que termine el odio
Que reina entre los hermanos.

Busca la tranquilidad
Y cese la detonación
Que la voz del cañón
No se oiga en la inmensidad.
Le debemos la memoria
Te ganaste ya la gloria
a ……… color del cielo
para que reine en tu seno
la paz, la dicha y la gloria.

Leche, manteca y jabón. 3/22/1946 Victor 23-0439 (A. P. Calderón) con Pedro Valencia.

Florencio Pedraza

Este es un caso curioso. No sabemos si era cubano. Graba un número en San Antonio Texas, V-30655, en enero 30 de 1931. Allí grababan muchos artistas mexicanos o descendientes de mexicanos. Le acompañan los Hermanos Pérez, con dos guitarras. Son décimas, que por el tema, se refieren a alguna de las guerras que sostuvieron los cubanos por su libertad en el siglo XIX. Cómo llegaron a México, y de ahí a San Antonio, he ahí la cuestión. Parecen tocadas a tiempo de corrido mexicano.

Punto guajiro.

Son las tres de la mañana
Solo allá en el campamento
Se escucha el bélico acento
De los toques de la diana
Forma la tropa cubana
Pá salir para el frente

Viene el oficial de día
A revisar la compañía
Y yo grito presente
Mientras pienso en ti, vida mía.

Una noche que la luna
No daba de luz tan bella
Y solamente una estrella
Alumbraba mi fortuna
Sin esperanza ninguna
Salté de tren en tren
Y en prueba del amor mío
Una dalia coloqué
Donde reposan los restos
De la mujer que adoré.

Canta el alegre guajiro
Que esta noche frente al arroyo
Está asando un pollo
Sentadito aquí en el frío
Yo siento que me envío
Los ojos de mi *mulata*
Al pie de una verde mata
Que vengo del estero
Para darte mucha plata.

Voy a poner mi bohío
Encima de los palmares
Para cantar mis pesares
Con alegre murmurío
Tomaré agua del río
Para salir a pasear
Un ruiseñor que al cantar
Diga cosas tan sentidas
Que de *Cuba* querida
La hermosa perla del mar.

No hay unidad de concepto en las cuatro décimas, a veces los versos suenan raros, pero es un detalle de hasta donde pudo llegar el punto cubano…

Trío Pinareño

Formado al fines de los años 30's del siglo pasado, por Ricardo Ferrera, laúd, compositor y voz prima; Manolo Fondevilla, guitarra, y Miguel Angel Díaz, voz prima y claves. Empezaron acompañando a repentistas como Antonio Camino, Colorín, José Marichal, etc., pero al par aumentaban el grupo a veces a Conjunto, fusionando al punto elementos afrocubanos. En la década de los 40's se escucharon mucho a través de la emisora Radio Cadena Suaritos, y en espectáculos. Grabaron unos 26 números, pero es notable que de ellos, hemos encontrado 13 que creemos deben figurar en esta obra. Algunos, porque son laudatorios de lo campirano, de las bellezas y virtudes de nuestros campos, o estampas típicas del diario vivir guajiro. Muchas no son puntos como tales, pero sí el acompañamiento, el tema, el estilo de cantar, etc.

Cuando canta el carretero

6/20/1940 Victor 83205.
Reeditado en Harlequin CD62 (R. Ferrera)

Canta alegre el carretero
Cuando lleva en su carreta
Trescientas arrobas netas
Y los bueyes van ligeros,
Pero si hay un lodazal
Y se atasca la carreta
Se incomoda y no respeta
Nada por salir triunfal;
Y dice así, y dice así, y dice así (bis)

Mal rayo te parta buey
Arre Lucero bragao
Mira que estoy apurao
Para llegar al batey
Y dice así, etc (bis)

Yo soy guajiro y nací
Cerca de un espeso monte (bis)
Donde el cubano sinsonte
Canta sobre del jiquí.
Y no encuentro para mí
Nada que emocione tanto
como el inspirado canto

del humilde campesino
cuando va por el camino
en la bestia de su encanto.

El eco de su canción
Se extiende por la pradera (bis)
Sin que falte una sitiera
Que a él le preste atención.
Y por eso la expresión
Poética del guajiro
Es el lucido suspiro
Que se esparce en la sabana
Para darle a la cubana
Alegría en su retiro.

Y dice así, etc   (bis)
Gracias a Dios que salí
Pronto del atascadero
Si no soy buen carretero
Por Dios que me quedo allí.

La cobija
6/20/1940 Victor 83205.

Reeditado en   CD Harlequin 62 (Ricardo Ferrera) Cobijar es techar un bohío, y es obra que se hace con un "junte" de vecinos y amigos.

Trepa la palma el desmochador
Corta las hojas de espeso guano
Y luego en pencas, sobre un gran llano
Se van secando con aire y sol.
En una rastra, un carretón
Cuando se secan son recogidas,
Se apilan todas en un montón
Y así se comienza nuestra cobija (bis)

A cobijar se disponen
con el arique mojado, (bis)
Hacen un mazo y a un lado
De la cintura lo ponen
De repente se proponen

La tarea comenzar,
Se empieza el guano a cortar,
Otros lo van alcanzando,
Y los que están cobijando
No cesan de trabajar.

Se cobija a la carrera
Y un caballete de yaguas
Se pone por si cae agua
no caiga alguna gotera
Después con una tijera
O un cuchillo de acero
Se va cortando el alero
Alrededor de la choza
Que suele quedar preciosa
Con su techo duradero.

Las provincias de Cuba
                               6/20/1940 Victor 83228 (R. Ferrera)

Pinar del Río es la zona
Del tabaco superior
La Habana es la capital
Y en población la mejor
Matanzas la Atenas es
de mi Cuba la nación;
Santa Clara la segura
Para pasar un ciclón (bis)

Pero con sus tinajones
Tenemos a Camagüey
Donde la vida se goza
Metido en cualquier batey.
Pero llegando hasta Oriente
A esa divina región
Hay que parar un momento
Para saborear el son

(Coro): En Cuba nací
        Para interpretar

El ritmo de son
Que hace gozar.
El mejor tabaco
Que puedes fumar
En Pinar del Río
Es donde se da
(Coro): En Cuba, etc

La Habana es preciosa
Como capital
Dicen que en el mundo
No existe otra igual.
(Coro): En Cuba, etc

Matanzas es la Atenas,
Paisaje ideal,
Lindas son las cuevas,
Las de Bellamar.
(Coro): En Cuba, etc

Tiene Santa Clara
Como popular
Dulce de guayaba
Rico al paladar
(Coro): En Cuba, etc
Muchos tinajones

Tiene Camagüey
A donde se goza
En cualquier batey.
(Coro): En Cuba, etc

La Virgen del Cobre
Cumbre virginal
Orgullo de luz
Del pueblo oriental.
(Coro): En Cuba, etc

La tierra que tiembla
Tiene mineral
Orgullo feliz
Del pueblo oriental.
(Coro): En Cuba, etc

Como se hace el bongó

2/14/1941 Victor 83407.
(Ñico Saquito).

Ésta y otras canciones que describen o ponderan las virtudes de ciertos instrumentos del cancionero cubano, o la forma de ejecutar sus bailes, o las bondades de los géneros musicales cubanos, forman para nosotros parte de un fenómeno social de autoestimación, que es muy típico de nuestro cancionero por la insistencia que en las letras se tocan estos temas, y creo que a lo largo de los años han cumplido su función, de dar a conocer su música a nivel universal. En este caso, además, concurre con otra práctica muy usual en nuestro cancionero: la apropiación de la forma de hablar de los afrocubanos llegados como esclavos y que aprendieron el español en condiciones precarias, lo que se llama bozal.

Ven que te voy a explicar
Como se hace la *bongó*
Ponte muy bien a escuchar
Para que puedas gozar

Tú coge la chivo,'
La chivo lo mata,
Le saca lo cuero
Y lo pone a secá.
Tu coge un madero
Y con un palito
Con mucha paciencia
Te pones a armar
Hará un tonelito
Arriba del borde,
Le pone un cuerito
Que quede apretá,
Y entonce candela
Hasta que lo cuero
Quede bien templá   (bis)

A gozá mi negra ya
Que la bongó
Ya etá acabá
Cuando tu sientas
Suena el *bongó*
A gozá,   (bis)

Las Maracas o Maracas
2/14/1941. Victor 83407.
(Orbelleiro Carvajal)

En realidad es un pregón, que está vendiendo un instrumento musical: las maracas. En ese sentido, como parte de toda una estrategia de anunciar los géneros e instrumentos de la música cubana me parece un fenómeno sociológico digno de estudiarse.

Maracas, vendo *maracas*,
Maracas que vierten
El lírico llanto del *son*.
Maracas que ríen
Al darle a la *rumba*
Su ritmo dulzón.

Maracas, maracas
Que saben decir
Una pena de amor
Maracas, maracas,
Que forman alegre
 Mi triste *pregón*.

Maracas, vendo *maracas*,
Cómpreme un par
Y así sabrá lo que es el *son*,
Su ritmo quita las penas
Y hace latir el corazón
Con ansiedad.

Oye, su resonar:
(suenan las maracas)
Oye su dulce dar:
(suenan las maracas)

Maracas, vendo *maraca*s,
Cómpreme un par,
Cómpreme a mí, que ya me voy   (bis)
Maracas, me voy.

Cuando vengan los millones
1/28/1941 Victor 83669.
(Guillermo Rodríguez Fiffe).

En realidad es una guaracha. El 6 de enero de 1941 llegaba a Cuba un representativo del Export-Import Bank de los Estados Unidos para tratar sobre un empréstito al país por once millones; al parece, a éstos es que se refiere la guaracha (La Enciclopedia de Cuba, Vol 9, p. 642). Batista había ganado las elecciones, iba a comenzar su mandato presidencial.

Aprepárate Tomasa
Que nos vamo a revolvé
Cuando vengan los millones
Qué bien nos vamo a poné
Pues tó los tarecos viejos
Que tenemo aquí en la casa
Lo vamo a quemá en fogones
Cuando vengan los millones
qué bien nos vamo a poné   (bis)

Esa vez vamo a gozá
Y vamo a comprar colchón
Que cuando vengan los millones
Que gusto nos vamo a dá,
Cuando, etc (bis)

Y te voy a comprá zapatos
Pá que bote las cutaras (1)
Cuando vengan los millones
Tenemos plata pá rato
Cuando, ctc. (bis)

Un radio te voy a comprá
Que pa escuche las canciones
Cuando vengan los millones
Cómo vamo a cumbanchar
Cuando etc, (bis)

Ya subió lo presidente
Que yo mismo está esperá

Cuando vengan los millones
Qué revolvía me voy a dar
Cuando, etc.

(1)Cutaras: Chancletas o pantuflas, sobre todo en la región oriental.

Un pasado curioso

1/28/1941 Victor 83373.
(Ricardo Ferrero)

Llegué a un *guateque* guajiro
Donde una música había
Que esta se componía
De *acordeón, timbal y g*üiro,
Por allí me llegaba y miro
Buscando con quien bailar
Y al no poder encontrar
ni una muchacha siquiera
Saqué como compañera
a la mujer de Gaspar.

Pero en el primer *danzón*
Que bailé con esta dama
Me dijo, si usted me ama,
Yo le doy mi corazón.
Recibí tal emoción
Oyendo este disparate
Que le dije aunque me mate
No acepto cosa tan rara;
Me dio un trompón y la cara,
Me quedó como un tomate.

Entonces vino el marido
Y me dijo qué pasó:
Por qué mi mujer le dio,
¿Que delito ha cometido?
Yo le dije decidido
Todo lo que había pasado
Pero me respondió ofuscado
Metiéndome un pescozón
Que me dejó sin razón
A donde estaba parado.

Cuando pasé la tontera
Del golpe que recibí
Puedo jurar que salí
Como bola por tronera
Y pensando a mi manera
He podido analizar
Que cuando vaya a un lugar
Que yo no tenga por uso
Ponerme un traje de buzo
Para empezar a bailar.

El poblano y el guajiro
          1/28/1941 Victor 83373.
          (Ricardo Ferrera)

g) Soy un pobre guajirito
Que nació en campo hermoso   (bis)
En un bohío precioso
Al centro de un conuquito (1)
Y desde que era chiquito
Al campo me dediqué
Miles trabajos pasé
Y el decirlo no me aterra
Pues coseché de mi tierra
Las semillas que sembré.

p) Y yo todo lo contrario
he nacido en la ciudad   (bis)
donde con facilidad
puedo divertirme a diario,
aquí lo más necesario
lo tengo cuando deseo,
aquí la vista recreo
mirando constantemente
el tráfico de la gente
y máquinas de paseo. (2)

g) Verdad que tú en la ciudad
te diviertes con frecuencia
pero no aspiras la esencia
del campo y su libertad
donde no existe maldad
ni la vanidad del oro,
a donde no hay más tesoro
que una campiña que luce
por lo tanto que produce
la madre tierra que adoro.

p) Guajiro tienes razón
a tu idea me acomodo   (bis)
el campo produce todo
es el sostén de la nación
por ese es que mi canción
la transportaré a tus lares
donde en todos los hogares
se duerme tranquilamente
con la música caliente
que producen los palmares.

(1) Conuco o Conuquito es el pequeño huerto situado al lado del bohío.
(2) Máquinas se le decía en Cuba a los automóviles.

De Marichal a Martí

1/28/1941 Victor 83367.
(José Marichal)

Canta Marichal.

Es victorioso el día
En que cual divino evento
Ocurrió tu nacimiento
En la hermosa patria mía
Había en la región vacía
Un lugar para Martí,
La duda palpita en mí
Al evocar tu memoria
Porque pienso que la gloria
Es pequeña para ti.

Será posible que un día
Nazca en mi patria hombre
Que aunque no tenga tu nombre,
Tenga tu misma hidalguía,
Porque es dicha todavía
Después de tanto adorarte,
 no digamos superarte
que esa es mucha pretensión
no ha surgido un corazón
que haya podido imitarte.

Yo sé de tu sufrimiento
Y amargas vicisitudes
Grandes fueron tus virtudes
Y tu humano sentimiento,
 tu sublime pensamiento
 eran vivos arreboles
e iban como ardientes soles
y conciencias dominando
un régimen condenando
y contra los españoles.

Yo estoy oyendo invocar
Tu nombre a muchos traidores
En repugnantes labores
Con el fin de comerciar
Al fin que habremos de honrar
En un tiempo no lejano
Y siento como cubano
E inimitable patriota
Que a la patria en bancarrota
Salvarás en bien arcano.

El campo lo tiene todo
1/28/1941 Victor 83367.
(Antonio Camino)

Lo canta el propio Camino.

Es el campo natural
Un emporio de riqueza (bis)

Donde la naturaleza
Luce más seria y triunfal.
Allí está la palma real,
Sinsontes y ruiseñores,
Frescas y gallardas flores,
Arboles maderables,
Y plantas medicinales
De incalculables valores.

El campo por su virtud
Es para el agricultor   (bis)
Un paraíso de amor,
Un cielo de gratitud.
El campo tiene salud
Para el enfermo agobiado,
En su esmerado prado
 tiene paisajes que son
Símbolo de admiración
Que la natura ha creado.

Campo de mi reminiscencia,
Dulce creación de Dios
que fue el albergue para los
Héroes de la independencia.
Templo donde la existencia
Se crea más sana y pura,
Bello rosal que satura
Los espíritus caídos,
Palacio de aves y nidos,
Gloria de la agricultura.

Tiene el campo mansos ríos,
 tiene llanos, tiene lomas   (bis)
donde vuelan las palomas,
codornices y judíos.
Tiene típicos bohíos
De sublime remembranza
Y para mayor bonanza
El campo por su valor
Es para el agricultor
Una aurora de esperanza.

Remembranzas criollas

2/14/1941. Victor 83411.
(Agustín Pérez Calderón)
Canta el propio autor, esta encendida defensa del punto cubano

Nací allá en una sabana
De los contornos campestres   (bis)
Donde las flores silvestres
Dan esencia pura y sana.
Allí salgo de mañana
Cuando la luz del sol brilla
Y como me maravilla
Recorrer aquel lugar
Me paseo de un palmar
Y de su pintoresca orilla.

En el campo me reía
Gozando con los excesos   (bis)
De los cariñosos besos
Que me dio la madre mía
Y recuerdo todavía
Cuando en la choza de guano
Cantaba mi padre anciano
Y allí aprendí por recreo
A bailar el *zapateo*
Y a cantar *punto cubano*.

No verán en mi consigna
El runtuntun de un *timbal,*
Ni el acorde musical
De un afinado *violín*,
Ni un *trombón* ni un *cornetín,*
ni un *tenor*, ni una *soprano,*
ni la música de un *piano*
ni el ruido de un *bongosero,*
rumba, tango, ni bolero,
pero sí un *punto cubano.*

Lo que es el punto guajiro
2/14/1941 Victor 83411
(Agustín Pérez Calderón)

Canta Ferrero.

Se dio el nacimiento mío
En una agreste sabana   (bis)
Al pie de una palma cana
Y a las orillas de un río.
Y allí desde mi bohío
Yo ví alzar los resplandores.
De los pájaros cantores
Escuché las melodía
Y la brisa me traía
El perfume de las flores.

He oído *tango y jotas*,
Música de todas clases   (bis)
A través de los compases
De las más sublimes notas
Desde épocas remotas
Desfila el arte romano
En el ritmo americano
Hay sentimiento profundo
Pero para mí en el mundo
No hay como el punto cubano.

Surca el espacio silente
la expresión de nuestra lira   (bis)
alegrando a quien admira
las cosas de nuestro ambiente
con nuestro canto se siente
el campesino feliz,
punto cubano es matiz
del bohío a la montaña
que tiene sabor de caña
de tabaco y de maíz.

Tabaco, azúcar y Ron
10/9/1941. V-83637.
(Ricardo Ferrera)

Bolero-son.

Cuba es la tierra caliente
Que huele a azúcar y ron   (bis)
Dulce ritmo de *maracas*,
Repica alegre el *bongó,*
Suave arrullo de palmares
Tierra de luz y sol
Que se duerme
Entre dos mares
Al conjuro de su voz   (bis)

Las vegas de Vueltabajo
El cafeto, el platanal
Con su ritmo voluptuoso
El verde cañaveral
Constituyen las riquezas
De mis campiñas hermosas
Bajo su sol tropical.   (bis)

Guillermo Portabales

Las Villas, 1911-San Juan, Puerto Rico, 1970. Cantante, compositor y guitarrista que comenzó como trovador, pero después incursionó en el punto cubano con un estilo diferente, una voz más natural, ganándose el título de "Creador de la guajira de salón", género al que más se dedicó, aunque dominaba el punto, como veremos en estos ejemplos. Ver: Discografía de la Música cubana, bajo Portabales, Guillermo.

El dolor de los dolores
3/22/1937 Victor 32975.

Insertamos este número por su valor histórico ya que se trata de décimas cultas del poeta cubano Juan Clemente Zenea.

Desfallece dueño mío
Sin que mi voz te conmueva
Como la flor que se lleva

El raudo curso del río.
Tu rostro serio y sombrío
Perdió sus frescos colores
Y en tan crudos sinsabores
Conmovido de tu llanto
Voy conociendo entretanto
El dolor de los dolores.

Ayer me acuerdo alma mía
Que adorándote de hinojos
En los rayos de tus ojos
Mi espíritu se encendía.
Empero pasó ese día
De brillantes resplandores
Y tú sedienta de amores
Que bebiste atormentada
En la copa envenenada,
El dolor de los dolores.

Hoy lloraba mi querida
En tal situación al verte
Y me olvidé de la muerte
Para pensar en tu vida.
Fue mi ilusión sorprendida,
Declinaron mis amores.
Envió el sol luz y colores,
Solo el viento gime y zumba
Y al final conozco en tu tumba
El dolor de los dolores.

El bohío

7/16/1937 Victor 82072.
(L. Fajardo)

A la orilla de un palmar
Que baña el fértil Cornito (bis)
A la sombra de un caimito
Tengo mi rústico hogar
Esbelto como un pilar

Domina montes y llanos.
El viento arrulla sus guanos
En su bien hecha cobija
Y esta habitación es hija
Del ingenio de mis manos.

Cuando la tormenta ruge
Cuando llueve y cuando truena   (bis)
Ella resiste serena
Del huracán el empuje
En sus cumbreras de *ocuje (1)*
Con sus llaves de *varilla (1)*
Con viguetas de *batilla (1)*
Y de *guásima* sus horcones (1)
Hay pocas habitaciones
Tan firmes como la mía.

En hallecer(¿) que es redondo
Y no pequeño batey
Sembré un frondoso mamey
Y que florece en el fondo,
En ese asilo me escondo
Con mi madre y mis hermanos,
Siembro con mis propias manos
La feraz tierra que abono,
amo a mi esposa y entono
mis pobres cantos cubanos.

(1) Las cuatro son maderas cubanas.

El tiple

7/29/1937 Vi-82073.
(L. Caballes Gandía)

Dulce para el alma inquieta
Bajo una luna de enero   (bis)
Escuchar a un carretero
Cantar desde su carreta
Dulce es sentir la coqueta
Brisa que besa la frente

Dulce es sentir en el puente
Y oir las aguas pasar,
Pero es más dulce escuchar
La voz de un *tiple* doliente.

Contemplo al ponerse el sol
Acodado en mi ventana   (bis)
Como la nube lejana
Se tiñe con su arrebol
Como el ave tornasol
Cruza veloz el ambiente
Y la tórtola gimiente
Se queja allá en el bajío
Mientras llega del bohío,
la voz de un *tiple* doliente

Cuando en la tarde serena
Al regresar del plantío (bis)
A la puerta del bohío
Canta el jíbaro su pena
Es de escuchar como suena
Como estalla en cada son
El *trovero* la emoción
Cual si encordado lo hubiera
Con las cuerdas que extrajera
De su propio corazón.

Cuando su acento levanta
El más puro sentimiento   (bis)
En vez de cantar, su acento
Es mi patria la que canta
Quien no ama esta tierra santa
No hallará su lenitivo
Yo escuchándolo revivo
Mi dulce ilusión primera
El culto de mi bandera
Y mi orgullo de nativo.

María Romero, o María La Matancera

De los pocos cantantes de puntos que grabaron después de 1925, y más que ninguno de sus colegas. De hecho, en la sesión de junio 14, 1937 además de 14 que se editaron, grabó seis números más que no se editaron. Grabó en 1931, 1937, 1945, 1946 y 1948.(Ver Discografía de la Música Cubana, por Romero, María).Entre sus grabaciones de 1937, sería interesante escuchar "Los soñadores de la charada" que suponemos se trata del juego de azar de la charada llamada china, juego ilícito muy popular en Cuba, y en que precisamente a cada número correspondía una figura de animales, personas u objetos: Las jugadores, de acuerdo con lo que habían soñado, apostaban al número correspondiente. Es posible que de eso trate dicha grabación. Grabó pocos números de contenido político-social, y a veces, como veremos, contradictorios.

Llora todo Palmarito

6/11/1945. Victor 23-0335.
(María Romero)

La tonada de "Guacanayará" etc., la usaba muchas veces.

Pobre Cuba amigos míos,
Tristes sus cañaverales,
Tristes están sus corrales
Y mustio el veguerío,
Tristeza en sus bohíos,
La campiña está llorando,
Melancólico, cantando,
Se oye del sinsonte el trino
Cuando el gallo campesino
Que se encuentra agonizando.

Guacanayará, ay Palmarito (bis)
Cuando yo me esté muriendo
Ven prieta y dame un besito.

Lloran tristes los palmares
Con respeto a sus colores,
Y se ven llorar las flores,
Triste el rumor de los mares
Profundo son los pesares
Son las cosas del destino
Que cubren el ancho camino

Que estamos todo sufriendo,
Pero que están asistiendo
A nuestro honrado campesino

Guacanayará, etc.

Este tristepanorama
Crece cada día ……
………………………..
………………………..
Que tuvo siempre fama
De abundante y de riqueza,
Allí donde había belleza
También el rico y el vino
Hoy muy cerca el campesino
Llora triste su pobreza.

Guacanayará, etc

Ahora para terminar
ésta inspiración mía
miren a la sitiería
y dan ganas de llorar,
nuestra linda fantasía
del panorama que ofrece
el corazón desfallece
viendo como se pasea
la miseria y se recrea
que como un gigante crece.

Guacanayará, etc

La sabana siente y sufre
1/16/1948 Victor 23-0889.
(María Romero)

No es décima, sino seguidilla, más difícil de ejecutar, porque se canta más rápido, y hay que ir creando a ese ritmo. Como verán aquí el cuadro no es tan tenebroso como el anterior, salvo en lo que a música se refiere.

En esta inspiración
En mis versos haz de hallar   (bis)
Pero podrás comprobar
Que nacen del corazón, que yo
Canto con devoción feliz
Si oyes estos versos, así
Canto lo que me inspira, con
Un mandato del cielo
Mi punto alumbra los cielos
Y a la cabaña guajira,
Al criollo labrador, que,
Siempre da su faena,
Contando con una buena
Recompensa a su labor.
Al llegar al bohío acogedor
Hecho de yagua y de guano,
Y canta en tono ufano,
A mi tierra y mi bandera,
Y María la Matancera
Adora el punto cubano, que,
Como toda la sabana, ves
Está bella y triunfante
Al beso pillo y sensual,
De la naciente mañana,
Con flores que engalana
A una novia risueña que,
enamorada se empeña en,
aumentar su hermosura,
y aunque parezca locura,
la sabana siente y sueña.
Que cantaré con derecho
A este típico bohío
Que en invierno y en estío,
Brinda su rústico techo
De palmas y guano, que yo,
A la orilla del camino
Veo las luces peregrinas,
 su regazo acogedor

que tiene un dolor mucho mayor,
del cubano campesino,
que mire que ya el guajiro
va a su casa olvidando, y es,
raro verlo bailando
al compás de *tiple y güiro,*
lo típico, lo que admiro,
lo que produce emoción,
que va quedando en el rincón
con un recuerdo borroso,
y el *zapateo* sabroso,
lo arrolló el caliente *son*, que ya,
la guajira no canta
aquellas décimas bellas que
de dudas y querellas
 brotaban de su garganta, lo
preludiar le encanta
un *corrido mexicano,*
un *fox trot* americano
un *tango* triste y llorón,
y desprecia sin razón,
al dulce *punto cubano!*

Al romper el día
1/16/1948 Victor 23-0822.
(María Romero)

Pero parece que sucede un milagro: el mismo día, el mismo estudio de grabación, y ocupando la otra cara del disco, María tiene una inspiración muy diferente: todo al parecer, está en orden divino.

Antes de romper el día
La guajira campesina   (bis)
Ya se encuentra en la cocina
Cantando con alegría
Oyendo el Ave María
Que con gusto han anunciado
Los gallos entusiasmados
Corean llenos de fé,

Mientras que ella el buen café
Cuela a su guajiro amado.

Luego después de aclarar
Sale el guajiro cubano;   (bis)
Que enyuga su yunta ufano
Para irse a trabajar.
La tierra se pone a arar
Para hacerla producir
Y no tener que sufrir
Ni molestar al vecino
 Lo que piensa con buen tino
Para así poder vivir.

Y cuando ya el sol calienta
Suelta su yunta bermeja   (bis)
Y en el buen pasto la deja
Y a su esposa se presenta:
Muy cariñosa y atenta
Ella le dice, ¿qué fue?
Y él le contesta, No sé,
Pero es hora de almorzar,
Almuerzan y al terminar
vuelven a tomar café.

Panchita Sánchez

En el mismo viaje de la Victor a Cuba para hacer grabaciones, en junio de 1937, esta repentista cubana grabó cuatro números, de los cuales solo se publicaron dos, cantando a dúo con Pedro Valencia, titulados "La desdicha de un poeta" y "El jugador fatal" pero no los hemos escuchado ni por el título considerar si caen en lo tratado en esta obra.

Angel Valiente

San Antonio de los Baños 1916-La Habana, 1987.(Helio Orovio, Diccionario de la música cubana, obra citada) Destacado repentista cubano, en este período hizo estas cuatro grabaciones a dúo con Antonio Camino y como parte del Cuarteto Nacional.

Falsa humanidad. 1945. Panart 1021. Punto camagüeyano

Ayer, hoy y mañana. 1945.Panart 1021. Punto palmarito

Controversia entre el campo y la capital
1945 Panart 1022,
Partes 1 y 2, las dos caras del disco.

Parte 1

AV)Insigne Antonio Camino
Voy a cantar orgulloso
De tu grande y poderoso
espíritu campesino.
Ven a poner en el trino
De una endecha musical,
El simbólico ideal
Del campo cuajado de rosas,
Y yo hablaré de las cosas
Grandes de la capital.

AC)Valiente con el más hondo
Sentimiento que se adora, (bis)
Oigo tu voz retadora
Y enseguida te respondo
Para decirlo no me escondo,
La Habana cuan hermosa es,
Pero hablar es cosa vana,
De su lujo y su riqueza,
Comparado a la belleza
De la campiña cubana.

AV)En la campiña cubana
hay bellezas prodigiosas,
pero no como las cosas
pintorescas de La Habana;
Es fútil, prosaica y vana
Tu opinión sentimental
O no has visto con igual
Sentimiento generoso,
El campo y nuestro glorioso
Capitolio Nacional.

Parte 2

AC) Hablas de la arquitectura
Fantástica de La Habana   (bis)
Y en la campiña cubana
Se retrata la natura.
Puede haber más hermosura
Que un risueño amanecer,
Y en nuestra campiña ver
Como el sol con luz de oro,
Brilla los campos que adoro
Y que me vieron nacer.

AV) En la majestuosidad
De la capital hermosa
Se vive en una gloriosa
Y perpetua amenidad.
Mientras que en la soledad
Del campo nos desencanta,
Porque se vive con tanta
Y horrible melancolía,
Y hay sollozo de agonía
Hasta en el ave que canta.

AC) En el bullicio habanero
No puede haber la armonía   (bis)
Que hay en la melancolía
De un litúrgico jilguero.
Todo en el campo es sincero
Como el cariño y la ternura,
Donde puso la natura
Una mano milagrosa,
Para que fuera la hermosa
Fuente de la agricultura.

Joseíto Fernández

La Habana, (1890-1979). Ver su biografía en Discografía, etc, antes citada. El discutido autor de La Guantanamera, comenzó su carrera ascendente cuando empezó a usar en un programa radial esta canción para narrar he-

chos de la vida real versificándolos, como hacían los antiguos trovadores.
"Guardabarrera", 9/13/1940, V-83370.

Reproducido en CUCD 1709, es un ejemplo típico.

Guantanamera, guajira guantanamera
Una nota de dolor
Vuelve a tener Coliseo (1)
El tramo que según veo
Es el tramo del terror
Ese tramo aterrador
Que tantas vidas ha costado
Solo por faltar cuidado
Y otras por temeridades
Y que aún las autoridades
Esto no haya acabado.

Llega aquí mensualmente
De este tramito afamado
Tramo desafortunado
Y de peligro inminente
Y aún se encuentra pendiente
Como otro tramo cualquiera
Cuando es cosa verdadera
No deben existir bondades
Que exijan las autoridades
Que pongan guardabarreras.

Cumpliéndose cinco años
De otro caso desgraciado
Se recuerda el día marcado
Como otro igual en los años
Otro del mismo tamaño
Pidamóslo como quiera
Hasta ver de qué manera
Con brevedad y armonía
Se apiada la compañía
Y pone guardabarreras.

Tengan la seguridad
Hombres de jurisprudencia

Que es la voz de la conciencia
Quien pide a grito piedad
Ese cruce en la orfandad
Es una mano asesina
Que mata a aquel que camina
Que entretenido pasó
Y eso lo castiga Dios
O la justicia divina.

En paz descansen, hermanos
Todos los allí caídos
Jamás los echen en olvido
Como cubano y humano
A los hijos de la mano
Del Ser Supremo, divino
Con mucho gusto lo hicimos
De todo me compadezco
Que pronto se restablezcan
Y florezca su camino.

Mi pésame más sentido
Más hondo, fiel y ardiente.
Al familiar que reciente
Perdió un familiar querido
En el suceso ocurrido
En Coliseo el otro día
Pero ya la compañía
Pondrá coto muy de veras
Poniendo un guardabarreras
El Rey de la Melodía.

Yo soy el punto cubano. Celina y Reutilio. Suaritos 115, reeditado en CD Ansonia 1392., (bis) CD106 6/6/1957.

Este capítulo había que terminarlo con Celina, de la que hablaremos más adelante, quien desde fines de los 40's del siglo pasado inició con sus grabaciones, un resurgir de la música guajira, por una parte, y de la música afroreligiosa por otra, mezclando ambas a veces. Este homenaje al punto cubano, que no está escrito como punto cubano, es emblemático de su estilo. Fue grabado después de 1959, por La India de Oriente, la orquesta venezolana Billo's Caracas Boys, y la cantante de ese país, Soledad Delgado, el dúo cubano de Norberto y Marisela, y otros.

Yo soy el punto cubano
Que en la manigua vivía
Cuando el mambí se batía
Con el machete en la mano,
Con el machete en la mano.

Tengo un poder soberano
Que me lo dió la sabana
De cantarle a la mañana
Brindándole mi saludo
A la palma y al escudo,
Y a mi bandera cubana
Y a mi bandera cubana.

Por eso le canto a las flores
Y a la mañana que inspira
Le canto a Cuba querida,
La tierra de mis amores   (bis)

Soy la linda melodía
Que en el campestre retiro
Siempre le llevo al guajiro
La esperanza y la alegría,
La esperanza y la alegría.

En noche de romería
Inspiro a los trovadores
Cantantes y bailadores
Gozan con el zapateo
Y se olvidan de Morfeo
Para tributarme honores.

Por eso, etc

Ahora me encuentro en La Habana
Entre orquestas y ha gustado
De chachachá disfrazado
Pongo una nota cubana,
Pongo una nota cubana.

Aquí como en la sabana
Mi música espiritual
Viene del cañaveral
Representado al mambí
A la tierra de Martí
Y a la enseña nacional
Y a la enseña nacional

Por eso, etc, (bis)

CAPÍTULO 9
1900-1958. El teatro bufo

El teatro bufo había ido perdiendo presencia escénica, y al comenzar el siglo veinte, iba a encontrar su paradigma en el teatro Alhambra, un local situado en la calle Consulado esquina a Virtudes, en La Habana, dedicado antes a otras actividades pero que el 10 de noviembre 1900 comienza una nueva etapa, que durará hasta 1935.(Para más detalles del teatro Alhambra, ver mi obra citada, "Del areyto al rap cubano" p. 119 ; Enrique Río Prado, "La Venus de bronce-Hacia una historia de la zarzuela cubana" Ed. Society of Spanish and Spanish-American Studies, 2002.p. 19, Segunda edición, Ediciones Alarcos, La Habana, 2010; y Eduardo Robreño, "Teatro Alhambra, Antología" Edit. Letras Cubanas, 1979).

Si en los períodos antes estudiados, hemos tenido la dificultad de la falta de fuentes para investigar lo acontecido, afortunadamente de esta etapa de nuestra música, como vimos antes con el punto cubano, tenemos una generosa muestra de música grabada. En este período se graban unas 840 producciones de artistas del teatro Alhambra. Robreño en la obra antes citada (p. 9), dice que por el escenario del Alhambra pasaron más de 2,000 diferentes piezas teatrales, sin contar las que se estrenaron en otros teatros 'alhambrescos'. Es bueno aclarar que no fue el Alhambra el único escenario que acogió esta nueva forma de lo bufo, que llamamos alhambresca, pero sí el más importante y de trayectoria más extensa, de ahí que se haya tomado la parte por el todo, y hablemos de una etapa alhambresca, cuando en realidad cubre también otros teatros dedicados al mismo género.

También debemos aclarar que hablamos antes de "producciones" y no canciones, porque en muchas ocasiones lo grabado son monólogos o diálogos sin música, y en otros muchos casos, se trata de números en que después de una extensa parte hablada, se terminan con una breve parte musical. O sea, lo que Robreño denomina sainetes. Pero estimamos que ya con esto, se justifica su inclusión en esta obra.

Como en el caso del punto cubano, el teatro alhambresco fue totalmente comprometido con su entorno socio-político, y un espejo, quizás hasta más verídico, del acontecer. Por algo sus grabaciones fueron casi tres veces más, que las del punto cubano. Volviendo a Robreño, en la p. 10 señala que "El sainete político fue el más gustado por el público, por las críticas que se hacían a los gobernantes venales de nuestra mediatizada república".

Analizaremos esa producción, como en el caso del punto, con la salvedad de que no hemos tenido acceso a todas las grabaciones, sino a una parte de las mismas, pero que nos da buena idea de lo que fue esta fuente de producción. Los datos biográficos de los intérpretes, asi como detalles de las 840 producciones, pueden encontrarlos en nuestra obra ya citada, "Discografía de la música cubana, 1898-1925". La autoría de la parte hablada pertenece al intérprete principal, salvo indicación en contrario, y de la música a los autores que se indican entre paréntesis.

Estas grabaciones no son sin embargo consideradas por Robreño en su obra; no tiene en cuenta estos importantes testimonios. Por otra parte, en muchos de los libretos de las once obras que incluye en su libro, omite las partes cantadas, que son precisamente la confirmación de lo señalado por él, y por Gustavo Robreño en su artículo "Cuba a través del Alhambra" publicado en Bohemia de agosto 26 de 1934 (citado por Río Prado en su libro) y donde dice: "Recorriendo el archivo del Alhambra es fácil reconstruir íntegramente la historia de la Cuba republicana", brindando a continuación títulos de obras correspondientes a sendos períodos de gobiernos republicanos. Como por otra parte, según dice Eduardo Robreño en su obra, p. 21, "al ocurrir el derrumbe del edificio donde funcionaba este teatro, muchos de sus libretos se perdieron".

En tanto se haga un estudio a fondo de los libretos sobrevivientes, son estos discos y su transcripción, la única evidencia que podemos usar. Agrega Robreño en su libro: "teatro leído no es igual a teatro representado". Pues bien, estos discos, si no son teatro representado, son teatro escuchado, del original, siempre mejor que leído; por lo menos tenemos no tan solo lo que se escribió, sino cómo se dijo.

Por consiguiente deben tomar nuestro libro, como un primer paso en el empeño de rescatar la mayor cantidad posible de estos libretos y discos. Desgraciadamente las etiquetas que hemos podido leer de los 840 números grabados, solo en unos 30 casos hacen referencia a la obra en que fueron incluidas, o podemos identificarlas por el nombre.

Sergio Acebal

Fue uno de los artistas con presencia más destacada dentro y fuera del Alhambra, y para muchos, el mejor "negrito" que tuvo ese teatro. Grabó en este período 30 números como figura principal, y otros muchos como segunda figura, acompañando a otros artistas. (Para más detallles, ver Discografía, etc.. bajo Acebal, Sergio y Río Prado, obra cit, p. 58)) No incluimos muchos títulos de Acebal que no tienen música, sino monólogo o diálogo solamente.

Habitante y policía. Regino López (Asturias,1861-La Habana, 1945.
Ver Dic. Encic, R. Giro V-3 p. 36) y Sergio Acebal. Vi67693, 1914 (R. López) diálogo con música al final.

"Habitante" como cubanismo, comenzó siendo "habitante de la luna" según cuenta Fernado Ortiz en su Catauro de cubanismos ya citado, para referirse a los limosneros que dormían en bancos de los parques públicos, o sea, bajo la luz de la luna, pero se simplificó por habitante solo, lo que ahora llamamos eufemísticamente, deambulante. Regino es el policía español que trata de convencer al habitante Acebal que acepte el puesto de barrendero público que se le ofrece, para no convertirse en un "habitante" del Parque Central. La aparentemente inocua trama, refleja una realidad nacional; el policía, quizás recién llegado en las gigantescas oleadas de inmigrantes españoles que llegaron a Cuba después de la Guerra, tiene un buen puesto, pero el negro cubano sólo debe aspirar a barrendero, o seguir de habitante. La rumbita final sirve para mitigar el escozor de la crítica.

Métele vapor. Blanca Becerra (Las Villas, 1887-La Habana, 1985-Ver Dic. Enc. R.Giro, V- 1 p. 102) y Sergio Acebal (de la zarzuela "El Patria en España" de 1913, música de Jorge Anckermann y libreto de Federico Villoch) Columbia C2933.1917. Diálogo con tango congo.

El Patria fue un crucero liviano construído en 1893-94 que al parecer fue adquirido por el gobierno cubano por estos tiempos. Algunos de estos datos nos fueron proporcionados por JRE. El viaje parece una contestación al hecho por la corbeta española Nautilus a Cuba, y la letra cuenta que: 'El Patria se va pá España/con los marinos cubanos/…y todos los españoles/lo verán como un hermano/…Echale vapó, métele vapó/ Que senseribó/ que senseribó, senseribó"

No sabemos qué pinta aquí el senseribó, un elemento de la liturgia abacuá o ñáñiga, consistente en un pequeño tambor, que nunca se toca (Centro de Investigación y Desarrollo de la Música Cubana: "Instrumentos de la música folklórico-popular de Cuba" La Habana, 1997, Vol 1 p. 221). La letra sigue piropeando a las andaluzas y a las barcaloneses, y recomienda "reviéntate una mongeta" o sea cómete una munyeta, un plato a base de alubias típico de esa región.

O sea, hay un propósito evidente de agradar a los españoles, específicamente a la población que seguía creciendo en Cuba, y lo que es más importante con buen poder adquisitivo y buenos parroquianos del teatro Alhambra.

La ley de los vagos. (S.A.) Con Pepe del Campo, actor que trabajó con Acebal tanto en el teatro como en la radio, por muchos años. Columbia C-3254, marzo de 1918.

Se trata en realidad de un diálogo con una mínima rumbita final. Dos vagos que han asumido trabajos circunstanciales, uno de vendedor de berlingones (un dulce) y el otro de globos, se quejan de que han tenido que asumir esas labores por culpa de una nueva ley contra la vagancia, que permite detener a los que no tengan trabajo; y eso se hace, comentan indignados, porque "hay que cortar caña para mandarle el azúcar a los americanos, ¡cuando para eso, han venido jamaiquinos y chinos a Cuba!" Es la situación creada por la Primera Guerra Mundial, en que Cuba trata de producir la mayor cantidad de azúcar posible. Pero esto los ha obligado a abandonar sus ocupaciones habituales, carterista uno, y bolitero el otro, o sea persona dedicada a aceptar apuestas para la lotería ilícita.

Congos de Luvine. Luz Gil (Veracruz,México, 1894-La Habana,1963. Ver Dic. Enc. R. Giro, V. 2, p. 145) y Sergio Acebal . Columbia C3356, 3/1918. (Jorge Anckermann, música, Acebal, letra). Diálogo con rumbita al final.

Noten en este ejemplo, como usan a nivel popular la crítica social y política.

A- ¡Cómo cambian los tiempos! Quién me iba a decir que en mi Cubita Bella se iban a acabar los carnavales (1) Mejor dicho, los carnavales no se han acabado, porque si se mira bien, todo el año hay Carnaval, el que más y el que menos hoy lleva puesta una careta. Pero aquella fiesta típica, aquella fiesta y la alegría que se veía por las calles cuando desfilaban las comparsas, ha desaparecido. ¿Y todo por qué? Sencillamente porque Liborio está triste y acongojado; porque no es posible que con la barriga vacía se pueda estar alegre. Dice un refrán, barriga llena, corazón contento: pero con las paredes del estógamo (2) pegás al espinazo, no hay corazón contento. Sic transit gloria mundi, que quiere decir que así pasan las glorias por el mundo

LG- Hace rato *negro* que te estoy viendo, esperando un piropo…

A- ¡Ay, pero tu estabas ahí *mulata*!

LG- ¿Pero no te dije que te estaba oyendo?

A- Oye, pero ven acá: ¿Tú no crees que yo tengo razón en lo que digo?

LG- Ya lo creo que tienes razón, si a mí me da una tristeza cada vez que llega el mes de febrero…

A- Oye, ¿Te acuerdas de aquellos *negritos curros* que salían con sus camisas rizadas y bordadas de mil colores, sus sombreritos jipijapa y su farol de palo?

LG- Y chancletas de piel de venao.

A- No quiero ni acordarme. Yo pertenecía a la del barrio de Carraguao. Me parece que me estoy viendo mirando en medio de toa aquella gente que se amontonaban para oirme decir los versitos aquellos de:

Yo soy *el negrito curro* /del barrio de Jesús María,/y al que le meto el cuchillo/ se deja de bobería;

¡Por mi madre! Que si me acuerdo todavía…

LG- ¿Y que es de aquella comparsa del Alacrán, del Gavilán, y los…?

A- Oye, ¡aquella comparsa del Gavilán, comía candela! ¿Y la de Los payasos? Aquella que cantaba aquello de: "Pero que yo traigo un doló,/esta noche/ china linda china linda/ brinca pá quí,/ vamo a bailá con Los Payasos".

LG- Oye chico, ¿y aquella comparsa de Los *Congos de Luvine*?

A- ¿Cuál es aquella?

LG- Aquella que salió de la calle de Los Sitios…

A- No me acuerdo bien, no…

LG- Sí hombre, aquella que dice: "*Congo de Luvine*"..

A- ¡Ah sí, ya me acuerdo! Oye, aquella sí que tumbaba la cuadra.

LG- Como no, si yo era la secretaria de la Sociedad.

A- Vamo a tocarla, yo tengo unos palitos aquí:

LG- Bueno, óyela

(Música)

LG- *Congo de Luvine*, de Luvine (bis)

Aé, aé, *congo congo* libre soy yo

A- ¡Alabao, que se me van las patas, por mi madre! Vamo otra vez, otra vez:

LG- (Repite canto)

A- ¡Alabao, que estoy en el tiempo de España (3), por mi madre!.

(1) En realidad, no se suspendieron los carnavales, sino los desfiles de comparsas, que no volvieron a ser permitidos hasta 1937.
(2) Por estómago.
(3) No se sabe cuando surgió la frase "En el tiempo de España" o "Del tiempo de España" que tanto se usaba en Cuba, pero ya sabemos que por lo menos se decía en 1918. Hace falta el transcurso de cierto tiempo, para que una sociedad determinada se refiera a un hecho histórico como línea divisoria entre épocas; así en Europa y el mundo entero se hablaba del antes y después de las respectivas guerras mundiales; en Cuba la separación la establecía la liberación de España, casi coincidente con el cambio del siglo, pero nadie hablaba del siglo pasado, sino del tiempo de España, con calificación peyorativa hacia lo anterior, generalmente.

Mercado libre. Acebal y Sarzo. Columbia C3254. 3/1918.Diálogo en que el negrito Acebal pregona sus viandas, "Aquí está Lázaro de la Peña Rosa, el *negrito* más solicitado de Cuba". Curiosamente, en la década de los 40's comenzaba su carrera política uno de los líderes más importantes del Partido Comunista cubano, Lázaro Peña y Roca. Pero los precios que anuncia este Lázaro, le lucen caros al marchante Sarzo, que protesta diciendo "¿Y a esto lo llaman Mercado Libre? ¿Esta es la baratura que habría en este mercado?". Y es que recientemente se había inaugurado el mismo.

La danza de los millones. Columbia C-3245 3/1918. Acebal y Eloísa Triías. Libreto de Federico Villoch. Así se llamó al alza extraordinaria que alcanzó el precio del azúcar con motivo de la Primera Guerra Mundial, pero este beneficio no llegó al pueblo. Seguramente este diálogo protestaba de ese hecho.

A servir la patria. Columbia C-3245 3/1918 Acebal y Eloísa Trías. Libreto de Federico Villoch. El 7 de abril de 1917 Cuba, en solidaridad con los Estados Unidos, había declarado la guerra a Alemania y en agosto 3 de 1918, se promulgó la Ley del Servicio Militar Obligatorio. (Enciclopedia de Cuba, Vol 9, p157 y 164) Seguramente este diálogo comentaría sobre esto.

La protesta de un vago. Columbia C-3293 3/1918. Acebal y Guillermo Anckermann. Libreto de Acebal.

Posiblemente el mismo tema tratado en "La la ley de vagos"que vimos antes.

Acebal en la trinchera. Columbia C-3291 3/1918 Acebal y Sarzo. Libreto de Acebal. Se sigue usando el tema bélico. Aunque Cuba no llegó a enviar tropas, había el temor de que así fuera. En este diálogo que sí hemos podido escuchar, Acebal es el negrito soldado, aterrorizado en el frente, que está a punto de ser fusilado por su jefe, Sarzo, pero en definitiva se le perdona la vida. Por supuesto, las simpatías del público estaban con el negrito.

Casos y cosas. Columbia C-4196 1922. En este diálogo con rumba acompaña a Acebal, Conrado Massaguer, el famoso caricaturista cubano, que al parecer quiso hacer una incursión en el teatro. Acebal dicta uno de los típicos discursos del "negrito catedrático" personaje de los bufos cubanos heredado por el teatro alhambresco, y del que después traeremos algún ejemplo, pero ahora queremos destacar que en este caso, que hemos escuchado, se da otro fenómeno muy interesante, la intertextualidad, muy frecuente en la música cubana ya desde la invención y desarrollo del danzón; que es la inserción en un número musical, o inclusive en un texto hablado, como en este caso, de un fragmento o varios de otras canciones; en este caso en su disertación, Acebal incluye varias "rumbitas" famosas de la época:

> "Mamá, las lágrimas se me salen,
> Mamá, quiero llorar y no puedo"

O esta otra:
"Se quemó la choricera, bombo camará,
Un chorizo ná más queda, bombo camará"

O una canción romántica:
"Tiene en su alma la bayamesa
Tristes recuerdos de tradiciones"
Y otra rumbita, para terminar:
"Esta es la última rumba
Que se canta aquí en La Habana
Óyelo bien, camará,
Hay una voz que retumba"

Aunque la gran mayoría de los artistas alhambrescos dejaron de grabar después de 1925, Acebal fue la gran excepción pues grabó 23 números entre 1928 y 1931. Pero no son cantados, solamente monólogos o diálogos, salvo en algún caso, como **El comienzo de la carretera** (3/25/1927-Victor 79400) que comienza con una cuarteta cantada a capella por Sarzo. Se refiere al comienzo de la construcción de la carretera Central, comenzada precisamente ese mes, (ver obra citada, "Noticias de la República, p. 218) y por supuesto critica la situación económica, etc.. Zarzo es el guajiro y Acebal el negrito catedrático que busca trabajo.

g) De un ingenio que hay vecino
Te enseñaré los primores,
Los *negros* trabajadores
Con la pila y el molino.
(hablado)
g) Arre Curujey, que te voy a dar un janazo(1) que te eslomo!
n) Oiga, guatíbere,(2) me hace el favor de prestarme un minuto de atención?
g) So! Caballo, so! ¿Que se le ofrece camará?
n) Dígame si usted sabe donde están trabajando en la Carretera Central:
g) Yo que voy a saber ni creo que nadie lo sepa tampoco..
n) Como que no! ¿Pero usted no lee los periódicos?
g) Yo no sé leer, ese cuento de la carretera lo oí varias veces, pero no creo que la haigan encomenzao
n) No, no perdone, la nota oficiosa de la prensa diaria periódica el otro día lo dice bien claro…
g) Bá, los perióquidos no saben lo que dicen, dicen muchas mentiras. Aho-

ra, si quiere saber algo, coja ese trillo y siga tó derecho hasta llegar a la guásima (3) aquella, que está despúes de la talanquera, después coja pá la izquierda, luego pá la derecha, luego siga de frente, y en llegando, ya está el café.

n) ¿Qué café?

g) El de Don Pancho,que lee papeles y pué que sepa algo.

n) Ah, renuncio a ir, porque las señas que Ud. Me dá se parecen al laberinto de Doña Creta(4)

g) ¿Y usté iba a pedir trabajo?

n) ¡Quieto, que va! Yo soy un patriota, incapaz de coger un pico y romper esa santa tierra, que tantos patriotas y héroes regaron con su sangre; yo iba a ver si el ingeniero me da una botella (5)

g) Ahí está: lo malo es que nadie quiere romper la tierra, camará

n) Con quien va eso! Yo jalaré por mi pico(6) para pedir algo, pero el pico y la pala, pá la chusma!

g) ¡Coja una guataca y ya está!

n) Que cosa! Eso si que no lo hago yo, guataquearle(7) a nadie...

g) SÍ, como Ud. Hay muchos, y muchos guatacas en la capital, allí tó son vagos, to son..

n) No lo crea, no lo crea,¡ usted no sabe lo que trabaja uno por no querer trabajar!

g)¡Ay compadre, en la Habana no trabaja nadie ni ninguno! Allí viven como quiera la gente.

n) ¡Le parece a usted! Mire, si en La Habana, si usted tira un papel en la calle, le ponen una multa; si lleva un pollo con la cabeza pá abajo, otra multa; si no lleva su derecha, multa, si cruza por la medianía de la cuadra, multa; si escupe, multa (8); bueno como quiera que se vire, tiene que pagar. Aquí en este sitio no pasa eso.

g) Camará, eso mejor que lo maten de una vez y ya está.

n) No, no lo matan pero mejor es que lo dejen en el sitio.

g) Yo a La Habana no voy más que a vender mis viandas, mis pollos y mis huevos, y salgo corriendo. Pá eso tengo que andar cinco leguas por caminos malos, porque a la carreta le pusieron una contribución que el diablo le escupe el güiro; si por fin hicieran la condená Carretera Central...

n) La harán, la harán, la harán

g) Larán, larán,larán, es un cantar, pero yo creo que ni mis nietos la verán.

n)Bueno guajiro, ya veo que no cree lo de la carretera, me vuelvo pá La Habana: ¿Me quiere llevar en las ancas?

g) No sé si el arrequín (9)podrá: suba sin que lo vea ni lo sienta.

n) Je je, la verdad que le hacen falta inyecciones de maloja, parece un violín.

g) Arre Curujey.

n) Arre Curujey, parecemos dos burros sobre un borrico
(cantando nuevamente) g) De un ingenio, etc...

1-jan es palo puntiagudo que se utiliza para sembrar por medio de hoyos, dice Fernando Ortiz en el Cataruo de cubanismos, p. 301, pero también se puede usar para golpear a las bestias de carga, y en general, janazo es dar un golpe, aunque sea con los puños o el antebrazo, según Sánchez Boudy, obra cit., p. 374.
2-Parece se usa en el campo como amigo (S.Boudy, p. 3410.)
3-Es un árbol, bastante corpulento.
4-Creta es por supuesto el famoso laberinto de Creta, mal citado por el negrito.
5-Botella es recibir un sueldo del gobierno sin realizar el trabajo correspondiente al mismo.
6- Aquí hay un juego de palabras, "pico" sólo significa metafóricamente facilidad de palabra, "pico y pala" es trabajar arduamente con ambos instrumentos de labor.
7-Es el que adula interesadamente a alguien. El DAE incluye el verbo, pero no el sustantivo. Ambos son cubanismos, y surge en Cuba al parecer, durante la presidencia de Machado.
8-Es muy posible que todos estos casos sean infracciones establecidas en aquella época por las ordenanzas municipales de La Habana.
9-Es el animal que guía la recua, según el RAE.

En honor a la verdad, hay que decir que efectivamente la Carretera Central se construyó en el término señalado.

Así sucede con el resto de la producción de lo que se transciende de los títulos, aunque hemos escuchado solo algunos, como **"Conferencia marañónica"** (1/31/1928-Victor 80659) una especia de parodia a las conferencias que por aquellos días diera en La Habana el ilustre médico español, Gregorio Marañón. En **"El furor del balón pié"** (12/7/1928-Victor 46300) teniendo de compañero a otro gran cómico cubano, Regino Otero, dialogan sobre este deporte, pero comparándolo con el beisbol; hay en el fondo el hecho de que el balompié era el deporte preferido por los españoles, y el beisbol o pelota, el de los cubanos.

Nada le era ajeno a Acebal: en **"El tratado con España"** (1/31/1928-Victor81427) se refiere a las onerosas concesiones que hacía Cuba en dicho convenio; y algo tenía que decir en **"Las Obras del Malecón"** (1/31/1928-Victor 81628) que se efectuaban a la sazón.

Como hemos visto, los bufos tenían aspiraciones internacionales: En **"El desarme naval"** (2/19/1930-Victor 46870) bregan con ese acontecimiento, y en **"La caída de Primo"** (1930- Victor 46827) comentan sobre la caída gubernamental del General Primo de Rivera en España. En realidad es una especie de editorial que en forma de coloquio, analiza el gobierno del saliente Primo de Rivera, los eventuales peligros de ese cambio, la posición del rey en todo ello, e inclusive, como profetas, consideran la posibilidad de Galicia independiente de España, que al tiempo que escribimos, es un tema de actualidad.

Pero la situación política con la oposición a Machado se va agravando, y salen títulos como **Bombas y más bombas** (2/25/1931- Victor 30701), **Gases lacrimógenos** (2/25/1931-Victor 30701) **Los nuevos impuestos** (2/25/1931-Victor 30455) y **La suspensión de las garantías** (2/25/1931-Victor 30455)

Para más detalles, pueden consultar mi obra en web ya citada, Discografía de la música cubana, 1925-1960.

Es bueno señalar que de casi todos los artistas que seguiremos mencionando del teatro Alhambra, hay biografías en el libro antes mencionado de Río Prado.

Otro de los artistas que hacía el papel de 'gallego" en el escenario alhambresco, **Francisco Bas**, grabó también algunos discos que por sus títulos, denotan evidentemente, temas socio-políticos. Por lo menos en uno de ellos, que hemos escuchado, **Cuba en la Guerra**, de Jorge Anckermann, (ca.1918- Columbia C3248) termina con una rumbita, pero no sabemos si sucede igual en otros, como **España en la Guerra** (ca.1918 Columbia C 3247), **Me voy para España** (2/21/1918 Victor 77319), y Yo soy cubano (2/21/1918 Victor 77319).

Otros de sus discos parecen tener connotaciones económicas, como **La indigestión del pan** (ca. 1918 Columbia C3247), **La rifa de la manteca** (2/21/1918 Victor 72253), y **La cuestión del pan** (2/21/1918 Victor 72253). Todos los números aparecen de la autoría de Mariano Fernández, que es además la otra voz que le acompaña.

Blanquita Becerra, tiene pocas grabaciones, entre ellas **Métele vapor** que ya reseñamos, y otras dos, **La mulata María** (ca 1916/17 Columbia C3297) un tango congo que cae en la órbita de la mítica mulata cubana que estamos considerando también, y debe ser la misma pieza que graba antes Blanca Vázquez, otra tiple del Alhambra, V-65357, en 3/22/1913, señalando que es de la autoría de Valenzuela, y es nada menos la famosa canción que escribiera el maestro Raimundo Valenzuela en los tiempos de los Bufos Habaneros, y que según cuenta Federico Villoch en "Teatros que fueron" publicado en Diario de La Marina, ag-sept 1938 (e incluido en la obra de Robreño citada, "Teatro Alhambra, Antología"p. 666:

"La canción de "La Mulata María" ofrecía una originalidad que ponía de manifiesto los vastos conocimientos de su autor Raimundo Valenzuela en los secretos del contrapunto; en tanto arriba iba cantando la tiple la melodía de la canción, abajo la orquesta la acompañaba en contracanto con los compases del Himno Bayamés, sabia y artísticamente combinado. Así que en cuanto el público se dio cuenta de ellos, se vino abajo el teatro en una estruendosa ovación tributada al maestro…"

Y otro fenómeno curioso: el tema ñáñigo, que aparece frecuentemente en esta etapa: **Yo quiero ser ñáñigo** (ca. 1916/1917 Columbia C2992) un diálogo con Mariano Fernández haciendo de español policía, y Blanca de mulata. La mulata, ante los avances del español, le dice que con ella, "le van a dar las doce" (Se le va a hacer tarde), y que entre sus pretendientes hay un "Iyamba" (jefe en la organización abakuá, Fernado Ortiz, obra citada Africanismos, p. 243) y terminan cantando en ñáñigo de donde discernimos frases como Encomina ñañandó, epobio mina, etc. Este uso bastante frecuente de palabras ñáñigas en el teatro bufo, es cuestión que requiere investigación más profunda, pero lo dejamos señalado como fenómeno social muy interesante.

El artista que mas grabó del teatro Alhambra, fue **Adolfo Colombo.** (Islas Canarias,1868-La Habana, 1953.(Ver Dic. Enc. R. Giro, V.1,p. 244) estaba en las primeras grabaciones que hizo el sello Zonophone en la Habana ca. 1905, en las que hizo la Edison en 1906, y las últimas las hizo en 1929 para el sello Brunswick. En total, más de 360 hasta 1925, y 5 entre 1927 a 1929. Y algunas de esas grabaciones, caen en el campo de nuestro estudio, aunque por hacer más bien papeles de galán en las obras alhambrescas, no son muchas. No vamos a incluir las dedicadas a Cuba y sus ciudades, pero sí las dedicadas a figuras o eventos históricos, y las raciales, como: **A Estrada Palma** (1906, Cil. Edison 18968) canción de Sindo Garay con el barítono Eugenio Ojeda, y la guitarra de Alberto Villalón; **A Martí** (1906, Cil Edison 19010) de Villalón y con éste y Ojeda, como el anterior; A Maceo(1906-7,Cil.Edison 19172) con el barítono Claudio García; **El sufragio universal** (1906-7, Cil Edison 20704) también con García.

Amalia Batista (1906-7, Cil. Edison 19169) la famosa mulata, no podía faltar, al igual que **La reina de la rumba** (1906-7, Cil. Edison 19154), o **Mi mulata** (1906-07, Cil Edison 20708) o hasta una **Bella indiana** (1906-07, Cil. Edison 20709), o **Soy negrito** (1906-07, Cil. Ed. 20711); y hasta una dedicada a un género musical cubano: **El bolero**, (1906-07, Cil. Edison 19170.

Hay una obra importante que destacar: **Cuba tus hijos lloran** de la autoría de Colombo y Regino, grabada en 3/11/1907, Vi-98559 y V-62270. En realidad en el disco la titulan bolero de "El Ciclón" porque formaba parte de la zarzuela con ese nombre. Aparentemente, por coincidir con el título de otro bolero, se le puso así en el disco. Como señala Ruiz Elcoro, que nos facilitó la letra, en realidad no es bolero, va a un tiempo más rápido. La canta supuestamente Colombo acompañado por Pilar Jiménez y Regino López, pero apenas se escuchan sus voces. Según Ruiz Elcoro, fue muy popular a principios de siglo, posiblemente por su cuarteta final. A su vez, la zarzuela, estrenada en el Alhambra el 17 de diciembre de 1906, con música de Manuel Maury Esteve y letra de Francisco y Gustavo Robreño, lo fue también.

Cuba, tus hijos lloran (bis)
Y ven venir tu ruina
Tú siempre serás la más bella
Y te perderás

Las cosas de Cuba no tienen igual
Sus hijos honrados muriéndose están
Y mientras se lucha por un ideal
El americano (1) riéndose está

Ya llegó el momento de poderte ver
Hoy saliste del tirano y no te dejes coger
Mira que el americano (1) está velando por ti,
Mi Cuba donde nací.

(1) El americano se usaba en Cuba en forma metafórica, refiriéndose al gobierno norteamericano y sus enviados en Cuba. El momento era candente, en septiembre de ese año el presidente Estrada Palma había entregado el poder, comenzando la Segunda Intervención Americana. (Noticias de la república, obra citada, p. 37)

Los tabaqueros grabada en marzo 13, 1907, Vi 98534 y 62266, es una guaracha de la inspiración de Sánchez que canta con Eugenio Ojeda. En ella se habla de los instrumentos con que trabaja el tabaquero o sea, el operario que manufactura con sus manos los cigarros o puros, con la "chaveta", pequeña cuchilla curva con la que corta las hojas de tabaco, para hacer las diferentes "vitolas" o clases de cigarros, con sus nombre de "conchitas", "imperiales", etc, pondera las virtudes del tabaco cubano, etc.

También de esa fecha es **La fiesta del guajiro**, Vi. 98585 y 62265, de R. Palau y también con Ojeda de segunda voz, se trata de un punto cubano (zapateo) que pondera el ambiente campesino y sus frutos:

En la fiesta del *guajiro*
Nunca falta el *zapateo* (bis)
Porque es grato en su meneo
Con el *tiple* y con el *güiro*
Siempre me sale un suspiro
Que sale del corazón
Lleno de fuego y pasión
Y un recuerdo primoroso
Recordando tan hermoso
De esa linda ocasión.

La fragante plantación
En mi sabrosa campiña
Se producen los anones
Los caimitos y melones
Que le brindo a mi niña
Chinas, zapotes y piñas,
Que son dulces bocadillos,
El delicioso caimitillo
Las naranjas y el mamey,
Tamarindo, canistel
Y el sabroso mamoncillo.

Te enseñaré los primores,
Los negros trabajadores
Con la paila y el molino
Y azúcar blanco y refino,
Te enseñaré los panales
Allá en los cañaverales
Haz de oir un ………
Y el ruido de los machetes
De los mayorales.

Mamá Teresa, es una rumba que graba en febrero 8 de 1909, V-62238, reeditada en HQCD-23, donde le acompaña el barítono Claudio García. Al final del número traen lo que posiblemente sea la primera alusión al juego de pelota o beisbol, hecha en Cuba en una canción grabada:

Tírame la pelota,
Tírame la pelota,
Que con el bate
 saco la bola del home
Y paso la cerca de flor.

El gallo tapado, Vi-67681, de la propia fecha, también con la Novoa y de la autoría de ésta y Alberto Villalón, otro diálogo con música y en este caso hasta orquesta, nos tiene confundidos; hasta ahora pensábamos que lo de "gallo tapado" se refería a un billete de lotería que se vendía cerrado, sin saberse el número; pero resulta que también lo es el amante oculto: ¿Cuál acepción fue primera? El DAE ignora ambas.

N- Que haces aquí, veterano?

C- Aquí, reconcentrando fuerzas.

N- Te vas a batir?

C- Ya me batí, estoy en retirada vieja.

N- Y Patria donde está?

C- Esa nunca fue mía. Hoy que pretendía buscar mi libertad para vivir con ella, alcancé mi derrota, pero una derrota tan espantosa que traigo rota la cara.

N- ¡Ay, es verdad, pobrecito! Pero como fue eso?

C- Tú sabes que yo he sido siempre un veterano tanto en la guerra como en la paz, que lo mismo le disparo a una plaza fuerte que a un corazón femenino, pero hoy, creí alcanzar una victoria y alcancé un desastre.

N- Yo creo que es un desastre. Te han desfigurado el rostro.

C- Si vieja, pero arrostro todos los peligros hasta que esa Patria sea mía.

N- Pero cuéntame, ¿que te pasó?

C- Pues verás, hoy me encontré a esa mulata, le hice mi declaración amorosa y me contestó que no podía ser, que ella tenía su gallo tapado, yo le dije para ti no hay mas gallo que yo, la seguí hasta el solar Palomí que es donde vive ella, entró ella y entré yo, y entonces exclama: ¡Ya está tomada la plaza! Parece mentira que detrás de una puerta se coloque un brazo poderoso (1)

N- Naturalmente, para ponerle la lamparita de luz de mariposa.

C- ¿Mariposa? De astro lumínico vieja, porque ví las estrellas. Después vino la noche, una noche tenebrosa.

N- ¿Que te pasó, perdiste la razón?

C- Perdí la luz del entendimiento, perdí dos pesetas que llevaba en el bolsillo, y por consecuencia perdí el turno de la cita de esta tarde. Parece mentira vieja que detrás de una puerta se pueda ocultar una galleta de esas dimensiones.

N- Por fin, ¿qué estaba detrás de la puerta? ¿Una galleta, o el brazo poderoso?

C- Yo no sé lo que era, pero venía a ser un fenómeno: en el momento que yo le decía a esa mulata: Patria, tu serás mía a pesar de que tengas tu gallo tapado, porque a ese gallo lo destapo, en ese mismitico (2) momento, racatá, recibí el gran galletazo del Brazo poderoso

N- ¿Y de quién era ese brazo?

C- ¡Del gallo tapado!

N- ¿Y de quien era ese gallo?

C- No lo sé vieja, pero ese gallo sigue tan tapado como antes, ¿no ves que me hizo perder el conocimiento?

N- ¿Y también perderías la amistad de ella?

C- La de esa ingrata sí, pero me conformo con la tuya.

N- No te resbales, ten cuidao, ¡que yo también tengo mi gallo tapado!

C- Que va, usted me engaña. Si usted tiene gallo, ¿cómo es que yo no lo he visto con Ud?

N- Porque no sale del cuarto. Es un gallo criao en pilón(3). Venga conmigo pá que lo vea.

C- No, no, que va vieja, el día que se muera ese gallo usté me avisa pá comérmelo con arroz. Yo no tengo que destapar más ningún gallo. Déjelo, hágame ese favor y mientras tanto, cantemos aquello que dice:

A dúo: Ese gallo que no canta
Algo tiene en la garganta
Ese gallo cantará,
Y a alguno le pesará,
Ah, ah, ah lararán.

(1) Parece que "El brazo poderoso" era algún artefacto que sostenía una lámpara, posiblemente de luz brillante.
(2) Conocíamos el diminutivo "mismito" pero el ultradiminutivo "mismitico", que parece quiere enfatizar la exacta coordinación de dos sucesos en el mismo instante, parece un cubanismo.
(3) Criado con todos los mimos, nos dice Sánchez Boudy.

El dragado. Vi-72789 10/27/1916.

Diálogo de Colombo con la Novoa, y música de Alberto Villalón, que les acompaña en la guitarra. La concesión para el dragado de algunas bahías de Cuba, que tenía la Compañía de Puerto de Cuba, fue revocada por decreto de 1912, y a su vez confirmada su validez por fallo del tribunal Supremo de 22 de noviembre de 1915, pero parece que todavía en 1916, el asunto seguía vigente. (La Enciclopedia de Cuba, 1975, V-9, p. 114)El diálogo tiene interesantes juegos de palabras.

N- ¿Por fin te colocas?

C- Ya estoy colocao

N- ¡Hay que bueno!

C- Sí, estoy colocao en una situación insostenible.

N- Es verdad. Maldita sea la hora en que suprimieron el dragado. Entonces sí que estábamos al pelo.

C- Si volviera viejita, pero es que hay un mar de fondo del diablo.

N- Como que nos tiene con el agua al cuello.

C- Este es un negocio del fondo del mar que nos pondría a flote.

N-¿Pero que tendrán en el cerebro nuestro políticos para suprimir un negocio como ése?

C- Pues fango.

N- ¿Eh?

C- Sí, un negocio de fango que nos tenía como las flores.

N- ¿Por qué lo suprimieron?

C- Ná vieja porque el objeto del dragado era limpiar los fondos de la bahía, y lo que limpiaban eran los fondos de la nación.

N- ¡A mí no me importa eso! La cuestión es que te salvabas tú.

C- Ya lo creo, mira desde que no limpian los fondos me estoy quedando hasta sin fondillos en los pantalones.

N- Y era mucho lo que había que limpiar?

C- ¡Uh!, calcúlate lo que hay que limpiar aquí, en la tierra y en el mar.

N- En la tierra no nos podemos quejar de la sanidad.

C- No vieja, de eso no, pero mira, hay algo más, en la administración por ejemplo, está haciendo falta, mucha, una limpieza.

N- Pero yo te hablo de lo que hay que limpiar en el mar.

C- ¿En el mar? Uh, la mar. Fíjate, la Boca de Cabras(1); ella sola un burujón(2) de millones; Caimanera, allá había una partida de caimanes capaces de acabar con la república.

N- Oh, pues debían limpiarlo, lo de los caimanes.

C- Vieja, no se puede porque allí tienen los americanos su carbonera, y se armaría un cisco del diablo, ni pensarlo; la Playa del Chivo (3) menos, tenemos chivo sucio para rato. En Batabanó no han hecho nada.

N- ¿.Ahí es donde vive el Bobo?(4)

C- Vieja, el bobo era el pueblo...

N- Tienes razón, pero en este caso, aunque se fastidie el pueblo, la cuestión es que se salve Cuba.

C- Si, eso lo dijo alguien antes que tú: sálvese un hombre aunque muera un pueblo, o viceversa, no estoy seguro.(5)

N- ¿Y tú crees quese arregle por fin?

C- Sí, el dragado dá mucho margen... a discusiones y pleitos, pero es una necesidad nacional. Por lo menos hay que empezar a arreglar, como los gallos, el bataclán, las carreras de caballo y la lotería .(6)

N- No, la lotería es diferente.

C- Eh, ¿y quien te dijo que el dragado no es una lotería para muchos?

N- Para nosotros lo sería.

C- No, y para muchos más vieja: lo verás o no lo verás, pero mientras tanto, no nos acongojemos y vamos a cantar alegremente, el que canta, su mal espanta

A dúo: Dicen que vuelve el dragado,

Viene, que bueno que vuelva

Porque sin él tenemos

Mucho fango en esta tierra (bis)
Y si es que vuelve
Prueben de paso
Dragar tanta cabeza
Llena de fango   (bis)

(1) Un accidente geográfico del litoral cubano.
(2) Según RAE, cubanismo por multitud de personas o cosas aglomeradas en un lugar.
(3) Estaba situada cerca de la entrada de la Bahía de La Habana, hacia el este.
(4) El Bobo de Batabanó es un personaje legendario del folklore cubano, aunque algunos dicen existió como tal, un retardado mental que residía en dicha población, al sur de la provincia de La Habana.
(5) La frase correcta es: "Muere un hombre pero nace un pueblo", y la dijo el patriota cubano Domingo de Goicuría el 7 de mayo de 1870, cuando lo iban a ejecutar. (Emeterio S. Santovenia: "Huellas de gloria-Frases históricas cubanas" Ed. Trópico, La Habana, 1944.
(6) Todos ellos problemas que confrontaba el presidente Menocal. Se ha dicho que el Alhambra fue pro-menocalista, pero de este sainete se desprende un tono irónico que concierne por igual a todos los políticos de ambos bandos…

En sus grabaciones de 1917 para la Edison le acompaña la soprano Consuelo Novoa y la guitarra de Villalón, en números como **Mi guajira** (60012) con letra de Colombo y música de Villalón; **Charada y rumba** (60013) una rumba con los mismos autores e intérpretes; y **Rumba sacra** (60015) de Agustín Rodríguez, con Novoa y Villalón; quizás como un recuerdo a su tierra natal, y/o homenaje a los numerosos canarios domiciliados en Cuba, y de la inspiración de Marcelino Areán, **Folías canarias** (60010) y **Carta de un isleño** (60001) una habanera donde como en la anterior, canta también Areán. Vuelve el tema patriótico con **A Maceo** (60004) de Roger de Lauria, éste con Colombo y Areán; y el tema de la política cotidiana, con **La ley del divorcio** (60006), letra de Colombo y música de Armando Villalón, un bolero con Novoa, Areán y Colombo.

Pero hay un número que aunque se aparte de nuestro objetivo, salvo que consideremos que la intertextualidad es parte de él, y creo debemos incluirlo: **Amor y celos** (1917,Cil Ed.6001). Es una deliciosa parodia de la famosa obra española "Don Juan Tenorio" en tiempo de tango con la Novoa:

AC- Bueno, hablemos en plata (1)

CN- Pero en plata americana, porque la española no te la recibo ni por 40 centavos.

AC- Ay Margarita, tengo celos de ese negro que se llama Liborio Tragabolas.

CN- No se apure que aunque él se trague la bola del mundo, yo soy la que no me lo pueo tragá a él.

Yo estoy sufriendo de que mi padre se entere de estas negociaciones internacionales que nosotros queremos llevá a cabo, sin contar antes con el permiso de los cuatro reyes de la baraja.

(cambian ahora la forma de hablar, declaman)

AC- ¡Ay Margarita, no me digas esas cosas! Mira que te quiero más que a la duquesa de Geronfelí…

CN- ¡Ay Eduardo! No me digas esas dulces palabras,
porque chocan como balas
dentro de mi corazón.
Cuando me hablas así,
Siento tal embeleso
Como cuando huele el queso
El más hambriento ratón.

AC- Yo siempre vivo pensando en ti,
En tu imagen seductora,
Y la veo hora por hora,
Tan divina como el sol.
Cuando suenan por la noche
Los gatos en la cazuela,
Porque le duele la muela
Y se la quieren sacá;
Y contemplando luego al toro,
Que cuando la lengua saca,
Está llamando a la vaca
Con un amoroso Múu

CN- Cuando escucho temorosa
Que rebuznan los caballos
Y está relinchando el gallo,
Henchido todo de amor.
Escuchando con pasión
Que cantan los borriquitos
Y lloran los lechoncitos,
Delante del camaleón;
Cuando escucho a los paticos
Ladrando por la mañana,
Y le contesta la rana.

Diciéndole al sapo, crac,
Siento oir la lechuza,
Y el verraco y el jutío,
¿No es verdad gacelo mío
Que etán repirando amó?

AC Escucha negrita divina, hechicera
La voz del sereno
Que canta a tu lado
Las cuatro y lloviendo,
Las cinco y nublado
Yo vivo empeñado
En hacerte dichosa,
 y tal es mi empeño
querida morena,
que en cuanto me diga,
Adió, Berenjena,
Hasta la vergüenza
La voy a empeñá,
Contempla *negrita*
Cual arden mis ojos
gritando candela
que tú me negaste,
y están los bomberos
con tó lo aparato,
haciendo pedazos
de mi corazón;
Si no me das agua
Voy a quemarme
Lo mismo que un bruto;
Echame el agua
De tu acueduto.
Si no me das agua,
Me tiro a la mar.

CN Basta *negrito*,
No te vaya a quemá
Mira que se me va a llená
La casa de bomberos.
AC- Bueno, ya estoy apagao; pero prométeme que no has de querer a nadie

más que a mí. Porque yo te amo, te quiero, te adoro, y si tu me desprecias, soy capaz de meterme a maestro de escuela pá estar tó la vida arrancao.
CN- Bueno, yo te quiero, pero ante, cantemo un tanguito.
AC- Vamo a cantá
A Dúo-Son tu boca má fresca
Que el agua de ananás
Más sabrosa, más dulce,
 que la chirimoya;
y tus dientes mas brancos
son perlas lucena
y tus labios mismos,
como mamey colorá
Estos ojos que nunca
Me engañan
Que relumbran
Lo mismo que el oro,
Son tan grandes,
Que bonitos son
Y de requetechiquitico
No los podía yo mirar,
Yo me muero si tu no son mía,
Por Dio santo, pobre *negrito*,
No me dejes morir de pesar
Mi negrita!
Dame mis besitos
Con esa tu boquita.

(1) Todavía para esos años circulaban monedas de plata españolas, pero muy devaluadas frente a sus equivalentes norteamericanas

En el año de 1907 hace grabaciones con la Victor, entre ellas **Punto** (V 98512), un punto cubano de la obra "Toros y Gallos" con Pilar Jiménez, posiblemente el primer punto grabado cantado por mujer; el **Himno Nacional Cubano** (V 98556) de Perucho Figueredo, con Pilar Jiménez y el barítono Eugenio Ojea, posiblemente la primera grabación cantada del himno; **La palma-A Máximo Gómez** (V 98578) a dúo con Pilar; **Los tabaqueros** (V 98534) una guaracha de Pepe Sánchez, que posiblemente tocó en el cuarteto de cuerdas que acompaña a Colombo y Ojeda en este número; A Martí(V98532) de Villalón, a dúo con Regino López; y **La fiesta del guajiro** (V 98584) de R. Palau, un punto cubano con Ojeda, y **Cuba** (V-98606) un bolero de A.Villalón, con la Jiménez.

Sigue grabando en años sucesivos con la Victor. En 1909, **La Guarina** (V 62005) una canción, con Regino López); **Santa Bárbara** (V 62896) para que veamos que alguien antes que Celina le dedicó una canción a esta santa; **A mi santiaguera** (V 68032) de Sindo Garay, también con Regino; **Mi mulata** (V62008), una rumba de Sindo, con Claudio García, y con éste también **El bolero** (V62336), de Martínez; **La brujería** (V 68002) con Pilar Jiménez, y con ella también, "**El gallo y el arado**" (V62231) el punto cubano que alude al emblema del Partido Liberal, que inclusive era llamado el partido "del gallo y el arado".

En 1911, **Liborio en La Habana** (63778) con Carlos Sarzo en diálogo, pero no sabemos si tiene parte cantada; y **Liborio** (V 68305) clave, con Regino López y orquesta; y con este último, **El pelotero** (V63341) diálogo que comienza con "Morcilla" (Regino), cantando sus proezas como pelotero, pero le suplica a su amigo cubano (Colombo) que se quede con él, "porque tengo que cantar en la accesoria de esa mulata de la guaricandilla (1) un bolero, y no tengo quien me acompañe" y acometen unas coplas de cuando era miembro de los Cazadores de (ininteligible),

> Tengo lo más feo
> De la Vuelta Abajo,
> Kilito pa quí,
> Kilito pa cá,
> Que por nuestra parte,
> Que no hay heridos,
> Y sin novedad,
> Y el corresponsal
> El bravo Roloff (2)
> También me acompaña
> La gente en campaña,
> Alegre estará
> Porque nuestra gente
> Se irá a pelear
> El corresponsal,
> Ay! Courvoisier!
>
> Oigan que noticia
> Nos trajo un chiquillo
> De que estaba en Tampa
> Don Juan y Castillo,
> Y yo me alegré,

Esa es la verdad,
Porque Don Castillo(3)
Se vende en marca
Sin novedad
Ay el corresponsal,
ay Courvoisier.

(1) Cubanismo aceptado por el RAE por persona vulgar o insignificante.
(2) Carlos Roloff, polaco, luchó en las dos grandes guerras cubanas, fue Mayor General, pero no sabemos si es el mismo al que alude esta canción.
(3) Suponemos es alguna marca de los tabacos que se fabricaban en Cayo Hueso.

El gobernador cazando (Victor V 63261 1/27/1911). Es un diálogo con un cuplé, en que no sabemos por la fecha, si lo del gobernador se refiere al último que tuvimos durante la segunda intervención, Charles Magoon, o alguno de los seis gobernadores provinciales que tenía Cuba. Le acompaña Regino López.

C- ¡Qué pasa cocuyo! ¡Mira que te he buscado chico! Ay que sudar el kilo..
R- Pues aflójame un sudor…
C- ¿Cómo?
R- Digo, aflójame un kilo.
C- Vaya vaya…Es el caso chico, que tengo esta noche una fiestecita donde va cada hembra, que tiemble el merequetén!(1)
R- ¿Pero donde está mi comida?
C- No me interrumpas.
R- Adelante.

C- Pues como te decía viejo, quisiera que dijeras en esa fiesta, aquellas graciosas décimas del centenario…
R- Cuáles,¿ las que dijeron en Payret?
C- Sí esas mismas.
R- Ahora verás:
Pon atención paseante
Y escúchame por favor,
Lo que todo el año hace
El señor gobernador

C- Arriba viejo, venga de ahí!
(Con música)
Seguro ya es popular
Que esa es su gran manía

Y que de noche y de día
Caza cuanto hay que cazar,
Ave que él mire volar
no se sabe, cómo ni cuándo,
Y al punto le está apuntando
Y el pueblo al ver su afición,
Le canta en tono burlón:

(mus) Y el gobernador cazando
Jugándose la existencia
Políticos callejeros
Discuten a grito fiero
Aprovechando su ausencia,
Colocan en la inclemencia
La tierra que están pisando
Y el pueblo al verlos peleando
Sin respeto ni decoro
Se pregunta y canta a coro:

(mus) Y el gobernador, ¿cazando?
Aunque él de bueno se pasa
Y ama y quiere a su país
Hay quien lo pone en un tris
Y a su espalda se propasa;
Uno fabrica una casa,
Otro en coche va ostentando,
Los demás gozan viajando
Y el pueblo al verlo gastar
No se cansan de cantar,

(m) Y el gobernador cazando
Piden los agricultores
De dinero, ayuda y favor,
Nuestro buen gobernador
Oye al punto sus clamores
Pero los buenos señores
Que al país están mandando,
Pasan el tiempo roncando
Y el pueblo al verlos dormir
No cesa de repetir:

(m) Y el gobernador cazando!
Métele criollo, arriba!

También en este año se graba **La reina de la canela** Victor V-63432 de Alberto Villalón con éste a la guitarra y a dúo con Regino.

En 1912, graba para la misma casa disquera la famosa **Clave a Martí** (V-63858) de Villillo, con Regino de acompañante y Villalón en la guitarra. Gracias a Gonzalo Roig, (Ver Revista Bohemia, abril 23, 1950), tenemos esta información: " Desde fines del siglo XIX, y como consecuencia de las prohibiciones a ejecutar musica afrocubana con tambores, se establecieron los coros de claves, grupos de personas de barrios pobres, que se reunían para componer y cantar sin necesidad de instrumentos. Rigurosamente organizados, cada grupo tenía un coro de voces mixtas, un tonista, para garantizar la afinación del grupo, un decimista encargado de escribir las letras a cantarse, un censor, y una solista, o clarina. La del Barrio del Pilar, llamada La clave de Oro, estaba dirigida por José Tereso Valdés y Caridad o Clarisa Valdés era la clarina, se dice que mujer de gran belleza que murió joven, en 1880, y a la que José Tereso le dedicó una clave, que tituló clave a Clarisa, y decía en su primera parte, así:"

Aquí falta señores una voz, una voz,
Tan pura y melodiosa,
Tan bella y armoniosa,
que no tuvo rival,
no hubo otra igual.
Aquí falta el clarín de mi clave,
Aquí falta su voz que se apagó…

Siguió siendo fervorosamente interpretada por los Coros de clave, pero en los principios de la República, ante el desencanto de los desmanes de los gobiernos que se sucedieron, un trovador, Emilio Villillo, optó por cambiarle la letra, dedicándosela a José Martí, en esta forma;

Aquí falta señores, una voz, una voz
De ese sinsonte cubano, de ese mártir hermano,
Que Martí se llamó,
¡Ay! Se llamó (bis)
Pero falta el clarín de mi Cuba
Pero falta su voz, que se apagó.

> Martí no debió de morir,
> ¡Ay! de morir (bis)
> Si fuera el maestro del día,
> Otro gallo cantaría,
> La patria se salvaría,
> Y Cuba sería feliz
> ¡Ay! muy feliz (bis)

Inmediatamente se convirtió en una canción protesta preferida del pueblo. No sabemos si esta es la primera grabación, porque hay otras canciones grabadas antes bajo el título solamente de Martí, sin indicar autor, que pueden ser versiones anteriores; ésta no la hemos escuchado pero la consideramos que sí corresponde a la inspiración de Villillo, aunque no sabemos si sigue la letra correcta.

Es tan fuerte el poder de esta canción, que recuerdo que en los años de la presidencia de Grau San Martín, después la de Carlos Prío Socarrás, y la dictadura de Fulgencio Batista, era muy frecuente la presencia de Esther Borja en los shows que debían tener los cines de estreno; esta artista tan querida del público, no podía terminar sus actuaciones, sin cantar la clave a Martí, con el riesgo para su persona que esto significaba en los tiempos del batistato.

También graba en este año **El Maine** (V63861) con Regino López, no sé cuan seria puede ser una versión que señala es a tiempo de rumba, para bregar con el tema, que fue la explosión del buque de guerra de la marina norteamericana de ese nombre en la bahía de La Habana en 1898, que precipitó la entrada de ese país en la Guerra de Independencia de Cuba. **Regino ante Taft y Roosevelt** (V63992). Debe ser interesante lo que Regino le dijera en este diálogo hipotético a ambos presidentes que fueron de los Estados Unidos…

Fue en el año de 1913, en que más grabaciones hizo Colombo, y la primera fue **El mambí**, (V 65359), una criolla con música de Luis Casas Romero y letra de Sergio Lavilla, que canta con Pilar Jiménez, y es ésta al parecer la primera grabación de esta patriótica canción que sigue siendo una preferida de los cubanos. Había además mucho de autobiográfico en ella, porque Casas Romero se incorporó a la edad de 14 años al ejército insurrecto cubano, en la guerra de 1895.

> Allá en el año noventa y cinco,
> Y por las selvas de Mayarí.
> Un mañana dejé el bohío
> Y a la manigua salió un mambí.
> Una cubana que era mi encanto,

Y a quien la noche llorando vió,
Al otro día con su caballo
Buscó mis huellas y me siguió.
Aquella niña de faz trigueña,
y ojos más negros que la maldad,
unió sus fuegos a mi fiereza
y dio su vida a la libertad.
Un día triste cayó a mi lado
Su hermoso pecho sangrando ví,
Y desde entonces fue más ardiente
Cuba adorada mi amor por ti   (bis)

También graba este año con Claudio García dos puntos cubanos: **Hatuey y Guarina** (V65357) de Alberto Villalón, dedicado a las legendarias figuras, y **El Cucalambé** (V65588) de Jesús Pallas, dedicado al famoso poeta. Y continuando los tanteos del teatro alhambresco con la cultura religiosa afrocubana,

Achuibongo Victor V-65741, de Alberto Villalón, acompañado por Regino. **2do Maceo reformado** (Victor- 68414) es el título de una clave que Sindo Garay dedicara al Titán de Bronce y que Colombo canta con Regino.

La toma de Galicia (V 67680) es otro de esos diálogos del Alhambra que terminan en una rumbita, en este caso de la autoría de Villalón, y con Regino como el otro dialogante. El gallego, (Regino) piensa pasar sus simpatías en la guerra (Primera guerra mundial) de los alemanes, por los que las tenía hasta ese momento, al enterarse que estos han tomado Galicia; pero el cubano (Colombo) le aclara que se trata de Galitzia, un pueblo entre las naciones combatientes y terminan con una rumbita dedicada a los generales de ambos ejércitos, Joffré y Von Ku. Hacen otra incursión internacional con **La toma de Varsovia** (V 68533) una rumbita de Guillermo Anckermann. Se nota que la guerra estaba en sus inicios y no había efectos económicos sobre Cuba que comentar.

En 1914 no hubo grabaciones. En 1915 graba, de la autoría de Consuelo Novoa, y con ella, un número muy interesante: **La lucumí** (V67680). La Novoa hace una magnifica caracterización de negra bozal, y Colombo, del criollo. Aquí está resumido el drama de Cecilia Valdés en unas pocas líneas...

CN- Bueno día
AC- Buenos días viejita: ¿Qué, quiere una limosna?
CN- Ná pa ti de limosna, yo vine aquí pá preguntá, Luis Matamoros, ¿Vive aquí?
AC- Si viejita, Luis Matamoros soy yo, ¿Qué se te ofrece?

CN- Yo vengo poque nieta mía está casa a llorá, dice que ti no quié viví má con ella..

AC- ¿De que hablas viejita?

CN- De nieta mía, que tú no quiere viví má con ella, no quiere casá con ella.

AC- Ja jaj ja! ¿Pero tu estás loca, hija? ¿Tú crees que yo me voy a casar con tu nieta?

CN- ¿Po que no? Mi nieta e blanca como tu mimo.

AC- Sí la nieta sí pero la abuela no…

CN- Ja ja, jabla agora así poque yo ya está vieja, se me caen los diente y tengo arrugá pellejo, pero ante, yo soy caliente, tengo ingenio alborotá viendo a la *negrita* graciosa como le dá a la cintura, y como sigue a *tambó*, y no hay una criatura que no sopla su caló si yo va con el **tango** y con el brinco y el salto; soy **negrita** de rango del ingenio de Peralta.

AC- Bueno canta y báilate un poquito.

CN- Como no, ya yo está metía en *bacha*, yo canto ahora mijito, *tango* de la cucaracha.

(Con guitarra, a dúo)

>Bailaba una cucaracha
>el punto del *zapateo*
>Y un ratoncito muy feo
>Gritaba, siga la *bacha*
>El baile de la cucaracha
>Es un punto de *zapateo*
>El teque tereque
>Urí urí urí ñaki
>AC (hab) Cógelo rayo, amarra ese perro!
>CN Ay yo juro por su mercé
>Curaña, caruné
>Conté, conté, paré
>Yo oí una *lucumí*
>Cuando estaba en su agonía
>Y en su canto me decía:
>Sucumá me lleva a mí.
>AC (hab) Clara, amarra ese perro, hija
>CN Ay, etc., repite

En este mismo año 1915 De Jorge Anckermann ambos graban también "Una mulata en el precinto".

Una mulata en el precinto (De la obra "Todos somos uno") Vi-67681, 9/29/1915, donde le acompaña Consuelo Novoa, donde en verso, sostienen interesante diálogo con esta mulata sui géneris, parecida a la famosa Carmen de Bizet:

> C- *Mulata*, tú en el precinto,
> Como es que encuentras aquí?
> N- Y por que no encontrarme aquí?
> Por nada que me degrade!
> Por casi nada,
> Porque siempre he sido así.
> Yo hace tiempo que vivía
> Con uno que me engañaba;
> Cuando tenía, yo le daba,
> Y el muy bribón lo cogía;
> Pero llegué a averiguar
> Que con buenas intenciones
> Mantenía relaciones
> Con otra; lo fui a buscar, le silbé,
> Disimuló, a la puerta me acerqué,
> Por su nombre lo llamé
> Y no hizo caso, entonces yo recordé
> Que mi padre fue *gallego*
> Y mi madre fue *gangá;*
> Salté como una saeta,
> Y sin pararme en la raya
> La agarré por la saya
> Más bonita ……………
> La madre se fue a gritar, ojo ladrones
> A él le cogí los cordones
> Y a bofetadas le entré
> Y cuando se me bajó
> La sangre que me quedaba
> En el precinto ya estaba,
> Él, su prometida y yo.
> Resultado, el salió con media levita,
> Ella como era bonita,
> La dejaron ir también.
> Yo no quise dar un real,
> Me trajeron, total ná,

Y estoy a las tres citada
Ante el juez correccional
Allí que se necesita;
Me basta con mi persona,
Que a mí no me impresiona
Ninguna cita. Y el caso es,
Retirar ningún dinero pretendo,
Pero en cambio yo me entiendo,
Allí con el secretario.
Quizás yo mejor me acomodo
Y por él no más cuestiones
Que no las merece ya,
Ese hombre sucio que está
Desde anoche sin perdón.
Durmiendo en la prevención
Todo me satisface,
Porque todo lo que hago,
Me sale del corazón.
Lo mismo quiero que fajo.
Y el que crea lo contrario
No hay nadie que me vea abajo.
Libre ya mi corazón,
Estoy de nuevo dispuesta,
Más con una condición:
Lo mismo animo una fiesta
Que provoco una cuestión
Proposiciones admito
Pero prefiero sea,
Quien líe a diario una rueda (1)
Y se me cante bonito.
C- Arriba *mulata* santa! Yo soy el hombre que tú necesitas
y estaré contigo todita la vida
N- Pues acompáñame
(A dúo con música)
Ayer noche soñé contigo
Porque me querías
Y en la boca yo te besaba
Y también en el sueño yo te escuchaba
Cuando cariñosamente me decías
Que te quiero hasta la muerte,

Juré quererte aunque la vida me costara
Tuyo soy hasta la muerte,
No hay en el mundo más tesoro
Que el de quererte.

(1) Paquete de veinticinco cajetillas de cigarros, según el DAE

Arriba la canela (V67696) 10/8/1915 de la autoría de Consuelo Novoa y Villalón, debe incluirse aquí porque pinta una mulata que tiene muchas de las características que veremos después en la "Cecilia Valdés", "Amalia Batista" "María la O" y otras "mulatas" del teatro lírico cubano.:

C- Alabao sea Dios!, que mulata! Yo creía que la canela ná
más servía pá el arroz con leche (1), pero ya veo que sirve
pá otra cosa…
N- ¿Y pa qué má?
C- ¡Pá volverme loco mi vieja!
N- ¡Que me cuenta!.
 Tenía que ser Ud. el primero que de mí se prendara.
 Son la *mulata sandunguera*,
 y tengo linda la cara.
Mi linda figura encanta
Y despierta amores ardientes…
También enreda a más gente!
Cuando camino, voy pisando
Por donde quiera flores
Y oigo a muchos suspirando:
 Mulata de mis amores!
Que la ………. me apurruña
Así, les llevo la plata!
Ríase usted de la piña:
Como brega una *mulata*!
Mansa, cuando me entienden,
Si no me entienden armo un caso,
Soy el diablo para aborrecer
Y un ángel para amar;
Como nadie sé querer,
Como nadie, sé olvidar.
Si un hombre me gustó
Y vió que no……
Con su par se encontró

Y me dijo, yo te adoro,
Es tu vida un paraíso
En un dulcísimo edén.
En donde estoy, están bien,
Dicha doy al desgraciado,
Paz al que está en la agonía,
Todo es ventura;
Todo a mi lado alegría
Yo guardo en mi corazón
Fuego de la pasión
Y el secreto del placer
Y por eso vienen hombres
Desde al Cabo de San Antonio
A la Punta de Maisí (2)
Pidiéndome por favor
Que los deje ser mi esclavo:
Soy la estrella del amor,
¡Sí, pero una estrella con rabo!

C- ¡Ay *mulata*, me has matado, soy tuyo!

N- ¿Y yo pá que lo quiero a usté?

C- ¿Ah, pero que tú no? Y yo que me figuraba que tú te habías enamorado de mi personita, vieja. (3)

N- ¡Sáquese eso de la cabeza! ¡Yo tengo un chiquito pelotero que le da muy duro a la pelota!

C- Mira que tiene gracia, si es pelotero tiene que darle duro a la pelota. Pero yo en cambio le doy muy dulce a la guitarra.¿ Quiere acompañarme a una rumbita?

N- Yo sí la sé, con mucho gusto

C- Ven, acompáñame…

(música)C-Mi *prieta* de mis amores,
No me niegues tu pasión
Mira mira, que me muero de dolor (bis)
(Otra vez, a dúo)
Son tus ojos seductores
Y tus labios de coral
Son tus dientes de perla,
Y tu cuerpo angelical.

(1) Postre popular en Cuba, al que se le espolvorea canela en polvo, al servirlo.
(2) El cabo de San Antonio es el punto más occidental de la isla de Cuba, y la punta de Maisí, el más oriental, es una forma metafórica de decir Cuba entera.

(3) Colombo usaba mucho vieja y viejita en sentido cariñoso, cosa que es usual en los cubanos. Así lo hacen también los mexicanos, pero más bien cuando aluden a ella hablando con otra persona.

Café con leche (V69116). También es de la autoría de Novoa-Villalón, y pienso debe tener más que ver con la mezcla racial, que con una simple bebida.

Pero un título tan inocente como **Sube y baja**(V 67699) es una canción ñáñiga de la Novoa y Villalón de la que hemos tratado de entender lo más posible:

AC- Akaramina mangandó
Ete chequeque congorí dice uno
Senseribó, monina!
CN- Oye, "subeybaja" (1) ya te he dicho que no quiero que me hablen en lengua, ni canto ni ná déso.Ete solá tiene mala fama y yo lo quiero saneá...
AC- ¡Adió Sanidá! (2)
CN- Sanidá no, pero cá uno puede suceder lo que mejor le parezca... Lo que yo no quiero es..................
AC- Déjate de tanto cuento que cuando tu vivías con el Moruá (3) de los Gedeones (4) no sé que cosa encamabas (5) tú sino..................
CN- Tú lo que eres muy apapipio (6)
AC- Eh! Perdiste prenda, a ver si se te sale de la boca la lengua ñáñiga. Es la costumbre, chica.
CN- ¿Costumbre de qué?
AC- Si vieja, si tu has comido mucho de eso. Acuérdate que cuando fuimos a comer arroz con............ en casa de la ibana (7) aquella que tenía el encurití (8) y se apareció el ocambo (9) aquel y la vió conmigo y empezó con payasadas, metí mano por el caná (10) y lo tasajié desde el moropo (11) hasta los encoriocos (12). El, como buen apapipio me entregó a la jara (13). Y gracias a un ecobio (14) mío de los .... Moró, me salvé. Te acuerdas? Entonces, entonces, tú no eras de la aristocracia, vieja.
CN- Ni ahora tampoco lo soy, pero oye mano, la cosa es que la jara la ha cogío con este solar, y como yo estoy aquí de encargada, ¡quiero evitar, chico!
AC- Dios libre que se metan contigo, Eh! Le tiro a uno..
CN- Eso es lo que hay que evitá
Oye oye! Me parece que ahí viene Quirino, efectivamente ahí viene con la guitarra, vamos a cantar, acompáñame.
Dúo: Nace el ñáñigo en su tierra
Bajo el palmar del fambá (15)
Y apenas nace el moruá (3)
Cuando se va pa la guerra
Aré, aré, aré,

Llevan y viene iñamba (16)
Marcher veren
Aé aé............ baracó
Mokongo ma chévere

(1) En las cafés llamados "Lechería", dedicados báente a servir café acabado de colar,sin o con leche, para esto último se usaban unos vasos especiales, con asa, de cristal grueso. Era todo un ceremonial, porque el mozo llegaba con dos cafeteras, una conteniendo la leche y la otra el café, ambas hirviendo, y el parroquiano debía previamente introducir una cucharita de mango largo en el vaso, y dejarla apoyada en el borde; así se iba calentando conjuntamente con la leche y el café; de otra manera, introduciéndola fría con el vaso lleno de líquidos calientes, al tratar de revolver para que diluyera el azúcar y se mezclaran café y leche, al tocar el interior del vaso, producía la ruptura de este. El camarero no llenaba el vaso hasta el tope, dejaba unas dos pulgadas, ya veremos porqué. Generalmente se servía el café con leche acompañado de unas tostadas, o sea, pan con mantequilla tostado y cortado en franjas largas, que la gente acostumbraba a introducir en el vaso, para que el líquido impregnara y ablandara el pan, y así comer éste. Claro que al introducir la tostada en el vaso, subía el volumen de líquido,que volvía a bajar cuando se retiraba la tostada. Esto motivó que al café con leche con tostadas se le llamara Sube y baja, más bien "Subibaja", y bastaba pedirlo de esta manera, para que el camarero entendiera. Por extensión, se le aplicaba como nombrete, como se hace en este caso, a la persona que por su condición económica, tomaba esto como su sola comida.
(2) Se está refiriendo a la Secretaría de Sanidad y Beneficencia, que entre otras funciones debía velar por la limpieza de las casas de vecindad o solares .
(3) Moruá es unos de los dignatarios de la sociedad secreta Abacuá o Ñáñiga.
(4) Gedeones puede ser el nombre de una "potencia" que es como se llaman las sociedades abacuás.
(5) Encamar: Hablarle bonito a alguien para convencerlo (Sánchez Boudy, obra cit, p. 268)
(6) Apapipio.Delator.Parece esta palabra se puso de moda durante el machadato o lucha contra Machado (Sánchez Boudy, obra citada)
(7) Ibana-Homosexual, en este caso lesbiana. Según Sánchez Boudy es voz de origen africano .
(8) encurití : No le hemos encontrado significado, pero por el contexto de la frase, puede ser amante .
(9) Ocambo: Viejo.
(10) Caná: Por la frase, debe ser un cuchillo u otra arma parecida.
(11) Moropo : Cabeza, aunque no estoy seguro sea lengua abacuá.
(12) Según Fernando Ortiz en Afronegrismos, Encorios son los pies, y encoriocos, los zapatos.
13) Jara es la policía,pero no creo sea abacuá.
14) Ecobio es amigo.
(15) Es el cuarto sagrado donde se guardan los instrumentos de la liturgia abakuá. Creo no está usado en forma correcta en la oración.
(16) Iñamba. Jefe de ñáñigos. (F.Ortiz, Afronegrismos, p. 243).

Y como un ciclón es siempre noticia importante en Cuba, el 26 de septiembre había pasado uno por el sur de la isla, dejándose sentir con mayor fuerza en Pinar del Río (Obra citada, "Noticias de la Republica", p. 119), en octubre 8, bien cerca del suceso, se graba "**El ciclón**"(V-69090) de la autoría de Novoa y Villalón.

En 1916 comienzan a grabar el 27 de octubre, con **El dragado** (V-72789) de Villalón, cantando Colombo acompañado por Novo, todas las de este año grabadas en octubre. El dragado de los puertos cubanos había sido objeto de litigio desde que el presidente Menocal había firmado el 26 de mayo un decreto derogando a otro anterior, que contenía modificaciones en el contrato con la Compañía Puerto de Cuba, S.A., para realizar dicho trabajo (La Enciclopedia de Cuba, vol 9, p. 179).

Graban también **La conga** (V-72386) de M. de Luis, posiblemente la primera grabación de este género musical, que no hemos escuchado. También le dedican un número a **El base ball** (V-73035) de Rodríguez (posiblemente Agustín) que sí hemos escuchado. Comienza con un largo diálogo entre el marido, loco por jugar pelota, y su esposa, a la que no lleva al stadium porque "al Almendares (el parque donde se jugaba) no van mujeres, aquí no es como Nueva York" e insiste en que su sueño (como el de miles de caribeños desde entonces hasta la fecha) es llegar a jugar en los Estados Unidos. Y todo termina con una canción de amor entre los cónyuges...

Otro suceso de actualidad es captado en una canción: **La venta de los ingenios** (V-72009), también de Rodríguez. Con el aumento extraordinario en el precio del azúcar provocado por la Primera Guerra Mundial, la firma azucarera norteamericana Cuba Cane Sugar Corporation compra entre enero y julio de 1916, 18 ingenios azucareros. Lo que en otros países puede ser objeto de artículos periodísticos y editoriales, en Cuba es también tema para una canción.

El carnaval 10/30/1916 (V-69496) de M. de Luis, vuelve a ser objeto de interés. Colombo, confirmando lo que decíamos más arriba, comienza con un soliloquio:

"Déjame sentarme en este rincón del café y empujarme un subibaja sin que me vean, porque estoy corto y en el baile hay muchas mascaritas que vienen." Y efectivamente la Novoa lo descubre, empieza el diálogo, ella quiere pedir algo de comer, y terminan pidiendo un café con leche para los dos, y tratando de identificarla, él le dice:"A ver, por las manos se adivina que jalas mucho piano (trabajas mucho) en el solar dándole a la batea...". Terminan cantado una cuarteta, de la cual los dos últimos versos se convirtieron en un dicho popular (o viceversa, el dicho se convirtió en canción).

Aunque vengas disfrazada
Te conozco mascarita.

Y hasta **El submarino alemán** 11/7/1916 (V-69864) de Agustín Rodríguez, letra y Guillermo Anckermann, música, y esta vez cantando Colombo con el barítono Mariano Fernández, es también musicalizado. Posiblemente fue algún submarino germano avistado cerca de las costas cubanas.

Los partidos políticos siempre estuvieron en tema con el teatro alhambresco, y así tenemos **Liberal y conservador** 11/7/1916(V-72010) de R. Fernández y Guillermo Anckermann, con las mismas voces.

Colombo también grabó para la firma Columbia entre los años 1907 a 1917. Pero hay menos canciones de las que nos interesan. Graba a fines de 1907 con Claudio García **Bolero Oriental** (C229) y en 1909 con Regino López y de su autoría, **Guarina cómica** (C2198); C-816), también con Regino; **La reina de la rumba** (C-832) una rumba con Miguel (posiblemente Zaballa), y también con éste, **Patria mía,** un punto guajiro.

En 1911 graba con Regino, **Arriba con el himno** (C-2122) y en 1916 **La bubónica** (C-2756) de Jorge Anckermann. Desde 1914, Cuba había tenido epidemias de fiebre bubónica, y puede haber surgido un brote en este año.

En 1917, año en que hay levantamientos frente al propósito del presidente Menocal de reelegirse, empiezan las grabaciones con **Campaña sanitaria** (C2969) de Gonzalo Roig, que puede haber sido un eufemismo para aludir a las campañas o actividades militares que estaban ocurriendo.

Otro número grabado, C2951 **La reelección** se refiere evidentemente a un problema existente. Es de la autoría de Monteagudo y Colombo, como en la anterior hace dúo con Pilar Jiménez. Era la reelección que pretendía Menocal.

P- Calla no más, calla no más...
C- A ver si se calla
P- ¡Por qué me voy a callar! Yo soy conservadora
C- Oye, pues consérvate neutral en esta cuestión política porque puedes coger tu aletazo (1)
P- Eres muy gallina tú!
C- Oye Catana, aunque tu me veas con Zayas (2), yo soy muy hombre.
P- No lo digas ni en broma, que aquí la que lleva los pantalones soy yo, que tengo que lavar mucha ropa pá buscar el dinero pá comer.
C- Es porque tu sabes que a mí los médicos me han prohibido trabajar. Pero deja, deja que suban los míos.
P- No subirán, porque la reelección se impone. Ese .... de Menocal, parece que no suelta la presidencia.
C- Al contrario vieja, oye, hay que acabar con el chivo en Palacio (3)
P- (cantando) Si Marianita se va... (4)
C- Sí, se va pá su casita, porque ahora le toca a mi gallo... (5)

P- ¡Valiente gallo! Un presidente de a peseta, con un paraguas (6) para qué si siempre está trabado.

C- No vieja no, ya el paraguas está arreglao y puede aguantar su chaparrón (7), antes que le venga encima.

P- Me parece que no se moja

C- Ya lo creo, como que el bloque liberal está ahora capaz. Figúrate que se compone de agallas de tiburón, hilo bien remachado que no quieras ver cosa más fuerte en la vida.

P- ....

C- Si Menocal tiene de todo.

P- Bueno, y me podría decir,¿por qué eres liberal?

C- Ay vieja porque los conservadores no me dieron ni una sola botellita de 33.33.(8)

Oye, y a pesar de haber votado por ellos, cuando la fui a pedir me botaron a empujones.

P- Claro, no le van a dar a todo el mundo.

C- Lo que yo conozco muchos buches (9) que tienen hasta garrafones(10)). Pero vamos a ver,¿ y tú por qué eres tan conservadora?

P- Ay viejo, porque yo estoy llegando a los treinta, y necesito conservarme...

C- Treinta? Treinta en moneda americana. Cuando yo te conocí hace diez años, tenías 29. Te plantaste bien, vieja.

P- Bueno, bueno, nadie me echa tanto.

C- Claro, que te van a echar,¡ ya tienes bastante!

P- Bueno, eso no viene al caso, y volvamos a que la reelección se impone.

C- Sí, y seguirás lavando porque esos no me dan a mi nada.

P- Entonces no me conviene

C-Claro que no mi negra.Nos defendemos negra. Quítate eso de la cabeza, y canta conmigo aquello de:

> "Ay Casita por su madre,
> Yo no quiero reelección
> Pues temo que ya me vengan
> A comerme otro jamón;
> Sin redención, sin redención,
> No tradición
> La reelección está preparada ya..."

(1) Aletazo según el RAE es golpe de ala o aleta, pero también se usa coloquialmente como golpe rápido, de mano abierta, no contundente.

(2) Aquí hay un juego de palabras entre sayas, prenda femenina, y Zayas, candidato presidencial del partido liberal de aquella época.

(3) Chivo, es negocio deshonesto o sucio. (Sánchez Boudy, p. 183).
(4) Mariana o Marianita Seva, era la esposa del general y presidente Menocal.
(5) Lo de "gallo" recuerden que tiene que ver con el símbolo del partido liberal.
(6) La alusión al paraguas es que su candidato presidencial Zayas, siempre andaba con un paraguas.
(7) Lo de chaparrón (lluvia recia de corta duración, RAE) es una referencia velada al Central Chaparra, de la propiedad del general Menocal y su residencia, cuando no estaba ocupando algún cargo público.
(8) Los empleos administrativos mas modestos tenían una retribución de cien pesos mensuales; para satisfacer a tanto "botellero", a veces se dividía en tres partes iguales de 33.33 pesos cada una.
(9) Buche es tonto (Sánchez Boudy, p 107.)
(10) Cuando "la botella" era de un cargo mejor retribuído, se convertía en un "garrafón".

En definitiva, triunfó la tesis de la mujer, porque después de unas discutidas elecciones el 1ro de noviembre de 1916, con alzamiento militar, arreglo pacífico, etc, terminó con la reelección de Menocal.

Pero otros acontecimientos internacionales van a ser objeto de tratamiento musical: La cabeza de **Pancho Villa** 3-1917 (C 2951) de la obra de Gonzalo Roig del mismo nombre, alude a la campaña del general americano Pershing invadiendo territorio mexicano, para lograr la captura del famoso y valiente combatiente, que no logró, aunque el gobierno americano ofreciera 500,000 dólares por su captura. El diálogo señala que "los mexicanos no le perdonan (a los norteamericanos) que los hayan dejado sin tejas" (por Texas)... y también: "Sí, en la frontera dicen que todo el estado de Sonora está con Villa porque según parece, la clave del asunto es que ése es territorio mexicano".

El Lusitania(C2985), también de Gonzalo Roig, alude al hundimiento de este vapor de pasajeros inglés, por un submarino alemán en 1915. No sabemos como trataron este tema, no lo hemos escuchado.

Ambos aparecen como "Diálogo con rumba", y así también **La paz europea** (C-2985) o más bien la falta de ella, otro tema tratado por el mismo dúo Colombo- Jiménez, en que cuando Pilar le señala su vagancia, y le dice: "En la vida diste un golpe" él le responde: "Eso no lo puedes decir tú, que todavía tienes los verdugones de los golpes que te dí ayer, vieja." Siguen hablando de un proyectado viaje que piensan realizar con el dinero que él se ganó en la lotería, pero ella le teme al mareo, y la existente guerra en Europa, y el hundimiento del Lusitania:

C- Los partió un torpedo. Y mira puedes que tengas razón, vieja .Los alemanes están endiablados y no respetan las notas americanas, ni millones, ni barcos grandes, ni nada. Están de notas hasta la cocorotina, lo cual denota que se ríen del tío Sam y toda la familia.

P- ¿Qué tío?

C- El tío Sam vieja, que en este caso está haciendo el primo.

P- Bueno, nos quedamos en Cubita bella y diremos aquello de la rumba: (música)

> En barco grande, ande o no ande
> A un barco grande le tengo miedo
> Porque es un blanco para un torpedo
> Si van en el Lusitania
> Que no respetan….
> Los torpedos de Alemania…

También Colombo brega con **La paz en México** 3/1917, Co-3132, una clave de Gonzalo Roig, en este caso con Consuelo Novoa de pareja haciendo de mexicana en la Habana, con acento y todo. Demuestra el libretista buen conocimiento del habla azteca, intercambian impresiones, hasta que Colombo pregunta:

¿Cómo está la cosa por allá?

N- Eso se arregla luego luego.

C- Hombre,¿ y por qué lo dejan para luego? Yo creía que eso lo arreglaban los americanos.

N- Esos nos quitaron Tejas.

C- Pero de Tejas para abajo no pasarán; sí porque si se tiran del tejado, se pueden desnucar.

N- Mi patria no quiere gringos.

C- Ah, pues puede haber palos de …………

N- Allí se canta y se ríe.

C- Hombre, a propósito de cantar, he aquí una canción que le zumba el aparato vieja (1)

N- Yo las sé todas, ándale ya dale!

Y cantan un fragmento de una de moda en aquellos tiempos: 'Cuando nacieron en mi pecho amores"

(1) El RAE Dice que zumbar es producir ruido o sonido continuado y bronco, pero no explica qué o quien zumba, y después de dar una versión incorrecta de ese verbo en Cuba, nos deja en el aire.Y es que algo tiene que zumbar, y en Cuba, como señala Sánchez Boudy, le zumba a: el mango, o al merequetén, a la malanga, etc.

Es de Jorge Anckermann **Todo por la frita,** un bolero 3/1917 (C-3125), con lo cual nos enteramos cuan viejo es este plato cubano, consistente en una pequeña bola de carne con condimentos, en un pequeño pan, y algunas papitas fritas muy finas. Y cerramos este recorrido por el sello Columbia con **Cuba en la guerra** 3/1917(C-3140) que tampoco hemos escuchado

También para el sello U.S. Everlasting hizo Colombo acompañado de Regino algunos cilindros en 1911, de los que solo vale destacar por el nombre **La reina de la canela**(USE21813) ya grabado antes en otro sello e identificado como rumba; y **La prángana** (USE6007), una rumba de Villalón, lo que nos sirve para identificar ya este otro cubanismo, sinónimo de miseria, inopia, que ya traía Fernando Ortiz en su diccionario de cubanismos. Y que el RAE lo considera injustamente de México y Puerto Rico solamente.

Como dijimos Colombo alcanzó a hacer algunas pocas grabaciones después de 1925, que consideramos más lógico incluir aquí: dos con la Okeh en 1928, y tres con la Brunswick, una en 1928, **Bellezas de mi Cuba** (Br40411) y dos en 1990, **El Cervera**, parte 1 y 2, que no hemos escuchado. La primera es de Jorge Anckermann, y en las otras canta a dúo con Mariano Fernández. Pascual Cervera era el almirante al frente de la flota española durante la Guerra de Independencia; cuando los americanos entraron en esa guerra, su flota bloqueó la salida de la española y al intentar ésta salir, fue casi completamente destruída, hasta que se rindieron. Cervera y sus oficiales sobrevivientes fueron enviados a Annapolis, y más tarde liberados regresaron a España, donde llegó a ser Jefe de Estado de la Marina española.(Encyclopedia Americana, Vol 6, p. 229) Aparentemente, se bautizó un buque de la flota española con su nombre, y es posible que ese año visitase Cuba, ya que Machado tenía muy buenas relaciones con el gobierno español, para lograr que la colonia de españoles residente en Cuba, votaran por él.

Julito Díaz

Este artista entró en las postrimerías del teatro Alhambra haciendo papeles de guajiro, pero después continuó su carrera como actor cómico en le teatro lírico cubano. Aunque solo hizo seis grabaciones en 1928, como estilísticamente corresponden al periodo que estamos viendo ahora, las vamos a incluir.

Sinmigo en la Habana (ca.1928 Columbia 2983x) Julito Díaz con Sevilla. El Gobernador de la Provincia de la Habana, por renuncia del titular, fue el sr. Antonio Ruiz Álvarez, desde el 10 de abril de 1925 por designación del presidente Machado.(La Enciclopedia de Cuba, Vol. 9, p. 274)

Hombre de formación rústica, del pueblo de Melena del Sur, pronto se hizo el blanco de los diarios, especialmente de La Política Cómica, por sus errores gramaticales. En cierta ocasión, en que se discutía en la cámara provincial determinado proyecto, dijo: "En este asunto, se está conmigo o sinmigo". Y así quedó bautizado de ahí en adelante. Usar el nombre para un personaje cómico, era bastante arriesgado. Y el tono del diálogo, como veremos lo era también.

J- Alabao, Ave María! Cualquiera se vuelve loco con tanto condenao antromóvil! Oiga Guardia!

S- ¿Qué le pasa?

J- Usted quiere decirme ¿dónde quea la acera de enfrente?

S- ¿Pero usted es bobo o va a la valla a buscar gallos muertos? (1). La acera de enfrente es esa que está enfrente, precisamente.

J- Es que yo le pregunté a uno que estaba allí, y me dijo que era ésta.

S- Oígame ciudadano, usted no es de La Habana, verdad?

J- No señor, yo soy de Pijirigua, que está aquí al cantío de un gallo, en la Chorrera, pero me vuelvo pa'llá esta misma noche, ¡que camará aquí no gana uno pá sustos! Yo vine pá la Habana pá traer a mi hijo Ciriaquito que me dijo el veterinario que tenía una cosa ansina como meninguitis cerebro espinal

S- ¿Y eso qué es?

J- ¡Afigurese! Si Ud. Que es policía no lo sabe, como lo voy a saber yo.

S- Bueno,¿ y donde dejó a Ciriaquito?

J-En el Hospital de Menudencia (2). Dice el médico que tiene que hacerle la trepidación del cráneo para sacarle el jugo céfalo raquítico.

S- Y eso debe ser grave porque todas las enfermedades que tienen el nombre muy largo son mortales por necesidad..

J- Ansina me dijo el médico, que era mortar por necesidad, pero que no había peligro.

S- ¡Vaya hombre, menos mal!

J- Bien dice el refrán que las desgracias vienen toas seguías. La semana pasada metí a mi mujer, que estaba la pobre en meses mayores, se asustó con un animal que le llaman aroplano, que pasó por encima del tejao del bohío y a resultas del susto salió hecha un…

S- Usted quiere decir que salió de su cuidao, vamos

J- Eso mesmito. Caballo, el hijo mayor tuvo una hincá con un aguijón mojoso y creo que tuvo principio de tétano dramático (3), y si se salvó la vida el pobre fue porque le metieron por salve sea la parte, que Dios guarde y mis palabras no le ofendan, una inyección que es algo ansina como suelo antimetálico. (4)

S- ¡Bueno hombre, vaya por Dios!¿ Y que le parece a usted La Habana?

J- Que si sigue ansina como va, no le va a quedar más que el nombre, Camará; por dondequiera que se meta uno no ve mas que asina derrumbes por tós laos!

S- Esa es la obra de construcción.

J- De destrucción querrá usted decir! Ayer pasé en el tranvía por una loma que está más arriba por la calzada de Doña Infanta, creo que le llaman la Diversidad (5) y la están desbaratando toa!

S- ¿Y vió la escalera que están haciendo?

J- Y que la vide! Por cierto que al principio de la escalera van a tener que poner una fonda…

S- ¿Cómo una fonda?

J- ¡Como que hay que comer pá subirla, camará! Después me encontré con una guardaraya de camiones llenos de tierra y me dijeron que era pá Julio Viernes… (6)

S- Esos camiones era para el relleno del Malecón y para la Avenida de las Misiones.

¿Usted sabe cual es la Avenida de las Misiones? Esa que empieza junto a Palacio y acaba en la cárcel.

J- Camará, eso en Cuba es muy natural. Yo conozco la maniobra, es que han empezado en Palacio, y por más que han querido echarle tierra han acabao en la cárcel.

S- Bueno bueno guatíbiri (7) si quiere llegar tranquilo al Pirijíguano ese, déjese de hacer comentarios subversivos: Arregla tu negocio y no te pares.

J- Adiós guardia

(cantando)

    En esta Habana maldita
    Se acabaron las bachatas
    No hay mas que incondicionales
    Prorroguistas y guatacas (8)

(1) Esa frase que como en muchos casos no sabemos si subió del pueblo al escenario, o viceversa, lo cierto es que se convirtió en una muy usada.
(2) Por Emergencias.
(3) Por traumático.
4) Por antitetánico.
(5) Por Universidad. Y la escalera es la monumental escalinata .
(6) No sabemos si es una referencia a Julio Verne, para muchos el plan de obras que se llevaba a cabo en aquella época en La Habana era tan gigantesco, que parecía cosa de Julio Verne, el gran novelista francés.
(7) Se usa como sinónimo de amigo (Ver Sánchez Boudy, obra citada).
(8) Prorroguistas eran los que estaban de acuerdo con que Machado se perpetuase en el poder, y guatacas, los aduladores de los políticos. Ya era peligroso en aquella época, hacer este tipo de comentarios en el escenario.

Marañón al bate (Ca 1928.Columbia 2983x) En este lo acompaña Blanca Becerra, y ambos cantan al final. Aprovecha las conferencias del Dr. Marañón de las que ya hemos hablado, y le cuenta a "la mulata" que se dedica a dar conferencias, y ella a su vez que es cantante. Y terminan cantando ...

> No me mates con desprecio
> No me mates con un puñal
> Mátame con un beso
> De tu boca de coral.

La recogida de basura (ca,1928, Columbia 3026x) por supuesto debe criticar el sistema de recogida de basura de La Habana, tema que como veremos, mereció mas de una canción.

Si no me maltratan, no Columbia C 3208x, ca. 1928. A dúo con Blanca Becerra, es de la inspiración del mismo Julito este interesante caso de masoquismo:

B- Si viejo, si ya me lo han dicho muchas veces, que estoy muy buena (1) ya lo sé como si estuviera mala estaría en mi cama y en manos de la ciencia médica; yo soy una *mulata* todo cerebro: cuando me gusta un hombre no ando buscando que sea bonito ni ná de eso; yo lo primero que quiero es que no esté peleao con la ducha (2), después que se me haga el interesante, que me desprecie, después me gusta que me den, si no me maltratan, no puede ser. Yo vivía con un hombre que parecía que lo habían fabricado para mí; pero le dio por meterse a boxeador, se llevó la faja del medio peso, y le han prohibido levantar el brazo. Mire usted eso: prohibirle lo que a mí me predomina.

(Julito entra cantando) Esas no son cubanas (3)
B- Oiga: ¿Usted sabe La Pintura blanca? (4)
J- ¿Pá qué?
B-Pá que me la enseñe
J- ¿Usted me conoce a mí como profesor de canto?
B- Caray! Será este el hombre que fabricaron para mí!
J- Que bueno está el carrito este! (5)
B- Eso no es para que se moleste
J- Usté me ha visto a mí molesto?
B- No, esta es la primera vez que lo veo. Lo siento: oiga, ¿que me mira?
J- La estoy mirando y veo que usted y yo nos parecemos mucho.
B- Si me vuelve a decir lo acuso por desfiguración del rostro (6)
J- Pues mire que yo no soy tan feo, eh? A mí se me mira con un poco de buena voluntad y...
B- Qué va hijo, tu cara no tiene arreglo
J- Pues aquí hay muchas chiquitas enamoradas de mí.
B- En Mazorra (7) únicamente.

J- Pregunte, pregunte en el barrio quien es Quiquí.
B- ¡Ay Quiquí! ¿Y a usted tan grande no le da vergüenza llamarse así?
J- Es que mi nombre se presta a choteo.
B- Como se llama usted?
J- Tolomeo, ¿ y usted?
B- Yo no, yo me llamo Sensitiva.
J- ¡Que delicado!
B- Como que me vendo cara, como el azafrán.
J- Pues mejor que usté las tengo yo colocadas de cocinera en mi casa
B- ¡Insolente!
J- Aguanta, aguanta la lengua, que yo no ando creyendo en marío guapo, y te puedo descomponer el modo de comer (8)
B- Yo no tengo marío, pero entoavía no ha nacido el hombre que me dé.
J- Sera así, lo que pasa que tú no has tropezado con él.
B- Yo quisiera encontrámelo
J- ¿Sí? Pues mira, aquí lo tienes (le dá una galleta)
B- Ay, ay, mi vida, si te estaba provocando porque me gustas mucho, ¡mi cielo!
J- Pues atraca (9) mi *negra*, yo tenía miedo que tu gritaras y viniera el guardia
B- Por qué?
J- Porque yo soy boxeador y me tienen prohibido levantar el brazo…
B- Mal rayo me parta: ¡ Si me acabo de pelear con mi marido por eso!
J- ¿Pero a tí te gusta que te den?
B- Si viejo, si, si no me maltratan, no.
J- Pues vamos que yo te voy a dar en el cuarto
B- Entonces vamos para el cuarto, pero dejame ir cantándote algo: (cantando)

> La luna se fue de rumba
> El día que yo nací
> Y un vecinito decía
> Ya no hay quien me alumbre a mí;
> Yo no sé como fue,
> Que las estrellas cantaban
> A coro te alumbraré,
> Aé, aé, aé, aé, aé, aé
> Yo no se que fue
> Lula, luna, yo te quiero
> Dos toritos y una ternera…

(1) RAE no la trae en las muchas acepciones posibles de la palabra buena que incluye. Parece ser un americanismo eso de que una mujer u hombre además de poder ser bueno, esté bueno, físicamente hablando.
(2) Este dicharacho para los desaseados, parece es un cubanismo. Me lo dijeron varias veces de niño..
(3) Una cita intertextual, es el título de un son de Ignacio Piñeiro.
(4) Igual, una canción francamente obscena, de Alberto Villalón, que ya veremos en otro capítulo.
(5) Sánchez Boudy trae carro como sinónimo de mujer bella, guapa, pero también se usa en diminutivo, como en este caso.
(6) Creo que el antiguo código penal lo traía como una de las formas del delito de agresión grave.
(7) Es el nombre del Hospital para Enajenados cercano a La Habana, en la población de Santiago de las Vegas
(8) Una forma elegante de decir "te parto la cara"
(9) RAE dice que en Chile es "Besar y acariciar eróticamente a alguien": pero en Cuba también…

Ramón Espigul

Uno de los grandes "negritos" del Teatro Alhambra. Pero en relación a otros artistas, trabajó menos la crítica política, hizo 71 grabaciones hasta el 1925, y 28 de 1927 a 1931, algunas en Nueva York. Casi todas son en dueto, y como Colombo, casi todas con mujeres. Es posible que algunos títulos al parecer neutrales, contengan críticas, pero desgraciadamente tenemos que guiarnos por ellos, salvo los pocos casos en que le hemos escuchado. Muchas de sus grabaciones son pregones de diversas frutas y otras mercancías. Usaba casi siempre el formato del diálogo seguido de la rumbita u otro género musical. Era muy bueno también chiflando, y sobre todo del 1927 en adelante, usó esta facultad.

Willard y Johnson (10/23/1916 Victor-69896. Espigul lo comparte con Lola Mayorga y les acompaña Eliseo Grenet. En abril 5 de 1915 se disputó en La Habana el campeonato mundial de boxeo en el Oriental Park, entre Jack Johnson y Jess Willard. (Ver Discografía de la música cubana 1898-1925, p. 137) Ganó este último en el round 26. La pelea al parecer estaba arreglada, porque la caída de Johnson, "la Pantera negra" fue muy extraña; como había caído de frente al oeste, y el sol le molestaba, se tapó la cara con el guante…

El suceso fue un escándalo internacional y motivo de chanza en La Habana, además de este número, se le grabó un danzón por la orquesta de Antonio María Romeu, (8/25/1915-Victor 67807) titulado "Quien te mandó, Johnson, quién te mandó" de M.A. Delgado, y hubo otro número más.

Como otro antecedente del jingle, hay que incluir **El Ford** (10/23/1916 Victor-72650) con los mismos acompañantes que el anterior. Eso pensamos hasta que tuvimos la oportunidad de escucharlo: no se menciona la palabra Ford ni una sola vez, y lo que cuenta es las vicisitudes del negrito que tiene varios accidentes hasta llegar a esperar a su mulata; y en su relato amoroso incluirá palabras del argot automovilístico: así le palpita la caja del aire (los pulmones), y jura su amor por todo el engranaje de todas las cadenas familiares de su existencia; la idolatra a toda velocidad, y como goza la chispa de su carburador; según adelanta en su declaración, va cantando los cambios de velocidad, primera, segunda, tercera y cuarta; pero en eso se poncha una goma, y surge la rumbita, seguramente creación de Grenet, que quedaría como una de esa rumbitas sueltas incluídas en muchos mosaicos, para guateques, fiestas, fines de una obra musical, etc:

Se ponchó la máquina,
Ya no tengo máquina…

Como Colombo y Pous, Espigul se enfrasca en el tema de la guerra europea: En **"Alemanes y aliados"** 10/23/1916 Vi69257 a dúo con la sra. Gutiérrez y el piano de Grenet:

E- Ustedes las mujeres no saben de estas cosas, tienen que convencerse que imperan los aliados.

G- Pues no le veo la punta. Felipe el cuartero (1) dice que los aliados están muertos de hambre.

E- Eso lo dice un cualquiera, pero nosotros los aliados europeos cada día estamos mejor.

G- A mí me gusta Alemania porque arrollan, chico.

E- ¿Y usté se cree que eso es alguna comparsa, pa arrollá?

G- Yo lo que creo que el Kaiser está parado de bigotes de verdad.

E- Ya lo afeitarán. Nosotros los ingleses no perdemos nunca.

G- Según, porque los ingleses pierden porque se han fiado. Además, ¿De cuando acá tu eres inglés?

E- Siempre. Yo soy del Canal de la Mancha, por la afinidá de coló, fíjese en el coló.

G- ¿Y eso qué es?

E- Esta es una frase que no está al alcance de todos los cerebros. Pero yo con esto de la guerra, me he ilustrado mucho. Fíjese, nosotros los ingleses tenemos Irlanda. (2)

G- Eso no tiene más que para camisas y calzoncillos.

E- ¡Que atraso! Yo estoy abochornado, debo estar rojo de vergüenza. Tenemos además Escocia, no se crea que es ninguna caja de bacalao. Tenemos Austria, Canadá, la India.

G- ¿Y pá que sirve eso?

E- Para ganar la guerra. Canadá manda soldados y parque.

G- ¿Qué parque es ese?.

E- El que manda la India. Yo creo que usted cree que es el Parque de la India (3).

G- Eso lo conozco yo sin necesidad de leerlo.

E- Nosotros por otra parte tenemos la Italia, la Francia, la Rusia.

G- Eh, pá lo que sirve la Rusia, pá forro de catre ambulante(4)

E- Es verdad, es la única que no tiene defensa, porque está más desgraciada que un forro de catre.Pero tenemos Montenegro.

G- Si eso es un pueblo de opereta

E- Pero tiene un ejército muy valiente…

G- Se parecera ál coro de La Viuda Alegre.

E- Oiga,¿ y que me dice usted de Bélgica?

G- Eso ya no existe.

E- Pero es un pueblo heroico.

G- Si llevar golpes es heroico, Bélgica es heroica.

E- Bueno, no desbarre, este es un recuerdo del porvenir que no morirá nunca en el pecho de los hombres libres. He dicho.

G- Sí, ha dicho un disparate, acuérdate que el arrollao se impone, si no acuérdate de la rumba aquella que dice:

> Vamo a arrollá, vamos a arrollá,
> Vamo a arrollá mi negra,
> Yo voy a Belén,
> Alemán prepara tu cañón
> Que me da con la bala
> Que…………………
> Pá la guerra va, pá la guerra va..
> Que, etc.
> Vamos.etc
> Yo soy alemán

(1) Cuartero supongo que será el encargado de un cuartería o casa de vecindad.
(2) "Irlanda"era el nombre de una tela usada para esas prendas de vestir.
(3) El parque de la India, donde está situada la estatua del mismo nombre, casi frente al Capitolio, uno de los monumentos más antiguos de la Habana.
(4) Otro juego de palabras. Según la RAE, es cubanismo, "especie de lienzo grueso y tosco, que se usa para hamacas".

Y seguramente el **Vigilante de posta** (10/24/1916 Victor 72876) de la autoría de Espigul como los anteriores, y con el mismo acompañamiento, debe tener su dosis de crítica.

El botellero (10/24/1916 Victor-72005) si se refiere al vendedor ambulante que cambiaba botellas por globos u otras chucherías, no va con nosotros, pero si se trataba del "botellero" o persona que ostentaba un trabajo en el gobierno, pero que cobraba sin trabajar, una de las grandes máculas de la República, sí tiene sitio aquí. Habría que escucharlo.

La Chambelona (10/24/1916 Victor-69256). Tiene larga historia que cuento en el libro antes señalado "Discografía de la música cubana, 1898-1925." En la p. 57 explicamos que en los días en que se hace esta grabación, se iban a efectuar las elecciones el primero de noviembre para elegir el alcalde de la Habana, entre el candidato del partido conservador, a la sazón en el gobierno, Azpiazu, y el candidato del partido oposicionista liberal, Varona. En la bitácora de la Victor donde se llevaban los detalles de las grabaciones y algunas observaciones, hay una el día de esta grabación: "If the Liberals win, No 1635 will be used" El número 1635 era el número de matriz de La Chambelona, y por supuesto se grabó. Por si acaso además, al día siguiente la Victor grabó a un grupo que había venido de Camajuaní, llamado así mismo, La Chambelona, compuesto de instrumentos de percusión, un cornetín y un coro y con el nombre de Coro Chambelón que grabaron el disco V-69185, que por supuesto por su ritmo de conga, y mayor orquestación no tan sólo fue el que más se vendió, sino dejó implantada la costumbre de usar grupos de este tipo, con la conga hecha ad hoc, para el candidato que fuera. Y esa costumbre se mantuvo en las próximas elecciones presidenciales, hasta la del Dr. Carlos Prío Socarrás. El día 14 de noviembre, el presidente Menocal prohibió que se tocase La Chambelona ("Noticias de la República, p. 128). Pero ya era tarde. No tan sólo se había ganado una elección, sino se había comprobado la fuerza mítica de la canción popular. La letra, no podía ser más sencilla, aludiendo además a las botellas de las que acabamos de escribir.

> Aé, aé, aé la chambelona
> Aspiazu me dio botella
> Y yo voté por Varona.
> Yo no tengo la culpita
> Ni tampoco la culpona.

Se repetía al infinutum, se le agregaban otras coplas, se bailaba, se cantaba. Las dos últimas estrofas se convirtieron en un refrán irrefutable: Yo no tengo la culpita, ni tampoco la culpona. Era una heredera directa de la picaresca española. El "aé" con que empieza, es el "Ea", español, al revés, que significa entre otras cosas, "vamos"; en cuanto a lo de Chambelona, parece referirse a Chambas, un pueblo al norte de la provincia de Camagüey (Ver Fernando Ortiz, "Nuevo Catauro de Cubanismos", p. 190.

Pero vamos a la letra de La Chambelona de Espigul, que más parece dedicada a un pregón que a una conga política: Comienza con Espigul pregonando: "Gallleticas de María/yo las traigo para tó/pequeñitas y tostaditas/para la niña bonita" Entra en confianza con la mulata, le cuenta que nadie le compra, que no ha hecho la cruz (la primera venta); ella le tilda de cobardía, y él le dice que no siga, que va a cometer un "mulaticidio": esta conversión de hechos cotidianos en supuestos delitos, con la terminación en "cidio" se usaría mucho después en los famosos episodios de la Tremenda Corte de Trespatines .La mulata le sigue desafiando, saca hasta una navaja, pide que la mate, y el negrito exclama: "No hombre que la mate Mazzantini" Esa frase era usual de la época, referida a un torero de ese apellido (Ver Sánchez Boudy, p. 442). Al fin ella le confiesa que está enamorada de él, y le suplica:

"Por tu madre, cántame aquella rumba que bailamos en Chambelona, viejo"

> Se acabó la fiestona
> Porque mi china está pelona
> Aé, Aé la Chambelona
> Y a mí no me gusta así
> Porque está muy pelona
> Aé, Aé, la Chambelona
> Yo no la quiero así
> Porque está muy barrigona
> Aé, etc.
> Y ahora me voy a acostar
> Para dormir la mona
> Ae... etc.

Como vemos estos versos no prevalecieron, sino los de contenido político que antes incluimos.

Zayas-Mendieta (10/24/1916 Victor 69185) seguramente tiene que ver con la situación política electoral, aunque no lo hemos escuchado. Es de Espigul, a dúo con Lola y con el acompañamiento de Grenet. **Peras de California** (5/12/1919 Victor-72788) Donde irónicamente alude a la desorbitada presencia en Cuba de peras, manzanas uvas, melocotones, ciruelas, duraznos, de California y de otros lugares, en un país tan rico en frutas como

Cuba. Y deja caer como al acaso, que a veces las manzanas están podridas. Y sigue con una disparatada disertación geográfica, donde la China está colindando con los Pirineos, San Petesburgo queda en la India holandesa, cerca de la Conchinchina, de Rusia van a Madrid, pasando por el Niágara, y decide viajar, aunque lo coja un submarino…

En **Las elecciones** (5/12/1919-V73594) también de su autoría y con Lola, hay una crítica a la política:

L- Pero *negro* del diablo, ¿quién te mete a tí en la política?
E- La que no se tiene que meter es usted
L- ¿Yo meterme en política? ¡Dios me libre!
E- Ni en política ni en nada. Dese cuenta que nuestro porvenir está ahí, en la política. Mi amigo Tripita me lo decía ayer: Casimbo, tu estás llamado a ser algo, es preciso que salgas del ostracismo.
L- ¿Qué es eso del ostracismo?
E- Bueno, yo no sé lo que es, pero cuando Tripita me lo ha dicho debe ser por algo.
L- Bueno,¿ y tú que vas a hacer en la política?
E- Yo voy de mosiú.
L- ¿Y eso que es?
E- El mosiú es el que doma al oso y como en la política hay mucho oso, yo los voy a domar.
L- Lo que te van es a romper toda la cara, porque tú no has sido nunca guapo, negro.
E- Yo sé que no soy guapo, pero en el Comité se lo creen. Yo les hecho creer que me saco los callos a tiros y que me desayuno con sangre de niños y que voy a adoquinar(1) la Calzada de Monte con calaveras de enemigos políticos.
L- Alabao, si estoy yo allí te tiro una trompetilla.
E- Y te meto una puñalada.
L- ¿A mí? A ver si te rompo el palo de escoba en las costillas.
E- Bueno, está bien, no me des, ¡no ves que era jugando! Pero usted no me tiene que quitar la fuerza moral delante de esa gente.
L- Yo no, te voy a dejar, pero tú verás como se va a aparecer un guapo y te delata.
E- Es difícil, porque me van a dar un revólver de 40 tiros. Bueno yo creo que cuando me vea con la carabina esa, yo mismo me voy a coger miedo, y me voy a mandar a prender.
L- ¿Y por quién vas a hacer tu política?
E- ¿Por quien va a ser hombre, por Tripita, usted no ve que es compadre mío de sacramento?

L- Pero si ese negro no sabe ni hablar.

E- Mejor esos son los hombres que hacen falta, que no hablen, pero que obren.

L- Pero además,¿ quién va a votar por él, si nadie lo conoce?

E- Te parece a ti, este es el *negro* mejor jugador que hay en La Habana. Pero además es guapo.

L- ¡Sí, sí, como tu!

E- No, nada como yo. Acuérdate la vez que se entró a tiros en Puentes Grandes y que mató una chiva.

L- ¿Tú lo viste?

E- Si, yo estaba allí cuando sonó el primer tiro, pero no vi lo de la chiva sabes, porque cuando sonó el segundo tiro ya yo estaba en el Muelle de Luz(2)

L- Pues yo veo difícil que salga, porque el americano ese que llegó, no comerá malo(3)

E-A ese se la pasamos por el home y no la ve hombre! Escucha para que veas: (música)

> Ha llegado Mr. Crowder
> Y dice que va a aclarar
> Los capítulos oscuros
> De la ley electoral.
> Es posible que lo arregle,
> Pero me atrevo a asegurar
> Que ya en Cuba han estudiado,
> cómo la tienen que burlar.
> Y es que el cubiche
> Para ver si engrampa
> A todas las leyes
> Le busca la trampa
> Y si la vez pasada
> votó Fondeviela (4)
> en las venideras va a votar
> hasta mi tatarabuela.

(1) Adoquinar, es pavimentar con adoquines, piedras talladas en forma rectangular (RAE)
(2) De Puentes Grandes al Muelle de Luz, ambos sitios de La Habana, hay gran distancia
(3) No comer esta usado en el sentido de no aceptar. (Sánchez Boudy, p. 207)
(4) Fondeviela: Algo o alguien muy antiguo

Las inquietudes cosmopolitas de autores y artistas cubanos, salen nuevamente a relucir en **La autonomía catalana** (5/12/1919-Victor 73602), tema que todavía hoy tiene vigencia, y que seguramente interesaba a la colonia catalana existente en Cuba. Pero no es ese sólo, también y todos de la autoría de Espigul, tenemos **De New York a La Habana** (5/12/1919 Victor 72788), **Espigul en París (10/23/1916 Vi-72393), De México a La Habana (5/12/1919 Victor-72737), Espigul en el Japón** (5/12/1919-Vi 72737).Pero sigue imperando el tema político local. **Los cuatro gatos** (6/2/1920 Victor 73030) seguramente alude al nombre con que se conoció al partido formado por Alfredo Zayas, por la poca membresía que tenía el mismo. Francamente no sabemos si Espigul toma el título de lo que dice el pueblo, o viceversa, si fue su frase la que pegó en la calle. **La huelga de inquilinos** (6/2/1920 V-77849) posiblemente recoge una protesta de éstos ante el aumento de los alquileres, tema endémico en la Cuba republicana por muchos años.

Que lo arregle Mr. Crowder (3/10/1921 Victor 73045) alude al diplomático estadounidense de este apellido, que interviene abiertamente en estos años para lograr una ley electoral lo mas justa posible, ante las pretensiones de Menocal. Le hace dúo Blanca Sánchez y los acompaña orquesta. Pero solo lo mencionan al final, cuando el negrito y la mulata no logran transar sus problemas matrimoniales y él le dice: "Voy a hablar con Mr.Crowder que es el encargado de arreglarlo todo"

La moratoria (3/10/1921 Victor 73045) Nuevamente Espí y Blanca. Esta grabación parece desfasada con la actualidad; el 10 de octubre de 1920, frente al pánico creado en los bancos por retiro de fondos, el gobierno decreta una moratoria de todas las obligaciones civiles y mercantiles hasta el 30 de noviembre; solo se podía reclamar el 10% de lo adeudado. Esta moratoria se siguió prorrogando en sucesivas fechas pero al parecer para febrero de 1921 se había buscado una solución al problema, por lo que luce atrasada esta grabación; (La Enciclopedia de Cuba, V-9 p. 173 y sigs) quizás se hubiese grabado antes, y la fecha mencionada sea la de publicación.

E- Ahora sale del despalillo. La veo un poco resbalosa. Eh! Conversando con un blanquito! Malo. Ahí viene. Repórtate Tiburcio, que el presidio es tétrico.

B- Adiós, hasta mañana…ah! ¿Estabas ahí, negro?

E- Estaba por mi mal, ojalá no hubiera venido…

B- ¿Te vas a poner con payasadas porque hablaba con mi primo?

E- ¡Tu primo! Usted sabe que nunca en su árbol genealógico tengo noticias de que haya ningún blanquito.

B- Es que es sobrino de una hermana de una prima segunda de mamá…

E- ¡Que parentesco má enrevesao ése!

B- Bueno, bueno, no ande buscando más pretexto. Contésteme lo que le dije ayer:¿ vamos a casarnos por fin?

E- Chica, ya te dije que la moratoria…

B- Eso es un cuento.
E- ¿Cuento la moratoria? Ojalá, pero es más verdad de la cuenta.
B- Tú me dijiste que pá el Año Nuevo nos casábamos.
E- Está bien, pero yo no te dije pá cual año.
B- ¿Ah sí? Pues si no te casas, terminamos.
E- Te lo dije: el blanquito.
B- Ningún blanquito! Tú me diste tu palabra.
E- Sí te dí mi palabra que es lo único que te puedo dar, porque yo tenía un dinero en el banco y no lo puedo sacar, la vida es cara, el matrimonio es cruz, y casarme es jugar cara y cruz...
B- ¡No estoy pá juegos!
E- Ni yo tampoco. Ahora, si tu te conformas con un casamiento de moratoria...
B- Como es eso?
E- Pues nada. Que te daré el 10% del matrimonio...
B- No, ningún de eso, lo mío tiene que ser casada y velada.
E- No voy al velorio...
B- Yo no te exijo mucho; total, una casita con tres cuartos, sala y comedor.
E- Está bien
B- Cocinera, criada, muebles de moda...
E- ¿Y no quiere un automóvil también?
B- Bueno, si te alcanza...
E- ¿La casa no? Mire, en vez de la casa se tiene que conformar con un cuarto en el solar de Papo; muebles de cajón de bacalao, una batea, dos planchas, un fogón; y cocinera y criada de mano, eso lo serás tu misma.
B- ¿Qué dices?
E- ¿Tu te creíste que ibas a vivir a costa del *negro*, no?
B- Bueno, bueno, me transo si te casas pronto.
E- Te he dicho que hasta que no saque el dinero del banco.
B- ¡Para el ajuar que me propones no hace falta tanto!
E- Es verdad. Mira, trato hecho, pá el mes que viene.
B- ¿De verdad? Eso sí, tenemos que llevar a mamá con nosotros.
E- Que va, eso es peor que la moratoria.
B- ¿Y que tienes que decir de mamá?
E- Yo nada, pero el son ya lo dice:
B- ¿Qué?
E- Oyelo
(Cantan a duo)......... que lo opere el redentor
.... y la suegra el más ladrón
E- Ay, allá en la O una mujer muerta apareció
Se conoce que............

B- Tengo un famoso doctor, que curó una enfermedad
E- Una vez curó a mi suegra, ya no creo en la amistad
Ay ......

Por las razones explicadas, incluimos aquí lo pertinente de las 28 grabaciones hechas por Espigul después de 1925. Como antes, todas aparecen de su autoría. No aborda el tema político. En **El espiritista**, partes 1 y 2 (3/25/1927-Vi80193). Construye en las dos caras del disco un episodio con distintos escenarios, es en realidad, un esbozo de un posible sketch cómico; En **Los efectos de Marañón** 1/31/1928 V-80671) sin duda sigue explotando el tema de las conferencia del distinguido galeno en Cuba.

En la próxima y siguientes, le acompaña un grupo musical llamado "Las estrellas Habaneras", y se grabaron en Nueva York: **De Matanzas es el danzonete** (1/14/1930 Victor V-46695) es interesante, porque casi coetáneamente con el lanzamiento de este nuevo género musical (el primer danzonete, "Rompiendo la rutina" se había grabado en septiembre de 1929) graba este número que seguramente ayudaría a divulgarlo y en el que le acompaña su esposa, Lola Espigul. Además toda la parte hablada está en verso. Es muy típico del cancionero cubano, esta característica de usar la propia canción para resaltar las bondades de géneros musicales, instrumentos y bailes de la misma Cuba; es una eficaz autogestión que indudablemente ha sido una de las causas del auge universal de esta música.

E- *Negra*, ¿a dónde va usted tan refistolera? (1)
L- A comprar una habanera, que es música sin igual
E- Pues vete con tu *habanera*
Que yo me voy a bailar
Con Juanita y con Pilar
La música matancera
Que inventó Don Aniceto,
Aniceto el matancero.
L- ¿Y eso es rumba, o es *bolero*?
E- No señora, *danzonete*,
La música popular
Que baila gente toda
Esa es la que está de moda
Y se la voy a explicar.
(música y cantan a dúo)
Nació en Matanzas la bella
El *danzonete*

Que nadie puede igualar
Por su dulce ritmo
Y su compás,
Y su cadencia,
 que es muy original
Tiene el *danzonete*
preciosa armonía
 y su melodía
al alma hace soñar
es el *danzonete*
de mi suelo indiano
y el que sea cubano
lo tiene que bailar
Oiga el *danzonete*
Váyalo a bailar
Con su pica y vete
Le gusta el compás
Por la calle arrollando va
Con su pica y vete,
El danzonete va.

(1) Aunque el RAE lo considera un venezolanismo, dicho de una persona amiga de novedades, lo cierto es que en Cuba se conocía, como vemos. El DAE rectifica, e incluye a Cuba.

La otra cara del disco V-46695, grabada el mismo día y con los mismos intérpretes, es un número interesante desde el punto de vista del estudio de los cambios linguísticos en Cuba, **Oidme camagüeyana** en la que Espigul usa el tratamiento de usted en las relaciones familiares, como se usaba en Camagüey para aquella época y décadas siguientes (no sé si todavía es así).

E- Ya estoy aquí, este es el punto estratégico que he buscado pá cortarle el paso a la camagüeyana más galana que hay en Camagüey. Hace siete meses que la estoy cuchillando(¿) y ni pescao frito: siento pisadas, ¡ella misma es: Oidme!¿ Donde vais vos con ese caminaíto tan parecido al de la mujer de Antonio?(1)
 L- ¿Y a vos que importaís?
 E- Figuraos que hablé con vuestra madre y está conforme que nos arrimemos en legítimo matrimonio como hace tiempo le vengo prometiendo a vos.
 L- Dejaos de fainera(2) que usted está muy viejo y no me conviene. Además, dejad de hablar camagüeyano, que vos no sois de aquí.

E- Por lo mismo que no soy camagüeyano, yo quiero arrimarme a una camagüeyana para tener en mi descendencia a un camagüeyanito, porque vos sabéis que de los tinajones grandes salen los tinajoncitos…
L- Pero vos no sois camagüeyano, no podéis ser tinajón de aquí.
E- No importa que el tinajón no sea de aquí basta que lo sea la tinaja.
L- Eso de tinaja es un insulto?
E- ¿Insultarte yo a ti, camagüeyana?
¿Insultarte yo a ti, por quién suspiro
Insultarte yo a ti, un hijo de La Habana?
¿Que de pensar en ti, no tiene güiro?
No lo creas, mujer, cuando te miro
… ay! Creo que estoy trabao…cuando te miro
L- ¿Cuando me mira qué?
(empieza dúo musical)

Cuando te miro, camagüeyana hermosa
Siente alegría mi pobre corazón
Porque tú eres
La más preciada rosa
Que brinda aromas
En los jardines de mi ilusión
Yo quisiera que tú me adoraras
Y a tu lado por siempre vivir,
Yo quisiera que tú me besaras
Y en tus brazos dichoso, morir por ti
Montuno:
Con tu boquita de grana
Fragante como una flor
Tú eres la camagüeyana
Toda dulzura y candor

(Coro):
Por un besito en tu boca de grana
Camagüeyana me muero   (bis)
Quiero beber en tus labios
El dulce néctar de amor
Quiero sentir yo tu aliento
Como un aroma de sol
Por, etc., (bis) 4

(1) Otro caso de intertextualidad: La mujer de Antonio, de Matamoros, se había grabado recientemente, (1929) y Espigul alude a ella.
(2) Tontería, ver Sánchez Boudy, p. 290. Es propio de Camagüey. Y de zonas de Oriente, como Holguín.

Artículos suntuarios (2/17/1931 Victor-30423).
Quizás pudiera tener connotaciones sociales.

Como la intertextualidad es tema muy afín a los que tratamos, y además por algunos de los términos usados, mencionemos **La negra monguita** (12//3/1928, V 46073) parodia de "Ramona", una canción de Mabel Wayne que se hizo internacionalmente popular, hasta hubo una película con ese nombre. En la parodia, desesperado por la pérdida de su negra, la amenaza con que se formará el "titingó" (cubanismo aceptado por el RAE como sinónimo de barahúnda); que la "lechuza" (carro mortuorio para entierro de pobres, S.Boudy, obra cit.), y eso se lo jura por "papá Changó" y que le va a romper el "morocó" (0 moropo, cubanismo por cabeza, V. S.Boudy, obra cit,.) y termina por decirle que la va a "desconflautar", cubanismo que trae Fernando Ortiz en su Cataruo,p. 220 y que significa desbaratar, entorpecer. Y explica el maestro el casi poético origen de la expresión: "La flauta es la regla, el orden. Hay muchos danzones en que la flauta es la que dirige el tono, la melodía".

Y terminamos con Espigul incluyendo un número con una historia muy interesante. Se trata de **La guantanamera**, 1/14/1930, Victor 30054. Le acompaña María Gómez. Desde que encontramos la ficha discográfica de esta pieza, y además por el hecho de que en muchas de las grabaciones de la "Guajira guantanamera" se mencionaba a Ramón Espigul como uno de sus autores, estábamos muy deseosos de escucharla, para constatar si efectivamente, era la misma melodía que la conocida "Guajira guantanamera" atribuida a Joseíto Fernández. Como verán en letra no tiene que ver en nada con ésta, y si se le escucha, sucede lo mismo con la música. La incluimos porque sí tiene valor a nuestro propósito, en cuanto resalta el valor de un producto cubano, su café, y la referencia obligada a la mulata cubana, en este caso además guantanamera.

M- ¿Qué es lo que quieres, precioso?
E- Beber de tu café sabroso
Hecho con agua de pozo
Y hervido en la cafetera.
M- ¿Lo quieres puro?
E- ¡Lo quiero!
M- Pues ven conmigo a tostarlo
Que después vas a tomarlo

Muy purito y sin colarlo
Al estilo carretero.
(cantando)

M- Yo soy la *mulata* Rosa
Que aquí les vengo a cantar,
Todos me dicen la diosa,
Y la reina del solar.
E- Guantanamera, dulce ilusión
Linda *trigueña* del corazón
Tú eres la reina de la canción,
tú eres la diosa bailando el son:
Como eres guantanamera
Y sabré quererla a usted,
Yo quiero tomar contigo
Un poquito de café;
Tu café donde está,
 que yo lo quiero probar
M- Para quemar tus antojos
Ven acá para colar
Yo lo voy a calentar
Con el fuego de mis ojos
E- Tu café, etc
Dámelo pronto mi *negra,*
Que el que espera desespera
Y si no, pierde el gusto,
De la tierra de Yateras.
Tu café etc
M- Arriba en tu jicarita
 dispuesto para tomar
yo te lo voy a tostar
con la miel de mi boquita.

Luz Gil

Veracruz, México, 1894-La Habana 2/27/1963. Tiple que se radica en Cuba en 1912, trabajó primero en el teatro Molino Rojo, después en el Alhambra, más tarde viajando en gira con la compañía de Arquímedes Pous, luego en el teatro lírico cubano, y después de 1950, en la televisión.(Radamés Giro, Diccionario Enciclopédico de la Música Cubana, Ed. Letras Cubanas, 2007.)

De 1916 son: **Me emborracho con opio**, con Sergio Acebal. Diálogo con rumba y clave. (Columbia C2757)(J.Anckermann) Alude a un problema presente en Cuba, posiblemente traído por los chinos emigrantes. Desde 1915 aparecen noticias en los diarios de fumaderos de opio descubiertos, y en agosto 21 se anuncia que el opio se cultivará en Cuba, por deseos del general Menocal, para exportar su producción a Estados Unidos y Asia. (Obra cit, Noticias de la República, p. 119).

Coplas de los borrachos (Columbia C2993), Diálogo con coplas, con Mariano Fernández y también de Anckermann, seguramente tendría su toque social; y el cosmopolitismo cubano quedaba bien servido con **El bombardeo de Amberes** (Columbia C2939)Clave con rumba de Gonzalo Roig, con Blanca Vázquez. El próximo título, **La zarzuela española y la cubana** (Columbia C2978) con Blanca Vázquez, un popurrí de Anckermann, viene a autoproclamar la existencia, ya, de una zarzuela cubana.

Yo quiero una botella (Columbia C2979), con Fernández, es un diálogo con rumba de Anckermann, en que seguramente no se referían a botella de licor; y es interesante también **Válgame Dios** (Columbia C2992 con Blanca Vázquez y de la inspiración de Anckermann, que es en realidad una apología de "la clave" un género musical que usó mucho la Gil; En ella se llega a decir: "Eres mi clave la dulzura,/no hay nada que se le iguale/pues en su voz sabe quitar/de los ánimos la duda." Y es una característica que iremos analizando, el mecanismo de autopropaganda que sabiamente usó la música cubana, auto anunciando sus géneros, sus instrumentos y sus artistas.

Y en esa misma línea de auspiciar lo cubano, está **El trovador guajiro** (Columbia C3007) otra clave-rumba con la Vázquez, y de Anckermann, y **Linda guajira** (Columbia V2979) un bolero guajira del mismo autor y también con Vázquez.

En 1918 graba **Mi mulata me botó** (Columbia C3359) diálogo con rumba de Anckermann, música y Acebal, letra con Pepe del Campo y de acompañante; En ella se hace referencia a un ritual típico de la santería: un "trabajo", o sea un embrujo llamado embó.

>Mi *mulata* me botó,
>Y como no le hice caso
>Siempre me da un cantazo
>Preparándome un embó;
>Luego se pone a decir
>Santa Bárbara bendita…

Cuba aliada (Columbia C3246) que debe tener que ver con la guerra, de Anckermann y Federico Villoch en la letra, un punto cubano con Carbonero.

Sin pan y sin luz (Columbia C3248) también de Anckermann, enfrenta a la mulata con un astuto bodeguero que no tiene nada para vender, estrategia agiotista de tiempos de guerra, lo que le da pie a la Gil para lanzar un viejo dicho: "Usted se cree que yo vengo de Ampanga y me mamo el deo?".Total, que terminan con una rumbita:

> Ya los fogones están vacíos,
> Ya no hay ná pá comer…

Los estibadores (Columbia C3293) Diálogo con rumba con Acebal, y del mismo autor, seguramente tenía connotaciones político sociales.

La chambelona (Columbia C3295) que como vimos surgió en 1916, resurge ahora en 1918 como parte de una obra llamada "Horas fatales" pero atribuida a Anckermann, Le acompaña Mariano Fernández. **La mulata es como el pan** (Columbia C3295), con su famoso versito; "La mulata es como el pan/Que si no se come caliente/ Ni el diablo le mete el diente"/;

La mulata sabrosona (Columbia C3560) y **La prieta santa** (Columbia C3560), todas de Anckermann, rumbas con diálogo, siguen explotando la mítica mulata., mientras que **Se va la conga** (Columbia C3359) con Baz en el papel de gallego, tiene interesantes comentarios que hace el gallego a su mulata cuando le anuncia que se a va a ir a España y dejarla, y ésta le dice:

G- ¿Y a que viene esa tiranía con tu pobre *negrita conga*?
B- ¡Ay la conga, me ha nombrado usted la *conga*! ¿Y por qué?
G- ¿Porqué?, acábalo de decir…
B- Porque cuando oigo nombrar la *cong*a siento algo así, que la sangre africana que tengo en las venas se me subleva, y me siento bereber, por mi madre.
G- Y acaso tu eres *africano*?
B- NO SOY AFRICANO, PERO NOSOTROS LOS ESPAÑOLES TENEMOS ALGO DE MORO: USTED NO SABE QUE ESTUVIERON EN ESPAÑA MAS DE 400 AÑOS?(1)
G- Sí pero a tí no se nota…
B- Es que estoy aplatanao, señora pero en cuanto me tocan una *rumba* y me repican los timbales, ¡me siento más cubano que osté!
G- Eso es mentira
B- Te lo puedo probar
G- No sé de que manera
B- Pues bailando una *rumba* como los hijos del país

G- ¿Pues no se iba a España?
B- ¡Pero la conga me ha matao!
G- Yo lo sabía, ya no puedes comer sin aguacate…
B- ¡Ay que salada! Si es bobería, nosotros los cubanos somos así…
G- ¿Pero tu no dices que eres de Lugo?
B- Era de Lugo, pero cuando me nombraste la *conga*,¡ me mataste!
G- Vamos a cantarla
B- Y a bailarla por todo lo alto
G- Bien,venga de ahí
(música)

    Se va la *conga* y no vuelve más (bis)
    La mulatona se va
    La mulatona pon pon pá.

(1) Le tomaría a Don Fernando Ortiz y otros tratadistas muchos años en reconocer ese nexo hispano con lo africano, pero ya lo tenía claro Jorge Anckermann, si fue él, o el desconocido libretista que se les adelantó…

Oye mi clave, también de 1918 (Columbia C 2763). Con música de Anckermann y letra de Federico Villoch le hace propaganda a dicho género. Canta Luz Gil a dúo con Blanca Vázquez.

    Oye mi *clave* sonora
    Oye mi *clave*, oye mi *clave*
    Que el canto que atesora
    Es dulce y suave, es dulce y suave.

    Es canto divino
    Que llega al alma, que llega al alma
    Con rítmicos sones del tierno laud.
    Que en las gratas noches de paz y calma
    Alejan la vida de la senectud.
    Tal es mi *clave*, señores
    Tal es mi *clave*.

Regino López (1861, Asturias-1945, La Habana). Actor, barítono discreto y buen bailarín, es el principal "gallego"que tuvo el teatro alhambresco. Era además uno de los dueños de la compañía. (Dic. Enc, de R. Giro, V.3, p. 36).
Victorino en el baile (1907,Columbia C1076) Con Colombo y orquesta danzonera. En este curioso disco, otra muestra de originalidad de los artistas cubanos, en vez de producirse un diálogo seguido de un breve final musical,

en éste, sobre el fondo que brinda la orquesta danzonera del Teatro Alhambra, ambos artistas van desarrollando el diálogo cómico. O sea, que al parecer, el danzón antes de ser cantado, fue hablado…

Aunque no incluimos los monólogos y diálogos solamente hablados, que en el caso de Regino fueron muchos, mencionaremos brevemente dos de ellos por su valor lexicográfico, **La brujería,** con la Sra Plaza, (1909 Victor 68002.) Para decir que su tío es muy rico, el asturiano (en este caso) dice que tiene mucho "manguá", dinero en "nañigo o bantú", según Fernando Ortiz en su Cataruo de cubanismos; y agrega, que "Está ancho como guarandol de a peso". Según Pichardo, es hilo de un tejido fino y tupido, usado por esto para camisas, sayuelas y sábanas. Pero lo de ancho y el precio, es cosa de una frase hecha que subió al escenario del Alhambra, o se creó en éste. Lo mismo sucede con **"El chofer"**(1913, Vi 67696), donde Regino comenta con Colombo que se va a meter a chofer:

C- Y que máquina vas a manejar, un Ford?
R- Eh, no me mientes las cucarachas esas!
C- No, no tanto
R- Fíjate que en Nueva York le dicen "todos tenemos". Porque la gente se pone a recoger las latas de luz brillante y de leche condensada y cuando tienen un quintal lo llevan a la fábrica y les dan por él, un Ford descapotable…

Aparentemente, Regino tuvo problemas con algún auto de esa marca…

En 1914 graba: **La rumba cubana** (Victor 67706) de la obra "La guerra universal"de Anckermann, con Pilar Jiménez. Y ese mismo año, **Un chino aplatanado** en 7/1/1914 Vi-67708, con A. Feliú de chino. Es interesante, porque es la incorporación al escenario de otro personaje tipico de la sociedad cubana, pero desgraciadamente, es difícil entender lo que dice Feliú.

Los negritos de Palatino

No tenemos información sobre estos artistas. Era un dúo de hombre y mujer. Por su carácter de Teatro para hombres solos, en que al parecer en algunas obras había desnudos femeninos, cuando empezamos a escuchar grabaciones del Alhambra pensamos que posiblemente en algunas se usasen malas palabras, o rimas en que evidentemente, se estaba diciendo una palabra "blanca" por lo que en realidad era una palabra de las llamadas obscenas. De las grabaciones, no aparece nada de esto. Es posible que en el teatro, sí se usaran, pero no alcanzamos al Alhambra, aunque sí a su pariente pobre, el Shanghai, en que sí se usaban, así como el doble sentido erótico, abiertamente.

Tampoco hemos encontrado canciones de doble sentido en el repertorio alhambresco, salvo el caso de estos artistas, de los cuales hemos escuchado solo dos números: **El pajarito** (V- 72539- 1919)Es diálogo con rumba, y no dice el autor. En realidad la música suena entre parlamento y parlamento que hacen los artistas, o sea, era una mezcla de diálogo y baile.

m) Tengo un pájaro bonito
que da gusto oirlo trinar;
h) Ya se puede calcular,
¿Cómo será el pajarito?
m) Es un bello animalito,
sólo a mí me está mirando,
constante lo estoy oyendo
h) Es una cosa extraña,
tanto baña que te baña,
y el pajarito cantando,
m) pues me divierto y me río,
cuando mi pajarito canta
lo quiero mucho y es tanto
que siempre bañarlo decido.
h) pues yo con gran poderío
te agarraba ese bichito,
aunque fuera un gran delito,
¡lo mato! Es mucho sufrir,
como canta el pajarito!
(ahora usted verá)
El sinsonte de esta señora,
Canta que da gusto,
ella es su dueña,
y como así lo enseña,
claro que lo manda.
m) De noche nadie lo aguanta
duerme encima de un palito,
h) Y alborota al distrito
y es una gran maldad,
porque a decir la verdad,
como canta su pajarito!

Igual combinación se hace en **Los Timbales** (Victor 72539-1919)
(La orquesta comienza con la música de la conga "Mírala que linda viene")

m) Señores mi pensamiento
lo tengo ahora en un *danzón*:
me palpita el corazón,
con la música de Oriente:
h) Yo tengo conocimiento,
y sé apreciar lo que vale:
m) Quítese, que usted no sabe
¡lárguese de mi presencia!
h) eso no es inteligencia:
m)¿Que me va a tocar?
h) *Los timbales*
(música)
h) *Mulatica,*¿ te dí en la yema eh?
m) Quítese pa llá, ¡caramba!
Esa es cuestión de charanga.
h) Y a mí muy bien que me suena
si en una noche serena
tú fueras por Almendares
y en un banco te sentaras:
¡Se siente una alegría!
m) Por qué?)
Porque allí, *mulata* mía,
¡Allí suenan *los timbales*!
Que entusiasmo siento yo
Cuando yo siento el *tambor*,
Eso me da carcomilla,
Con ton ton mabó,
Aremiyé, miyé
m) (risa) ¿eso es lo que me va a gustar?
h) No, yo sé valses tropicales también
m) ¿Y por qué no bailas si quieres?
Ahí oir el *flautín*
Y también *un violín*;
h) Tócame los *timbales*!
m) Al Malecón voy todos los días,
voy porque nada me cuesta,
a ver si toca la retreta,

de la banda de la Policía,
también la de Artillería
tiene muy buenos metales
h) Pues yo mejor me voy a los bailes
y los lunes de romería
m) ¡Bueno!
h) Timbalero, venga conmigo un día
¡pá que toque los *timbales*!
(Música)
h) Ahora te voy a cantar
una cosita que te va a gustar
m) ¿De qué?
h) Tu verá, de bembé
m) Es simpático el *negrito*
h) yemayá aé, alordo mi yemayá (2)
(música cambia a tango congo)

Eugenio Ojeda

Hizo grabaciones en 1906, para la Columbia, todas a dúo con Martínez, pero no hemos escuchado ninguna. Grabó **A Máximo Gómez (C214)** de Villalón; **A Martí (C213); La yumurina (C220); Los galenos (C220); Punto cubano (C221); Punto cubano (C222); Punto matancero (C223).**

Arquímedes Pous (Cienfuegos 1892-Mayagüez, Puerto Rico, 1926). Abandonó los estudios de Medicina para dedicarse de muy joven al teatro bufo, especializándose en el papel de negrito y organizando su propia compañía con la que hizo temporadas en varios teatros. Fue autor de muchas de sus obras y un innovador del teatro vernáculo, viajó por México, Santo Domingo, Estados Unidos, Canadá y Puerto Rico donde falleció de un ataque de apendicitis. (Enrique Arredondo: "La Vida de un comediante", La Habana, Ed. Letras Cubanas, 1981, p. 25). Viene una biografía más completa de él, y su importancia en el teatro bufo cubano, en la nueva edición de "la Virgen de Bronce" de Enrique Río prado, que hemos mencionado antes.

En 1915 graba **El teléfono automático** con Blanca Vázquez (Columbia C2757). Probablemente tuviera que ver con la instalación de ese tipo de aparatos en Cuba; y en ese año o el siguiente **El premio gordo** (Columbia C2998) con Conchita Llauradó, valenciana que se domicilió en Cuba por mucho tiempo. Seguramente, alguna crítica a la Lotería Nacional.

En 1917, **El U-68** (Columbia C3126) de T. Sánchez y con la Llauradó y música de T. Sánchez.

Evidentemente el tema de los submarinos alemanes fascinaba a los cubanos. En éste, la mulata y el negrito viajan rumbo a Europa, ella tiene mareos, están asustados porque viajan "en vapor neutral pero los alemanes no creen en eso", suena el silbato, los marineros corren, y todo termina con una rumbita que dice:

> Prepara tu salvavidas
> Que nos van a torpedear
> Ah ah ah ah ah ah
> Mira el submarino alemán,
> mira el torpedo…

Con el propio autor y acompañante graba también en ese año, **Acelera chauffer, acelera,** (Co C-3125) con música de Antonio María Romeu, otro tema favorito de los habaneros. **En la trinchera** con música de T.Sánchez (Columbia C3139) posiblemente relacionado con la Primera Guerra Mundial desarrollándose en esos años.

En 1919, **Las notas americanas** (Columbia C3009) con Conchita y la orquesta de Eliseo Grenet.Se refiere en forma ambigua a las frecuentes notas enviadas por el gobierno americano inmiscuyéndose en los problemas de Cuba: La mulata le gusta la música americana, "las notas americanas" Canta "Goodby Piccadilly", y el negrito le dice que la va a hacer picadillo, que está cansado de las notas americanas…

En 1921 también con Conchita y música de Horacio Monteagudo graba **Dempsey y Carpentier** (Columbia C 4110) tomando como tema esta famosa pelea por el título mundial de los pesos pesados. El afán cosmopolita se refleja en varios títulos: **Pous en Andalucía** (Columbia C2502) con Blanca Vázquez; En ca. 1920, **Pous en New York"**(Columbia C3867), con Conchita; En 1922/24, **Un cubano en México** (Columbia C4003), con la Vázquez.

Aún en un pregón aprovechaba Pous la oportunidad para la crítica política, como en **El dulcero** (Columbia C4001, 1924-25) de su autoría, con la Vázquez, donde dice en parte del texto:

"Déjame instalar en esta populosa calle mi negocio al por menor. ¡Qué negra se está poniendo la cosa! Para más problema, la Sanidad ha prohibido comer dulce. Y dice que éste pica la muela, que dificulta la masticación y vienen los desórdenes de los órganos digestivos…qué negra se está poniendo la cosa…"

Claro que el número sirve también para ponderar la variedad de dulces cubanos: el merenguito, la sopa borracha, la rosquilla catalana, las de caché y canela, el coquito quemado, cosubé, la panetela, y termina el número con un pregón que los va mencionando…

Lo mismo hace en otro pregón, **De maní y ajonjolí** (ColumbiaC-2152x, 1924-25) con la Llauradó:Las palabras "congestión y "comisión" Pous las saca del contexto de la conversación que tiene, para pasarlas a un problema real existente en aquel momento: una congestión de mercancías en la bahía y muelles de La Habana, y que para resolverlo, se crea una Comisión que envían los americanos... (La Enciclopedia de Cuba, V.9, p. 170 y sigs) El problema durará varios meses....

P- ¿Caballero que pasará hoy que casi no he vendido nada? No hay nadie que me llame para preguntarme a como doy el turrón:
Llevo, llevo, mire, mire,
Herramienta pá los diente! Mire, mire….
Nada, que se queda la mercancía. Bueno, mañana tendrán que afilarse los dientes, porque en lugar de turrones, serán piedras. Mira, mira…
(Llega la mulata, sigue conversando con ella, que le compra turrón para llevarlo a su empleadora, y le dice:
Ll- Oye la señora está enferma,¿ te enteraste de la novedad?
P- ¿Qué novedad?
Ll- La congestión…
P- ¡Oh! La congestión…yo estoy al tanto de todo.
Ll- Y como el caballero está trabajando…
P- Claro se le crea una situación difícil al pobre hombre. Figúrate.
Ll- Bueno chico, ¿y eso de qué es?
P- ¿La congestión?
Ll- Sí
P- De bacalao, frijoles, garbanzos, papas, cebollas, ajos…
Ll- ¡No chico!
P- ¡Como que no!
Ll- Pero si ella padece de …
P- ¿Quién?
Ll- La señora
P- ¿Y qué?
Ll- Cuando tú dices de bacalao y papa…
P- Cuando yo lo digo es porque lo sé. Fíjate que la Comisión…
Ll- Oye chico, ¿de qué comisión hablas tú, a qué te refieres?
P- A la congestión, que dio lugar para que viniera la Comisión.
Ll- Que comisión?
P- La Americana, que vino por la Congestión
Ll- Que congestión?
P- La de los muelles, que trajo la Comisión

Ll- ¿Pero nosotros no hablábamos de la señora?
P- ¿Qué señora?
Ll- La de la casa que le dio una congestión.
P- No hija, yo hablaba de los muelles
Ll- Bueno, ya me extrañaba a mí que fuese de bacalao, tasajo…
Y por supuesto termina cantando un pregón de sus turrones.

De 1924 o 25 es **Muñecos políticos** (Columbia C4041) de su autoría, con la Llauradó. Y de esta época también, **La inmunidad** (Columbia C2149x) con Mendoza. Y también **En el correccional** (Columbia C2152x) con Mendoza, que aunque no es cantado, vamos a incluirlo por la importancia que tiene: Es el punto inicial del programa humorístico producido en Cuba y de fama en toda latinoamérica, "La Tremenda Corte". Juzguen ustedes:

(alguacil)Vamos a ver si se callan. Ahora van a empezar los juicios y deben estar callados. Oiga, ¿usted no es testigo? Pues vaya pa llá con los testigos, no puede estar con los acusados. Ya llegó el Sr. Juez (ruido de público) ¡Silencio! Ruperto Traspiés, vigilante No. 0
(Pous) Juro decir verdad de lo que se me pregunte y me consta que la ley castiga el perjurio.
(Juez) ¿Y quién le ha preguntado nada?
P- Y yo que le quise ahorrar ese trabajo. Mejor píntelo en un cartelito y no tendrá que repetirlo tanto.
J- Bueno cállese a la boca.
P- Eso es lo mismo que poner en los teatros no fumen, quítense el sombrero, orden y compostura; ¡no señor! Que eso nos hace muy incultos a los ojos de los extranjeros. Incúlquese al niño de hoy y para aquellos que tuvimos la época en que la educación andaba por los aires, escuela nocturna, he dicho.
J- ¿Ya usté acabó, señor?
P- ¿-Y qué, ¿le parece bien, compay?
J- Lo que me parece que usted viene un poco fresco.
P- Es que tuve que madrugar y la mañana está muy fría. Está bien chico, ¡no es pá bronca la cosa!
J- ¿De qué acusan al señor?
P- Señor Juez, yo estaba dormido en pleno parque…
J- ¿Y porqué dormía usted en el parque?
P- Porque tenía sueño.
J- ¿Tenía sueño, no?
P- Fui a coger el fresco, me senté y el fresco me trajo sueño.
J- ¿Usted no sabe que eso está prohibido?

P- Sí señor, pero es que el sueño hace olvidar hasta la vida. ¿Usted se ha visto dormido alguna vez?

J- Yo no sé nada, treinta días.

P- ¡Qué cara me cuesta la posada! Mejor, así tendrá la caña treinta días de asueto y adiós.

(Suena campanilla)

J- Ruperto Traspiés, vigilante No 0

(repite alguien bajito) Ruperto Traspiés, vigilante No. 0

P- Jura usté decir verdá?

J- ¡Silencio! A ver,¿ jura usted decir la verdad?

P- Que se me muera mi madre si te miento, compay

J- Que es eso, aquí no se jura por su madre, ¡se jura por la ley!

P- Bueno, que se muera la ley si yo miento!

J- ¡Aquí no se muere nadie!

P- Sí, es verdad, aquí debiera morirse la Cámara de Representantes.

J- ¿De qué está acusado?

P- Yo no sé, ¿de que me acusa guarda?

J- ¿De qué lo acusa, vigilante?

V- Señor juez, ayer me dijo que yo no valía nada.

J- ¿Es cierto eso?

P- Sí

J- ¿Y lo repite?

P- Bueno, él estaba a la izquierda, y como la aritmética dice que un cero a la izquierda no vale nada, pues no valía nada ayer.

J- Aprenda mejor la aritmética y usted 30 días más ¡y no se aparezca mas por aquí!

P- Murió. Guardia, no me traiga más por aquí, porque no vengo. Ey, ya soy mono. Llegué a categoría de representante, dentro de poco, pido aumento.

J- ¡60 días más!

P- Mi madre! Me aumentaron! ¡Ya me fastidié!

El país de los rascacielos. (Co 4153x, 1924-25,) aunque es un monólogo, vale la pena por su texto que lo incluyamos, por su ingenuo chauvinismo.

¡Vaya, vaya con el país de los rascacielos! Y esto es lo que decían que es mejor que Cuba? ¡De dónde hombre, de dónde! Empieza que están tan atrasados que no saben hablar el castellano. Todo se vuelve yes, all right, bell boy please, how much, give ten and thank you very much.

Pero vamos a ver, quién rayos me mandaría a mí a venir a esta tierra, con casas de cincuenta pisos y elevadores, y tranvías por arriba y tranvías por abajo. Y una de automóviles que siempre tiene uno la vida en un peligro. Oir lo menos si no encuentra uno la muerte segura, lo insulta el chofer. Y en inglés que no sabe uno lo que le dicen. Me dirán lo que quieran, pero yo no cambio mi Cubita bella por New York.

¡Y cómo se va la harina (1) caballeros! Desde que llegué no hago más que aflojar moniche (2) por tó's laos; y claro, como no hablo ni una papa de inglés, pues paso los grandes sofocones de la vida. Si entro en un restaurant, tengo que volverme un artista de película pá comer; porque tengo que pedirlo tó por señas: ¿que quiero comer pollo? Pues tengo que cantarle como gallo al camarero. ¿Que se me antoja un par de huevos? Tengo que cacarear como una gallina y agacharme como si fuera a poner: no, y así sucesivamente.¿ Y qué me dicen ustedes de los viajes en automóvil? Ave María, en la Habana por una peseta va en fotingo (3) desde Muelle de Luz hasta Belascoaín. Y aquí los taxis tienen unos aparaticos que va contando las millas, cada 2 o 3 cuadras, marca un realito, de manera que un viaje como el de Muelle de Luz a Belascoaín, cuesta tres o cuatro pesos: ¡Y me decían que aquí la vida era barata!

Y a propósito de frijoles: Cómo hecho de menos aquellos moros y cristianos, y aquel tasajito que me hacía Dominga Fritura: ¡qué negra, señores, que cocinao tenía!. ¡Cualquier día encuentro yo quien cocine como Dominga!

Aquí en lo único que nos aventajan un poco, es en la cuestión de los billetes de banco, siempre están limpios. En La Habana, los billetes de a peso parecen trapos sucios. Y aquí están nuevecitos y relucientes. Yo creo que por eso es que no nos quieren prestar cincuenta millones, sí porque temen que al devolverlos se los demos remendados y sucios..y eso de los billetes tiene su explicación, porque como los negocios son sucios, claro los billetes son sucios también…

Otra de las cosas que me han llamado mucho la atención son los restaurantes automáticos. Echa usted un nickel por una ranurita, y sale un huevo frito y un pollo. Bueno, demás está decirle que el pollo por lo regular viene siempre dentro del huevo, advirtiéndole a usted que los huevos aquí todos son del país, en resumen que esta es una tierra muy grande, y yo aunque me considero muy chiquitico, me desprendo como la belladona para La Habana en el primer vapor que salga: sí aunque sé que allí no cobran los basureros y aunque sepa que me dan los huevos americanos. Y sobre todo caballeros, que hace tiempo, pero mucho tiempo que no oigo una trompetilla (se escucha una).

No vé, ¡ese fue un cubanos seguro! La idiosincracia de nosotros!

(1) Harina, por dinero
(2) Moniche, del inglés money, por dinero
(3) Una distancia bastante considerable, unos 6 kilómetros.

Otras canciones del Teatro Bufo

Algunas de las obras incluidas en la Antología del Teatro Alhambra, de Eduardo Robreño sí contienen la letra de los números musicales de la obra; así sucede con **"Cristóbal Colón gallego"**, obra con música de Anckermann y libreto de Gustavo Robreño, posiblemente el más contestario de todos los guionistas que tuvo el teatro bufo. Se estrenó en abril de 1923. El argumento, trata de un americano, Mr. Smith, que filma una película en Cuba, titulada Cristóbal Colón gallego, en que procura exagerar los problemas cubanos.

Por supuesto los cubanos le salen al paso, y el argumento da motivo para protestar al mismo tiempo tanto de la conquista española, como de la intromisión americana en Cuba, y también de los problemas existentes, como las "botellas" todo lo cual se refleja en el libreto, pero también en las canciones, como por ejemplo, la que canta el Colón gallego con música de la ópera "La Africana" agregando con esto además, un elemento de intertextualidad:

>Me bata il cuor
>Espectac…culo divino
>Soñata terra
>Que al fin te descubrí.
>¡Oh! Paradiso
>De fieras y de chivos
>Y chilindrón.
>Aquí está Colón,
>Y me llevo hasta el copón;
>Tú me perteneces
>Porque yo te descubrí
>Y se salvó la patria,
>Al menos para mí
>(Coro): No es el copey (1)
>Amigo del siboney
>c) Para el chivo es terreno fecundo
>cr) Es el copey enemigo del siboney
>c) El que roba, puede vivir aquí
>cr) Guerra, guerra al copey…

Se dice en el libreto: "Esta última parte del coro es una rumba, cuya letra puede ser alterada a juicio del Maestro." Esto da una idea, de que las partes musicales de las obras, podían estar sujetas a mutación.

(1) Copey o cupey, es un árbol descrito ya por Pichardo, que tiene la particularidad de que sus hojas contienen una sustancia resinosa amarilla, y al ser tocada con algo

puntiagudo, sale ese líquido que inmediatamente se coagula con color amarillo, de ahí que se diga que se puede escribir en las hojas del cupey; los mambises lo usaban para dejarse mensajes; pero al parecer, aquí los indios se quejan de que lo hacían los españoles también, y como los indios no sabían leer, les perjudicaba. Cierto o no, así lo usó Robreño en la obra.

Más adelante en la obra, Mr. Smith va a filmar en una fábrica de botellas en Cupey, población donde ésta se embotella para vender por sus poderes medicinales; pero se usa el equívoco de la "botella" como cargo público que no se trabaja, y así canta el coro de **"Botellas"**:

> Aquí estamos las botellas
> Las que adora nuestra grey,
> Pues son ellas, pues son ellas
> Las que mitigan las penas
> Del humilde siboney,
> Que aunque aquí todo se encierra
> No está en manos la riqueza
> De los hijos de esta tierra,
> ¡qué tristeza!
> Por eso es que nos buscan sin cesar
> Y todos su botella
> Quieren atrapar
> Y si no, que lo diga el Botellón
> (El Botellón se adelante y canta)
> Siboney con orgullo me llamo
> Soy el hijo del sol y del agua
> Del Copey
> Con mi hamaca y mi linda piragua
> Soy feliz y no espero otro bien.
> (Coro): Que nos cuente algún chisme
> Pero de ley,
> El Botellón criollísimo
> Del agua del Copey.
> b)No se puede hablar claro,
> mas si te empeñas
> te diré algunos chismes…
> pero por señas…
> COUPLETS (1)
> Se asegura que algunos millones
> Se han pedido a una casa extranjera

Me han dicho que...tranlaralera
(Hace una señal negativa con la mano)
Por temor de que...tranlaralá
(Otra señal con los cinco dedos) (2)
Y se dice también que la zona (3)
Se ha podido lograr que volviera
Porque un poco de... tranlaralera
Le entregaron a tranlaralá.
Se murmura que los empleados
Cobran tarde y de mala manera
Y además en el...tranlaralera
(Señal de intercambio)
Le descuentan...el tranlaralá
(Presentando dos veces los diez dedos)
De dos mil cargaremes que había(4)
Quedan ya la mitá o la tercera
Pues hay muchos que...tranlaralera
Se lo entregan a...tranlaralá.
Juan le dio una mordida a Rosita
Y después la segunda y tercera
Y de tantos que...tranlaralera
ya no pudo más... tranlaralá
Se asegura que en cierto cabildo(5)
Se dedican a la atracadera
Desde el último tranlaralera
Hasta el más alto...tranlaralá
El boxeo fue al fin suprimido
Pero el juego se ve donde quiera,
Pues parece que el ...tranlaralera
(Señal de boxeo)
Perjudica a los...tranlaralá
(Señal de jugar al monte)

(1) El couplet es un género musical español muy conocido, pero creo aquí el autor lo usaba mas bien en el sentido de coplas, como las que con el mismo carácter festivo, y con cambio frecuente de los versos de acuerdo con la época y circunstancia, son frecuentes en la zarzuela y revistas españolas, como lo son las que se usan en la zarzuela u ópera "Marina", y en la comedia "La corte del faraón" (Ahí va, ahí va)
(2) Este signo debe ser el que se hace abriendo la mano derecha, y cerrando paulatinamente los dedos, comenzando por el meñique, torciendo al mismo tiempo la muñeca hacia la derecha.

(3) No sabemos si se refiere a la zona de tolerancia, en que estaba permitida la prostitución.
(4) Cargareme, según el RAE, es documento en el que se hace constar el ingreso de alguna cantidad en caja o tesorería, si desaparecieron los documentos, es que desapareció el dinero también…
(5) Cabildo puede ser ayuntamiento que rige un municipio, en una de las acepciones del RAE.

Otra obra que contiene los textos musicales, es **"La casita criolla"** con música de Jorge Anckermann y libreto de Federico Villoch, estrenada en el teatro Tacón el 11 de julio de 1912. El título proviene, como explica Robreño en su libro, de que el columnista de el diario La Discusión, que se había hecho cargo de la propaganda electoral a favor del General Mario García Menocal, frente a los empeños reeleccionistas del presidente Gómez, había escrito sobre la humilde "casita criolla" de donde habían sacado al general Menocal, que venía a sacrificarse por la patria. Como no fue así, cuando la obra se reprisó en 1917, le cambiaron el final, para adaptarlo a las circunstancias. Posiblemente el número titulado **"Cañita en la Casita Criolla",** de Colombo con Regino López, Vi-63990, con Villalón en la guitarra, grabado en 10/3/1912, debe tratarse de éste, que en la obra se titula "El alcohol":

¡¡Pum!! Reventó el reverbero
Y se alborotó el solar!
Aquí está el Alcohol, señora,
Que no podía faltar
Por ser artículo
De primera necesidad.
¿Qué? ¿Qué vengo sin juvecilla?(¿)
Eso es lo más natural
Pues aunque dice la gente
Que eso aquí se acabó ya,
él chivo sigue berreando
y berreando morirá.
Pero eso a mí qué me importa:
A mí lo mismo me da
Que mande Juan como Pedro,
Porque no soy liberal,
Y conservador, maldito
Si tengo que conservar,
 y si me dan tres pitazos
que mande el que ha de mandar
Menocal?—Muy señor mío…
Zayas? –Hola, ¿Cómo estás?...

Machado? ¡Abur, Gerardito!
¿Y Núñez?--- ¡Choca, Barbián!
Lo que quiero es honradez,
Orden y moralidad,
Y tajaleo abundante(1)
Y pudor, y aseo, y por…
Si quieren elegirme
Pá el puesto presidencial,
Me olvido con mil amores
Y con solícito afán,
Pues aunque ustedes lo duden
Tengo la seguridad
De que he de hacerlo mejor…
Y más barato además.
¡Vaya, aquí hay un nuevo grupo!...
¡A dar mítines, y a charlar!...
¿Candidato?—Yo, Cañita!
Pago los votos a real,
O a peso, o a lo que quieran,
Lo principal es ganar
¡que ya luego pagaremos
Reventando al industrial!
Y ahora a arreglar la maleta
Y embarcarme en el central
Con mi amo Don Hilario
Que me acaba de nombrar
Su secretario--¡A sus órdenes,
Pueblo ilustre! La verdad
Va a ser mi lema y mi escudo
El que se quiera tirar
Se va a encontrar con Cañita,
¡Conque no le digo más!
¡Que choteo, caballeros,
La he cogío de verdad!

(1) Tajalear es comer, y tajaleo, comida.

También en esta obra se canta el tango congo "Tumba la caña"que después los partidarios de Menocal usaran en su campaña:

> Tumba la caña, anda ligero,
> Mira que ahí viene el mayoral,
> Sonando el cuero.

Quizás la obra más popular del Alhambra, fue **"La isla de las cotorras"**, con libreto de Federico Villoch y música de Jorge Anckermann, estrenada el 28 de febrero de febrero de 1923. En ella, la música se usa al principio en una forma distinta: para probar, sutilmente, la cantidad de etnias diferentes que existen en Cuba; asi desfilarán con sus cantos los *jamaiquinos:*

> Kingston yo dejé ya pá venir hasta aquí….
> En mi nación ya no se puede vivir,
> Y es justo el emigrar y abandonar
> Buscando un país hermano
> Que nos quiera cobijar…..etc

Lo mismo hacen los *negros congos*:
> Bembé, bembé,bembé…
> Lo congo mimo son…..etc

También los *chinos*:
> Rosa del Tonkín,
> Lirio de Cantón……

Los gallegos cantan en su idioma:
> ¡Ay Maruxiña, por Dios dame un bico!
> ¡Que fas á couga, ti sei catoleas!

A todo este ataque musical responde un grupo de guaracheros y rumberos que cantan:

> Ahí viene la *mulatica*
> Mas hermosa y sandunguera
> que en diciéndole en bailar….
> Bota por su cintura
> Polvo de la canela…..
> Aunque mañana me muera
> Viva mi bandera cubana!

La cotorra es la voz de la conciencia cubana, que recuerda:

Sí: pero ahora… ya no se escucha
De aquellos grandes la melodía.
Antes sus cantos entusiasmaban;
Y a las dormidas generaciones,
El amor patrio sentir hacían
Con los acordes de sus canciones
Muchos hubieron de excelsa fama;
Plácido, Heredia, Teurbe y Zenea;
Y sus heroicas odas cantaban
Nuestros soldados en la pelea.
En los presidios y en el cadalso
Sonó la lira de esos valientes,
Y sus cantares hoy los repiten
En las escuelas los inocentes.
Desde ultratumba dicen sus voces:
¡Libertad, Patria! ¡Vuestra alma vibre!
Que cuando un pueblo alza la frente,
Es siempre grande, y es siempre libre!

La tapa al pomo la pone el Loro Viejo, como representante de las Cotorras como primeros habitantes de la isla; no canta, pero espanta lo que dice:

¡Uy!…Si he visto en cuatro siglos
Pero cuánto, cuánto, ¡ay, Dios!
Desde el día que llegaron
los barquitos de Colón
¡Y qué gente madre mía,
La que trajo el buen señor!
Carteristas y rufianes
Los más listos que encontró
y con listeza y tino
Enseñaron la lección
Que después de cuatro siglos
Aún ninguno la olvidó
Como a todos les gustaba
El sabroso chilindrón,
A una playa donde había
De chivitos un millón;
La del chivo le nombraron
Y del chivo se quedó,

Y de chivo todavía
Se alimenta la nación,
quien consigue algún buen puesto
o lo arrienda, que es mejor
Esta tierra bendecida
Entre todas tiene el don
De atraerse a todo el mundo
Con su cielo y con su sol
Y el que prueba el aguacate,
O la piña, o el anón,
Ya no vive ni es dichoso
Si no gusta su dulzor,
Y de frutas tan sabrosas
No se atraca de a montón.
Y de danzas de millones
Llevo vistas más de dos
Y de cien y de doscientas
Y quizás si de un millón;
Y otras tantas he escuchado
Cuando todo se acabó,
¡Esto está de chivo cojo!
¡La gran crisis! ¡El ciclón!
¡No tenemos dos pesetas!
¡Nos hundimos! ¡El terror!
¡De esta quiebra no nos sacan!
¡R.I.P.! ¡Finiquitó!
Pero empieza la azuquita
A subir más que veloz
¡Y otra vez vuelve la fiesta!
¡Y otra vez vuelve el danzón! …

Para Robreño, la causa de esta obra fue la campaña iniciada por el presidente Zayas, para solicitar de los Estados Unidos el reconocimiento de la soberanía cubana en Isla de Pinos, para así distraer a la opinión pública de los desmanes que se cometían en su gobierno; si es así, no lo logró, porque la obra, además de reconocer el derecho de Cuba sobre la isla, también criticó los desmanes gubernamentales de Zayas; pero por otra parte, es cierto que había un fuerte movimiento anexionista entre los miles de colonos yanquis que vivían en dicha isla. Era necesario aclarar la cuestión, como se hizo pocos años después, garantizando la soberanía cubana sobre dicha isla.

Irónicamente, el número en que se relataban algunos de los errores del zayismo, corría sobre una melodía norteamericana muy popular de su teatro vodevil, en que dos personajes, Mr. Gallagher y Mr. Shean, comentaban sobre varios temas. Dice Robreño que Acebal y Otero, que asumían los papeles de Galleguíbiri y Macuntíbiri, a veces tenían que cantar más de media hora, agregando nuevas coplas. Hay una grabación Co-4228 con estos artistas de 1923, cubriendo las dos caras del disco, posiblemente de las coplas más usadas. Reproducimos ahora las del libro;

> ¡Ay galleguíbiri! ¡Ay galleguíbiri!
> Yo te juro que me voy a envenenar
> Pues no tengo que comer
> Ni he pagado el alquiler
> Y me canso de buscar, y de buscar
>
> ¡Ay macuntíbiri! ¡Ay, macuntíbiri!
> Si tú quieres yo te puedo socorrer
> Aquí está mi capital
> Que remediará tu mal
> G- ¿Y de donde es este check?
> M- Del Banco Internacional
> ¡Ay, galleguíbiri! ¡Ay galleguibiri!
> Mister Crowder es ahora embajador
> Siendo una buena persona
> Es un cargo que le abona
> Y ha dejado ya de ser interventor.
>
> ¡Ay Macuntíbiri! ¡Ay Macuntíbiri!
> En el título no debes de creer
> Si no te parece mal
> Todo ha de seguir igual.
>
> M- ¿Es entonces el mismo perro?
>
> G- Con diferente bozal!
>
> ¡Ay galleguibiri! ¡Ay galleguíbiri!
> El gobierno de Cubita está muy mal
> Y se dice que se trata
> Por no meter la pata
> De formar un gabinete muy formal.
> ¡Ay Macuntíbiri!,¡ Ay, Macuntíbiri!

Yo me explico esa medida del poder
Pues de harina hay un montón
Que provoca tentación…

M- ¿Qué tiene que ver la harina?
G- Es el diablo el chilindrón!

¡Ay, galleguíbiri, ¡Ay, galleguíbiri!
En Matanzas Arroyito (1) secuestró
A un ricacho que paseaba
Y que cuenta no se daba
De la trampa que el bandido preparó.

¡Ay macuntíbiri! ¡Ay, Macuntíbiri!
Con sus pesos ya se pudo liberar
Como que tiene un barril
Pidieron cincuenta mil.

M- ¿Y por qué pidieron tanto?

G- ¡Porque habrá que repartir!

¡Ay, galleguíbiri!,¡ Ay galleguibiri!
De un convento que se acaba de cerrar (2)
Ya todito se sacó
Porque allí nada quedó
Y ha quedado solamente un gran solar.
¡Ay, Macuntíbiri!¡ Ay, Macuntíbiri
Te aseguro que tu estás en un error
Tu lo has entendido mal
Porque queda un animal.

M- ¿Pero que animal es ese?

G- ¡Pues un chivo colosal!

¡Ay, galleguíbiri! ¡Ay, galleguíbiri!
Si Cañizo no ha querido declarar
Es que existe algún misterio
Y el asunto está muy serio
Y por eso no se puede investigar.

¡Ay, Macuntíbiri! ¡Ay, Macuntíbiri!
Del secuestro te daré mi parecer;
Lo de Arroyo es invención
Pues se fue de la nación

M- ¿Pues quien ha sido entonces?

G- Habrá sido Marimón! (3)

(1) Arroyito fue un bandido famoso en aquellos tiempos (Ver Enciclopedia de Cuba, V-9, p 245, 248 y 254,258 y 259. Efectivamente, el 24 de marzo de 1923, había secuestrado al comerciante de Matanzas Juan Bautista Cañizo, liberado por $21,000; el 12 de abril Arroyito fue apresado por la policía en un tranvía en Regla).
(2) Debe tratarse de la demolición de la Iglesia y Convento de Santa Catalina, con frente a la calle O'Reilly entre Compostela y Aguacate. Allí se construiría después, en la esquina de Compostela, el edificio de oficinas La Metropolitana, y en la esquina de Aguacate, el National City Bank de New York (Manuel Fernández Santalices: "Las calles de La Habana intramuros", Ed. Saeta, 1989. p. 112).
(3) José Marimón controlaba el Banco Español de la Isla de Cuba, que hizo crisis de 1920 en adelante, y para 1921 estaba quebrado, Marimón partió hacia los Estados Unidos, y nunca volvió... (La Enciclopedia de Cuba, V-9, p179,226,228 y 229).

Otro cuadro interesante de La casita Criolla, el Tercero, al terminar del cual irrumpe en la escena, según dice el libreto, *con un caminado de rompe y raja*, **El Azúcar de refino.**

El asúca de refino
Esa soy *La mulata*
Criolla que tiene asúca
En el cuerpo y en el alma
Dicharachera y rumbera
Y amiga de la jarana.
El que me ve se disloca,
Y el que me sigue se mata;
Pero muere muy a gusto,
Pues tengo dentro del alma
La gracia de Andalucía
Y el fuego y el sol del Africa.
¿Qué por qué he venido aquí?
Salta a la vista la causa
Tratándose de una obrita
Bufo-lírica cubana

> ¿cómo es posible señores
> Que faltase la *mulata*?
> En la rumba sé triunfar,
> Mas si llega la ocasión
> También tengo un corazón
> Para reír y llorar…
> Y en mi voz hay emoción
> Cuando las penas que siento
> Son melodioso lamento
> ¡En las notas de mi *son*!
> (La música es la de la canción "Las notas de mi son".

Esta parte es hablada, pero viene después música de guaguancó:

> Mas si se escucha el *bongó*
> Con voz de *rumba y bachata*
> Gritándome<¡Ven *mulata*!>
> Yo contesto: <¡Aquí estoy yo!>
> Y si en el ronco *tambó*
> Las manos preden candela,
> Palpita mi piel canela
> Con ritmo de guaguancó!

Hortensia Valerón

Es otra de las sopranos que trabajaron en el teatro alhambresco, sola o a dúo con otras figuras. En 1913 graba **Severidad policíaca** (Columbia C2504) un diálogo con bolero, de la pluma de Gustavo Robreño, quien además actúa en el mismo, junto con el cantante Marcelino Fernández. En 1915 graba **El divorcio**, (Columbia C2821) de Jorge Anckermann con Fernández. Posiblemente comentaba sobre la ley de divorcio en Cuba, que empezaba a discutirse. Y en 1916, **El tesoro del guajiro**,(Columbia C3003) un punto guajiro. Y en 1913, **Cosas cubiches**.(Victor 65354) primer vez que vemos este sinónimo de cubano en un título musical.

Blanca Vázquez

Ya hemos visto su intervención como cantante con otros. Estaba casada con el también actor y cantante Raul del Monte, que organizó compañías para hacer temporadas fuera de Cuba. En **La tutelar de Guanabacoa** (1915,

Columbia C2954) diálogo con rumba con Gustavo Robreño, y música de Gonzalo Roig, seguramente recoge aspectos de esta tradicional fiesta cubana. **De Chaparra a la Habana** (1913-Victor 65425) de Eliseo Grenet a dúo con O. Rivas, puede aludir al General y después presidente Menocal, oriundo de ese lugar. Y **La mulata María** (1923, Victor 65357) una canción de Valenzuela, que ya vimos en la voz de Blanca Becerra, que la grabó también.

CAPÍTULO 10
1900-1958: La trova

Aunque con menos intensidad que los cantores del punto cubano o los del teatro bufo, también los trovadores cubanos cultivaron este tipo de canción, aunque el fuerte de su repertorio fuera la canción amorosa. Como en los capítulos anteriores, en cuanto a más detalles biográficos de los intérpretes, remitimos a nuestro lectores a nuestra Discografía de la Música Cubana, 1898-1960, a la que se puede acceder gratuitamaente en: http://latinpop.fiu/edu/interpretesndx.html

Se trata generalmente de cantantes que actúan en dúos, como vemos también lo hacían los del Teatro Bufo.

José Castillo

No tenemos información sobre este intérprete. **Liborio** 2/1918, Co-3294. A dúo con Manuel Luna. Es una guajira de Rosendo Ruiz padre, que habla de los sentimientos que agobian a Liborio, personaje que ya hemos presentado a nuestro lectores.

> Me dieron ganas de llorar
> Cuando tu orgullo yo ví
> Porque los hombres decían
> (siguen estrofas que no se entienden)
> Yo lo quise consolar
> Y al punto se negó.
> Me dijo que ya era tarde
> Para consolarlo,
> Que veía con tristeza
> descender hasta el abismo

El amor y patriotismo,
 debiendo ser lo contrario.
En este bello santuario
Solo triunfa el egoísmo.

Ese mismo año, ambos graban una rumba de Sindo Garay, con el mismo tema: **Yo soy Liborio** Vi 73044 3/12/1918:

Si en esta tierra la vergüenza
se vendiera
cuántos que no la tienen
comprarla quisieran;
como no se vende,
pues nadie la tiene,
más difícil que comprarla,
Es nacer con ella.   (bis)

Yo soy Liborio,
Yo no quiero más jolgorio
Yo soy Liborio
Y la quiero más….

Si en esta tierra
Que yo mismo no comprendo,
Porque todos sufrimos,
Tan ambiciosos,
Y porque un coloquio
Esto es un embrollo
Lo que en Cuba está pasando,
Pobre Liborio, pobre Liborio.
Yo soy, etc..
Si en la tierra, etc.

Manuel Corona

Caibarién, Las Villas 7/17/1880-La Habana 1/9/1950. Uno de los grandes compositores de la trova cubana, autor de números emblemáticos como "Santa Cecilia", "Doble inconsciencia", "Mercedes", "Longina", etc. (Ver Radamés Giro, Diccionario enciclopédico de la música cubana, Ed.Letras Cubanas, 2007). Grabó poco como trovador, bien como primera voz con distintos acompañantes, o como guitarra y voz acompañando a los dúos de María Teresa Vera. A veces, firmaba sus composiciones como José Corona. **Los aliados te quieren ganar** Col C-2967 ca 1917-1918 con Viañez de segunda voz, bien puede referirse como hemos visto, a la Primera Guerra Mundial, o a la competencia comercial entre los cocheros de La Habana; **Rubén en las trincheras**, Col C3191 ca 1918, rumba, con Viañez sí debe referirse a la guerra, y lo mismo la otra cara del disco, **Corona y Rubén en las trincheras** Col C3191, otra rumba también de su inspiración. **Cuba y España** de la que solo tenemos número de matriz, Col 82921, ca.1919, un bolero de Sindo Garay, también debe ser atinente con nuestro tema, pero como todas las anteriores, no la hemos escuchado, pero sí en **Arete con aré** Col C4234, 8/1923, una rumba de la inspiración y con el acompañamiento en segunda voz, de Francisco Sánchez (Pancho Majagua).

Arete es la prenda que atravesando o presionando el lóbulo de la oreja, adorna ésta, y ahora usan mujeres y a veces hombres. Pero con aré, que suena a africano, no sabemos su significado, ni tampoco el de magué. Aunque según el sello del disco es una rumba, como verán del texto, se repite varias veces que es el son oriental.

Te quiero más que a mi vida
T*rigueña* de mis amores
La prenda más querida
Del amor de mis amores   (bis)
Este es el *son* oriental

Los tonos de mi *guitarra*
Con esta canción se queja
Que el corazón me desgarra
La triste nota que deja

Este es etc. ………

Cuando una rama se queja
Y al verla verde y floreando,
Si tu casa me desprecia
Otra me está aguardando

Éste es, etc.

Yo iba para casa de ………

> Magué, magué
> Me casé con una tiñosa,
> Con aré, con aré, aré
> Arete con aré.

Juan Cruz

No hay datos de este barítono que grabó decenas de discos acompañando a otros cantantes.

Ivonet y Estenoz Vi-65427 3/24/1913. De la inspiración de Manuel Corona es esta clave, en que le acompaña J. Parapar ("El galleguito") como primera voz. Disco muy importante, que no hemos escuchado. Evaristo G. de Estenoz y Pedro Ivonet eran dos líderes afrocubanos que desde 1908 venían propugnando la fundación de un partido que agrupase a los negros, cansados de discriminación social y económica. Después de larga lucha, su partido fue declarado ilegal y no le quedó otro camino que alzarse contra el gobierno, que procedió en forma brutal contra ellos, asesinando a ambos líderes y produciéndose una matanza de miles de afrocubanos, eventos que se conocen con el eufemístico nombre de "la guerrita de 1912"en la historia de Cuba (Ver Cristóbal Díaz Ayala"Los contrapuntos de la música cubana" Ediciones Callejón, San Juan, 2006, p. 150)

Marsans Vi-67342,1914, reproducido en el CD ACR-803. Cruz usa como primera voz a Juan de la Cruz. Armando Marsans fue un destacado pelotero cubano, que hizo brillante carrera también en los Estados Unidos. Se trata de una rumba de Sindo Garay, que es una especie de anticipo del jingle o anuncio cantado, ya que además de ponderar sus hazañas como pelotero, anuncia la "breva de Marsans", al parecer una forma de cigarro o puro que ostentaba su nombre.

> La Habana entera está loca
> Por el nombre que le dan
> Todos llevan en la boca
> Una breva de Marsans   (bis)
>
> Marsans, juégale al medio
> Parejo también
> Que no vende el bate
> Que nombre le dió   (bis)
>
> Cuando Marsans va a la leña (1)
> Los files (2) se ponen lejos

Y si se embasa, mi negra, (3)
Ay cosa pá largo rato   (bis)

Marsans en beisbol (4) señores
Es quien corta el bacalao (5)
Por el día en la pelota
Por la noche Dios lo sabe.. (bis)

(1) Por ir a batear, en el juego de pelota.
(2) Es una traducción, al parecer de origen cubano de la palabra fielder en inglés o jardinero, que denota a los jugadores de pelota o beisbol.
(3) Igual una traducción del inglés de to reach a base, llegar a una de las tres bases del juego.
(4) Una traducción fonética, pero esta sí aceptada por la RAE, de la palabra baseball.
(5) Por lo menos en Cuba, esta frase denota al que decide, resuelve, o manda. Ignoro el origen. Según de la Fuente, era un función importante en los centrales azucareros, el que distribuía la cuota de alimentos para cada esclavo, que consistía en plátanos, algún tubérculo, y la proteína era tasajo, carne de caballo curada, o bacalao también curado, alimentos ambos baratos en la época, y resistentes a la descomposición por el calor.

Canción en chino (Vi-67344 5/22/1914), de la inspiración de Cruz, y nuevamente con de la Cruz, sería interesante escucharlos cantando como chinos; con el mismo compañero, graba **Yarini** (Vi 67064 5/22/1914), un bolero de Sindo Garay. Yarini fue un famoso proxeneta en la década de los 20's. A diferencia de la mayoría de sus colegas, que eran franceses, era cubano. En un duelo por una de sus pupilas, fue acuchillado, y su sepelio fue todo un acontecimiento. (Ver:Dulcila Cañizares, "San isidro 1910-Alberto Yarini y su época" (Ed. Letras Cubanas,2000). **Jabón Corona** (Vi69061 5/23/1914) es una rumba con el mismo compañero, y parece anunciaba un jabón. Otro "proto jingle".

No te mueras sin ir a España (Vi-65927, 5/25/1914) Otras vez los dos Cruz, en una guaracha que le atribuyen a Rui López, pero teníamos entendido era de Manuel Corona aunque con algunas estrofas diferentes a esta versión. Un coqueteo turístico con España…

Si te quieres divertir
Y la rumba no te engaña,
 no te vayas a morir
primero sin ir a España.
No te mueras, sin ir a España   (bis)
Allá la famosa uva,
Aquí la sabrosa caña

No te vayas a morir
Primero sin ir a España.
No, etc.
Tu tienes la piel tan fina
Que parece telaraña
No te vayas a morir
Primero sin ir a España.
No, etc.
Ha llegado tiburón (1)
Trae al lomo una guadaña
Y le dice a Alfredo Zayas
No te mueras, sin ir a España.
(hab) Mira chino,
Ha llegado tiburón
De caminar tierra extraña
Y le dice a Menocal
No te mueras sin ir a España
Ay Mario! No te, etc.

(1) Como hemos dicho antes, "Tiburón" le decían a José Miguel Gómez, que fuera presidente de Cuba, y que en este número, bromea con sus colegas políticos, Alfredo Zayas, conocido por "El chino", y de su propio partido Liberal, y con su opositor conservador, Mario G. Menocal.

Pancho Villa (Vi-67323-5/25/1914) es un rumba de Juan Cruz, que éste y el otro Juan, le cantan al héroe mexicano que como vemos, fue muy popular en Cuba; **A Parlá** (Vi69301-5/25/1914) es otra rumba escrita por Martín, que el mismo dúo dedica al aviador Agustín Parlá, que en 1919 realizaría el primer vuelo comercial de La Habana a los Estados Unidos; **Estrada Palma** (Vi-69862 5/25/1914), primer presidente de Cuba, es a quien dedica esta rumba Martín; **Martí murió de frente al sol** (Vi-69121 5/25/1914) un bolero de Sindo Garay que canta el dúo de los Cruz; debe tratarse en realidad del bolero de Sindo que aparece en el libro "Sindo" Garay, Memorias de un Trovador" de Carmela de León, Ediciones Museo de la Música, 2009, p. 103, donde aparece el título como "A Martí", y como veremos su primer verso habla de "cara al sol" como decía el verso del Apóstol.

Marti murió de cara al sol,
Su nombre resuena en el espacio
Como nota suprema de dolor.

Así murieron los indios
Por su adoración,
Jamás supieron los traidores
Su valor.

En cambio yo,
Cuando oigo sus plegarias
Su alma inquieta por doquier miro…
… que cada frase de Martí era un suspiro
Como el que nunca vio la luz del sol
¡Martí murió de cara al sol!

Ambos también, y de la inspiración de Juan Cruz, grabaron **La portorriqueña** (Vi-67706 5/25/1914) una guaracha en que ambos dialogan primero, como las figuras del teatro bufo, uno como habanero, y el otro como guajiro, para terminar ponderando un establecimiento comercial de La Habana; otro anticipo de los jingles:

1- Hombre Dominguito, usté por La Habana?
2- No me diga ná camará, que estoy medio morío
1- ¿Qué, tiene la bubónica?
2- No camará
1- ¿Tiene usted calor?
2- No hombre, que cuando yo estoy cortando el tabaco, no siento tanto como aquí.
1- ¿Y qué es lo que le pasa?
2- Hombre, que desde que estoy en esta maldita Habana no he tomao ni un poco de café.
1- Hombre, porque usted tiene la culpa, porque aquí cerca, muy cerca de aquí en el Parque Central, está La Puertorriqueña, y usted sabe como es.
2- Pues vamos allá, camará
1- Vamos allá caramba, cuanto me alegro, hombre!
(música)
Todo el que venga a La Habana
Y quiera tomar buen café
Vaya a La Puertorriqueña
Y verá que bueno es   (bis)
Cortázar siempre sonriente
En su café de Obrapía (1)
Atiende bien al presente

Por la noche y por el día;   (bis)
En la calle de Obrapía
En el salón de Francisco
Es del puro Puerto Rico
El que a la gente allí guía   (bis)
(hablado)
2- Camará, que bueno está! Yo le debo a usted compadre, lo más que usted quiera, quiere un gallo, una yegüita mora, lo que usted quiera, camará! Que bueno está el café!

(1) Obrapía es una calle importante de La Habana Vieja.

El despatriado (Vi-72003 7/28/1915) Al parecer canta solo esta romanza Juan Cruz, que puede ser la canción de ese título del siglo XIX, que no hemos escuchado, lo mismo que **Al Titán de Bronce** (Vi-69267 10/15/1916) una romanza dedicada a Antonio Maceo.

Patria mía
(Vi-73042 3-16-1921)

Una canción de Luis Casas Romero también conocida como **Patria querida**, que aquí le acompaña con su orquesta, y la segunda voz es Bienvenido León.

Eres del alma, patria querida,
La dulce nota de mi canción
Tuya es mi vida, tuyos mis sueños,
Tuya la gloria, mi inspiración.
Tu sol ardiente batió mi pecho
Tu triste historia quise aprender
Dile a tus hijos, nobles guerreros,
De gran talento, de gran saber.
Tus puras brisas tan perfumadas
Tu claro cielo, fascinador
Tus bellas palmas, tus largos ríos,
Tus verdes campos de gran valor.
Son tus mujeres gratas palomas
De tierno arrullo murmurador
Con mucho fuego dentro del alma
Cuando se abrazan por el amor.
Eres mi calma, patria querida,
La dulce nota de mi canción.

Son caliente, son de Oriente
(Vi 87133 4/1/1924)

Aquí le acompaña Miguel Zaballa en este número de Eliseo Grenet que incluimos, porque en el momento que se iniciaba el surgimiento del son en la Habana, y la discusión consiguiente entre el son habanero y el oriental, Grenet, compositor habanero, se decanta por Oriente, en este sabroso son que como muchos otros, pondera las virtudes de ese género.

>El *son* tiene la dulzura
>De la música oriental
>Llena el cuerpo de alegría
>Con su ritmo tropical   (bis)
>Óyelo, óyelo…
>Como suena la *botija*
>Como suenan las *maracas* (bis)
>Ay mi *son*, mi *son* caliente
>Mi *son* de Oriente
>Ah ah ah ah ah ah   (bis)
>Cuando empiezas a escucharlo
>Se mete en tu corazón
>Y el que tenga dulce encanto
>A bailar el dulce *son*   (bis)
>Óyelo, óyelo…. (bis)

Cuarteto Cruz

Por coincidencia de fecha de grabación, y por continuidad de los números de las matrices, sabemos que este cuarteto era dirigido por el mismo Juan Cruz. Hicieron varias grabaciones en 3/9/1923, como **Palma Soriano** Vi-73883, **Arete con are** Vi 77089, que ya vimos grabado por otro intérprete, y **Caimán en el guayabal** Vi-77575. Que al parecer era una contraseña que tenían los mambises para indicar que los caimanes eran las tropas españolas.

Juan de la Cruz

Tenor con voz muy característica, que grabó con distintos grupos y segundas voces pero sobre todo, con Bienvenido León; también con el Sexteto Nacional, del que se convirtió en primera voz por fallecimiento de su cantante, cuando el grupo viajaba a la Feria Internacional de Sevilla en 1929.

La negrita garzona (Vi-77738 9/22/1924 de Alberto Villalón, con él en la guitarra y León de segunda voz, es una de las varias canciones que se le dedicaron a esta moda de las mujeres procedente de Francia, de cortarse el pelo corto. Y dice en la letra "Un negrito parejero (cubanismo aceptado por la RAE como confianzudo) le decía a su novia: Garzona, garzona, eres tú la emancipada de la raza de color" (por haberse recortado el pelo).

Sin llamarla como tal, ya era un son o una guaracha la titulada **Mujer que ahí viene tu marido** (Vi-78276 9/22/1924) de los mismos implicados, y en que se menciona al son de pasada:

>Enamoraba a una *prieta*
>Que está bien, más que el *son*
>Y tiene su casa puesta
>En el barrio de Colón.   (bis)
>Por la tarde iba siempre
>Y muy lleno de emoción
>Cantando con mi guitarra
>Le enseñaba una canción.   (bis)
>Le decía con ardor,
>Con loco frenesí
>Que su dulce corazón
>Era solo para mí.   (bis)
>Y cuando tranquilo estaba
>Sentí una voz que decía:
>Mujer, que viene tu marido,
>Mujer, que ahí viene ya   (bis)

Rodolfo Valentino

(Edison 60033 9/6/1924)

Con León en la segunda voz y la guitarra de Villalón, es una rumba de Manuel Méndez que aprovecha la popularidad de aquel astro del cine y su éxito en Cuba:

>Las mujeres de mi Cuba
>Ya tienen perdido el tino
>Pues muy pronto se han guillado (1)
>Con Rodolfo Valentino.
>Todo lo que pasa en Cuba, señores
>Todo lo que pasa en Cuba, lo sé   (bis)
>
>Dos cosas tiene Santiago
>Que no se encuentran iguales,
>La ñatona (¿) de Banderas

La corbata de Cabrales
Todo, etc.

Si sé que el cubano tiene
La cara de comentar
Y muchos que no la tienen
Muchos más tragos se dan.
Todo, etc.

(1) Guillarse y guillo o guille, son cubanismos que el RAE reconoce como tales, pero los define mal; es aparentar o sugestionarse con algo, y comportarse en consecuencia.

Maceo y Martí

(Edison 60034 9/29/1924)

Un capricho de Julio Savín con los mismos intérpretes, es posiblemente la primera grabación de este número patriótico que es uno de los pocos no olvidados, que aunque a veces citando un compositor equivocado, ha sido grabado por el conjunto de Senén Suárez, Barbarito Diez con la orquesta de Antonio María Romeu, Celia Cruz, Los Muñequitos de Matanzas, etc.

En opuestas regiones
Dos almas grandes nacieron
Siendo la Independencia
Su único ideal.
También en opuestas
Regiones cayeron
Las dos almas templadas
Dos héroes de gloria
De nombre inmortal.
El apóstol de Cuba,
El verbo elocuente
En la inmensa Habana
Fue donde nació.
El genio guerrero,
Maceo en Oriente,
Allá en Punta Brava
Perdió su existencia
Martí en Dos Ríos,
De cara al sol, cayó.

Juan de la Cruz, acompañado a veces por Bienvenido León, fueron de los pocos trovadores que siguieron grabando después de 1925. En este año, pero ya en grabaciones acústicas, tenemos **Los curas gallegos** (Vi-78344 9/21/1925) una guaracha de Ignacio Piñeiro, con Bienvenido y Villalón, de la que no hemos podido entender toda la letra, pero parece ser un tema escabroso, es que se recomienda no dejar la mujer al cuidado de un cura gallego…

Con los mismos acompañantes y fecha es **Marcha carabalí** (V-78860) que aunque no consigna el autor, debe ser el famoso número de Félix B. Caignet, que después fuera grabado por otros grupos, como veremos. También se graba **La pintura blanca** (Vi78344) una guaracha de Villalón, que decía así en su parte más movida:

>Te quiero joven y hermosa ……chiflado
>Porque eres pura y graciosa…..chiflado
>Traigo los huesos cansados……chiflado
>De tantos sinsabores……………chiflado.

Esa fue la versión que al parecer, les dejaron grabar. Pero en realidad, como se cantaba la canción, tal como la escuché de los fines de los años 30 en adelante, era así, y verán como hace entonces sentido lo de la pintura blanca, que le dejaron usar en el título, pero no incluirlo en la letra:

>Traigo la pin, traigo la pin,
>Traigo la pintura blanca,
>Para tu cu, para tu cu
>Para tu cuna de flores.
>Tu madre es pu, tu madre es pu,
>Tu madre es pura y sincera.
>Te quiero jo, te quiero jo
>Te quiero joven y hermosa.
>Traigo los hue, traigo los hue
>Traigo los huesos molidos.

Y graban también **Dulce y sabrosa** (Vi-81940) una guaracha de Villalón, que le canta y resalta las dotes de la mujer amada, pero que al final, repite varias veces esta estrofa:

"Vamos a bailar el *son*, que es un baile de pueblo".

Y eso definía la situación del son emergente, frente al danzón, instrumental, considerado la música nacional de Cuba en aquel momento: ¿cómo podía serlo en un pueblo decisivamente verbal, expresivo, como el cubano? Y es curioso que fuera un trovador, y no el miembro de un grupo sonero, quien defendiera al son. Y es que las relaciones de los trovadores y soneros eran estrechas.

En la propia fecha se graba **José Miguel** (Vi-80495) dedicado a José Miguel Gómez, expresidente de Cuba, fallecido en Nueva York en junio 13 de 1921. Luce un poco tardío el homenaje.

> Ya la tierra conserva en su seno
> Un hermoso patriarca inmortal.
> Tierra heroica que tu redimiste
> Con aliento por la libertad,
> Combatiendo por la libertad, la libertad.
> Ya rudo e implacable destino
> Apagó para siempre tu voz,
> Tu recuerdo perdura en la mente
> Del cubano que tanto te amó (bis)
> Que tanto te amó.

Yyamba bero, también conocido como **Dichosa Habana** (Columbia Co2421x 10/1927) es otro número importante, de éstos que exploran el lenguaje y la liturgia de la institución abacuá o ñáñiga. De la pluma de Ignacio Piñeiro, se presenta como clave ñáñiga.

> Dichosa Habana
> Que confunde a la gente.
> El más malo es el jefe
> Y vive a la campana.
> El que menos se piensa
> Es un puro abacuá
> Que se quita levita
> Y toca el bongó
> Y llamando al Yyamba bero
> Entona sonoro
> Como regio abanecue
> Un armonioso compás: (bis)
> Ya yo va cam sele (bis)
> (Sigue en ñáñigo)
> Y aunque no se sé una papa
> Tengo que cantar
> Al oir como coordina
> También le ayudo a cantar
> Su ritmico son: ten o no naroco

>
> Ecobio mocumba
> Ito batu diongo
> En eso llega con el diablito
> Cantando desesperado
> Ecué enerón
> O ya senseribo ya

Indio obón abacuá (Col co3022x 1927) es otra clave ñáñiga que no hemos escuchado. Y lo mismo sucede con **Marcha carabalí**, Co 2420x 1928, que debe ser la marcha que se toca para iniciar las procesiones de esta Sociedad. Y el título de esta canción, **Independencia o muerte** (Co3110x) nos demuestra cuan antiguas pueden ser frases o lemas que consideramos nuevos. Todas las grabaciones para el sello Columbia se grabaron en Nueva York.

Durante su estancia en España con el Septeto Nacional, De la Cruz, León y el guitarrista del grupo, Eutimio Constantín, aprovecharon para grabar allí para el sello Gramophon en 10/30/1929, tres números, entre ellos el AE3244, con el nombre genérico de **Punto cubano**, y en el que, con la música del Arroyo que murmura, hacen una pequeña apología de Cuba con gran sentido turístico:

> Quiero tener mi bohío
> En medio de los palmares
> Para aliviar mis pesares
> Con tan dulce murmurío
> Una piragua en el río
> Donde poderme pasear
> Un ruiseñor que al cantar
> Diga con nota sentida
> Esta es mi Cuba querida
> preciosa perla del mar.
>
> Frutas de mi Cuba son
> El sabroso mamoncillo
> El morado caimitillo
> La caña y el marañón
> La guayaba y el anón
> Guanábana y canistel
> La piña de rica miel
> Que al extranjero conmueve
> Y el que el aguacate pruebe
> No podrá comer sin él.

Todo aquel que sea cubano
Sea hombre o sea mujer
Se advierte que ha de comer
Muy criollo y campechano
Todo hecho con las manos
Todo al estilo sencillo,
Reviéntame un picadillo
Con plátano, mi hermano.

Floro Zorrilla

Debe ser, junto con Juan de la Cruz, los dos trovadores que más grabaron, Floro fue además el primero en hacerlo, grabando en 1907 con Miguel Zaballa de segunda voz, 19 cilindros para la Edison, de los que no conocemos ninguno, pero los siguientes debemos mencionarlos; la mulata aparece temprano en las grabaciones, con **Mi prieta**, un bolero (CilEd-18930); y un famoso barrio habanero, **Jesús del Monte** (Cil Ed-18931); **Un recuerda a Ramitos**, una canción dedicada a uno de los primeros trovadores y creador del número **A los frijoles** (Cil.Ed-18973); **El gallego** una guaracha (Cil Ed-19012); **El tranvía**, una guaracha en dos partes (Cil Ed-19013 y 19014), **La Yaya** un punto cubano(Cil Ed-19016) que después repetiría en disco; y **El chino, o**tra guaracha (Cil Ed-19051).

En 1907 graba también con la Columbia acompañado de Zaballa, y algunos con Higinio Rodríguez, unos 20 números, **A mi Yaya**, Co C805, que es un breve elogio en una décima al punto cubano:

Perfume, luz, armonía
Pido al precioso Morfeo
Al que clemencia deseo.
Dulcísima melodía
Surge con mi simpatía,
Algo grande sobrehumano
Que quiero expresar en vano
Susurros de gran humor,
El sueño que de un amor,
Eso es el punto cubano.

Y graba otros punto cubano, también con Higinio, **Las clavellinas,** Co C-829 y C2202, ca 1907) donde mezcla el amor a la tierra, a la mujer y a la patria:

Guajira que me haces sufrir
Cual clavellinas del río
Murmullo del bosque umbrío
Alma risueña de abril,
Guajira amable, gentil
Este es un abrazo de hermano
Una casita de guano,
Martí, Agramonte y Maceo.
El típico zapateo,
Eso es el punto cubano

Tengo cerca del arroyo
Donde a mi prieta doy cita
De cuanto se necesita
Para el ajiaco criollo;
Tengo tabaco del hoyo
Que lo cuido para mí
Y tengo de ajonjolí
Una tabla(1) muy hermosa
Estoy formando una choza
Con madera del jiquí (2)

(1) Tabla, dimensión mayor de una escuadría, dice el RAE y no nos resuelve nada, pero Pichardo nos aclara que es un cubanismo para "Cierta extensión de terreno, no muy grande, sembrada de maíz, o yuca, etc".
(2) Una de las maderas mas duras y resistentes de Cuba.

"Hatuey" (Col C853) no la hemos escuchado. Y lo mismo en **"China"** (Col C2517) grabada en 1913, de Francisco Padilla, donde le acompaña Zaballa, y que es una canción de amor dedicada a una china. También de ese año, **"La ataguía del Maine"** de Ruiz y Vélez, (C-2680, ca 1913), una rumba que debe tratar de las obras marítimas que hubo que hacer con los restos del buque Maine existentes en la bahía de La Habana; según el RAE, es un macizo de tierra arcillosa u otro material impermeable, para atajar el paso del agua durante la construcción de una obra hidráulica.

Pero vayamos a la Victor, donde graba también en 1909. Vuelve a grabar **Jesús del Monte**, que había grabado con la Edison (V-62903-2/2/1909/); La Nautilus (V-62231 2/2/1909) con Zaballa, pieza de la que ya hemos hablado. **La Yaya** (V-62236 2/3/1909) otra versión de este punto, en que aparece como la primera décima, la que anteriormente vimos grabó Juan de la Cruz como segunda en su número grabado en España . Parece que los trovadores "se prestaban" algunos versos…Pero Floro hace una innovación, que De la Cruz, no usó: Después de los cuatro primeros versos de la décima, intercala estos dos:

> Habrá quien tiemple su guitarra, sí;
> Como la tiempla La Yaya, no.

Y vuelve a repetirlo al final de la décima. Hoy diríamos que es un "comercial" en medio de la canción.

La última décima sigue ponderando las bellezas de Cuba, también con el comercial por medio:

> Hay en medio de la mar
> Frutas esbeltas y hermosas
> Una isla primorosa
> De fertilidad sin par
> *Habrá quien tiemple su guitarra sí,*
> *Como la tiempla La Yaya, no*
> Esta es la tierra hospitalaria
> Que cual cosa extraordinaria
> En verdad el mundo espera,
> Adornando su bandera
> Con la estrella solitaria.
> Habrá, etc.

Vuelve a grabar, siempre con Miguel de acompañante, **El gallego** (Vi-62311 2/3/1909), **El tranvía** (Vi62905 2/3/1909), y **Mi prieta** (Vi-62333 2/3/1909). Y por primera vez, **El gallo y el arado** (V-62007 2/3/1909)(Que ya explicamos era el símbolo del partido liberal). Y de alguna manera Floro conoce de dos bambucos colombianos, y los graba, **El enterrador** (Vi-62337 (2/4/1909) y **Agáchate el sombrerito** (V- 62338 2/11/1909). Vuelve con La Yaya, ahora es **Guajira de la Yaya** (Vi62906 2/11/1909) que no hemos escuchado; "**Anaona**" rumba (Vi-62303 2/11/1909) que suponemos sea Anacaona, la famosa india.

Posiblemente de 1909 sea también **El chino cabuloso o El Chino caviloso** Co1074(12") cuya letra tenemos gracias a José Ruiz Elcoro, extraída de una entrevista a María Cervantes hecha en La Habana en 1974, en que ella explicó este críptico disco, en que como en otros, se simula el habla de los chinos en Cuba, pero no es fácil entenderlo, aparentemente el chino comenta primero que los americanos tienen mucho dinero y quieren invertir en Cuba, mientras el pobrecito Máximo Gómez no tiene para pagar su ejército (El libertador); después el chino entra en sus problemas familiares con su mulata, y el supuesto primo de ésta. Se mencionan varios lugares de La Habana, el Parque Central y el Malecón, y el ingenio La Constancia, de Pinar del Río.

> Picá los lo mélican   (pican los americanos)
> Ay, picá lo melican
> Man que tingui mucho linelo
> Quiele ponel petipetino
> Oye poble, poblecito Maltini Gomá (pobre, pobrecito Máximo Gómez)
> Que tingui tingui poco linelo (que tiene poco dinero)
> Y quiele pagá su ejelcito, señole (y quiere pagar su ejército, señores)
> Va casá con mulatica
> Que mingli mingli mingli
> Mingli pacá
> Man que ten poco linelo
> Con ella me va casá
> No se puede vivil ma
> Y como son chino
> Pá Cantón me va a evacuá
> Yo comprá manta borato
> Pá que mulata paseá
> Y pases con su plimo
> Que etá en la Palque Centlá
> Yo complá silla bonito
> Pá quel chino se sentá
> Y se sienta con su plimo
> Que etá la puelta trancá
> Yo comprá la bastidole
> Pá quel chino se cotá
> Y se cota con su primo
> Que etá la puelta tlancá.
> Yo complá lo moquitelo
> Pá quel moquito no picá
> Y no pica con su plimo
> Que etá la puelta tlancá.
> Sin diné no hay mujé   (bis)
> Salomino sabe comé
> Bacalao con papa   (bis)

Chico chico chilico
Chico chilico chico chilico
Chico chicén
Con tu cen, con tu cen
Cuatlo peso que yo gana
En el ingenio La Contancia
Ay mingli mingli mingli pacá
Mingli mingli mingli mingli
Mingli pacá
Llámalo cintula pá namolá (bis)
Zapato colte bajo yo va compla
media calao de la centingli
de la dobló
manta borato también complá
de la centingli de la doblón
la coche la suche goma
pala que pasie en el Malecón
luce calamelito cae bien

De aquí en adelante cambia a Juan Cruz como segunda voz, y en otra muestra de cosmopolitismo, graba la danza **Adiós amores** o **Mis amores** (Vi-63258 1/5/1911) del boricua Simón Madera, aunque llamándole "danzón puertorriqueño". **Se perdió mi Cuba** rumba (Vi-63342 1/6/1911) y **La negrita Amelia**, rumba (Vi-63773 1/6/1911); **La nueva Guarina** (Vi-63772 1/10/1911) una canción de Sindo Garay; **El triunfo de Macantalla** (Vi63341 1/10/1911) de Manuel Maury, con referencias a la pelota y la política:

¡Ay! si yo fuera pelotero
Como Méndez[1] o Ty Cobb[2]
Yo tirara mi pelota
En un juego de beisbol
Ay Macantalla [3]
Bien tuviste que sudar,
La *rumba* de Macantalla
Ya no se puede cantar
El estray[4] de Gómez-Zayas
No lo pudimos ganar
Ay Macantalla, etc.
No hay aquello de decir
Que Macantalla perdió,

Guyén vino a dirigir
Y Méndez ponchó a…….
Ay Macantalla, etc.

(1) Méndez era un famoso pitcher cubano, conocido como el "Diamante negro".
(2) TyCobb era un famoso pelotero norteamericano de la época, gran bateador.
(3) Macantalla, mencionado aquí y en otras ocasiones, no sabemos si fue un personaje real o legendario.
(4) Otra traducción fonética de una palabra inglesa, en este caso "strike". Gómez –Zayas fue la candidatura de presidente y vicepresidente que ganaron las elecciones en 1909 a Menocal.

¿Y por qué no dedicarle una canción a la casa disquera? **La Victor** (Vi-65413 -5/12/1913) de Juan Cruz; **Asbert** (Vi-65414 -5/12/1913) de Miguel Zaballa. Ernesto Asbert, coronel del Ejército cubano, habia sido Gobernador de la Habana, y sonaba por esa época como posible candidato del partido liberal a la presidencia, hasta que se separó de ese partido. (La Enciclopedia de Cuba, Vol 9, p. 91,93 y128). **Bandera Cubana** (Vi-65403- 5/12/1913) un bambuco de Juan Cruz, y éste acompañando aquí y en las siguientes. Y vuelve a grabar **Anacaona** de Sindo Garay.(Vi-65404- 5/13/1913).

Para 1915 sigue con Juan Cruz y graba lo que parece otro avance del jingle, **La Maltina** una guaracha de Juan Cruz (Vi-67615, 7/26/1915) una bebida de sabor dulce, con malta y un poco de alcohol, que tomaban los niños para abrirle el apetito. **Adiós a la Habana** (Vi-67682 7/26/1915) una conocida criolla de Sindo Garay; Otro jingle, **Anís del Diablo** (Vi-67682 7/26/1915); **Cuba y España** (Vi 67614 7/26/1915) una guaracha de Manuel Corona, que no sabemos si es la misma que **No te mueras sin ir a España** que vimos hace poco; **La playa de Marianao**, (Vi-67614 7/26/1915 otro sitio geográfico que se gana una mención, y vuelve **El Ford** (Vi-69116 7/26/1915), una rumba de Genaro Zorrilla que no sabemos si es la misma mencionada antes.

Willard y Johnson (Vi-67808 7/27/1915) Ese año disputaron en La Habana el Campeonato Mundial de Boxeo Jack Johnson y Jess Willard, ganando Jess en el "round 26".La pelea al parecer estaba arreglada, pues la caída de Johnson, "La pantera negra" fue muy extraña. Y los habaneros, tuvieron un nuevo motivo para hacer música.

Comienza como diálogo (como en el teatro bufo) de dos amigos comentando de la pelea, y terminan cantando:

1- Oyeme, dicen que por ahí hay una rumbita muy bonita…
2- Bueno, pues vamos a cantarla
1- Ah, tú la sabes?

2- Cómo no, vamos allá
(música)
Desde que vino el boxeo
Yo me puse a practicar
Y como era mi deseo
Me dijo Willard yú boxear?
Y una tarde en el stadium
Los apuros de un cubano
Johnson que vio mi actitud
Cuando me paré en el ring,
Me dijo que quieres tú?
Y yo no le pude decir
Me dispara el gran piñazo
Aquí en el ojo derecho
Y una serie de papazos
Que casi me rompe el pecho
(Hablado)
Pero a quien se le ocurre compadre, tú eres bobo, con un animal como ése…
(mus)
Después le tenía apostado
Que le ganaba a Willard
Con su bluf el desgraciado
Me pegó una torta sola
Y aquí me tienen señores
Sin un kilo y averiado
Con un millón de acreedores
Y yo pobre y desgraciado
Johnson, Johnson,
¡Tú me desgraciaste a mí!

El solar del trueno (Vi-67700 7/28/1915) una rumba de Juan Cruz, es otro diálogo con música, de los que Floro hizo varios. Es una fiestecita organizada en un solar, que alguien quiere suspender porque no hay permiso para realizarla, etc. Pero mostrando una vez mas la tendencia a usar la intertextualidad en la música cubana, antes de enfrascarse en la rumbita, el dúo comienza una conocida canción gallega de la época, Uma noita ná era do trigo…

Marina, Heraldo (Vi-69300 10/19/1916). Floro sigue con Juan Cruz en este año, y comienza dedicando este número a dos de los periódicos más importantes de Cuba; esto lo hacían hasta las orquestas danzoneras, era una manera, me imagino, de lograr aunque fuera una mención en los diarios aludidos, tan ajenos todos al quehacer de la música popular en aquella época.

Verdún está verde (Vi-72004 10/20/1916), de Floro, debe tratar de esta ciudad y su relieve en la guerra existente en Europa; y **Linda Japonesa** (Vi-69298 10/20/1916) demuestra cuan lejos llega el cosmopolitismo de Cuba, en un número que firma como autor, "Pepe el Cubano".

Sol de Oriente (Vi72872 10/21/1916) Es un bolero de Pepe Banderas, que suponemos dedicado a Santiago de Cuba. **En la Víbora** Vi-69895 1º/21/1916) un punto de Juan Cruz que suponemos dedicado a este populoso barrio de La Habana. **Caruso del solar** (Vi-73348 10/23/1916), un capricho cubano en el que les acompaña Manuel Corona en la guitarra, debe ser dedicado a alguien con buena voz, y de hecho, más adelante, sendos cantantes cubanos ostentaron los sobrenombres de Caruso y Carusito, por la potencia de sus voces. **El biplano** (Vi-72873 10/24/1916) una rumba de "José"(Manuel) Corona, muestra una vez más que la farándula cubana se mantenía al tanto de los últimos adelantos de la ciencia, en este caso el avión con alas dobles; Y galantemente en **La matancera** (Vi-matriz G-1625 10/24/1916) le dedican esta rumba.

Las mulatas de Bombay o Bambay (Vi-69495 10/24/1916) alude a una compañía norteamericana que actuó por esos días en La Habana, causando sensación y le dedicaron también un danzón. En la letra se dice que "Las mulatas de Bambay han formado en La Habana un guirigay", que según el RAE, es gritería y confusión; Además de agregar que a las susodichas mulatas "le zumba el mango", en algún momento los cantores dicen "escúchame guampampiro" y ésta no está en el RAE ni en el DAE, y que según Sánchez Boudy significa amigo.

La china y su guarará (Vi-72649 2/14/1918) Una rumba de Manuel Corona. Según Sánchez Boudy, Diccionario Mayor de cubanismos, guarará significa lío. **Divina mulata.** (Vi-72786 2/14/1918) No podía faltar una rumba de Manuel Corona, dedicada al mito mayor de la música cubana. **Nicanor en la lata** (Vi-72786 2/14/1918) Una guaracha de Manuel Corona. Aunque no lo hemos encontrado en ningún diccionario, nos parece haber leído en alguna parte que aquí "lata" es sinónimo de cárcel, por el sentido de aislamiento y espacio reducido que evocan ambas palabras. **Sorpresa de un motorista** (Vi72735 2/14/1918), otra rumbita de Corona. Motorista se le llamaba a los conductores de tranvías (Fernando Ortiz, Cubanismos), **Mulata sandunguera** (Vi-73350 3/23/1918) ahora es Floro Zorrilla quien le rinde homenaje al mito.

Carlota y su volumen
(Vi-72518 9/11/1919)

Esta rumba de Alberto Villalón fue uno de los grandes éxitos de Floro, que antes lo había grabado para la Columbia, como veremos. Como pasa a veces en la música cubana, aquí lo erótico se acerca mucho a lo procaz.

Yo tenía una **mulatica**
Que tenía una gran pelota,
Era una mujer chiquitica
Con el volumen de Carlota.
Carlota se puso brava
Porque yo bailando con ella
Me dijo que no la apretara
Que ella no daba botella (1)
Carlotica, dame el volumen
No quiero, yo soy inmune
Qué volumen, qué volumen,
Qué volumen tiene Carlota   (bis)
Su volumen me tiene loco
Carlotica, poquito a poco
Qué pelota, qué pelota,
Qué pelota tiene Carlota   (bis)

Aunque estoy en la pranganilla (2)
No me tomes por virulilla (3)
Qué volumen, etc
Me tienes desesperado,
Carlotica, yo estoy cansado
Qué pelota, etc.
Quisieran que me entendieran,
Yo me muero en la carretera (4)
Qué volumen, et.

(1) No dar botella en esta caso es no dejar que el hombre se aproveche de la mujer.
(2) Estar en la prángana es estar en mala situación (Fernando Ortiz, cubanismos) pero lo curioso en   este caso es que el autor le inventa un diminutivo, para que le rime con la siguiente estrofa.
(3) Virulilla es insignificante, o de baja clase social.
(4) Otra intertextualidad, se está refiriendo a la famosa rumbita de Grenet, "Si muero en la carretera".

Estás en el ten contén (Vi 73036 10.4/1920) Este capricho de Villalón es de esas frases que no sabemos si surgieron del pueblo para plasmarse en la música, o viceversa. Lo cierto es que de niño y joven (1935-1945), la escuché mucho a familiares y amigos para describir una situación de indecisión, confusión o ansiedad, como en este caso.

Estás en el ten contén
Que en el baile es un suspiro
Y yo estoy que no respiro
Por lo que tú sabes bien (bis)
Estoy que me vuelvo loco
Ya quiero que poco a poco
Me quites el ten contén (bis)

Si del baile es un suspiro
Tú me quitarás también,
De rodillas te lo pido
Quitándome el ten contén
Esta *mulata* de bien
Me tiene en el ten contén
Y no respiro;
Por tu madre te lo pido,
Quiéreme, miénteme (bis)

Mujeres a gozar

(Vi-73036 10/4/1920)

Estaba comenzando el auge del son, y antes que llegasen las grabaciones del Sexteto Habanero y otros, como hemos visto ya los trovadores ensalzan el son, y aunque llaman a sus creaciones rumba, como ésta de Alberto Villalón, evidentemente ya hace presencia el son, y específicamente en este caso, se hace hincapié de su presencia en las seis provincias que entonces tenía Cuba.

A gozar mujeres
Que el **son** está convidando
La que no sepa gozar
Yo la iré sobrellevando.(bis)

Te quiero ver *mulatona*
Bailar el *son oriental*,
Ese *son de chambelona*
Que tú lo sabes bailar

A gozar, etc
Encima de un arroyo(¿)
Yo bailo el *son* con sandunga
Con mi *mulata* le zumba

Te juro que bien lo bailo
A gozar, etc
En las seis provincias bailo
Porque me gusta gozar
Este **son** que yo te traigo
Este lo puedes bailar.

A gozar, etc.
Pinar del Río, La Habana,
Matanzas y Villaclara,
En Camagüey me proclaman
Y en Oriente está mi fama

A gozar, etc

Te quiero ver *mulatona*
Bailar el *son oriental*
Ese son de chambelona
Que tú lo sabes bailar.
A gozar, etc.

Me voy para España
(Vi-73599 10/4/1920)

La rumba es de Villalón, y acompaña M. Zaballa. Decepcionado por unos amores no correspondidos, que narra en la primera parte, decide:

Yo no me quiero morir
Sin ver la tierra extraña,
Yo me voy para España
Para divertirme
Porque no quiero morirme
Sin ver la tierra extraña
Y después que regrese a mi Cuba,
De haber visto la tierra de España,
De comer la riquísima uva
En mi Cuba chuparé la caña.
Que te quise, no lo niego
Y por ti daba la vida
Pero ya se acabó el fuego,
Todo en la vida se olvida.

Floro vuelve a grabar con la Columbia de 1913 en adelante, aunque no dejaba la Victor. Caso único porque las compañías generalmente exigían exclusividad. **Mónica, cuidado con la bubónica** (Col C-2803 ca. 1916. Sigue la preocupación de los músicos cubanos por las epidemias. ¿Comprendería el gobierno y el pueblo cubano la eficacia de esta colaboración gratuita para preservar la salud? Lo dudamos. **Los tres patriotas** (Co C3238 ca 3/1918) Lo interesante de esta clave de Manuel Corona es que agrega a los nombres consagrados, otro bastante olvidado,

> Tres amigos, tres patriotas
> A llorar, valor cubanos.
> La muerte los segó
> Están en la eternidad:
> Quintín Banderas
> Antonio Maceo
> Y José Martí.   (bis)
>
> Más vale no haber nacido
> Para vivir en el mundo
> Con un dolor profundo
> Que no se puede curar   (bis)
>
> Si ese era su destino
> Es digno de lamentar
> Me entran ganas de llorar
> Al ……………………………   (bis)

Una bruja en Key West
(Col C-3218 ca. 1918)

El título es incongruente con esta rumba que tiene algo de foxtrot, y que se canta con la melodía de una pieza sajona muy popular, It's a long way to Tipperary. Por lo que hemos podido descifrar, es una invitación a los norteños a visitar Cuba, cosa propicia por aquellos años con los alicientes de evitar el servicio militar, y disfrutar de las bebidas alcohólicas.

> …………………………………………..
> Lo que deja su aventura
> Por llegar a esta ciudad
> ……………………………………..
> Es de rumbo popular

El venir de Cayo Hueso
A la Habana a veranear
Del Cayo a esta ciudad,
Del Cayo a la cumbancha
De esta oportunidad.

Como es justo aquí lo esperan
Y a La Habana llegará,
Llegarán con que están (¿)
Y su…………………………
Los que vienen a la aventura
Es una casualidad
Por llegar a esta ciudad
……………………………………….
Al venir de Cayo Hueso
a la Habana a veranear
Las muchachas de Pogolotti
Son bonitas y bailan bien
Pero tienen un defecto
Que……………………………

Que volumen tiene Carlota
(Col Co3505 ca. 1919)

Es del mismo año que la versión de la Victor, pero no sabemos cual fue primera. Esta es un poco más pornográfica, porque al cantor, como verán le pasa algo insólito. Ya es una rumbita que se inscribe como son, y además lo anuncia en la primera estrofa.

Si se quiere divertir
Procure donde hay un *son* (bis)
Mucho se han de reir
Y a ver si lo pica un *son*.
El volumen de Carlota
Es un *son* tan popular (bis)
Que sin quererlo cantar
Siempre lo tengo en la boca

Qué volumen, qué volumen
Qué volumen tiene Carlota   (bis)

Cuando llega Carlota
El volumen se me alborota
Qué pelotas, qué pelotas
Qué pelotas tiene Carlota (bis)
No se que tiene Carlota
Que la sangre se me alborota.
Qué pelotas, etc.
Cuando bailo con Carlota
La pelota se me alborota.
Qué pelotas, etc.
Si se quiere divertir, etc.
No sé que tiene Carlota
Que el volumen se me alborota
Qué pelotas, etc.

Se acabó la choricera (Co3563 ca 1919) es otro número que dejó una frase hecha en el habla popular, aunque creemos en este caso, empezó con la canción.

El indio Hatuey (Col C3628 ca 1919) ya grabada antes como vimos. **La guitarra** (Col C-4031 - 10/1920) una de las muchas canciones en el cancionero cubano dedicadas a este instrumento.

También grabaron Floro y Zaballa para el sello Emerson en 1919: Repiten **Se acabó la choricera** (Em-1674-los discos eran de solamente 9 pulgadas), **EL volumen de Carlota** (Em-1675).

La sorpresa de un motorista (Em-1684), **Tiburón se baña pero salpica** (Em-1679) **La Yaya** (Em-1680), y nuevos, **La mora mía** (Em-1681) una rumba de Floro y Zaballa y **El jai-alai** (Em-1686) diálogo con rumba, también de ambos.

Sindo Garay

Uno de los más grandes trovadores que produjo Cuba, su resumen biográfico aparece en las obras ya citadas, Discografía de la música cubana 1898-1925, y de 1925 a 1960. Para su fama, grabó muy poco, sus primeras grabaciones son a dúo con Dorila, según aparece en los discos, cuyo verdadero nombre era Eduardo Reyes, pero conocido como Dorila, por la creación que hacía de la canción dominicana con ese nombre, y después con su hijo Guarionex. Con Dorila en la primera voz tenemos:

En los campos de Cuba (Vi 98590 ca 1907), **Las cosas de Cuba no tienen igual** (Vi-98522, ca 1907), **Al volver de La Habana** (Vi-98523 ca 1907)

Desgraciadamente no hemos escuchado ninguna. Con Guarionex de primera voz, son las siguientes:

A Maceo
(Vi 65353 3/8/1913)

Es una criolla de Sindo. Señala Margarita Mateo en su libro que en el Album homenaje a Sindo Garay, se dice que esta canción tuvo motivación en el levantamiento de los Independientes de Color, la mal llamada guerrita de 1911.

¡Pobre Cuba, Señor, pobre Cuba!
Tus montañas y tus praderas
Qué se hicieron de los hombres
Que en tus campos sucumbieron
Esos nunca volverán   (bis)

Si Maceo volviera a vivir
Y a su patria otra vez contemplara
De seguro la vergüenza lo matara:
O el cubano se arreglara,
O él se volviera a morir…

A Parlá
(Vi-65463 3/8/1913)

Ya hemos hablado del intrépido aviador al que Sindo le dedica estas líneas al parecer para consolarlo de algún desaire que le hicieran las autoridades cubanas:

Quiero decir al mundo
Que tus penas no comprende
Que también las he tenido
Y tampoco a mí me entiende.
Las virtudes de tu alma
Que yo solo he comprendido
Preparan sin duda en breve
Un próspero porvenir.   (bis)

Ansiosas te esperan
Las tardes rosadas,
Las brisas de Cuba
Te quieren besar.

> Y ya que en tu tierra
> No existe la gloria,
> Que Dios te ilumine
> Que Dios te columpie
> En hondas azules
> De la inmensidad.

Ferrocarril Central (Vi-65464 3/8/1913) criolla. **Recuerdos de Oriente** (Vi-65741 3/8/1913) una rumba.

Aunque al parecer no la grabó, sería pertinente incluir aquí su canción más popular, que se ha mantenido en el repertorio activo de la trova cubana y en otros ámbitos, **La bayamesa**. La escribió en 1918, estando de visita en casa de un amigo que vivía en Bayamo. Sentado en el patio de su casa, su imaginación voló a recordar las bravas bayamesas que quemaron sus hogares antes que devolverlos a los españoles.

> Tiene en su alma la bayamesa
> Tristes recuerdos de tradiciones;
> Cuando contempla sus verdes llanos,
> Lágrimas vierte por sus pasiones.!Ah!
> Ella sencilla,
> Le brinda al hombre
> Virtudes todas, y el corazón,
> Pero si siente, de la patria el grito (bis)
> Todo lo deja, todo lo quema
> Ese es su lema, su religión   (bis)3

Es una de las composiciones cubanas que más versiones discográficas ha tenido, entre otras: De Cuba, Dúo Cabrisas-Farach, Hermanas Martí, Los Compadres, Clara y Mario, Floro y Zaballa, Pablo Milanés con Luis Peña, Nené Enrizo y su grupo, Sexteto Nacional, Conjunto Casino, Conjunto Los Naranjos, Manuel Alvarez Mera, Trio Lissabet, e instrumentales de Orq. Orestes Urfé, Orq. Sánchez Ferrer, Cachao, Orq. Antonio María Romeu, Everardo Ordaz, piano; el puertorriqueño Daniel Santos, la venezolana Canelita Medina, etc.

No hemos podido precisar cuál de las grabaciones de canciones a Martí que aparecen en nuestra Discografía corresponde a la compuesta por Sindo Garay, **Martí**, que aparece en el libro de Margarita Mateo Palmer ya citado, "Del bardo que te canta", pero incluimos su letra:

Martí murió de frente al sol,
Su nombre resuena en el espacio
Como nota de supremo dolor.
Así murieron los indios por su adoración
Jamás supieron los traidores su maldad.

En cambio yo cuando oigo sus plegarias,
Inquieta el alma, por doquiera miro
Que cada frase de Martí era un suspiro
Como del que nunca vió la luz del Sol.

Sindo escribió muchas canciones patrioticas que no se grabaron. Afortunadamente, muchas de ellas fueron recogidas de labios del autor por Carmela de León en su libro 'Sindo Garay- Memorias de un trovador" (Ediciones Museo de la Música, 2da ed., 2009). A veces además, Sindo cuenta las circunstancias en que las escribió, como ésta que según dice, en que fue herido de bala cuando portaba documentos importantes de la revolución cubana (p. 50). Y sigue diciendo que la continuó escribiendo días después, "usando aquellas metáforas que siempre me fueron tan propias para retratar los acontecimientos que ocurrían en Cuba"

Allá en el monte

Allá en el monte al ser la oscuridad
Ví pasar una mujer muy desgarrada,
Pálida la faz, ensangrentada,
Y al impacto que recibí le pregunté
¿Quién eres tú?...
Y al momento me responde:
"Soy una madre que sufre
De los que parió el rigor,
Madre que mira los desastres de sus hijos
Que no saben respetar el sufragio el sufragio universal".

Esta otra, **Despedida**, fue escrita un día antes de tomar el barco que lo llevara a Haití, en su juventud:

Patria querida,
Cuba donde yo nací,
Nunca yo podré olvidarme,

Ni un momento, ¡Ay de ti!
Adiós, patria y amigos...
¿Quién se acordará de mí?

No se puede vivir aquí (p. 68) la escribe cuando "Los americanos nos acababan de robar parte de nuestro territorio con el cuento de la carbonera de Guantánamo":

No se puede vivir aquí,
No, no, no.
No se puede soportar el trato infame...
Ni a la ramera, infeliz mujer, se trata así.
Muchas lágrimas y sangre nos costó
Salir del lodo inmundo
En que se estaba
Para vender a tan mezquino precio
Su valor.

Habernos quedado así
Según yo veo
Y así lo creo
Porque lo dijo Maceo.

Hay cosas en Cuba
Que no hay, que no hay que decir,
Que sufren sus hijos con rudo dolor
Y el mundo nos mira con tanto valor.

¿Qué Cuba callada se deje morir?
Sus hombres honrados manchados están;
Sus glorias y sus hijos
Perdiéndose van.
Y el americano...¡riéndose está!

Sobre el mismo tema, las relaciones con Estados Unidos, hace **Tratado de Paz** (p. 71)

Si el yanqui hiciera entrega
De una Cuba independiente,
no tendríamos presente
que está coja, manca y ciega.

El americano eleva
Y la rebaja no apoya
¡Se va a armar una mogoya (1)
Difícil de manejar!
El que aquí llegue a quedar…
¡Que dé memorias a Goya!

Si esto dura, usté verá,
si no se arregla el Tratado,
Cuba no tendrá mercado
y la industria morirá,
el miedo no acabará,
¡Y se armará un arde Troya!

El hambre se desarrolla
Y morimos sin conciencia,
Si esta es la independencia,
¡Que den memorias a Goya! …

(1) Tanto RAE como DAE lo dan como puertorriqueñismo, "mezcla confusa de ideas, elementos, etc.". Pero como vemos, ya Sindo lo usaba a principios del siglo XX, y Pichardo lo trae como "Los retazos de hoja de tabaco que al elaborarle sirven de tripa".

Según Sindo, fue estando en Santo Domingo que oyó hablar de Evangelina Cossío, una joven cubana que condenada por el régimen español por sus actividades revolucionarias, logró escapar de la cárcel, y cuyo evento fue recogido en forma truculenta por la prensa norteamericana, convirtiéndose en uno de los más poderosos resortes que movieron al pueblo yanqui a apoyar la intervención en la Guerra de Independencia de Cuba. Sindo le dedicó esta canción a **Evangelina**.(p. 74)

Evangelina, amor del patrio suelo,
Ser que idolatro con toda mi existencia,
Desde que oí tu nombre
Sufría mi conciencia,
Y mi alma conmovida
En ti sólo pensó.

Yo no te he visto nunca,
Pero tu dulce nombre
Ha tiempo que lo llevo

Grabado en mi memoria,
Y si un lugar ocupa
En nuestra triste historia,
También vive en mi pecho
Y te bendice Dios.

Perdona el extravío
Del bardo que te canta
Como debiera ser,
Si en esta tierra ingrata
Se olvida a los hombres,
De ti yo no me olvido
Porque es mi religión.

Al parecer una huelga de los trabajadores de la industria tabacalera que fue reprimida con violencia, incluyendo muertos, le inspira a Sindo, **Los tabaqueros** (p. 76).

Hay en La Habana hombres tan dignos,
Que están siendo víctimas por el honor;
Hay madres que lloran de tanto pensar,
Hay madres que lloran de tanto sufrir.

Después de brindarles la vida a esos hombres,
Con tirana y mala fe, por el vil dinero,
Aparecen en nuestra tierra bendita
Arrancando la vida entera
Al infeliz y honrado tabaquero.

No olvidó tampoco en su inspiración Sindo a Guarina, y además de escribir un bolero que es conocido, le dedicó también esta página, que llamaba **Guarina número 1** (p. 77). Sindo decía tener antecedentes indios. Esta canción refleja lo que él piensa sufrió la india cubana frente a los conquistadores españoles.

Soñando siempre a mi desvelo
No encuentro causa, no sé por qué;
Sólo recuerdo me llevó un hombre
Que por desgracia fue genovés.

Mirando el suelo donde he nacido
Y resistiendo el ardiente sol,

Yo nunca miro mi tez quemada,
Mas, abrasado traigo el pudor.

Y soy sonámbula que dormida
Hasta aquí llego, y al despertar
Yo soy objeto donde los hombres
De parlamento van a <pensar>.
Y soy Guarina de los martirios,
De las tormentas cansada ya,
Y diré al mundo, diré a mis hombres:
¡Nunca Guarina, nunca mi Cuba se perderá!

Sigue contando Sindo que para los tiempos en que Menocal era presidente, éste quiso erradicar la prostitución, y esto al parecer le inspiró a escribir su bolero **Meretriz número 1** (p. 123). Había pensado que era Pablo Cairo el primero en tratar el tema en Cuba, pero fue Sindo.

No hay en el mundo desdicha alguna
Cual la que alcanza la meretriz;
Madre sin cuna, tiene por fuerza
Que ser actriz…

Canta aunque sienta crueles dolores,
Ríe sufriendo pena mortal,
Y canta y río fingiendo amores
Que la sumergen más en el mal.

Un año después de componer este número, cuenta Sindo que le dedicó otro a Dulce María del Monte, otra pobre mujer dedicada a esos menesteres, **Meretriz número 2** (p. 123).

Perdono a la mujer de la vida,
Ellas son las que nos brindan sus halagos,
Mujeres que seducen con mentiras,
Las que quitan de la muerte los pesares,
Las que alejan tristísimos recuerdos;
Yo perdono a las pobres mesalinas
Y les mando entre mis lágrimas un beso…

La siguiente canción, según Sindo se la cantó a Zayas en un acto de su campaña electoral, cuando aspiraba a la presidencia de Cuba, y a éste no le hizo mucha gracia la canción: **La profecía** (p. 148)

> Ayer decía la profecía
> Que un pueblo incauto jamás creyó;
> Hoy se acrecientan amargas luchas
> Que a Cuba matan sin compasión.
> Ha tiempo murieron Maceo y Martí.
> Si ellos vivieran y su patria vieran
> Tan negra la suerte, tan mal porvenir,
> Vislumbro a lo lejos los tristes despojos
> Los años que faltan sin patria y sin Dios!

Sindo decía haber conocido y tratado al líder estudiantil Julio Antonio Mella, a quien le dedicó esta canción, en una de esa noches en que cantaba en el Café Vista Alegre, **Oración por todos** (p. 158)

> Cuando contemplo mi patrio suelo
> Y sus penumbras, al despertar,
> Me abruma entonces el pensamiento,
> Y creo firme en un más allá…
>
> ¡Cuántos misterios encierra Cuba!
> ¡Cómo conspira la cruel maldad!
> Hundiendo todo lo que es más útil,
> La patria entera, su libertad.

La siguiente dice la escribió en los primeros momentos a la caída de Machado: **Ríos de sangre** (p. 177)

> Se crecieron los ríos,
> Se ha escapado el enjambre,
> Porque estaban los bohíos
> Todos llenos de sangre.
>
> Y al pensar lo que veo
> Me parece un misterio,
> Como aquel cautiverio
> Cuando Antonio Maceo…

Y parece que en bien
Se ha formado la guerra,
Y ha nacido en mi tierra
Como en Jerusalén…

Nano León y su cuarteto

Compuesto según Helio Orovio (Diccionario Cubano de la Música, 2da, edición) por Ramón León (Nano) lra voz, Bienvenido León, 2da voz, Patricio Ballagas y Tirso Díaz, guitarra.

Punto de Nano Vi-63335-1-13-1911. Reeditado en HQCD-23. En apariencia una canción bucólica, pero si cambiamos la palabra "hombre" por "cónsul americano" y "protección y amparo" por "intervención" veremos que es una alegoría a la situación cubana de aquel momento.

Un hombre que aquí llegó
Y que tuvo hermosa perla   (bis)
Yo quisiera protegerla
Y su amparo le ofreció
Ella al punto contestó
Con una gracia velada
…………………………
Que yo contenta lo admiro
El cariño de un guajiro
Una choza y una palma.

Quiero tener mi bohío
En medio de los palmares
Para aliviar mis pesares
Con tal dulce murmurío
Una piragua en el río
Donde poderme extasiar
Un ruiseñor que al cantar
Diga con nota sentida
Esta es mi Cuba querida
Preciosa perla del mar.

Anagüeriero boncó (Vi-65431 3/17/1913) Son sus autores El Carabalí y Nano, y es posible que en esta clave hablen en lenguas africanas, como otros casos que hemos escuchado. **El cocorícamo** (Solo tenemos el numero de matriz, G-60 7/2/1914) Según Fernando Ortiz, en "Africanismos", significa brujería, puede tener palabras en lenguas. **Punto a Menocal** (Vi-67322 7/2/1914) Es lógico pensar se trate del presidente Menocal, y por tanto con contenido político. Es de Patricio Ballagas, y de él también **A mi guitarra** (Vi-72249   10/18/1916) otra composición dedicada al instrumento esencial de la trova. **Lo típico de Cuba** (Vi-72783 10/18/1916) es una rumba sin autor, y **Los peligros de La Habana** (Vi-72008 10/18/1916),es una guaracha de Patricio Ballagas De ésta, que no hemos escuchado, aparece la letra en la obra de Margarita Maeo Palmer, "Del bardo que te canta"(Ed. Letras cubanas, 1988, p. 244) Como Patu o Los peligros de La Habana":

> Por las calles de La Habana
> Ya no se puede pasar,
> Pues de noche y de mañana
> Peligroso es caminar.
>
> Caballo, coche y tranvía,
> Guagua, ford y carromato,
> En cualquier hora del día
> Lo vuelven a usted un emplasto.
>
> Haga testamento, mi hermano,
> Yo se lo aseguro, compita,
> Mire que a cualquier cubano
> Se le puede decir patu.
>
> Después aquel que ha pasado
> Y luego echa a correr
> lo deja todo arreglado
> con decir: <fue sin querer>

Pasan a grabar con la Columbia, **Contestación de Anagüeriero** (Col C2981 ca 1916-18) una guaracha de Ballagas, **A falta de pan malanga** (Co-C3185 ca 1916-18) una rumba de Ballagas; **O Coromimba** (C0-C3237 ca 1916-18); vuelven a grabar **Los peligros de La Habana** Co C-3290 ca 1916-18).

Señores Martínez y Ojeda

Pueden ser Ramón Martínez y el barítono Eugenio Ojeda. **A Máximo Gómez** Col C-214, de la primera década del siglo XX. Como era costumbre en aquellos tiempos, un locutor anuncia al principio del disco: "Canción al generalísimo Máximo Gómez, por los señores Martínez y Ojeda, disco Columbia" Tiene acompañamiento de piano. También se le conoce por La palma, y es un poema de Francisco Eligio con música de Alberto Villalón (Margarita Mateo: Del bardo que te canta, p. 143).

>Cual la palma que altiva en el desierto
>Resiste de los vientos el furor
>Y gallarda y airosa se columpia
>Saludando ya en calma el nuevo sol.

>Así tú, noble Gómez, gran caudillo,
>De dos guerras sufriste el fragor,
>Y gozoso en la paz con la victoria
>Te bendicen tus hijos, Cuba y Dios.

Quinteto Sánchez-Figarola

También se le conoció como el Quinteto de Trovadores Santiagueros, y estuvo formado por Pepe Sánchez, guitarra prima, Luis Felipe Portes, falsete, Pepe Figarola, voz prima, Bernabé Ferrer, voz segunda, y Emiliano Blez, guitarra (Ángel Vázquez Millares, Iconografía de la Trova, La Habana, 1966) Grabaron de 1912 al 17, entre ellas **Antonio Maceo** (Odeón 0.88), un bolero de Pepe Sánchez. La última estrofa parece un aviso a futuras intervenciones norteamericanas.

>Pobre Cuba, mi patria querida
>Al fin libre por siempre te veo
>Nunca olvides a Antonio Maceo
>Al que todos debemos la vida   (bis)

>Fue temido por bravo en la guerra
>Aquel gran titán que una patria nos dió
>Que con su sangre gloriosa regó,
>Defendamos y amemos la tierra

>Nada importa que un día te veas
>Sometida a valiente invasor (¿)
>Porque siempre reina la idea
>De ser libre Cuba con valor.

Nos cuenta José Ruiz Elcoro, que escuchó un antiguo disco Columbia, también de este quinteto, un número titulado **Cerveza Polar**, otro protojingle, que comienza con este diálogo:

> 1- ¿Oye, tu conoces a Rafael?
> 2- ¿A qué Rafael, chico?
> 1- A Rafael, el gran administrador de la Cerveza Polar
> 2- Claro que sí
> 1- Mira, vamos a cantarle aquello que dice:
> Cura mis penas, cura mi mal
> Con su excelente fabricación
> Aquí la tienen, pueden probar,
> Para calmar su situación.
> Ya se acabó el malestar
> Pues tengo lo que quería
> Pues tomo todos los días (bis)
> La gran cerveza Polar.

María Teresa Vera

Figura somera de la cancionística cubana. Guanajay, Pinar del Río, 2/6/1895-La Habana, 12/17/1965. Primera mujer guitarrista y trovadora, primera directora de un sexteto masculino, primera cantante femenina en incursionar en canciones en lenguas afrocubanas; excelente compositora. En fin, única. Grabó con Rafael Zequeira de segunda voz, y a su muerte, con Higinio Rodríguez, Floro y Miguelito García en esta etapa hasta 1925, y después por mucho años, con Lorenzo Hierrezuelo.

Potpourrí de los vendedores
(Vi-72007- 7/3/1914)

De José Corona (al parecer otro nombre usado por Manuel Corona) y a dúo con Zequeira en ésta y todas las que siguen, hace un delicioso retrato de los pregoneros cubanos.

> Pongan asunto señores,
> Pongan atención aquí
> A lo que voy a cantar (bis)
> Un bonito popurrí
> De unos cuantos vendedores,
> Ya de fama popular:
> El uno dice así, oiganlo bien (bis)

Yo vivo en el barrio de Colón,
Ay de Colón
En la calle de Amistad.

Por la mañana yo siento al vendedor
Que me dice, se va, se va, se va, se va
Mi *mulata* no me compra calabaza
Ni la raíz del vetiver   (bis)
 Aquí ha llegado Honorato
Que es sublime vendedor,
Vende perchero barato
Y jabón de tocador.
Y otro vendedor que dice
Como yo no hay quien venda
Las galleticas
Porque son de María, las galleticas,
Quitan pesares, las galleticas
A veinte por medio, las galleticas,
Estas son las galleticas
Que arrebatan de placer,
y las chiquitas bonitas
No las dejan de comer.
 Que son de María, las galleticas
Como yo no hay quien venda las galleticas
Quitan pesares las galleticas
A veinte por medio las galleticas.

Por Dios, por Dios, por Dios,
Oigan las lavanderas,
Sirvientas y cocineras,
Jabón, a real el pedazo,
Jabón para lavanderas,
A real el pedazo,
A tres reales la barra,
Jabón a real el pedazo,
Jabón para las lavanderas.

Pansa Cola y la moneda (Vi-69299- 10/18/1916), una rumba de Corona con intrigante título; **La mulata**, (Vi-69299 10/18/1916) una rumba, no podía faltar; **Pobre Liborio** (Vi-72009 10/28/1916) una rumba de Corona; y **Padre nuestro**, (Vi-69496 10/28/1916) una guaracha de Corona, machista:

>Ya yo estoy desengañado
>Que para vivir
>No hay que hacerle caso al mundo
>Siga feliz, siga feliz su huella   (bis)
>
>Sigue tu huella mamá,
>Sigue tu huella   (bis)
>
>Todas las mujeres dicen
>Maldito sean los hombres
>Y cuando llega la noche
>Se arrepientan y le dicen oye,
>Ya yo estoy, etc. (bis)
>
>Padre nuestro que estás en los cielos,
>santificado amen, santificado amén,
>hágase el señor tu voluntad.

El Diez de Octubre

(Vi-69256 10/30/1916)
bolero de Corona

>El 10 de octubre al despuntar el día
>Saludando una espléndida mañana
>Sonó en La Demajagua una campana
>Invitando a los hombres que allí había
>Si, invitando a los hombres que allí había.
>
>Céspedes con feliz fisonomía
>Y con palabra fácil y galana
>Proclamó la República cubana
>Ante un grupo sublime que aplaudía.

El servicio obligatorio

(Vi-69947 2/7/1918)

Comenta la ley dictada por el presidente Menocal de Servicio Militar Obligatorio, aunque no llegaron a mandarse tropas de Cuba a pelear a Europa, fue una guaracha de Corona que tuvo mucho éxito.

Han formado un gran jolgorio
En la isla en general
El servicio obligatorio
desde que se oye sonar
Hay quien se quiere morir,
No más se quieren casar
Por no tener que servir
Oye mi amigo Rubén
Se te acaba la fama de tenorio

Óyelo bien
Si te coge el servicio obligatorio
Óyelo bien Rubén, óyelo bien

Hay quien dice acongojado,
Mi pobrecita mujer,
Si me llevan obligado,
Se quedará sin comer.
El que nunca fue a pelear,
No se cansa de decir,
Yo nunca cogí un fusil,
 y no me podrán mandar.

Óyelo bien, etc
A los grupos de boquilla
Con gran fama de matón
Ya le ha dado pesadilla
El servicio a la nación.
 Uno que se siente gallo
de una gallina sin par,
dice que lo parta un rayo
si le toca ir a pelear.

Óyelo, etc.

La mujer del gran Malato
es muy probable que coja,
Y vaya a hacer su rato
En campaña en La Cruz Roja

> Al servicio obligatorio
> Algunos acudirán
> Desde el más guapo tenorio
> Al más cobarde galán.
>
> Óyelo, etc.

En **Malato chofer** (Vi-72078 2/14/1918) otra guaracha de Corona, el dueño le dice al que "maneja" el timón (cubanismo por guiar), "métele caña al timón" donde caña significa fuerza, otro cubanismo. **Mis lamentos a mi guitarra** (Vi -77848 4/2/1924) un bambuco que Corona le dirige a su guitarra, para contarle sus penas de amor.

Desde 1915 María Teresa grababa también con la Columbia, al principio al parecer sola, en **Homenaje al Marqués de Santa Lucía** (Co C2798, ca 1915) un bambuco a este patriota cubano de las guerras de independencia, y **Patria y Honor** (Co C-2955 ca. 1916) otro bambuco, éste de Rosendo Ruiz padre. **Mi viaje a Pogolotti** (Co C3186 2/19/1918) una rumba de Corona, y ya con Zequeira en ésta y las siguientes grabaciones; **Oyelo bien Rubén**, (Co C-3186 2/19/1918) que debe ser el mismo **El servicio obligatorio** que había grabado ese año y mes, para la Victor. **Cuba aliada** (Co C3471 ca. 12/1919) un bambuco de Rosendo Ruiz padre. Y **El triunfo aliado** (Co C-3474 ca 1919) de Corona, celebrando el cese de la guerra:

> Ya la guerra ha terminado
> Por bien de la humanidad
> Pues ya la paz se ha firmado
> Triunfando la libertad.
> Llegó la hora deseada
> Qne anhelaba el corazón;
> Las naciones aliadas
> Triunfaron en su misión.
> Gracias a los americanos
> Bélgica, Italia e Inglaterra
> Con los valientes cubanos
> Que llevaron a la guerra.
> Todas las almas humanas
> Que adoran la libertad
> Gritan alegres y ufanas
> Viva la prosperidad.
> Oye mi cantar, Rubén (1)

Oye mi cantar   (bis)
No te pese haber peleado
Que ahora eres popular.
Todo el mundo ha celebrado
Oye Rubén(1) el triunfo aliado,
 y a tí también.
Tú también lo has celebrado,
Oye Rubén (1)

Que viva el ………
Viva…………… sonoro
Viva Francia, la Inglaterra,
Viva Italia con fervor,
Que viva el general Font,
Gran ofrenda a su valor,
Viva Cuba y su bandera
Y al mundo aliado, loor.
Que viva la paz entera
Que alegra los corazones
Viva la alianza selecta
Que logró sus pretensiones.
El gran Kaiser convencido
De su gran derrota vió.
Que su poder fue rendido
Y el mundo aliado venció.
Oye mi cantar, etc.   (bis)

(1) Otro detalle de intertextuallidad: se refieren al Rubén de "El servicio obligatorio" y "Óyelo bien Rubén".

Y el binomio de **Adiós a la Habana** (Co C-3988 ca 5/1920) de Sindo Garay, y **Contestación a Adiós a la Habana** (Co C-3988 ca 5/1920) la otra cara del disco, de Manuel Corona; ejemplo de otra táctica de los trovadores de la época, que se usó por tiempo en Cuba entre compositores: "contestar" una canción determinada, con otra, lo que producía más interés entre el público, lógicamente.Sus letras aparecen en el libro de Carmela León antes citado, así como la de otro trovador que le contestó a Sindo, Manuel Cardona, también conocido como Manolín Dos Cabezas. Sindo a su vez, le respondió a ambos con su **Habana querida**, tiempo después.

Y no podía faltar **La Bayamesa** (Co C3936 5/1920) de Sindo, iniciando su carrera discográfica de tema inmortal dentro del cancionero cubano. Sindo la había escrito en 1918, en casa de su amigo Eleusipo Rodríguez, en Bayamo. Recordó la otra canción de mismo nombre y surgió esta obra inmortal, que recuerda la ciudad incendiada por cubanos y cubanas antes que volver a entregarla a los españoles.

> Tiene en su alma la bayamesa
> Tristes recuerdos de tradiciones;
> Cuando contempla sus verdes llanos,
> Lágrimas vierte por sus pasiones. ¡Ah!
> Ella sencilla, le brinda al hombre
> Virtudes todas, y el corazón,
> Pero si siente, de la patria el grito,
> Pero si siente, de la patria el grito,
> Todo lo deja, todo lo quema,
> Ese es su lema su religión.
> Ese es su lema, su religión,
> Ese es su lema, su religión.

Es una de las canciones cubanas de las que más versiones se han grabado: Dúo Cabrisas-Farach, Lp Panart 3032 y 3096; Hermanas Martí, Lp Panart 402 y 3024; Dúo Los Compadres, Lp Bravo-107; Trío Lissabet, Lp Cook 1083; Dúo Clara y Mario, Lp 1006; Dúo Floro y Zaballa, posiblemente la primera, en 1919, disco Emerson 1675, Manolo Alvarez Mera, Lp Puchito 553 y Lp Musart 590; Daniel Santos, Lp Fragoso 586; Pablo Milanés con Luis Peña, Lp Areito 4352; Conjunto Casino, Lp Memorias Musicales 1013; Orquesta Urfé, instrumental, Lp Montilla 32; Orquesta Sánchez Ferrer, Lp Kubaney 123; Cachao, Lp Maype 168 y otra versión en Lp Salsoul 411; Septeto Nacional, Lp Pueblo 1039; Grupo Saumell, Lp Areito 3454; Nené Enrizo, Lp Kubaney 1173; Canelita Medina, venezolana, LPCBS 141786; Dúo Irizarry de Córdova, puertorriqueño, Lp Borinquen 1246, y otras muchas.

Cubana hermosa Co C3970 5/1920) un bolero de Corona. **Lo típico de Cuba** (Co C3936 5/1920) una rumba de Ignacio Piñeiro. **Cuba y España** (Co C3936 5/1920) una rumba de Corona, que bien puede ser **No te mueras sin ir a España**, reseñada antes. **Como Cubita no hay** (Co C3990 5/1920), otra rumba de Piñeiro. **Cuando repica el tambor** (Co C3938 5/1920). **Oye mi son Laborí** (Co C-3899 (5/1920); El afán de los cubanos por viajar reluce nuevamente en **Me voy a Alemania** (Co C-3895 5/1920), un son de Corona; **Dime adiós matancera** (Co C-4193 5/1920), una rumba de Corona.

Damují (Co C-4193 5/1920) un río de Cuba merece una canción de Sindo.

El triunfo de la chancleta

(Co C-3965 ca. 1920)

Ese humilde calzado de las clases pobres, merece una rumba de Piñeiro:

Ya se formó la *cumbancha*
Señores, hay que gozar
Después no quiero que digan
Que dí la *rumba*
Y no la invité   (bis)

No hay como la *rumba* hermana
Para pasar un rato alegre,
Y si no para que aprecies
Se lo puedes preguntar
Al amigo de Carlota (1)
Que ayer tarde cuando la encontró
De sorpresa al verla pasar, así le cantó:
Qué volumen, que volumen
Qué volumen tiene Carlota

Después me reí, después me reí,
Porque miraba una tragedia
De un matrimonio que pasaba
Y el hombre le preguntaba
Con ternura y con placer
A su dulce compañera:
Donde andaba anoche, que bien te busqué
Recorrí la Habana
Y no te encontré (2)
Aquí terminé, aquí terminé,
Pues si sigo con la rumba
Nos coge el amanecer,
Mi rumba terminaré
………………………………..
Porque me dan con la bomba,
Aé, aé aé la chambelona (3)

(1) Intertextualidad con la popular rumbita Que volumen tiene Carlota.
(2) Idem con Donde andaba anoche, del propio Piñeiro.
(3) Idem, con La chambelona.

El dengue en la Habana
(Co C-3557 ca 1920).

Los humildes trovadores cubanos seguían su misión profiláctica. Aquí es Piñeiro quien dedica una rumbita a la epidemia, de la que solo pudimos descifrar las primeras estrofas:

>No sé quien nos la trajo
>Esa maldita epidemia,
>Y pasa el pueblo cubano
>Atendiendo a sus caídos
>Como.......................
>El dengue tan inhumano
>
>No sé quien nos trajo
>Esa mala epidemia,
>Que ha dejado huellas
>En nuestro país destrozado
>...............

Por la otra cara de este disco está **El Yambú**, guaguancó, que aquí aparece como de Manuel Corona, pero en otras muchas versiones, de Piñeiro. Posiblemente esta sea la primera grabación, y ya tiene las inspiraciones que todos los cantantes posteriores han repetido: "Dice Juana Maravilla, Mi padre con cinco estrellas" etc. Los trovadores siguen viajando: **Adiós Camagüey querido** (Co C-3900 ca 1920) de autor desconocido, y por la otra cara, igual, **Marcho a Francia**.

Los cantares del abacuá
(Co 2070x ca 1923).

Esta pieza de Ignacio Piñeiro que usa una gran cantidad de voces de los abacuás o ñáñigos y describe sus ceremonias, es importantísima, y requeriría un estudio más profundo de especialistas en la materia. Damos la equivalencia en español de algunas de las voces usadas, y pedimos excusas por las palabras abacuás que puedan estar mal escritas, tal como las hemos entendido al escuchar la grabación. Hemos usado también de Lydia Cabrera, "La lengua sagrada de los Ñáñigos", y de Ivor L. Miller, "Voice of the leopard" University Press of Mississippi, 2009.

>En cuanto suena el boncó (1)
>Todo el mundo se emociona

El maribí (2) se entona
Junto con senseribó (3)
Los cantares del abacuá
Mangandó maribá (4) (bis)
Y en eso viene el kabuyo (5)
Y amina molloco con el boncó
……………… se desprendió
Pero el iyamba (6) caliente
Que imitaba a su monina, (7)
El bongó se desafina
Si no cantamos
Asere, asere, asere
Mamá kacubia (8)
Narongo (9) pavio
No se puede continuar:
El bákara está bravito (10)
Porque le falta el diablito
Que escobilla de verdad
Por eso no están de acuerdo
Mukanga, el césar
Y el yuansa (11) no quiere cantar
Ayumba, abanueke iyumba (12)

(1) Tambor.
(2) Uno de los dignatarios de la sociedad Abacuá.
(3) Instrumento.
(4) Otro dignatario.
(5) Justicia.
(6) La más alta autoridad en una potencia o sociedad abacuá.
(7) Amigo, compañero.
(8) Sangre de gallo.
(9) Prenda.
(10) Militar.
(11) otro dignatario.
(12) Hacerle una cruz en la frente y el pecho con tiza al iniciado.

La situación de Cuba
(Co 2043x ca 1923).

Es una criolla de Corona, que al parecer debe tratarse de un tema político. **Palma Soriano** ca 1923 que no trae el autor, plantea una duda: ¿Para qué quieren tantas mujeres?

Aquí está Domitila
La que vive en el solar
Que está a la espectativa
Que yo me voy a embarcar
Esa mujer se ha enterado
Y me ha mandado a buscar
Es cosa urgente mi hermano
Y voy a Palma Soriano
Para una empresa formar:
Mas de cuarenta mujeres
Para dar una reunión
Pero lo que prefiere
Que sepan bailar el son,
Y unas para el one step
Otras para el buen danzón.
Pero donde está el trabajo
Que venga rumba y el son:
Si señor, si señor que ya me voy
Por la madrugá:
Mujeres no se duerman(1)
Que yo me voy, me voy, me voy
Por la madrugá.
A Palma Soriano,
(Coro):Por la madrugá
A buscar mujeres
Por, etc.
A las cuatro y media
Por, etc.
Las traigo a la Habana
Por, etc.
A buscar cumbancha
Por, etc.
Y no sean malagente
Quiero que me vean salir
Y una cosa muy urgente
También les voy a advertir,
Que preparen bien la casa
Cuando llegue la excursión

Porque saben lo que pasa,
Cuando oyen tocar el son   (bis)

(1) El cuarteto Cruz, trovadores que ya se dedicaron específicamente al son, grupo dirigido por R. Cruz, grabó también este título en V-73883 3/9/1923, pero con letra más reducida, más bien cubriendo la parte con coro, más movida:

Mujeres no se duerman,
Que yo me voy, me voy, me voy
(Coro):Por la madrugá
A Palma Soriano
Por, etc
A buscar mujeres
Por, etc.
A Puerto Boniato
Por, etc.
Hay en todas partes
Que no hay de tó
En rincón caliente se baila el son
(Coro):En camiseta y en pantalón
Denme mi ropa que yo me voy
(Coro): Al rincón caliente a tomar un trago

Calderón del Bote (Co 2117x ca.1924) es por supuesto una parodia a Calderón de la Barca, pero no sabemos qué versos del mismo fueron parodiados. **Lo que tiene el son** (Okeh 16133) es en realidad **El son de Oriente** del que ya hablamos en su interpretación por Juan Cruz y M.Zaballa.

Las melenitas

(Okeh 06646 ca.1942).

Es una guaracha de Manuel Corona. Debe tratarse del mismo peinado que llamaron a la garzón.

Cuando la moda de la melena
Ha tomado tal furor
Que la llevan con fervor
De *la blanca a la morena* .   (bis)

A llevarla con gentileza
Como bien lo verá usted

Desde la alta marquesa
Hasta Caridad Valdes.   (bis)

Con pantalón y chaleco
Sale al punto Filomena
A cortarse la melena
Que parece un coco seco.

Allá en la familia Agüero,
Una señora muy buena
Bajó casi del cielo
A cortarse la melena.

Por eso dice mi tiíta
Si te quieres ver bonita
Con aquella melenita

Con que alguien bien diga
Y luego se acceda
Que se corte como yo,
La melena.

La mamá de Estela
Ha dicho el otro día
En casa de Rosalía:
Una mona con melena.

Y miren como es la cosa
Que hasta Juana Lloviznita
Se cortó la melenita
Y corrió en pos de fiesta.

Ay por Dios amiga
A mi me da pena
Que tú no te cortes
Como yo la melena.

Cachita estaba dormida
Conocida por La Nena

Se ha cortado la melena
Y se……….. está de……..

Y si ven a Chiquitica
Con la melena cortada
Seguro que está casada,
se encantó la *mulatica*.

Por eso dice mi tiíta
Si te quieres ver bonita
Córtate la melenita
Oye mi amiga
A mí me da pena,
Que te cortes, la melena.

María Teresa Vera fue uno de los pocos trovadores que continuó su carrera discográfica después de 1925. En 1926, y como directora del Septeto Occidente viajó a Nueva York para hacer grabaciones con ese grupo, pero también hizo algunas con la segunda voz de Miguelito García, y guitarras. **Cosa antigua** (Co 2699X /1926) de Ignacio Piñeiro, retrata la pasión por la rumba:

Que tendrá la *rumbita*
Que arrastra con ella a mi amor
por más que le riño a ella
siempre a la *rumba* se va   (bis)

…………………….

La *rumba* no puede parar
Un día me pidió permiso
Para ver a sus amigas
 y la encontré de improviso
en casa de………………..
Con toda…………… la *rumbita*

Anda durmiendo en su casa
Toda la noche soñando,
Con una *rumbita* bailando
Con variado movimiento

…………………..

Mi novio me busca mamá,
y si me anda buscando
ustedes le dicen
que estoy *cumbanchando*.

Dicharachos

(Co 2873X).
Rumba de Piñeiro, fue grabada en la misma ocasión.

Con dulce expresión cubana
Una habanera trigueña
Decía dulce, halagüeña,
Que sabe usted de La Habana?
En ella no se averigua
Como usted anda ni vive
A todo el mundo recibe,
La Habana si es cosa antigua.

El que quiera gozar bien,
 que espere a la media noche,(bis)

Cuando en el imperio duermen
Y entona el gallo su diana
Entonces es cuando La Habana

Se pone de bá encamá (?)
A media noche comienzan
Los dicharachos de moda,
Los usa la plebe toda
Y hasta la gente que piensa.
Fulanito es una astilla,
No veo un claro en……..
Que sabrás tú, vete a España
La bobería sencilla

El que quiera, etc.

Todo rumbero gozoso
Apenas siente la rumba
Dice con voz que le zumba,

Tápame que estoy baboso.
Y causa tanto la expresión
Y que sabrosa se llame;
La tocaré con limón
Porque sabe a yuca y ñame

El que quiera, etc.

Corona compuso una bellísima guajira dedicada a la guitarra, que aparece en el libro de Margarita Mateo antes citado, "Del bardo que te canta" que no hemos podido adjudicar a ninguno de los trovadores, pero sin duda, debe haber sonado en su época: **Mi guitarra.**

Todo lo dices, guitarra mía
Risas, bullicios, canto, alegría,
Suspiros, quejas, melancolía,
Sollozos tristes del corazón.

Cuando te inspiras, cuando te exaltas
Todo lo expresas con notas altas,
Todo lo dices con gran pasión.
Eres profunda, guitarra hermosa.

Qué dulce suenas, qué melodiosa.
Todo en tus cuerdas amor rebosa,
Todo lo vibras con frenesí.

Porque eres hembra, porque eres diosa,
Porque resumes todas las cosas,
Porque la vida se encierra en ti.

Alberto Villalón

Este magnífico guitarrista y compositor, que acompañó a muchos de los trovadores en sus actuaciones y grabaciones, decidió formalizar lo que en realidad habían sido esas agrupaciones, un trío con dos voces, y una o dos guitarras, cuando uno de los trovadores tocaba la guitarra, y le puso Trío Villalón, completado con Juan de la Cruz, primera voz, y Pedro Martínez, segunda.

En lo que nos atañe, grabó **Punto carretero** (Brunswick 40070 (9/24/1923), que es una guaracha de M. Méndez; **Marcha carabalí,** (Br 40070), un tema ñáñigo de Juan de la Cruz; **Los pobres de la tierra** (Br40074 9/26/1923), un capricho de Sindo Garay. No hemos escuchado ninguno.

Villamil y Vilches

Fueron también trovadores de esta época, pero no los hemos escuchado. **Pronúncieme el castellano**" (Co C2681, 1916); de F. Misquier. **Maceo Martí** (Co-2681) no sabemos si se trata de la canción "En opuestas regiones"que ya vimos antes; **Al presidente de la juventud liberal** (Co C-2683, 1916) punto cubano de Misquier, no sabemos si es el mismo grabado por un cantante de punto ya reseñado. Y como cosa curiosa, **El manisero** (Co C-2682,1916) una rumba de Vilches, muy anterior al famoso son pregón de Moisés Simons de 1928.

Otros intérpretes hasta 1925

Hemos revisado también entre los cantantes líricos cubanos que grabaron en ese período, si había canciones que incluir: Por supuesto **Rosalía "Chalía" Herrera** (ver su biografía en mi Discografía de la Musica Cubana, 1898-1925, p 49.) con su grabación de la Habanera Tú de Eduardo Sánchez de Fuentes, hecha para los cilindros Bettini en 1898, encabeza todas las referencias discográficas de este libro, **porque es la primera grabación de un artista latinoamericano, en el mundo**. Además, para reafirmar esta posición, ya en el mundo del disco plano, la vuelve a grabar en disco Zonófono 9458 en 1900, y nuevamente en 1901, en disco Monarch 3408., y en disco Zonófono P5542 en 1903; y en 7/19/1912 para disco Columbia Co2675.

Y posteriormente, y en lo pertinente a este libro, graba además **Mulatica de mi vida** (Vi-63673 2/9/1912) una guaracha de Marín Varona, y **Las desventuras de Liborio** (Vi 63675 2/19/1912) una clave de M. Maury; y **Guarina** (Vi 63680 3/5/1912) canción de Sindo Garay.

Claudio García Cabrera

Barítono que acompañó a otros cantantes pero también grabó como solista: **Soy negrito** (Matriz Victor 283, 2/10/1909) una habanera de López, con orquesta; y **Habanera Tú** (Vi-62235 2/11/1909).

Mariano Meléndez

La Habana, 9/11/1886-10/15/1960. Grabó más de 100 números entre 1923 y 1928(ver Discografía de la Música Cubana, 1898-1925, p. 305). **Punto cubano** Matriz Brunswick 13364 6/23/1924) de Arquimédes Pous letra, y música de Jaime Prats, con éste al piano); **Camagüeyana** (Co 2030x ca 1923/4), una serenata de Anckermann. **Soy cubano** (Vi77847 3/8/1923) guajira-criolla de Luis Casas Romero, a dúo con Martínez y orquesta. **El mambí** (Vi77087 3/8/1923) criolla de Luis Casas Romero, con orq. **Virgencita del Cobre** (Pathé 06640 1925) de Eliseo Grenet, con Jaime Prats, piano.

Canciones trovadorescas no grabadas

No todos los compositores trovadorescos grabaron, y ni tan siquiera los que lo hicieron, lograron grabar toda su producción y por lo tanto, la parte de ella que corresponde a la canción político social, quedó sin la evidencia del disco. Si volvemos al libro de Margarita Mateo antes citados, podemos traer varios ejemplos; Así lo tenemos en **Dos patriotas**, de Salvador Adams:

> Nació el Titán de Bronce
> en el Oriente bravío
> una gloriosa mañana
> sin saber que su destino
> era morir en La Habana.
>
> Martí nació en La Habana
> Para morir en Dos Ríos,
> De cara al sol en Oriente
> Muriendo por su bandera
> Como mueren los valientes
> Pera ver su patria libre
> Y también independiente.
>
> Martí y Maceo son dos escudos de gloria,
> Son dos clarines de mambises
> Son dos clarines de victoria
> Y para el blanco y el negro
> Un ejemplo y una historia.

Pepe Sánchez, el considerado creador del bolero cubano, también le cantó a Maceo:

> Cuba, Cuba, mi patria querida,
> Al fin libre por siempre te veo
> Nunca olvides a Antonio Maceo
> Al que todos debemos la vida.

Fue temido por bravo en la guerra
Aquel gran titán que una patria nos dio,
Defendamos y amemos la tierra
Que con su sangre gloriosa regó.

Manuel Corona también le cantó a la **Pobre Cuba**:

¡Pobre Cuba, patriotas cubanos, pobre nación!
Los guerreros que sucumbieron
Su tiempo perdieron
De Maceo y de Martí de recuerdo queda el nombre,
Pues todo lo han destruido
La ambición de algunos hombres sin compasión.
¡Pobre Cuba, patriotas cubanos, pobre nación!

Tristes y solitarias están las praderas
Y los campos de mi Cuba.
Se ha perdido el sentimiento de patriotas.
La riqueza y el porvenir de la patria
Lo han llevado a la bancarrota
Los malos cubanos sin compasión.

Si los mártires vivieran, vivieran arrepentidos
Y avergonzados al ver que la tiranía
Y la explotación es lo que impera
Hoy día en esta pobre nación.
Sálvese quien pueda, pues no hay otra aspiración.
¡Pobre Cuba, patriotas cubanos, pobre nación!

Floro Zorrilla le escribió una contestación a la Clave a Maceo que escribiera Sindo Garay, pero aparentemente no fue grabada. Su letra aparece en el libro de Mateo (p. 153). Es evidente que Zorrilla respondía a otros intereses, que no eran los del pueblo cubano: **Contesta a Maceo.**

Es mi Cuba hermosa y floreciente.
Es la patria de Maceo y Martí,
Que no es pobre, sino rica,
En Cuba se puede vivir.

Si Maceo llegara a vivir,
No moriríía de vergüenza.
Como se suele decir,
Viviría orgulloso de su patria y sus héroes
Igual que si fuera Martí.

Sindo siguió haciendo canciones que hoy llamaríamos de protesta: Mateo (p. 154) nos trae otras dos: **A Cuba.**

Cuando contemplo mi patrio suelo
Y sus penumbras al despertar,
Me abruma entonces el pensamiento
Y creo firme en el más allá.
Cuántos misterios encierra Cuba,
Como conspira la cruel maldad
Hundiendo todo lo que es más útil,
La patria entera, su libertad.

El derrumbe

A través de los martirios
De la vida y sus secretos,
Hoy la patria ya sucumbe
Por sus hijos que han querido
Empujarla sin piedad
Hasta el derrumbe.
Para el más grande de los amores
Nos hizo el templo José Marí.
¿Cómo es posible vivir sin patria?
Vivir sin madre, es vivir sin Dios.

Pese a que Alberto Villalón tuvo amplia presencia discográfica, sin embargo esta canción, que Mateo sitúa por el tema de los últimos días de 1908 o en los primeros de 1909, (por la toma de posesión del nuevo presidente José Miguel Gómez) aparentemente no fue grabada, quizás no hubo esa oportunidad y ya grabarla a posteriori, no tenía sentido: Pero expresaba claramente el alivio del pueblo cubano con la salida del Gobernador Magoon, y la preocupación siempre presente, de la anexión de Cuba. Se titula **Patria mía.**

Ya tenemos presidente,
Que Cuba tranquila esté.

Es hora porque se fue
Míster Magoon, el caliente.
Ya el cubano sonriente
Se alegra de su partida.
Que jamás vuelva en la vida
Con la malsana intención
De procurar la anexión
De nuestra patria querida.

Como bien señala Mateo, esta canción de Patricio Ballagas, que tampoco llegó al disco, muestra ya una mención específica a una categoría social de la que se abusa: **El proletario** (p. 163)

El proletario al contemplar su suerte
Que lo mantiene triste y abatido,
Prefiere conservarse en el olvido
Que servir de escabel al deshonor.

Solo busca placer el miserable
Que de ilustre ladrón la fama adquiere
Mientras el pobre abandonado muere
Como reptil, sin gloria ni esplendor.

Con los tiempos, cambian los temas. Se actualiza el problema obrero, como lo es la canción de Graciano Gómez **El retiro tabacalero**. Aquí el tema se circunscribe a una justa demanda de un sector obrero (p. 164).

En la guerra redentora
De Maceo y Martí
El tabaquero cubano
Ayudó a sus hermanos
De San Antonio a Maisí.

Fomentó la expedición
Y luchaba con vehemencia
Por lograr la independencia
De esta hermosa nación.

Gobierno cubano,
Sé justo y sincero,
Que menos le puedes dar
Que el retiro tabacalero.

CAPÍTULO 11
1900-1958: Sexteto habanero

El son nacido en Oriente llega a La Habana en un momento que muchos fijan aproximadamente en 1909, pero a los estudios de grabación no accede sino mucho después. Hemos analizado en nuestro libro, Discografía de la música cubana, Volumen 1, 1898-1925, para precisar las primeras menciones del son en discos, con la advertencia de que no todas las grabaciones señalaban el género musical interpretado, y en muchos casos, cuando uno escucha lo que se titulaba "rumba" en muchas grabaciones, puede considerarse un son. Y viceversa, algunos de los sones parecen rumbas. Así encontramos que en lo que llamamos grabaciones del Teatro Alhambra, hasta 1925, no aparece la palabra son, entre los géneros, ni en los títulos de las canciones grabadas. Los trovadores sí van a grabar sones: Juan Cruz graba varios en 1923 y 1924, entre ellos el **"Son caliente, son de Oriente"** Vi-78133 4/1/1924 de Eliseo Grenet; Juan de la Cruz graba una guaracha-son de Alberto Villalón en 1924, Edison 60053, **"Mi chiquita"** y **"Rodolfo Valentino"**, Edison 60033, que ya hemos analizado antes, y que aparece como "rumba-son", igual que **"Juro adorarte hasta la muerte"**, Edison 60036 y **"Que partes el alma"**, Edison 60035 y todos de Manuel Méndez.

También Floro Zorrilla graba sones, algunos que ya hemos analizado, **"Que volumen tiene Carlota"** ca. 1919, y **"Se acabó la choricera"** Co C3563, ca. 1919 y dos de su inspiración, **"Goza Margarita, goza"** Co C4018 y **"Mamá las lágrimas se me salen"**, Co C4112, ambos de 9/1920.

María Teresa Vera, también "sonea" con sus diferentes compañeros vocales: en 5/1920 en C0 C3937 **"Para poder criticar"**, Co C3937; **"Mi comadre tiene"** y Co C3899 **"Oye mi son Laborí"** donde se escucha un bongó, prueba de que los trovadores se estaban tratando de buscar un espacio con este nuevo género, el son; Co C3938, **"Yo te escribiré Panchita"**, Co C4047,

"**Mamá cómprame un chivito**". No tienen autor, pero sí los siguientes, de Manuel Corona: Co C3895, "**Debajo de la cama hay gente**", Co C3895, "**Me voy a Alemania**", Co C4151, "**Los Angeles**", y Co C4151, "**Isabel**".

En 1923 Co C4235, "**Que me pongan la cama**" sin autor; en ca. 1924, Co 2091x, "**Eskimo Pie**" Co2117x, "**Lo que tiene el son**", Okeh 16133, (que es Son de Oriente, de Eliseo Grenet) y Pathe 06642, "**Por ti muero yo**", Pathe 06650, "**Santo Dios**" y Pathe 06651 "**Las dulzuras del son**", que se identifica como "Son especial".

Todo lo anterior estaba instrumentado para dúos con una guitarra, lo que daba poco margen al desarrollo de la polifonía rítmica del son. Para los trovadores, el son constituía un nuevo género musical agregado a su repertorio, que estaba logrando el interés del público. Y los trovadores necesitaban esto, malamente. Mientras los músicos de las orquestas danzoneras tenían buenas oportunidades de trabajo en bailes, y los intérpretes del Teatro Bufo tenían un ingreso modesto pero seguro, el trovador vivía de las propinas que le daban los parroquianos de los cafés y restaurantes donde tocaban, y en las contadas ocasiones en que se hacían funciones de trovadores en teatros o cines. Lo que se recibía por las grabaciones, en todos los casos, era muy poco, con eso no se podía vivir.

Desgraciadamente, su instrumental no podía satisfacer las necesidades del bailador.

Pero el son estaba en el ambiente, y las disqueras estaban tratando de explotar el nuevo producto, aunque en forma bastante torpe. Una hoja del catálogo de la Columbia de 1921 (página 328 de mi libro antes citado) contiene una lista que llama "Sones santiagueros" donde incluye rumbas, sones habaneros, etc.

La palabra "son" estaba en el ambiente: Hasta un danzón de la orquesta de Antonio María Romeu, de la autoría de Corona, se titula "**Ese es tu son santiaguero**", Co. C3959, ca 1920.

Empiezan a afinar la puntería. Comprenden que para competir con el danzón, la forma musical más importante del momento, y su producto disquero más solicitado, tienen que presentar mejor este nuevo producto que se llama son: Tres hombres con una o dos guitarras no pueden producir el volumen necesario para un producto bailable, como lo es el son; no compiten con los once miembros de una orquesta danzonera típica, que tiene además metales e instrumentos de madera, ni tan siquiera con las charangas danzoneras que están empezando a surgir desde la segunda década del siglo XX, con su flauta, timbales, piano, etc.

La Columbia hace un experimento: en 1917 graban, aparentemente en Nueva York, y bajo el título de Cuarteto Oriental, a un grupo posiblemente formado (según Jesús Blanco, " 80 años del Son y Soneros del Caribe" Editorial Tropykos, Venezuela, 1992), por Gerardo Martínez, voz prima y claves; Ricardo Martínez, tres; Guillermo Castillo guitarra (botija, según Blanco) y Felipe Nery Cabrera, maracas. Graban cuatro números, **Amor de caridad** Co C2996, **Elena me botó** Co C2997, **Los aliados te quieren ganar** Co C2967 (Obviamente, referido a la 2da Guerra Mundial, o a los cocheros habaneros que operaban bajo ese nombre) y **Pare motorista** Co C2968., que lleva además la aclaración de ser "son santiaguero". Lo curioso es que el único oriental del grupo era Ricardo Martínez, los otros tres eran habaneros.

¿Qué hay detrás de estas múltiples referencias al "son santiaguero"? ¿Por qué llama así la Columbia en su catálogo de 1921 a un grupo heterogéneo de sones y rumbitas? ¿Se trataría de oponer al danzón, de origen matancero, el son, de origen oriental? ¿O es que alguien anunciaba el son como habanero, y había que salirle al paso?.

Pero no bastaban las voces, que era el arma más contundente que tenía el son frente al danzón; la gente quería letras, y no bastaba que algunos danzones usaran canciones conocidas en algunas de sus melodías, que seguramente coreaba la gente al bailarlas; aparentemente, la gente quería una orquesta con cantantes, pero algo nuevo, diferente.

Es la Victor la que empieza a encontrar la fórmula. En 1918 aglutina a Carlos Godínez, (Casa Blanca, La Habana, 1882-1952) quien se había alistado en el ejército permanente establecido en 1909, y que fue destinado a servir en Santiago de Cuba. Allí tuvo contacto con el el tres, instrumento nacido en Oriente coetáneamente con el son; según Blanco, al que estamos citando, años después se licenció del ejército y regresó La Habana, ingresando en la agrupación Los Apaches, y allí aprendió a tocar el tres con Carlos Valdés, y para 1918 sustituyó a Ricardo Martínez como tresero del Cuarteto Oriental.

Sigue diciendo Blanco que en 1918 la Victor le encomienda a Godínez la formación de un grupo, que integran Godínez como director y tresista; Manuel Corona, guitarra y segunda voz; María Teresa Vera, voz primera y clave; "Sinsonte" voz tercera y maracas y Alfredo Boloña, bongoes. Pero falta un músico, para completar el Sexteto, porque así es como lo titula la Victor en las 6 grabaciones que hacen, en febrero 2 de 1918: "Sexteto Habanero de Godínez". El músico faltante puede haber sido Antonio Bacallao en la botija (antecesor del contrabajo). La inserción en el grupo de Manuel Corona y María Teresa Vera, hace mucho sentido: en esos mismos días, habían estado grabando ellos dos junto con Zequeira como segunda voz, para la Victor; así lo hicieron en febrero 7 y 14 (Ver mi Discografía, bajo María Teresa Vera).

El flamante sexteto graba **Amalia Batista**, al que titulan "son habanero" Vi 72385; **Mi nena** Vi-72385, **Carmelina mira tuyo soy corazón** Vi 72079, **Voy a patinar con mi novia** Vi 72079, **Mujer bandolera** Vi 72644, y **Rosa**

que linda eres Vi 72644. Estos dos últimos están reeditados en el CD Harlequin 67. Y también hemos escuchado **Amalia Batista** y **Mi nena**.

Ya en todos estos sones, se establece el formato característico del sexteto: Una introducción a cargo del tres, acompañado algunas veces del bongó, seguido de una melodía que todavía en la mayoría de estos primeros sones, es una simple dupleta, que se repite varias veces, hasta que hay un puente que hace el tres, y viene la segunda parte, más movida, con una melodía distinta a la primera. También se establece el patrón de un cantante solista, que abre el número, a quien le responde el coro, que tiene, en estas primeras grabaciones, una voz dominante, en este caso, la de María Teresa Vera.

Así sucede por ejemplo en **Mujer bandolera**, donde se repite muchas veces los dos versos;

> "Quiéreme, quiéreme
> *Bongosero*, que quiero cantar"

En la segunda parte, se repite un sólo verso: "Ay Mujer bandolera".

Hay que destacar aquí, que es posiblemente la primera grabación de son en que se menciona a uno de los nuevos protagonistas del son, el bongosero, que toca un instrumento que se va a dar a conocer al público, a través del son. Y ya seguiremos viendo qué connotaciones tienen estas citas en el género que comenzaba a darse a conocer a través de las grabaciones: el son.

Lo mismo sucede en **Rosa que linda eres**, en que esta frase se repetirá en la primera parte, y en la segunda, dos versos:

> "Yo no quiero más
> Beber licor"

En **Amalia Batista** la cosa mejora: hay toda una cuarteta en la primera parte:

> Amalia Batista,
> Amalia mayombe,
> Qué tiene esa *negra*,
> Que amarra a los hombres.

La segunda parte, que no se entiende bien, parece mencionar la palabra son, en la primer verso.

En la otra cara del disco, "Mi Nena", la primera parte tiene seis versos:

> Juégale a mi gallo
> Si quieres ganar

> Mi gallo canelo
> Lo llevo a la valla
> Picó, mató,
> Se acabó mi gallo bayo.

La segunda parte es una dupleta en que va variando el primer verso, improvisando, y ya ésta será otra característica fundamental del son:

> Hace tiempo que no te veo
> Mi nena, mi nena…
> A prender la luz del barrio
> Mi nena, mi nena
> A vivir toda la fama(¿)
> Mi nena, mi nena, etc

Aparentemente, no pasa nada importante con estos discos, que tienen que competir con los sones que como hemos visto, grabaron también algunos trovadores. Pasan años, y el flamante sexteto de Godínez, no vuelve a grabar.

En 1925, sin embargo, va a renacer el sexteto, esta vez para triunfar. En noviembre del año anterior, 1924, había resultado electo presidente de Cuba el General Gerardo Machado y Morales, del Partido Liberal, aliados con el partido Popular, y con él Carlos de La Rosa, vicepresidente. Alguien en la Victor al parecer recordó lo sucedido cuando en unas elecciones en 1916 en que había resultado electo otro candidato liberal, ayudado por un número musical que se había hecho muy popular, la rumba o conga de "La chambelona", que la Victor había explotado discográficamente en forma muy eficaz, como vimos anteriormente.

Y ahora pasaba algo parecido. Estaba en el ambiente un nuevo número, de autor desconocido, pero que la gente coreaba. La toma de posesión del nuevo presidente estaba señalada para el 20 de mayo de 1925. Posiblemente para hacer esta grabación en especial, vienen los equipos de la Victor, y en abril 16 de 1925, llaman nuevamente al Sexteto Habanero, que ya ha perdido el apéndice "de Godínez" posiblemente a instancias de la Victor, que no quiere hacer depender la existencia de un grupo, del nombre de una persona. Ya ha tenido experiencias con otros directores desaparecidos. La Habana, y los habaneros, son más perdurables. El son se llamaba **A pie,** (Vi 78046) que siempre había sido una motivación del partido Liberal, frente a las campañas del partido Conservador, con caballerías comandadas por su líder, el general Menocal.

El sexteto había cambiado su personal, ya no estaba María Teresa Vera, eran todos voces masculinas.

Liberales, populares,
Todos luchamos con el corazón,
Por eso ha triunfado Machado
Y se ha acabado la coalición
A pie, a pie, a pie,
No me duelen ni los callos,
A pie, a pie, a pie,
Se acabaron los caballos.
A Machado le da pena
A pie a pie, a pie,
Los *timbales* ya no suenan(1)
En el Palacio presidencial
A donde estará..........
Diciéndole a Menocal
Que vuelva a poner los gallos (2)
Que nos quisiste cobrar
Y él le contestó, yo qué le voy a hacer,
La gente a mí me engañaron,
Y se fueron de a pie
Ganaron los liberales a pie, (bis)
El general Machado
Y de la Rosa también
Ganaron los liberales a pie (bis)

(1) Parte de la simbología del Partido Conservador eran los timbales, que en Cuba designan a un instrumento musical, pero también a los genitales masculinos.
(2) Las peleas de gallo habían sido suprimidas por el gobierno conservador.

La otra cara del disco, **La camaronera**, era de sentido erótico tirando a pornográfico. De manera que el disco fue un éxito extraordinario.

Camaronera, por favor
Tráeme un caracol
Del río donde tú pescas
Niña tráeme un caracol.

Esa era la primera parte, que después del breve puente del tres, tendría una segunda bien explícita:

Dame tu caracol
Para mi camarón…

Con el éxito del disco, la Victor se dispone a hacerle nuevas grabaciones al Sexteto, le hace cuatro a fines de 1925, ya con grabaciones eléctricas, no mecánicas, como habían sido las anteriores. Las selecciones tienen éxito, sobre todo el número **"La loma de Belén"** V-78594, y en septiembre del año siguiente, el sexteto hace 12 grabaciones en Nueva York. Así seguirán grabando para la Victor, que les organiza también una gira por toda Cuba. Este primer periodo del sexteto dura hasta 1931, con un total de 101 grabaciones, que vamos a analizar, al mismo tiempo que el comportamiento del grupo como una unidad de producción musical, y las implicaciones sociales que esto conllevó.

Aunque el número de 101 grabaciones en aproximadamente seis años, entre abril de 1925 a febrero de 1931, no luce grande cuando se compara con las grabaciones que habían hecho en años anteriores las orquestas danzoneras, unas 1,165 entre 1906 a 1925 (Ver mi Discografía antes citada) donde grabaron 23 orquestas diferentes, algunas de las cuales como la de Felipe Valdés, grabó 315 danzones entre 1906 y 1925, la de Enrique Peña, 161 en el mismo período, y Antonio María Romeu, 268 entre 1915 y 1925; pero hay que tener en cuenta que el danzón se venía tocando desde 1879, y era el baile nacional de Cuba, y que el son tenía que abrirse paso frente a esa tradición; que además a partir de 1922, con la radio, empieza también otro terrible enemigo que ofrece la música gratis.

Fue sin duda una competencia grande la que tuvo que rebasar el son, y su heraldo principal, el Sexteto Habanero. Veamos cómo lo lograron.

Las tácticas del habanero
1- El personal

Durante todo este periodo, se mantuvieron fijos en el Habanero cuatro figuras: **Carlos Godínez**, tresero, del que ya hablamos, y que según Blanco estará en el Habanero hasta 1935, en que al escasear el trabajo, se vuelve a enlistar en el ejército. **Felipe Nery Cabrera**, (1876-1936) Nació en Marianao, era tabaquero, y se vincula como maraquero al cuarteto Oriental como vimos. Estaba casado con Juana González, compositora de varios sones importantes. **Guillermo Castillo García** (1881-1951) habanero, de oficio pintor, tocaba (o más bien soplaba) la botija en el grupo Los Apaches, y pasa al Cuarteto Oriental, pero asumiendo entonces la guitarra, y de ahí al Habanero hasta que se separa del grupo en 1934. **Gerardo Martínez Rivero** (1900-1958) habanero, aprende el oficio de albañil de su padre, y sigue la misma ruta de Los Apaches, Cuarteto Oriental, Sexteto Habanero como contrabajista. Según Blanco, era el director del grupo, que abandonó en 1935 para organizar el Conjunto Típico Habanero, que no duró mucho tiempo. El puesto de bongosero, fue cubierto primero por El Chino Inciarte, después por Agustín Gutiérrez, y desde 1930 en adelante, por Andrés Sotolongo; la primera voz fue Abelardo Barroso, y desde 1926, Rafael "El piche" Hernández, regresando Barroso en 1927, y desde octubre de 1927, José "Cheo Jiménez", hasta 1930 que entra Miguel García. Cuando se le agrega una trompeta al grupo en 1927, la toca Enrique Hernández, lo sustituye Félix Chappottin en 1928, sustituído en 1930 por José Interián. Desde 1927, aunque de hecho era un Septeto, se le sigue llamando Sexteto. O sea, siempre tuvo cuatro figuras fijas, que además componían para el grupo. Eso le dio estabilidad y homogeneidad al grupo.

2-El repertorio

Las 101 canciones grabadas en este periodo van rotuladas como sones, salvo la primera grabación, **Maldita timidez**, que parece un bolero, y no está rotulada, igual que **Quiero que me des un besito a mí,** y dos identificadas como sonsonetes (en realidad una forma de son), **Guantánamo y Sacudiendo mis maracas**. Hay también un bolero, **No me desprecies mujer** que cuando se escucha, es en realidad un bolero son. Al igual que las danzoneras, le apostaban a un solo producto. Todas las canciones de este periodo, salvo **Te odio**, están contenidas en el Box Set Tumbao TCD300.

De las 101 canciones, 61 fueron compuestas por los cuatro fundadores: Carlos Godínez, 12; Guillermo Castillo 14; Felipe Neri Cabrera 17; y Gerardo Martínez, 18. Los dos primeros y el último tenían conocimientos musicales rudimentarios para tocar respectivamente el tres, la guitarra y el contrabajo, pero Felipe Neri, ninguno. En este sentido fueron un grupo de "cantautores" mucho antes de que llegaran Los Beatles. El resto del repertorio, lo cubrían 7 composiciones de autor desconocido, 3 de compositores extranjeros, y las 31 restantes, compositores cubanos, todos conocidos y muchos de la importancia de Lecuona o Matamoros. Pero hay que hacer una salvedad importante: Al igual que el danzón, que necesitaba cada uno por lo menos cuatro melodías diferentes, el son generalmente requería dos melodías, una más lenta al principio, y la final más movida, lo que hoy llamamos "el montuno" de la pieza, que en realidad lo inventaron desde el principio los soneros. Y en la mayoría de las canciones de otros autores usados, eso hizo el habanero: agregar alguna melodía anónima o de su cosecha, para completar el son. La explicación de todo esto, como le sucedió en su momento a las danzoneras, es muy sencilla: La demanda exagerada del público y/o la industria disquera, obligó a los autores de danzones a "rellenarlos" con melodías de otras áreas de la música: ópera, zarzuela, música popular española, norteamericana, etc. Lo mismo hicieron los "habaneros" procurando ayuda en el amplio repertorio cubano.

3- Los temas del repertorio. La autopropaganda

Los dos primeros temas digamos que eran los clásicos: el de la mujer, y el del baile. Pero el Sexteto habanero va a agregar con insistencia, un nuevo tema, como no habían podido hacerlo las orquestas danzoneras, porque tenían comunicación musical, pero no verbal, y el Sexteto va a aprovechar esta circunstancia al máximo, muy inteligentemente. Son los chicos nuevos del barrio, que la gente no conoce, y que traen una música nueva; no estaba tan adelantada como hoy la ciencia o arte del anuncio; la música popular no era tema de los diarios, único medio de divulgación masiva hasta 1922, y después, lentamente al principio, la radio.

Las casas disqueras muy pocas veces publicaban anuncios de los nuevos discos, no existían entrevistas a los intérpretes, ni reseñas de sus actuaciones: ¿Cómo anunciar el son, sus instrumentos y sus intérpretes? Sencillamente, en los propios discos.

Una de sus primeras grabaciones hechas en noviembre 2 de 1925, Vi-78510, **No me desprecies mujer** en la segunda parte, repiten varias veces:

> Helo aquí, *Sexteto Habanero*,
> Melodioso, aquí está

En grabaciones de septiembre 2 de 1926, como Vi79123, **Quisiera ser mi estrella** repiten varias veces: "Flores, flores, *el gran Sexteto Habanero*, vienen regando flores"; y en Vi- 79226, **Soy tu Queta** dicen dos veces: "Mira que bueno, el *Sexteto Habanero*"; y en uno de sus grandes éxitos, Vi-79225, **Tres lindas cubanas**, de Guillermo Castillo:

> Y oye la voz del *Sexteto*
> Tocar a este milenio
> Aquí se cierra el colegio
> Con un bonito concierto…
> *Carlos, Guillermo y Gerardo,*
> *Rafael, Neri y Agustín*
> Cantando no tienen fin,
> En este sexteto bardo.

Y al día siguiente, y para que nos enteremos que fueron a grabar a Nueva York, en **Galán galán** Vi-79225, nos dicen:

> Ay galán galán,
> *De los Estados Unidos venimos*, diciendo así:

> Ay Galán galán,
> Este es el *Sexteto Habanero*
> Que viene haciendo así;
> Ay Galá n galán,
> Ahí viene *Guille Castillo*
> Diciendo así: Ay Galán, galán…

La campaña publicitaria no se detiene en 1927: En marzo 19, Vi-79397, graban un número que se titula **Sexteto habanero**:

> Mira que viene el *Sexteto Habanero*,
> Mamita déjame ir (bis)
> Ven si quieres gozarlo
> El *Sexteto Habanero* aquí está.

Y esto lo repiten unas seis veces…
Y en marzo 21, Vi-79464, **Diana Habanero**, Vi-79464:

> Vengan a escuchar nuestra clave,
> Para que puedan bailar, que gozarán
> Con el *Sexteto Habanero*,
> Y sus melodiosas conclaves…

En octubre 20, Vi-80272 graban otro de los grandes éxitos del grupo, **Cómo está Miguel**, (también conocida como **Bururú Barará**) de Felipe Neri, que también grabó el Septeto Nacional, pero no con la parte de esta letra que dice:

> Si quieres alegrar tu corazón
> Y que la tristeza disminuya
> Escucha al *Habanero,*
> Que no hace bulla…

En los casos en que el Habanero usaba una composición conocida, la segunda parte generalmente tenía otra melodía, con ritmo más rápido, eran en realidad bolero-sones, como en este caso, **Rosa Roja** de Oscar Hernández, Vi-80273 grabado en octubre 21 de 1927, en que nos anuncian: "Me voy a la tierra china, con el *Sexteto habanero*"…

A veces, la propaganda es más comedida, se limita al producto, como en el caso de **India inglesa** Vi-80384, grabado en la misma fecha, donde se limita a proponer dos veces: "Y bailaremos este *son,* mujer". Pero no está de más hacer mención a dos ciudades cubanas: "Mamá me voy a La Habana, porque se quema *Santiago*", y repetirlo cuatro veces…

A veces la mención es bien sutil, como la que hacen en **Cruel desengaño**, Vi-81939, de la propia fecha: en la segunda parte, después que el solista, contestado por el coro repite tres veces, "Voy a la loma, mamita voy a la loma" en la cuarta repetición, dice: Voy a la loma, *Agustín*, voy a la loma", para que no nos olvidemos de que el bongosero es Agustín Gutiérrez…

En 1927, hacen 33 grabaciones, y en 1928, 32, pero por si acaso, la campaña publicitaria no cesa; ahora va a empezar a hacer énfasis en los instrumentos del Sexteto: En febrero 4, 1928, graban *El bongó del Habanero* Vi-80656, por supuesto con solos para que se luzca Agustín Gutiérrez y muchas frases repitiendo "*el bongó del Habanero,*/Guambán, guambán,/ para un tono cadencioso,/Guambán, guambán,/ que repicando primero,/Guambán, guambán,/ en el martillo sabroso", etc…

De la misma fecha es **Tin cun tan**, Vi-80668, ruido onomatopéyico de la guitarra, para que se luzca Guillermo Castillo. Y en la propia fecha y por la otra cara del disco, **Alza los pies congo** van a hacer una defensa del son frente al charleston:

> Hay en mi Cuba un baile que se llama *son*
> En el norte hay otro que es el *charleston*;
> *El charleston, el charleston*
> Cuando yo le bailo el *son*…

En febrero 8 se graba **Dora,** Vi-81814, una telegráfica canción de amor que en su parte final repetirá muchas veces, "*Sexteto Habanero*, Mamá déjame gozar"…

En mayo 29, se graba **Tribilín cantore** V-81272, un canto bucólico en que se menciona "*la guitarra y el güiro*" y cierra con esta cuarteta:

> Oíganle la cuerda al *tres*
> Y escuchen su consonancia
> Y verán con qué arrogancia
> Vuelve a tocarlo otra vez, bien

En esa misma fecha, Felipe Neri se inspira y produce ***Mi guitarra*** Vi-81624:

> Mi *guitarra*, no me brindas
> Tu alegría, que te ocurre,
> Nada queda de la vida,

> La indiferencia me aburre…
> Juez eres de mi dolor
> Vagar y desencanto
> Por eso te quiero tanto
> Ven a agitar la calma
> Ven a rejuvenecer
> Y darme la calma
> Ya me parece escuchar
> El eco tierno y sonoro
> De mi lira que tanto adoro
> Que no la puedo olvidar.

En noviembre 30 es el bongosero Agustín Gutierrez el que se inspira con **Bun bun pá mi china** Vi-46115 para cantarle a su instrumento:

> Que contento me pongo yo
> Cuando siento los golpes del *bongó*
> Viendo la juventud
> Que hay en el deporte.
> Cuando siento yo el *bongó*,
> Bun bun, bun bun, pá mi china
> Hay que gozar con la mora…

Lo que se repite varias veces, mientras Agustín hace filigranas con el bongó. En la propia fecha se le hace justicia también al más diminuto y no por eso menos importante de los instrumentos: **Gloria a mis claves** Vi-46333, de Gerardo Martínez, de la que desafortunadamente no entendemos parte de la letra, pero sí cuando habla que ellas hacen llegar el mensaje de "nuestro típico y sabroso *son*", y que en la segunda parte repite varias veces: "Si te quieres divertir/ baila *son* y gozarás". Decididamente ese noviembre 30, es el día de las reivindicaciones, porque también se graba **Las maracas de Neri** Vi-46115, por supuesto de su inspiración, y donde se pide: "pongan atención, / porque ahora le toca a *Neri*, del Sexteto Habanero", y repite varias veces: "Me voy con *el Habanero*/ me voy con sus *maracas*/que no las puedo olvidar".

En diciembre 5 de 1928 se graba un son de Rosendo Ruiz, **De mi cubita es el mango** Vi-46043 que exalta las bondades de Cuba, especialmente "Mi lindo *son*, mi lindo *son*," lo que cae en los planes del Habanero, y en esa misma fecha se graba **Preludios de Godínez**, Vi-46333, dándole oportunidad a su autor, Godínez, de lucirse en el tres, además de considerar los solos de tres de Godínez, como "preludios" un término de la música clásica que significa "obertura o sinfonía, pieza que antecede a una obra musical" (RAE).

Oigan mis cuerdas vibrar
Que me llena de emoción
Y así podrán disipar
Las penas del corazón
Oigan mi *tres*, oíganlo bien,
Que tal les suena,
Mi rico *tres*.

No hay grabaciones del Habanero en 1929. Para ese año, Aniceto Díaz había lanzado un nuevo género, el danzonete, una especie de danzón cantado, que tuvo cierto éxito, pero no pudo acabar con el son, y en este número, **Déjate de bobera** Vi-30264 grabado en febrero 14, de 1930, el Habanero le sale al paso:

Déjate de bobera
No queremos *danzonete,*
Acabamos la *rumbita,*
El dulce *son* que promete
Es el que siempre caminó
Ay ay ay
Es el *son* quien determina
A bailarlo bien sabroso
Y me ha llenado de gozo
....
Pues no hay nada más sofocante
Que a todo el mundo enloquece…
Yo solo me divierto
Cuando bailo el *son*
Con el *Habanero…*

Ese mismo día deciden refrescarle a sus fanáticos cuales son los miembros del grupo en ese momento; los cuatro fundadores, Carlos, Gerardo, Felipe y Guillermo, y Miguelito García de cantante, Andrés Sotolongo en los timbales, e Interián en la trompeta, además aclarando que es un septeto, y así surge **No hay quien pase** Vi-46804 :

Es son de la parranda
Es del *septeto habanero*
(Coro): No hay quien pase,
A quien le pese.

s-*Carlos Godínez en el tres*
aceptó la voz cantante
(Coro): No hay, etc.
Guillermo claro se ve
En la parte acompañante
(Coro): No hay, etc.
Gerardo en el contrabajo
Hace muy buen pizzicato
(Coro): No hay, etc.
Y *Nerito* en las maracas
Va marcando sin trabajo
(Coro): No hay, etc.

Miguelito con las claves
Lleva un tiempo armonioso
(Coro): No hay, etc.
Andresín en los bongoses
Que los toca muy sabroso
(Coro): No hay, etc.
Interián en la trompeta

Lleva la voz y armonía
(Coro): No hay, etc.

También se graba ese día **Guantánamo** un sonsonete Vi-46962, donde se dice mas de una vez, 'y que suenen los *bongoses*". El 18 de febrero se graba **Ví una vez** Vi-30021, que termina diciendo: "A bailar al *son del Septeto Habanero*". Y el 28 de febrero de 1931 **"Sacudiendo mis maracas"**, Vi-30511 un sonsonete con una letra un poco extraña de Neri, en el que se menciona a "Efrén el de los *timbales*" cuando el Habanero no usaba ese instrumento. Y también ese día, **El sonero** V-30511, toda una declaración de fé al sonero:

Aquí se impone una voz
De ese conjunto armonioso
El *septeto* melodioso,
Que es donde está el *soneador*
Eso si quieres gozar
Al compás de lo nuestro
Buscarás los instrumentos
Que te acompañarán.

(Coro): Caballeros, *soy sonero*
s- Caballero, *el Habanero*
(Coro): caballero, *soy sonero*
s- *El Habanero* está cantando
(Coro): Caballero, *soy sonero*
s- Oigan bien los instrumentos
(Coro): caballero *soy sonero*.

En esa misma fecha graban también **Mi tres, mi clave y mi bongó**, Vi-30682, un nuevo tributo a los tres instrumentos, sobre todo al tres, que tiene solos en el número:

Oye mi *tres*, oye mi *tres*,
Oye *el bongó*, oye el *bongó*
Como suenan *las maracas*,
Escucha la voz,
Como suenan las *claves*.
Oye, pero que lindo suena mi *tres* ((bis) 4)

También en 1930 graban **Ahora sí**, Vi-46962, donde dicen dos veces:

Oiganlo bien, ahora sí,
Que *el Habanero* está cantando.

Por último, el 31 de mayo de 1928, en **Romerillo** Vi-81943, un pregón de Carlos Godínez, en las inspiraciones, donde se va señalando qué yerba trae para cada persona (antecedente del famoso pregón "Yerbero moderno"), se dice: "Yo traigo una yerba para el *bongosero*".

Resumiendo: Son 31 grabaciones de un total de 101, en que se menciona el grupo, o el son, o los instrumentos o los integrantes. Autopublicidad, producida en la mayoría de los casos, por los cuatro integrantes fundadores. Otros grupos soneros harían menciones alusivas también, pero no con la frecuencia del Habanero. Creo que esto ayudó a consolidar su posición como el grupo sonero más importante de todos esos años. Lo curioso es que el grupo no regresa a los estudios de grabación, hasta 1931. Es cierto que ya en 1929 comienza una crisis política en Cuba motivada por la reelección de Machado, combinada con una depresión económica mundial, de la que no saldrá Cuba hasta entrada la década de los 30's. Pero otros grupos graban, sobre todo en 1937, en que la Victor hace 141 grabaciones en La Habana en cuatro días, incluyendo dos del conjunto Típico Habanero de Gerardo Martínez, ex integrante del Habanero, y 6 al Septeto Nacional, su más fuerte competidor. Se dice que el favor del público en los treinta estaba por las charangas típicas, que se habían reinventado, y en vez de tocar solamente danzones, su repertorio cubría éstos, pero además, boleros, guarachas, sones y congas. Por otra parte, el número que le había abierto las puertas, **A pie, a pie** los identificaba con Machado, además de la grabación de **La Chambelona**, que los vinculaba al Partido Liberal, al que había pertenecido Machado. Fueron los únicos temas de contenido político, que grabó El Habanero. Pero esto muestra la fuerza de la canción de contenido político, que puede hacer popular a un artista, pero también condenarlo al olvido.

En 1940, y bajo la dirección de Gerardo Martínez pero ya sin Godínez, que había dejado el grupo en 1935 (Blanco), hacen seis grabaciones para la Victor, que no tienen éxito. Graban por primera vez una conga, **Arrollando,** V-83295, de la autoría de Arsenio Rodríguez y otra de Rosendo Ruiz padre, **José y Salomé.** V-83246. Y es que como explicamos en otra parte, a partir de 1937 con la reincorporación de las comparsas a los carnavales, hubo una tendencia en todas las orquestas, a grabar congas; pero el Habanero llegaba un poco tarde. Un número de los grabados, **Ya no hay ná,** una guaracha de Juan González, que supuestamente pintaba la situación del país, quizás pintaba mejor la del grupo:

> Mi madre me manda a decir
> Que el día está muy triste,
> Que no podemos vivir,
> Pues la tripa no resiste,
> Suena la gorda y la flaca,
> Todo se ha vuelto un sonar,
> Sin saber si hallaremos
> Donde poderla llenar
> Ya no hay na, ya no hay na,
> Dame un tamalito
> De los grandecitos,
> Bien calentico,
> *Septeto Habanero.*

Como ven, por lo menos no perdieron la costumbre de anunciar al Habanero.

4- Otro tema: La mujer y el amor

En aquella época, la mayoría de las canciones, sobre todo los boleros, estaban dedicados a la mujer, no había comenzado todavía la presencia de compositoras femeninas que le cantaran al sexo opuesto, y los chicos del Habanero tenían esto muy presente. Dieciséis de las 101 primeras grabaciones del Habanero, llevan nombre de mujer, todas salvo dos, escritas por alguno de los cuatro integrantes que componían canciones. Y en otras hay alusiones genéricas, como **Chaparrita**, Son las dos **china**, **Trigueña**, Romántica **mujer**, **India inglesa**, **Mujer** mariposa, No me maltrates, **Nena**, Bun bun pá mi **china**, Tres lindas **cubanas, Mujeres** que gozan, **La diosa,** Las penas mías **chiquita**, **La camaronera**, Esas no son **cubanas**, **Criolla carabalí**, y otras en que un nombre o apelativo de mujer aparece mencionado en el texto.

Y por supuesto, amores correspondidos o no, rondará como tema en muchas otras.

5- La cultura afrocubana

Al igual que sucedió en otras áreas de la música popular, como vimos en los capítulos dedicados al teatro Alhambra y el de los Trovadores, también el Habanero incursionó en el uso de las lenguas afrocubanas, comenzando por uno de sus números más emblemáticos, **Loma de Belén** de octubre 10, 1925, Vi-78594, se repite todo el tiempo la frase: Yenye, curuñango, yenye.

Carmela mía Vi-79123 grabado en septiembre 3 de 1926, en su primera parte es un son lento de la inspiración de Gerardo Martínez, pero la segunda parte es un tango congo que grabó también casi coetáneamente el Sexteto Boloña el 21 de octubre, pero aquí se usa solo parte de la letra:

> A la cuata co y co
> Voy al siló de a tiro
> A la cuata co y co.

Aparentemente, a la cuata co y co significa a partes iguales, a media, y el siló era un juego de azar con dados.

En **Errante por el mundo** de octubre 20 de 1927, Vi-80272, se repite la estrofa Ecua papa ecua, presente en algunos cantos de la liturgia lucumí. Y en **Ofelia mía** de octubre 21, Vi-81815 se dicen estos dos versos, en que se mezcla el español con un idioma que no entendemos:

> Dime por qué, te alama ya
> Alama ya de conco

Y **Nieve de mi vida** Vi-81815 de octubre 21, 1927, es otro número misterioso, en que el solista repite varias veces "Florinda es la melo paso que crió Yemayá Elorde", el coro lo repite, pero el ritmo va cambiando a 6 por ocho de tango congo, y se dice también "Yemayá elorde" por el solista, y el coro le contesta, "Aboyó", que sí son palabras conocidas de la lengua lucumí.

Criolla carabalí grabada en mayo 29 de 1928. Aquí no son unas cuantas palabras, sino todo el texto está dicho en abacuá o ñáñigo, una sociedad secreta originalmente procedente del Calabar, Africa, pero que se desarrolló extraordinariamente en Cuba, y en la que se llegaron a admitir a blancos también. Tenía que tener un número grande de miembros esa sociedad, para ameritar que el Sexteto Habanero grabase uno de los números de sus ceremoniales, al parecer el canto con que salían en procesión de su templo o lugar de reunión, y por lo tanto esa ceremonia ya era pública, no secreta. Según Ivon L. Miller, pudiera ser la primera grabación comercial en que se usan frases en abakuá completas (Voice of the Leopard, University Press of Mississippi, 2009, p. 170) aunque veremos a lo largo de este libro que hay grabaciones anteriores, también hechas en Cuba,

No juegues con los santos VI-81379 de mayo 29, 1928, es en realidad **Mayeya** de Ignacio Piñeiro, grabada en la misma fecha, hablaremos de ella cuando lleguemos al Septeto Nacional, porque básicamente usan la misma letra. **Criollo jaragán** de Graciano Gómez, Vi-30618, grabado en febrero 2 de 1981, el "criollo haragán o jaragán" canta así en su lengua:

> Enñambó abacatombe
> Acullere ube congó
> Acullere, congo llegó...

Y por último, en **Espabílate**, uno de los famosos poemas de Nicolás Guillén que musicalizara Grenet, Vi-46804, de febrero 14 de 1930, en que también hay palabras en lenguas afrocubanas.

6- Otras grabaciones interesantes del Habanero.

En un son muy sencillo, **Pá Cantón** Vi-80286 de octubre 20, 1927, después de una primera parte resuelta en una cuarteta en que se pide que llegue la muerte; la segunda parte o "montuno" consiste sencillamente de repetir muchas veces por el solista, 'Se van los chinos" y el coro contestar: "Pá Cantón" No sabemos si era un rechazo a la presencia de la comunidad china en Cuba...

En Yo no tumbo caña Vi-78947 de septiembre 9 de 1926, un son de Ignacio Piñeiro que ya había grabado el Sexteto Occidente, se dice:

> Yo no tumbo caña
> Que la tumben los polacos
> Con su mal aliento...

"Polacos" en Cuba eran todos los europeos de Centro y Norte, y los judíos. Es la primer vez que se mencionan en la música cubana que sepamos, y en forma despectiva. Llama la atención, porque en Cuba, que sepamos, no había muchos "polacos" en aquella época.

7- Las grabaciones del Septeto Habanero.

Aunque desde 1927 habían tenido trompeta y en 1945 por tanto eran un Septeto y no Sexteto, no es hasta 1945 que reanudan grabaciones con la Victor, que asumen al parecer, el nombre de Septeto. Van a hacer un total de 22 números de 1945 a 1948. De ellos, 10 son versiones nuevas de números ya grabados.

En 1945 graban **A mí que me importa usted**, V-23-0352, una guaracha de Pablo Cairo: continúan la tradición de mencionar géneros musicales, y sobre todo, la nueva composición del grupo:

> Por donde quiera que te vires
> Siempre tienes que llorar,
> Si te viras boca abajo,
> Tú va a ver, que tú verá
> Pues las cosas están cambiando
> Porque el mundo está al revés
> Y yo sigo guarachando
> Con la *rumba* y el *bembé*.
> (Coro) A mí qué me inporta usted
> S)*El Habanero* está tocando
> c)A, etc.
> s)*Carusito* maraqueando
> c)A, etc.
> s)*Y Manolo* acompañando
> c)A, etc.
> s)Oye a *Mario P.* martillando
> c)A, etc.
> s)*Aquileano* está punteando
> c)A, etc.
> s)En la trompeta *David* está acabando
> c)A, etc.
> s)Oye a *Gerardo* inspirando
> c)A, etc.
> s)*Rafael* con las claves va marcando
> c)A, etc.

El único sobreviviente de los integrantes anteriores parece ser Gerardo Martínez, que había asumido la dirección del grupo y cantaba en algunos de los números. En 1946 graban seis números y en 1948, doce. No hay nada de contenido social importante, salvo el **Facundo** de Eliseo Grenet, que ya había sido grabado por otros grupos, y analizaremos más adelante. El grupo sonaba bien, pero su música no estaba en fase con lo que el público quería en aquellos momentos; ofrecían nostalgia, y el mercado pedía cosas nuevas. El sexteto y el septeto eran del pasado: El presente le correspondía a un nuevo formato musical, el conjunto.

[En su forma original, este capítulo fue publicado originalmente en dos partes en las ediciones No. 26, de 2010 y 27, de 2011 de la revista La Lira de Barranquilla Colombia].

CAPÍTULO 12
1900-1958: Ignacio Piñeiro

La entronización del son, sobre todo a través del éxito del Sexteto Habanero, produjo una proliferación de sextetos a lo largo de la isla, todo un fenómeno político-social de por sí, ya que muchos de ellos se amparaban en el gentilicio de la población, barrio o área de donde provenían, como "Lira Matancera", "Gloria Matancera", "Oriente", "Jóvenes del Cayo", "Espirituano", "Cienfuegos"; hasta en Tampa se crea un "Sexteto Tampeño". Los orientales, no tan solo formaron sextetos, sino estudiantinas, un formato parecido al del sexteto, pero en el que usaban más instrumentos de cuerda, y timbales en vez de bongoses: Así surgieron "La Estudiantina oriental", "La arrolladora", "La invasora", de Santiago de Cuba, "La ronda lírica oriental", y otras. La obra antes citada de Jesús Blanco, da más detalles de este interesante fenómeno.

Para los orientales, el Habanero les había arrebatado el son, de ahí la diferencia incentivada por las casas disquera entre el "son oriental" y el "son habanero".

Aunque la Columbia había sido la primera en grabar un grupo sonero, el "Cuarteto Oriental" en 1917, la Victor al año siguiente formaba, con los miembros de este grupo y otros, el "Sexteto Godínez", que después se convertiría en el "Sexteto Habanero"; para contrarrestar a la Victor, la Columbia graba en varias ocasiones en 1920 al trío formado por María Teresa Vera, Rodolfo Zequeira y Manuel Corona como "Terceto Habanero", algunos números que son realmente sones; pero esto no basta para competir con un Sexteto, y deciden auspiciar uno en que estará María Teresa Vera, como directora titular, guitarra y voz, el cantante Miguel García como director musical, Julio Torres Biart, tres, Manuel Reinoso, bongó, Francisco Sánchez, maracas y coro, y en el bajo un joven compositor del que ya María Teresa había grabado varios números: Ignacio Piñeiro. Quizás para contrarrestar la "orientalidad" del son, bautizan al grupo como "Sexteto Occidente", apoyado también en que la Vera era de Artemisa, un pueblo del occidente de Cuba. Hacen unas 25 grabaciones en New York en noviembre de 1926. No tienen el éxito esperado, aunque el grupo sonaba bien, pero la gente siguía prefiriendo el sonido vocal del Habanero. Además, la voz de María Teresa casi no se escucha, a diferencia de las grabaciones que hizo con el "Sexto Habanero de Godínez" para la Victor en 1918.

Pero a los efectos que nos interesan, podemos señalar dos números: **Tienes que llorar**, Co 2467x, de Ignacio Piñeiro, un son que repite una frase que convertida en refrán popular; aún es parte del léxico cubano: "Como quieras que te pongas, tienes que llorar". Y como siempre, queda la interrogante de si fue una frase popular convertida en parte de un son, o una invención del compositor, que el pueblo adoptó como suya. Rogerio Zayas Bazán fue el Secretario de Gobernación que nombró el presidente Machado en 1925, hombre muy estricto que inició una activa campaña contra la prostitución y espectáculos como el Bataclán, que es a lo que alude el son de Felipe Valdés, **Candela, Zayas Bazán** Co 2584x, reeditado en CDFLY 7006:

> Candela Zayas Bazán,
> candela al bataclán (1)
> que las mujeres por aquí,
> ya no quieren trabajar,
> que las mujeres por aquí,
> solo quieren *cumbanchar*. (2)
> Échale candela, échale candela...

(1) El Bataclán era una compañía de variedades a la que al parecer, Zayas Bazán le prohibió seguir actuando.
(2) La RAE lo considera como cubanismo y mexicanismo.

La Columbia necesitaba otro sexteto que le pudiera al Habanero. Ignacio Piñeiro (La Habana,1888-1969) tenía amplia experiencia en la música popular, había comenzado en coros infantiles en su barrio de Pueblo Nuevo, pasa a los coros de clave de principios del siglo, se hace miembro de la sociedad secreta Abakuá o Ñáñigos, trabaja en distintos oficios, aprende rápidamente el contrabajo para ser parte del Sexteto Occidente, pero es sobre todo, extraordinario compositor, que va a sacar los textos del son de las cuartetas que escribían los cuatro compositores del Habanero, Ignacio innova usando décimas y otros tipos de poemas; va además a fusionar el son con la música guajira, y con la música de las religiones afrocubanas. Es un extraordinario creador, no bien evaluado por su aporte. Además, a lo que nos atañe, va a hacer importantes contribuciones a las canciones de contenido político social.

Y surge el Sexteto Nacional que hace unas treinta grabaciones en Nueva York a fines de 1927. Lo componen Piñeiro como director y contrabajista, Abelardo Barroso primera voz, Bienvenido León, segunda, Francisco Solares González (Panchito Chevrolet), tres, El Chino Inciarte, bongó y posiblemente Alberto Villalón, guitarra. Todas son sones.

El primer número que graban, es un homenaje al mejor producto que se hacía y se sigue haciendo en Cuba: **Esas no son cubanas** Co.2791x, reeditado en CDFlY7006:

> Como perlas preciosas,
> Adorno de ilusión
> Al mundo las mujeres
> Hacen su aparición
> Las hay buenas y de alma pura,
> Otras muy malas son,
> Pero las de mi tierra,
> Se salen del montón.
> Las que no sean de talle gracioso
> De andar zalamero
> Con gracia sin par,
> Esas no son cubanas;
> Si no subyugan con sus ojos divinos
> Y con amor devoran todo su pesar;
> Esas no son cubanas.
> la cubana es la perla del Edén (bis) 4
> La cubana es graciosa y baila bien
> La cubana etc. (bis) 3

Viva el bongó. Co 2968x es un son de Piñeiro, un panegírico al bongó:

> Yo no sé lo que pasa en La Habana
> Señores con el *bongó*   (bis)
> Desde hace tiempo lo vengo oyendo
> Toda la gracia por su cadencia
> Elegante y sabrosa
> Que deleita el alma
> Con las *maracas* y el dulce *tres* (1)
> Quieren que muera de repente,
> Yo no lo puedo olvidar
> (Coro) Viva el *bongó* (bis)

s) Caballero, viva el *bongó*   (bis)
c)-Viva, etc.   (bis)
s)Caballero, viva el *bongó* (bis)
c) Viva, etc.
s) Es original de Oriente, (2)
por eso lo quiero yo
c) Viva, etc.   (bis)
s)Escucha *al rey de los cueros* (3)
como toca su *bongó*
c)Viva, etc.
s)Escucha el repiqueteo
que toca *El chino* su *bongó*(4)
c) Viva, etc.
(Siguen inspiraciones, todas sobre el bongó)

(1) Siguiendo el ejemplo del Sexteto Habanero, el Nacional y otros grupos mencionarán frecuentemente en la letra de sus canciones, los instrumentos típicos cubanos, como en este caso, o los géneros musicales interpretados y los miembros del grupo.
(2) Observen que Piñeiro sostiene el origen oriental del son, pese a ser habanero.
(3) Como ven, ya le dan un título al bongosero, como hacía el Habanero
(4) Aquí aluden al bongosero por el mote que era conocido: "El chino"Inciarte, posiblemente por tener rasgos asiáticos.

En este primer grupo de grabaciones de 1927 destacan varias que por sus títulos, pueden ser material interesante para nuestro estudio: **Cubaneo**, Co 2791x; la palabrita se las trae; no aparece en el RAE, y Fernando Ortiz en su Catauro de cubanismos, no tiene una buena impresión de ella, como representativa de cierta idiosincracia del cubano poco positiva. Hay por supuesto la forma verbal correspondiente, "cubanear"; Sánchez Boudy, le da otras acepciones, como "alegría", "forma de ser del cubano en actitud democrática en el trato social", lo que me llama la atención es que no haya sustantivo y/o verbo similar para otros países latinoamericanos. No hay mexicaneo, que sepamos, por ejemplo. El DAE, afortunadamente la reconoce.

Y la letra de la canción no nos ayuda mucho: en la primera parte introductoria, sencillamente se anuncia que se le va a cantar con la guitarra, al compás del son, para alegrar su corazón, y comienza la segunda más movida, donde se repite en el coro la palabra cubaneo, mientras el solista Barroso, le pide a su "puchunguita" (otro cubanismo, según Sánchez Boudy, tanto en la forma diminutiva, como en puchunga, forma afectuosa de dirigirse el hombre a la mujer, aunque también lo hemos escuchado en la forma masculina). Sigue Barroso enamorando, y preguntando por qué puchunga no quiere al rey de los bongoseros. Total, el "choteo" o carácter lúdico del cubano. Por cierto que el DEA, dice que puchunga es pene en Nicaragua, pero ignora su acepción cubana. Y me parece recordar un tango o milonga argentina en que la palabra se usa igual que en Cuba.

El rey de los bongoseros Co 2826x; que no hemos escuchado, pero suponemos sea un homenaje al Chino Inciarte y propaganda al instrumento hasta ese momento desconocido que era el bongó, y que gracias al son, había llegado para quedarse; y era eminentemente de origen afrocubano, no se tocaba con palitos, sino directamente con las manos; no fue fácil su aceptación, pero además abrió paso para que más adelante, tuviera acceso también, la conga o tumbadora. Además de este son, Piñeiro le dedicó otros dos números al bongó: **Viva el bongó**, también grabado en 1929, Co2968x reeditado en TCD19, que ya analizamos; **Acordes de bongó**, grabado en 1928, Co3326x, reeditado en TCD97.

Occidente, Co 2942 y **Una noche de conga**, Co 3007x, de las que no conocemos autor y género ni hemos escuchado, dejan una incógnita, en esta última por ejemplo, porque no era usual mencionar "la conga" en esta década, sino en la siguiente, en que empieza a popularizarse esta forma bailable.

Otro número muy interesante, que no sabemos si es de la autoría de Piñeiro, es **Mamá se quema la Maya**, Co2825x, 1927, reeeditado en CDFLY7006. En 1912 pasaron en Cuba acontecimientos sobre los que por mucho tiempo, se escribió muy poco o casi nada: es recientemente, que se ha comenzado a investigar y escribir más sobre este suceso. Los afrocubanos no estaban contentos por su situación político-económica en la novel república; su aporte humano a las guerras de independencia había sido proporcionalmente mayor al de la población blanca, pero no recibían trato justo, existía discrimen social y sobre todo económico; inclusive se veían preteridos ante emigrantes de otros países como haitianos y jamaiquinos, que entraban en Cuba con el visto bueno del gobierno, para usurpar los puestos de trabajo de cubanos negros y mulatos; trataron de buscar una solución democrática, formando un partido político y esto les fue denegado; no le quedó otra alternativa que iniciar muy lentamente un alzamiento armado, en que solo lograron ocupar por breve tiempo una población de la región oriental de Cuba llamada La Maya, y al verse sitiados, la abandonaron prendiéndole fuego; aunque la pérdida de vidas de cubanos blancos había sido mínima, la represión fue bárbara, matando a varios miles de afrocubanos.

En la Historiografía cubana, al hecho se le conoce eufemísticamente, como "La guerrita del 12" cuando en realidad fue una masacre. El incendio de La Maya había sido simbólico, haciendo lo que los criollos cubanos habían hecho al principio de la guerra de los Diez Años por la Independencia de Cuba, en que antes que entregar Bayamo a las fuerzas españolas, le prendieron fuego.

Últimamente se han publicado artículos y libros en que se descubre la verdad histórica, pero por años no se habló del asunto; y un cancionero popular tan políticamente activo como el cubano, no registra canciones que comenten y denuncien este hecho, salvo este son, que solo alude al hecho en forma vaga, y en cuya letra, no se comenta nada; hay referencias a otras poblaciones supuestamente incendiadas, cosa que no sucedió.

La primera parte de la letra, como sucede en muchos de estos sones, es una copla amorosa, ajena al suceso: De hecho con el título de "Romántica Mujer" fue grabado por el Sexteto Habanero, V-80384 10/20/1927:

María Teresa, que boca linda tú tienes,
desde que te conocí,
he perdido la ilusión,
romántica mujer.
 Es en la segunda parte más movida que se habla del suceso:
co) ¡Mamá se quema la Maya (bis)
        ¡Hay candela!
s) (Repite lo mismo)
c) Mamá etc.
s) No sé lo que tiene *el Chino*, que se haya vuelto a La Habana. ¡Hay candela! (1)
c) Mamá, etc.
s) Mamá, se muere *Caruso*, quien lo entierra (2)¡Hay candela!
c) Mamá, etc
s) Mamá se quema Alto Songo, mamá, se quema Bayamo ¡Hay candela!
c) Mamá, etc.
s) Mamá, se te muere el *Bienve* (3)Hay candela!
c) Mamá, etc.
s) Mamá, se quema Bayamo, mamá se quema AltoSongo,¡Hay candela!
c) Mamá, etc.

(1) El Chino por supuesto es mención al bongosero.
(2) A Barroso le decían "Caruso"por su voz
(3) Bienve, es Bienvenido León, la segunda voz del grupo.

En otra de las grabaciones de 1927, Co3104x, reeditado en TCD94, **Yo quiero morir en Cuba** como es muy frecuente en el cancionero cubano, en este son de Sindo Garay que graba el Nacional, hay muestras de acendrado patriotismo:

Si de mí sólo consistiera
Que la patria se salvara,

La vida yo le entregara
Para que feliz ella fuera.
Flores, flores,
Flores marchitas,
Yo quiero morir en Cuba (bis)
Viajar a otros países,
Y luego morir en Cuba.

En julio de 1928 regresan a New York para hacer 22 grabaciones; **Oye mi dulce tres**, Co 3273x es un son de Piñeiro dedicado al instrumento: hay que dar a conocer el tres, que la gente sepa que aunque se parece a la guitarra, es diferente, hay que hacerse autopropaganda.

Oye mi dulce *tres*
Que toca toda la noche
Sueña con él,
Y el sonido de las notas
De mi estilo original
Me ....
.... como Dios
Oye mi dulce *tres*, mi Teresa (bis)3
Este vibrar tan profundo
Que tiene el *tres* tan meloso
Hace del *son* él mas grandioso
Baile que existe en el mundo
Oye mi dulce *tres* (bis) 3
El dulce *tres* aún conserva
La unción divina que labro
Dentro del ritmo el milagro
De conmover a Minerva.

Obsérvese que a diferencia de las menciones de instrumentos en los sones del Habanero, generalmente breves y poco explicativas, aquí el autor llega hasta una diosa romana...Y modestamente califica al son como "el más grandioso baile que existe en el mundo".

Por otra parte, Piñeiro fue muy parco en mencionar a los miembros del grupo en sus obras musicales, y menos el nombre del Septeto Nacional. Una de esas excepciones es en el son **"Mujeres enamorénme"**, Co 3987x, 1928, reeditado en HQCD-23, que no es de su autoría, sino de Bienvenido León, la segunda voz del grupo. En la letra se habla de "Caruso"y "Carusito", sobrenombres por los que se conocía a Abelardo Barroso, la primera voz.

"Acordes de bongó", Co 3211x, 1928, reeditado en TCD97, dedicado al bongosero del grupo, demuestra desde el título, la admiración de Piñeiro por el instrumento y su intérprete: Obsérvese que no habla de golpes o toques del instrumento, sino acordes, o sea le concede al ejecutante la posibilidad de lograr un conjunto de tres o más sonidos, combinados armónicamente, que es como define el RAE un acorde.

>Cuando las *clave*s suenan
>Por tu manera sublime de tocar
>Un *bongosero* mas lo quiso imitar
>Ya convencido de que no tiene igual
>Por sus sublimes acordes de *bongó,*
>Lo que suena la mar de encantador
>Para eso es el *bongó* del Nacional
>A la actuación del *bongosero*
>c) Suena el *bongó*, chino! (1)
>s) Aquí el chino viene acabando
>c) Suena, etc.
>s) Mira el chino como viene arrollando
>c) Suena, etc.
>s) la timidez bochornosa
>pero la conciencia honrosa
>aplaude al Chino de ley
>c) Suena, etc.
>s)Mira el chino como viene arrollando
>c) Suena, etc.
>s) Este chino que no tiene contrario
>c) Suena, etc.
>s) Algunos quieren igualarse
>a nuestro gran aplaudido
>pero ninguno ha podido
>tan siquiera aproximarse.
>c) Suena,et
>s) La china quiere oponerse
>por la virtud que tu tienes
>pero a Dios no le conviene
>quitarte pronto la suerte
>c) Suena.etc

s) Caballero, caballero
c) Suena, etc.
s) Caballero que *bongosero*
etc…

(1) Se trata del Chino Inciarte, bongosero del grupo.

Hay una grabación curiosa entre estas de 1928: **"Ay Guarina"**, Co3211x reeditado en TCD97, un son de Miguelito García en que el cantor se queja de que Guarina, no lo quiere, y en una de las inspiraciones, el cantante dice: "Ay Guarina, Guarina, guantanamera"… O sea, que parece que la "guantanamera", antes de ser "guajira", fue "Guarina"…

También lo es **¡Pepillito!**, un son de Piñeiro, Co3211x reeditado en TCD 97. Pepillo o pepillito, es un cubanismo, según Sánchez Boudy, para el adolescente inmaduro; habría que agregar que de clase media o alta, que tenía extravagancias en el modo de vestir o actuar: lo que hoy conocemos por un "hippie", y como sucede con estos, había crítica social sobre ellos: en el son se comenta que "lleva en la boca un cigarro americano"y que "no suelen llevar ni una peseta".

En 1929 viajan a España para participar en la Exposición Iberoamericana a celebrarse en Sevilla. Llevan un número que va a causar sensación: **Suavecito,** en las voces de Juan de la Cruz y Bienvenido León, que grabarán el 3 de octubre en Barcelona, AE-3244 y reeditado en HQCD37:

A ti te gusta mucho Carola,
El *son* de altura,
Con sabrosura,
bailarlo a solas,
Lo mismo aprisa que despacito
Cuando lo bailas con tu chiquito
Contenta dices:
Suavecito, suavecito
Suavecito mami,
Como me gusta a mí
Una linda sevillana
Le dijo a su maridito
Me vuelvo loca chiquito
Por la música cubana.
Suavecito, etc
El *son* es lo más sublime
Para el alma divertir,

Se debiera de morir
Quien por bueno no lo estime
Suavecito, etc.

Con la cuarteta de "una linda sevillana", Piñeiro y el Nacional conquistaron a España. Sin esa cabeza de playa, hubiera sido muy difícil el triunfo de los Lecuona Cuban Boys, Grenet, Machín, y de todos los artistas cubanos que hicieron carrera en España. Y la cuarteta de la sublimidad del son, es todavía su mejor definición. Pero no fue este el único número que grabaron; dejaron bien sentada la cabeza de playa, con versiones de "Aurora", "A la loma de Belén", "El que siembra su maíz", "Bururún barará", y dos canciones españolas soneadas, "Maruxiña" y "Asturias patria querida".

Este número se atribuye a Piñeiro, pero no me consta, supongo lo grabó teniendo en cuenta que su padre era asturiano.

Y como si esto fuera poco, al parecer se había discutido en Munich un acuerdo internacional sobre el azúcar, y Piñeiro dejó sentada su opinión, en una canción con evidente sentido político, muy diplomática. Quizás ningún embajador lo hubiera hecho mejor, y perdonen las palabras que no hemos podido entender: "**Arriba guajiro**", V-46837.

No te han de sonar Cubita,
Las amenazas
De subir a nuestra azúcar los aranceles,
Porque serás la reina de los vergeles
Y en el mundo sonriente brillará
Al sonar en Munich la voz de amor
De consumir lo nuestro, que es lo mejor.
El agricultor cubano
Con su alma empezó
A sembrar fruto valioso
Con voluntad y primor,
Donde campeaba pureza
Al............... riqueza de amor
c) Arriba guajiro
s) Guajiro del alma mía
c) Arriba, etc.
s) Guajiro, tócame mucho
c) Arriba, etc.
s) El agricultor cubano
siempre atento en sus labores

nos brinda frutos menores
y el rico tabaco habano (1)
c) Arriba guajiro (bis) 4

(1) Noten como Piñeiro aprovecha la oportunidad, no tan solo de defender el azúcar, sino también los frutos menores, y el tabaco…

Entre 1929 y 1930, hacen cuatro grabaciones para el sello Brunswick en Nueva York, entre ellla regraban **Suavecito** que ya se había constituído en un éxito, Br41092, reeditado en CDFLY-7003, y **Incitadora región**, la otra cara del mismo disco, y también reeditado en CDFLY-7003. Es un encendido canto a La Habana, en que además, se dice que lo es, a "despecho del tirano", refiriéndose al presidente Gerardo Machado, que ya para aquella época tenía fuerte oposición en Cuba. Parte de la letra dice así:

Por eso Habana grandiosa
A despecho del tirano,
El *son* cubano te canta así:
Para gozar de crecido amor
Y embriagarse de placeres,
Lindas flores y mujeres,
La Habana, La Habana,
Son tus mujeres mi dulce amor
Como las flores de la mañana, etc.

Y en la siguiente estrofa, y rimando con mañana, una breve mención al cabaret donde al parecer estaban actuando por aquel tiempo: "Y todas vienen a la Campana".

Hacen cuatro grabaciones para la Victor en 1931, entre ellas, **Son que quita penas** V-30510, febrero 27. Reeditado en TCD 19. En ella repite a manera de letanía, la palabra 'son', 45 veces:

Son, son, tú que quitas las penas del alma
Son, son que suenas tan principal
Son, yo te canto, emblema del amor
Son, como algo grande, sin igual
Son, con toda mi devoción
Ay que lindo *son,*
Oye bien mi *son*
Te brindo aquí mi *son*
Este son que hoy bien vale

Y que de Oriente te trajeron
En Occidente le dieron
Todo lo que es principal. (1)
Son, son, son
Que lindo *son*
Oye bien mi *son*
Negrita oye mi *son*,
La reina de los *sonero*s
Que se vuelve loca por mi *son*
Son, son
En el mundo entero, qué tiene mi *son,* etc.

(1) Obsérvese con que diplomacia Piñeiro resuelve la polémica oriente-occidente en relación con el son; Es de Oriente, pero en Occidente (La Habana) le dieron "todo lo que es principal"…

De esa misma fecha es **Qué bonita es** V-30641, también reeditado en TCD19, un encendido canto a Cuba donde con su entusiasmo proverbial, dice:

Por muy alto que yo suba
No encontraré la belleza
Que por su naturaleza
Iguale tanta grandeza
A nuestra pequeña Cuba.

La última que graban **A cogerlo** V-30641, reeditado en TCD19, es picaresca llegando casi a lo pornográfico:

Hay un animal grandioso
Que por el mundo camina,
Dicen que no tiene espina
Y entonces será rabioso,
(c) A cogerlo
No le teman las mujeres
Que es muy sabrosa su carne
Y toda aquella que come,
Se embulla y sigue comiendo
(c) A cogerlo
No le teman las mujeres!
Una niña vió un lagarto
Que cambiaba de color

> Iba del rojo al morado,
> Mientras su novio lloraba,
> Pero el novio le decía,
> (c) A cogerlo

Y por ahí sigue la cancioncilla…

En agosto 11 y 12 de 1933, graban en Chicago, pero para la Victor. Parece que ésta los prefirió al Habanero, que habían sido sus estrellas. Comienzan con **Hay que bailarlo suave,** V-32101 que no hemos escuchado, pero debe ser otra apología del son.

De pelota no
V-30952 Agosto 12, 1933.

Cuando me preguntan que importancia tuvo el balompié en Cuba frente al beisbol, contesto que no conozco ninguna canción dedicada al primero, pero sí varias al segundo. Esta es una de ellas, y se vuelve en ella a la fórmula del Teatro Alhambra de diálogo y canción, solo que aquí la música viene primero.

> Yo tuve un día amores caprichosos
> no pensé soñar con la derrota
> Y suponiendo que sería más sabroso
> Entretenerme en amores de pelota.
> Que bien me recibió la pelotera,
> En su novena parecía el rey,
> Siempre anotaba la primer carrera
> Y bateaba cuando menos de tubey.
> De pelota no, de pelota no, de pelota no,
> Pelotera, por que me engañas
> c) De pelota, etc.
> Aquí en la Habana
> c) De pelota, etc..
> Oyela *Eutimio*

(Hablado): Luis Emilio al bate: Ahí viene la bola, strike one, tirándole; ahí viene la bola, strike two, tirándole, ahí viene la bola, ponchao (¿y esto que es?). Playball, José Echarri al bate (ese sí), ahí viene la bola, le tira a la pelota, y se le cae el bate…

> c) De pelota, etc.
> Pelotera, ay, ay por qué me engaña la pelotera

c) De pelota, etc.
Hay peloteros que ganan mucho de la pelota
De pelota, etc.
Yo bateo mucho, de cuatro cuatro
c) De pelota, etc. (bis) 6

Desde 1928 el Nacional tenía trompeta, que siempre fue la misma, Lázaro "El jabao"Herrera,y en **"Trompeta querida"** V-32071, de la misma fecha 1933 y de la inspiración de Llillo Jiménez, se le hace honor al instrumento:

Canta *trompeta* querida
Que es tu canto melodioso
Llena mi alma de gozo
Alegrándome la vida.
Oigan señores
Lo que dice cuando canta
Lo que dice cuando llora
(solo de trompeta)
Oigan etc.
No sé que pasa señores
Que no la siento sonar   (bis)
 Ay *trompeta* querida,
*Trompet*a del corazón,
dame una nota gemida,
Que me llene de emoción
No sé, etc.   (bis) 2

Canta la vueltabajera
V-30953.

También en agosto 1933 se graba esta canción de queja sin llegar a protesta:

Al cruzar un manso río
Entre preciosos palmares
Oigo los tiernos cantares
Del guajiro en su bohío (bis)
El clamor del amor mío
Que dulcemente me pide
Que por nada yo la olvide
Que yo soy su desvarío

Y si la olvido por otra
Me va a matar.
Al, etc.   (bis)
Dulce guajirita mía
No dudes de tu montero,
Que mi afán es lo primero
Al nacer la luz del día
Y recordar que por doquiera
Si no morir ……………
Al, etc.   (bis)
Por esos rudos pantanos
Sinsontes y ruiseñores
Quitan las penas y dolores
A los guajiros cubanos
Por eso nobles y campechanos
Canta así:
Al, etc.   (bis)

Pero cuando lo vuelve a grabar el Nacional para el sello Seeco 9278, editado en 1959, pero grabado antes, la letra es francamente de protesta:

En la llanura habanera
Entre Madruga y Güines
Como dulces tomeguines
Canta la vueltabajera
En su canción lastimera
Sin alardes de valía
Tan solo pide armonía
Entre los buenos cubanos
Y pues queridos hermanos
Salven a la patria mía
En la etc
Canta cubano sincero
Y pide con dulce nota
Que más no caiga una gota
De sangre cubana al suelo,
Santa bendición del cielo,
que tranquilice esta tierra,
Cubano ya no más guerras
Mira que por nuestras chozas

Pasa la más dolorosa
Tristeza que el mundo encierra.
En la, etc..
No conviertas tu amor sano
En un error lastimero
Uniéndote al extranjero
Para matar a tu hermano.
Mira que el suelo cubano
De nuestros padres es arruyo,
Cubano, con dulce orgullo
Piensa bien, año tras año,
no maltrates al extraño
pero defiende lo tuyo .
En, etc.

La situación económica de 1933 en adelante, que silenció al Habanero, lo hizo también con el Nacional, que vuelven a grabar seis números en 1937, pero ya hay solo dos boleros sones, un pregón y tres congas. Ninguna de las composiciones es de Piñeiro. **Los guaracheros** V-82111 grabado en junio 17, de 1937, de Marcelino Guerra, es una lograda estampa de la comparsa:

La farola está prendida
Con mil luces de color
Oye loca algarabía
Que despide este *tambor*.
Oye el ronco sonar de los *cueros*
Que arrebata el corazón,
Por la calle vienen *los guaracheros*
Arrollando a lo mejor
Mira el barrio alborotao,
Mira el nene no corrió,
como marca los compases
que le mandan del *tambor*
Oye el ronco, etc
La comparsa va pasando,
Ponme ese saco pa'llá
Que yo me voy arrollando
Con la *conga* de verdá
Oye, etc

> Y ya el corte de parranda
> No lo puedo remediar
> Ponme fuera la corbata,
> Porque quiero *guarachear*
> Oye, etc.

A gozar la conga, V-82302 de Francisco González, de la propia fecha, tiene letra más sencilla. Y esta incidencia conguística se debió a que en ese año se reanudó la celebración de los carnavales con desfile de comparsas, que habían estado prohibidas por mucho tiempo.

> Ya la *conga* viene sonando,
> Vamo *negra*, vamo a gozar,
> Porque en ella nos lleva *arrollando*,
> Porque en ella nos lleva a bailar   (bis)
> c)Vamos *negra a arrollar*
> que la *conga* va a a pasar (bis)
> Vamos *negra* pronto ya
> Que la *conga* va a pasar
> Vamos *negra* a arrollar
> Que la *conga* ya se va
> Oye la *comparsa*, me quiere arrollar
> Mira que la *conga* arrollando se va.

En 1940 el grupo hace seis grabaciones. La más importante es **Lindo llambú** V-83432, reeditado en TCD-19, grabada en septiembre 11. Como vimos María Teresa Vera grabó "El yambú guaguancó" en 1920, como de Manuel Corona, pero como no lo hemos escuchado, no sabemos si es el mismo.

> Nació en el mismo corral que yo nací
> Le encantan las melodías de los suburbios
> Y da su corazón
> Cuando siente este cantar:
> *El guaguancó* es lo mas bueno
> Que Cubita dió… eh (1)
> Melodía bien sincera
> Convertida en voz..eh
> Qué bueno está el *son*

Qué *rumba*, alabao sea Dios
Qué bueno, etc.
(Habla en lengua muy rápido, y sigue inspirando).

(1) Como vemos hay cierta competencia entre el guaguancó, "lo más bueno que Cubita dio" y el son, "lo más sublime para el alma divertir".

En **Cómo voy a sufrir** Vi 83432 de la misma fecha, nos enteramos de los estragos domésticos que la rumba puede causar:

Mi mujer se me fue
A la *rumba* de Puerta Cerrada
Y lloré cuando la ví
Que gozaba entregada al baile
Rumba, que le has hecho a mi pobre mujer?
Rumba, por tu hechizo, no tengo querer,
¡Ay Dios mío, como voy a sufrir! (bis) 4

Quejas de la montaña V-83289 de la propia fecha y reeditado en HQCD-64, una guajira son de Piñeiro, es una canción protesta poco conocida.

Entre las nubes grises
De pronto mueren,
quejas de la montaña
que trae la luz de Oriente
notas tristes,
tan lastimeras como la aflicción
las aves nos cantan,
que todo es dolor. (bis)
Las flores del huerto mío
Ya no tienen la alegría
Ni las aves de aquel día
Que alegraban mi bohío
Fuera, un ambiente frío
Al regresar a mis lares,
Encontrarme los palmares
Tristes por falta de amor
Del sol le debo el calor
Que tuvo del Almendares
Entre etc., (bis)
Yo como noble criatura

Que he llorado muchas veces
Al observar los reveses
Que a Cuba dio natura,
Tras de seguida tortura
Rivalidad entre hermanos
Política de villanos
Son pesadillas sin par
¿A dónde van a parar
Con tal vicio los cubanos?

De las próximas grabaciones no tenemos datos exactos pero deben ser de la década de fines de los 30's o principio de los 40's.

Lo aprendí soñando del Lp Memoria 586 es otro homenaje al sublime son:

Un día que yo soñaba
Que me enseñaban un *son* (bis)
Me empeñó la inspiración
Como si ya yo lo tocara
Oigan que lindo *son*
Me enseñó mi guajira (bis)
Al tiempo que la miraba,
Una mujer me llamó (bis)
Y entre sueños me pidió
Que al despertar la copiara
Oigan, etc
Mientras que el *son* me cantaba
Iba marcando un compás
Y pidiendo que jamás
Que a nadie su *son* le diera
Para que con él tuviera
Una gran felicidad.
Oigan, (bis) 4

Efí embemoró. Lp Memorias 586. Según Lydia Cabrera en "La lengua sagrada de los Ñáñigos", Colección del Chicherekú, 1988, p. 149, Efik Mbemoro es "Gran territorio de los Efik y una potencia habanera que fue muy importante. Existe aún en La Habana y en Matanzas". Pero no hemos podido descifrar la letra de la canción. Es importante señalar que desde fines de los años 20's, hay muchas grabaciones de música cubana en que se usan los lenguajes africanos llevados a Cuba, especialmente el de la Sociedad Abacuá o Ñáñigos, como en este caso.

Pae Pae Lp Memorias 586. Dudamos que este número sea de la inspiración de Piñeiro, e interpretado por el Nacional. Es dedicado a la rumba, y en él se van mencionando a los miembros del grupo, pero ninguno es conocido; por si algún lector los reconoce, pues el único conocido es Marquetti, el cantante, los vamos a relacionar:

"Mario llama en los bongoses, Emilio con las maracas, Eladio con la guitarra dá el tono, Pepe suena en la trompeta, Marquetti cantando le dice a su coro…"

También de esta época, fines de los 30's o principios de los 40's, debe ser este son, **No sufran corazones** recopilado en el CD Tumbao TC-19, donde se busca un amor sin compromiso, y al estribillo de "No sufran corazones", el cantante Alfredito Valdés contesta: "El corazón, negrita no se opera". Esto puede haber sido el origen de la frase popular, muy usada en los cuarentas, de "No te agites, que el corazón no se opera". Desde luego, años después los avances científicos desvirtuaron esta frase…

Algunos de los números que relacionamos a continuación, fueron grabados mucho después, aunque es muy posible que antes hubieran sido compuestos por Piñeiro, y parte del repertorio de su grupo. A veces sucedía que otro grupo lo grababa primero, como sucedió con **No juegues con los santos**, grabado por el Sexteto Habanero en 1928, y en 1959 por el Nacional, en el Lp Seeco 9278.

Mayeya, no quiero que me engañes,
Respeta los collares,
No juegues con los santos   (bis)
No pretendas engañarme
Con ese cuento
Porque todos en Cubita nos conocemos
El que no lleva amarillo
Se tapa con azul, o con punzó (1)
Oribaba, ye yé, oribaba
Entra, Orí babá
Boruba Mayeya,
No sirve pa ná
Entra etc.
Delante de los santos
No debes jugar,
Entra, etc.
Yo estoy acabando
Yo tiene a cumbi

Con siete boca, entra a comer
Entra, Ori babá.

(1) Cada oricha y su santo correspondiente del santoral católico, tienen un color determinado, que sus fieles llevan muchas veces en su vestuario, el amarillo es de Ochún, o Caridad del Cobre; el azul, de Obatalá o Virgen de las Mercedes; y el punzó o rojo, de Changó o Santa Bárbara.

Alma guajira

Lp Seeco 9278, 1959.

Fue primeramente grabado por el Sexteto Habanero. En la versión del Nacional, se siente más el sabor de son-guajiro que Piñeiro le dio a este número, otro homenaje al son.

Oigan mi *son* genuino
Qie siempre a cantar me inspira
Que enciende el alma guajira,
Y bailen *son*.
La brisa bate con calma
En nuestro ambiente grandioso
Por eso en el campo hermoso
Se ve nacer la palma,
Así se extasía el alma
Del genuino cubano
Que se orgulla (¿) cortesano
En su amor que desarrolla
Viendo su hermosa criolla
Tejer sombrero de guano.
Oigan, etc.
Todo el extranjero admira
La fecundidad cubana
Y a Cuba de buena gana
Sus primeros pasos giran,
Y luego cuando respiran
Nuestro ambiente puro y sano
Se entrega henchido el cubano
Al campo que hermosura brinda
Perla del mundo antillano
Oigan, etc.

Perro flaco

Sexteto Occidente.
Co.2698x 11/1926.

Son de Ignacio Piñeyro Hemos insertado este número porque verán tiene relación con el siguiente.

> Perro flaco, no me muerdas más
> Que me vas a herir si me muerdes,
> Y mis heridas nunca podrán sanar
> No me muerdas, no me muerdas,
> Perro sato, no me muerdas.

Buey Viejo. Este número lo había grabado el Cuarteto Machín, V-30780, en septiembre 16 de 1932, y también el grupo musical "Las estrellas habaneras" (en realidad un septeto), lo grabaron para la Brunswick en Nueva York el 19 de enero de 1933, y posteriormente lo grabaría el Nacional (Lp Westside 4085, 1958). Ya vimos que antes el autor le había dedicado otro son a un perro. Pero creo son los únicos casos en la música cubana en que se aluda a animales, salvo para ponderar su canto o plumaje en el caso de pájaros; pero no dedicar todo un número a un pobre animal. Creo vale la pena rescatarlo del olvido:

> Carretero no maltrates
> A ese pobre buey tan viejo
> Que ya dobla la cabeza
> Por el peso de los tarros
> Y por senda de guijarros
> Va tirando la carreta
> Y nunca llega a la meta
> Término de su dolor
> Ya la gente despiadada
> Al ver que ya dobla el lomo
> De un aguijonazo rudo,
> Le gritan adiós tarrudo,
> Quien te manda a ser buey

(Hablado, que en el caso de la grabación por el Nacional, quien habla es Piñeiro, con parlamentos más largos y distintos)

Oyendo la sonrisa del más fuerte, con la cabeza inclinada y rumiando, tal parece que el pobre va diciendo:

¿Cuando llegará mi paz, con lesa muerte?
(Coro): Buey viejo, buey viejo
s)Me compadezco de ti
c)Buey, etc
s)La gente te llama tarrudo
c)Buey, etc.
s)Tu fin será el matadero
c)Buey, etc
s)La triste senda por do va
el pobre animal se fue,
te juro nunca volver
por el camino que partió.
Carretero, etc, (bis)

Don Lengua. Grabado por el Nacional en 1958, Lp West Side Latino 4085. Lo había grabado antes el Cuarteto Machín, en septiembre 26, 1932, V-30802:

Pero qué lengua,
Que se agita desmedida
Provocando sin temor.
Pero, qué lengua,
Que levanta hasta los muertos
Sin temor a profanar
Si la vez de cerca, tápate
¡Qué lengua más mala!
c) Tápate
c) Quieto, quieto, que ya Don Lengua llegó
Qué es lo que pasa en tu casa,
¡Que no se entere, por Dios!
c) Quieto, etc
Qué lengua mas viperina
Que no lo digo yo, tu vé
c) Quieto, etc
Te cuenta un chisme tras otro,
Su maldad con mala fé
Habla lo que no le importa
Y cuenta lo que no ve
c) Quieto, etc

Esa lengua que no calla,
Que el ser supremo me valga
Pero que lengua más larga,
¡De parte mía, solavaya! (1)
c) Quieto, etc.

(1) Es cubanismo, interjección para espantar la mala suerte, dice el DAE

Se fue la montuna, un son montuno, Lp West Side Latino WS 4085, 1958. Retrata una escena frecuente en los campos cubanos, y posiblemente de todo el mundo, la mujer que huye del compañero, sobre todo si éste es mayor que ella, para buscar mejor fortuna en la ciudad o población .Piñeiro aprovecha para nombrar a algunos de los miembros de la orquesta. Fue grabado también por Guillermo Portabales.

¡Ay se me fue, cosa buena! (bis)4
La saqué de la manigua,
La vestí de poblana,
Cuando conoció La Habana
La jíbara se me fue.
Caballero, ¡ay se me fue!
Como la quiero
Ay, etc
Bienvenido,
Ay, etc
Agustín,
Ay, etc
Con su pensamiento loco
Cambia línea como tren
Cualquiera le viene bien
La cosa es romper el coco (1)
Trigueña,
Ay, etc.
Mi chinita
Ay, etc.
Como la extraño,
Ay, etc.
Cuando salió de mi casa
Por no escuchar mis canciones

Me gritó, Adiós Buey viejo (2)
Ya tu cabeza no paras.
Trigueña,
Ay, etc.

(1) Intertextualidad con una canción que se puso muy de moda, grabada por el Conjunto Casino, "A romper el coco" Panart 1251, enero 1950, una guaracha de Otilio Portal, que como en otros casos plantea la duda si fue un dicharacho popular que recogió Portal, o viceversa, si su inspiración se convirtió en una frase de uso popular todavía entre cubanos.
(2) Aquí la intertextualidad es con el son "Buey Viejo", de Piñeiro.

Eterna primavera, es una guajira grabada en el mismo lp que las anteriores, dedicada a son, y a Cuba:

Eterna primavera con paz de plata
Al son de Cuba con rayos de oro,
Y la floresta hermosa de nuestros lares
El ambiente perfuma con su alegría.
Al trino de las aves, tierna armonía
Se conmueve natura con suave candor
Enriquece el colorido de nuestro azul sin par:
Cuando rompe la aurora
Todo el ambiente se perfuma
En Cubita, patria mía   (bis)2
Rinconcito de nobleza
Todo corazón, sin niebla
Inédita solo puebla
Tu incomparable belleza
La virtud de gentileza
Te la prodigó natura
Y al darme tanta lindura
A tu suelo tan fecundo,
Te llaman por todo el mundo,
El jardín de la hermosura
Cuando, etc. (bis) 2

En el mismo lp Memorias 586, de grabaciones de fines de los 30's o inicios de los 40's, está **Cadencias Tropicales** u **Oye mi son cubano**, donde se repite esta última frase, doce veces.

Uno de los números mas interesantes de Piñeiro, es **En la alta sociedad**, que grabara María Teresa Vera en 1956 (Lp Kubaney MT-109), pero que debe ser de fecha muy anterior, pues en la década de los 50's lo cantaba por la emisora Radio Cadena Suaritos. Haciendo uso de su experiencia como miembro de una potencia abacuá, Piñeiro describe una escena del ceremonial. En la traducción de algunos de los términos, hemos usado el trabajo de Ivor Miller, "A Secret Society goes public: The Relationship Between Abakuá and Cuban Popular Culture",(African Studies Review, Vol 43 No. 1, april 2000, p. 161). Y también, Lydia Cabrera, "La lengua sagrada de los ñáñigos" Colección del Chicherekú, 1988.

> En la alta sociedad
> Quisieron jugar diablito
> E imitar sólo un poquito,
> No pudieron imitar.
> Cuando fueron a tocar
> Usaron cien instrumentos,
> Sus confusos movimientos,
> No los dejó terminar.
> Para cantar abakuá,
> No sirve la maraquita,
> El íreme (1) necesita
> Encomo y boncó (2)
> Y el eco beco
> Epimerio mobó y llamba-o
> Entonces con gran primor
> Oirán a Yuansa (3) cantar
> Ekue uyoke akanapon (4)
> Dibio, dibio, dibio kondo (4)
> Y yo con mi voz respondo
> Al compás del eribó (5)
> Enewue mosongo moco (6)
> Efimereme ekueñon (7)
> Monina ankuma, (8) metanga embere
> Abakuá efó
> Sanga broca mandibó, ecobio
> Abakuá, efó. (9)

(1) Espíritu ancestral al que se le dedican las ceremonias
(2) Tambores
(3) Uno de los altos dignatarios de la potencia

(4) La voz de nuestra sagrada madre Ekue, está roncando
(5) Tambor que no se toca,es mudo
(6) Mosongo es el guardían de las especies de la consagración
(7) Otro íreme
(8) Se dice cuando el obonekue apoya su cabeza en la del chivo que se sacrifica.
(9) Voy al río sagrado, mis hermanos.

Otra interesante canción de crítica social es **Castigador** un son habanero de Piñeiro grabado en 1959, Lp Seeco 9278, pero seguramente de fecha anterior.

> Castigador,
> No la trates con rudeza
> Que está endeble de amores;
> Castigador,
> Ten piedad que son féminas
> Y te ruegan el cariño;
> Castigador,
> Ten el corazón de niño para ellas:
> Y me contestó risueño:
> ¡Que se mueran!
> Castigador,
> tienes corazón de roca
> porque hablas y aconsejas,
> yo te juro por mi vieja
> que ella de amarte está loca;
> y él alegre me responde
> con sarcástica ironía:
> ¡que lleve la risa mía
> como recuerdo de un hombre!
> (c)Castigador
> Yo soy el castigador
> (c) Castigador
> Castigador de mujeres
> (c) Ay! Castigador
> Cuando una mujer te diga
> Que te quiere ciegamente
> No olvides que de su mente
> Nace la maldita intriga
> (hab) Y entonces, ¿yo que debo hacer?
> (c) Castígala (sigue montuno)

CAPÍTULO 13
1900-1958: Miguel Matamoros

Es posiblemente Ignacio Piñeiro el primero en ampliar el ámbito literario del son, llegando inclusive a la canción de contenido político social, pero el más importante de sus seguidores, sería Miguel Matamoros, quien había nacido en Santiago de Cuba el 8 de mayo de 1894. Mulato, de familia pobre nace en esta ciudad alegre, bulliciosa, que vivía orgulllosa de los recuerdos de las guerras libertadoras que se originaron en la provincia de Oriente de la cual Santiago es la capital, y que ésta había sido capital de Cuba antes que La Habana. En ese ambiente se va formando Miguel, que ya a los quince años era todo un trovador. Toca guitarra, canta y compone.El 8 de mayo de 1925, en la celebración de su trigésimo primer cumpleaños, se gesta la formación de su trío, con Rafael Cueto como segunda guitarra y coro y Siro Rodríguez como primera voz y maracas o claves.Comienza una larga carrera, cuyo primer hito importante son las grabaciones que realizan en 1928 en New Jersey, en los estudios de la Victor, donde graban catorce números el 28 y 29 de mayo de 1928, bajo el nombre de Trío Matamoros.

En la Enciclopedia Discográfica de la Música Cubana, visible en http://latinpop.fiu.edu/interpretesndx.html podrán ver datos adicionales sobre Matamoros, y la relación en orden cronológico de sus grabaciones, que iremos mencionando en el mismo orden, y aludiremos a ella como "Disc."

Estas primeras catorce, son todas canciones de amor de la pluma de Miguel, salvo dos, humorísticas, **Tito me rompió la máquina** y **Mi ropa**, y otras dos que podemos llamar estampas o escenas de su ciudad: **El que siembra su maíz** y la otra que será de las más famosas: **Son de la loma**.V-81378, reeditado en HQCD-69. Ya en ella, se encuentra un asomo de la tensión Habana-Santiago. El número comienza con una aparente niña indagando de su madre de donde son los cantantes, que al parecer escucha, que encuentra galantes y quiere conocer, y la niña se pregunta si "serán de La Habana, serán de Santiago, tierra soberana". Obsérvese la adjetivización que recibe Santiago: tierra soberana. En dos palabras está implícita la rebeldía de Santiago y Oriente, frente al centralismo habanero. La madre le contesta, categóricamente, que "Son de la loma", implícitamente santiaguera, pero cantan en el llano, o sea, en la ciudad.

Es una muy breve, pero contundente alusión. Así serán muchas de las de Matamoros, en sus canciones. Es curioso señalar que no fue la primera grabación de este número: antes lo había grabado el Cuarteto Cruz en marzo 9 de 1923, V-73883, como **Al son de la loma** (Ver Disc. Bajo, Cruz, Cuarteto) y también el Trío Villalón en septiembre 26 de 1923, Br-40073, con el mismo nombre, sin aparente éxito (Ver Disc., bajo Villalón, trío). Y también lo había grabado en julio de 1923 para la Columbia Co 2041x el dúo Pablito y Luna, como **Mamá son de la loma**. (Ver Disc bajo "Pablito y Luna).

Y es que el Trío conquistó el favor popular rápidamente desde sus primeras grabaciones.

Obsérvese la diferencia de títulos: "Al son de la loma" al parecer el título original, es confuso: ¿Es que la loma tiene un son? Y coetáneamente, vemos como título "Mamá son de la loma", que es una estrofa del texto y que sí hace sentido, o sea, Son, usado como tiempo del verbo ser, para indicar que esas personas eran de la loma, o vivían en la loma.

Pero el equívoco continuó, e inclusive en muchas versiones grabadas aparece el título como "El son de la loma", o sea usando la palabra "son", como sustantivo, como el apelativo por el que se conocía un género musical, y como era frecuente que se usase la palabra "son" como hemos visto en el capítulo dedicado al Sexteto Habanero, no era extraño que hubiera la confusión, un motivo más para hablar del número musical, y aumentar su fama. Miguel se molestaba mucho cuando se le preguntaba sobre esto, y siempre sostuvo que "son" en el título, era verbo, no sustantivo.

Después tendría decenas de grabaciones, desde sus contemporáneos como el Septeto Nacional, otras versiones del mismo Matamoros, Los Guaracheros de Oriente, el Orfeón de Santiago de Cuba, el de Holguín, las orquestas de Pupi Campo, Neno González, René Touzet, Fajardo, Violines de Pego, entre otras; Barbarito Diez, Dúo Cabrisas Farach, los hermanos Ajo, Miguel Ojeda y su orquesta de guitarras, Roberto Torres, el Conjunto de Luis Santí, Carlos Puebla, Omara Portuondo, Pablo Milanés. Entre los extranjeros, Daniel Santos, José Feliciano, Tito Puente, Cuarteto de Pedro Flores, Sexteto Borinquen, todos de Puerto Rico; Sonero Clásico del Caribe de Venezuela, Charanga Lassissi, de Africa, Los tariácuris y Trío Caribe, de México, y María Dolores Pradera, de España, por citar algunos.

Mamá yo quiero saber
De donde son los cantantes
Que los encuentro muy galantes
Y los quiero conocer,
Con sus trovas fascinantes
Que me las quiero aprender. (bis)

¿De dónde serán?
¿Serán de La Habana?
¿Serán de Santiago,
Tierra soberana?
Son de la loma
 Y cantan en llano,
Ya verás, tu verás,

Mamá, ellos son de la loma,
Pero mamá, ellos cantan en llanos. (bis)
Mamá, ellos son de la loma,
¿De dónde serán?

En otra de las canciones grabadas, van a reiterar su pasión santiaguera, y así mismo se llama la canción, **Santiaguera** Vi-81623, grabada en mayo 31, 1928. Reeditada en otra versión, mas moderna en Kubaney CDK-150

Siento por Santiago una pasión,
Que jamás podré explicar
Porque allí dejé mi amor
Y no me puedo consolar (bis)

Santiaguera de mi amor,
Quiéreme solito a mí,
No me maltrates así,
Que yo me muero de un dolor.

Santiaguera quiéreme a mí
A mi solito, quiéreme a mí (bis)
Que yo te quiero tan solo a tí

Santiaguera te he de amar
Te lo juro desde aquí,
Cuando me acuerdo de ti
Me dan ganas de llorar.

Lo mismo sentía Miguel, el autor, que sus compañeros, Siro y Cueto: los tres santiagueros, y con esposas en Santiago; y la canción iba dirigida en realidad, no tan solo a las santiagueras, sino a la ciudad, Santiago. A lo largo de este capítulo, veremos como en otras canciones, Miguel renueva sus votos con Santiago.

En mayo 31 graba otros número en que comienza otra constante de su trayectoria como compositor: usar sucesos cotidianos para comentarlos, en este caso **El voto y la mujer**, Vi-81813. Al parecer, se discutía en aquellos días, concederle el voto a la mujer, que no lo tenía en Cuba.Como verán, Miguel se manifiesta como un machista rabioso:

>No puede ser representante la mujer
>Y mucho menos senador,   (bis)
>La mujer no sirve más
>Que para ser mujer,
>No le den el voto, por favor. (bis)
>
>Que mal gobiernan
>c) Las mujeres
>no le den el voto
>c) las mujeres
>Que son cobardes
>c) las mujeres
>No van a la guerra
>c) las mujeres
>se quedan en casa
>c) las mujeres
>No le den el voto a
>c) las mujeres
>se quedan en casa
>c) las mujeres
>porque son cobardes
>c) las mujeres
>cuidando los niños
>c) las mujeres
>cuidando los perros
>c) las mujeres
>cuidando los gatos
>c) las mujeres
>etc.

En abril de 1928, se había presentado al Congreso un proyecto de ley concediéndole el voto a la mujer, (Enciclopedia de Cuba V-9, p. 332) De manera que no podía ser más rápida la oposición de Matamoros, ni más virulenta: ¿Por qué enajenarse la simpatía de las mujeres, por lo menos el 50% de sus favorecedores? Como veremos en otros casos, a Miguel le gustaba usar la ironía para criticar o protestar, y creo que en este caso lo estaba haciendo; su oposición exagerada al voto femenino, me parece más bien una forma de ridiculizar la negativa al voto femenino.

Otra grabación de esta fecha señala otra modalidad de son que cultivará mucho Miguel: la estampa casi costumbrista de algún fenómeno local, intrascendente, pero humano, son pedazos del acontecer diario, que Matamoros sabe captar en breves líneas, como hace en

Regáleme el ticket
Vi-81377

Cuando montes en La Cubana (1)
Y te vale que te explique
Cuando te piquen el ticket (2)
Tú lo donarás con ganas
Miles miradas cercanas,
Oye pedir a los muchachos
Con este buen dicharacho (3)
Regáleme el ticket señor,
Regáleme el ticket,
Le cambio este ticket, mayor,
Le cambio este ticket,
 que se va la guagua, señor,
¡regáleme el ticket!

(1) La Cubana debe ser una línea de ómnibus existente en Santiago en aquella época
(2) El ticket era el boleto de embarque, que costaba cinco centavos, para poder entrar al vehículo, que el empleado ponchaba o taladraba devolviendo al viajero; ese ticket servía para otro viaje, pero si el viajero no iba a regresar ese mismo día, los muchachos se lo pedían para revenderlo en 3 centavos, que se ganaban ellos y el que se lo compraba viajaba por 3 centavos en vez de los cinco que costaba el ticket original.
(3) Para RAE, "Dicho bajo, demasiado vulgar o poco decente" No tenemos una opinión tan peyorativa de esta palabra, sino más bien, algo festivo, original.

Las 14 grabaciones obtuvieron mucho éxito, al punto de que posiblemente por ello, la Victor accediera a hacer nuevas grabaciones ese año. Pero expliquemos ciertos antecedentes. El Trío Matamoros había estado antes en La

Habana, pidiendo que lo grabasen, y la firma representante de la Victor en Cuba, "Viuda de Humara y Lastra" le prometieron que iría un representante de laVictor a escucharles en Santiago, como efectivamente hizo a principios del año 1928, Mr. Terry, de la Victor, acompañado de Juan Castro, de la firma Humara y Lastra, que escucharon no tan solo a los Matamoros, sino a otros artistas santiagueros algunos de los cuales grabarían también después. Miguel a esa prueba, presentó al trío, pero también un Septeto, donde estaban ellos tres, pero además Mozo Borgellá en el tres, Francisco Portela en el bajo, Agérico Santiago en el clarinete, y Manuel Poveda en los timbales.Además, Miguel había hecho construir una guitarra gigante, que puede apreciarse en la foto de ese grupo que aparece en la portada del disco Tumbao CD44; Miguel había notado que la guitarra sonaba muy apagada frente al tres, de cuerdas dobles, en los sextetos, y con esto pretendía subsanarlo, y tener un grupo capaz de competir con el Habanero. En la prueba, Mr. Terry prefirió el trío, y ese fue el que en definitiva, viajó a Nueva York a grabar.

Pero es de suponer, que después del éxito obtenido, Miguel se sintiera con razones para pedir se le grabara al septeto también; y así se hizo en La Habana en diciembre 10 de 1928; grabaron ocho números que al parecer gustaron, pero no tanto como los del trío, porque por largo tiempo, la Victor prefirió seguir grabando al trío solamente.

Son importantes dos de esas grabaciones: **Los Carnavales de Oriente,** Vi 46077. Reeditado en HQCD-69: Este número es notable, porque agrega un ingrediente de intertextualidad, que no tiene que ver ni con la letra ni con la música: sino con un instrumento. Desde fecha que no podemos determinar, pero que puede ser tan antigua como a finales del siglo XIX, un instrumento de viento, usual en muchos países asiáticos, había llegado a Cuba traído por los emigrantes chinos que fueron muy abundantes en Cuba. Entre 1848 a 1874 llegaron a Cuba aproximadamente unos 150,000 chinos.(Ver: Cristóbal Díaz Ayala: Los contrapuntos de la música cubana, Ediciones Callejón, 2007). En realidad el instrumento es un rústico oboe, con un sonido agudo fuerte, que en Cuba, indebidamente bautizaron como "corneta china"cuando en realidad ni es corneta, sino oboe, y no chino, sino asiático.

Pero lo cierto es que se convirtió en parte indispensable de las orquestas que acompañaban a los grupos de baile en los Carnavales santiagueros, y de ahí lo tomó Matamoros, y su estreno en los estudios de grabación está en este número. De ahí en adelante, Matamoros y otras orquestas cubanas lo usarían en grabaciones de congas y comparsas. Un caso bien curioso de un instrumento "aclimatado" en el cancionero de otro país, bien lejano geográfica y culturalmente.

> Los carnavales de Oriente
> Son cosas tradicionales,
> Cuando suenan sus cantares
> Arrollan a un continente
>
> Del barrio de Tivolí
> Los pollos y guayabitos,
> Los payasos que bonitos
> Y la *negra* carabalí
>
> Al carnaval de Oriente me voy,
> Donde mejor se puede gozar (bis)
>
> (Solo de corneta china, y va alternando con:)
> Al carnaval, etc.

Otro número de los grabados en esa sesión, **Oye mi coro** V-46334. Reeditado en CD Yazoo 7004 es un son de la autoría de Mozo Borgellá, que incluimos porque es la única ocasión en que el Septeto Matamoros se automenciona, cosa que como vimos, era muy frecuente con el Habanero:

> Algunos de La Habana se preguntan
> Si al *son* de la corneta sé bailar   (bis)
> Los haremos comprender en el momento
> Que del Oriente no hay que bailar
>
> Tú me llamaste, oye mi coro
> En el *Septeto Matamoros*
> (corneta china)
> Tú, etc.   (bis)

Al año siguiente, 1929, el trío está de regreso en Nueva York para hacer grabaciones. Han dejado una Cuba convulsa, en que la prórroga de poderes impuesta por el presidente Gerardo Machado, ha creado una situación casi surrealista, como sucede muchas veces en la historia de Cuba, al punto que el dramaturgo Virgilio Piñeira escribiera en cierta ocasión, "Si Kafka hubiera nacido en Cuba, en vez de haber sido un escritor del absurdo, habría sido un escritor costumbrista (Reynaldo González: "Coordenadas del cine cubano"(Editorial Oriente, 2001, p226). Por una parte, el gobierno emprende una gigantesca campaña de construcciones en el país: embellecimiento de la

Habana, con la construcción del Capitolio, ampliación de avenidas, como la del Malecón, reconstrucción de parques; construcción de la Carretera Central, uniendo a toda Cuba de oriente a occidente, planes también de ayuda a la industria nacional, mejoras a la educación y otras medidas económicas bien encaminadas, pero conjuntamente con esto, leyes restrictivas de las libertades públicas y asesinatos impunes de figuras oposicionistas.

Una de esas obras había sido la construcción de una nueva plaza de mercado en La Habana. En julio 26, graban **La mujer de Antonio**, V-46401, reeditado en TCD-16; al parecer, un inocente son humorístico:

> La vecinita de enfrente
> buenamente se ha fijado
> como camina la gente,
> cuando sale del mercado.
> La mujer de Antonio,
> camina así, cuando trae la jaba,
> camina así…

Y por ese rumbo sigue la letra, hasta que de pronto irrumpe una cuarteta que dice:

> Mala lengua tú no sigas
> hablando mal de Machado
> que te ha puesto allí un mercado
> y te llena la barriga…

La cuarteta es una bomba: aparentemente defiende al gobierno y la obra de Machado: pero hay envuelta una sutil ironía que no se le escapó a los cubanos. El llamado "Mercado libre" no había resultado en la práctica ofrecer mejores precios a los consumidores. Sigue después el estribillo de La mujer de Antonio camina así, pero otra explosiva cuarteta le sigue:

> Si no tiene combustible
> Lindbergh en su monoplano
> que venga con los cubanos
> que tienen mercado libre.

O sea, Miguel vuelve a mencionar irónicamente el mercado libre…

"La mujer de Antonio" fue grabada por Matamoros en otras versiones, y por el Trío América, Conjunto Rumbavana, Los Guaracheros de Oriente, el Septeto Nacional, Cuarteto Flores, el Grupo de Guitarras Antillanas, Roberto Torres y otros.

Estaba fresco en la memoria de los cubanos el famoso viaje de Lindbergh New York-París en 1927, y además había hecho una breve visita a La Habana en febrero de 1928 (Leonardo Depreste Catony: "100 Famosos en La Habana", Edit. Ciencias Sociales, La Habana, 1999, p. 117).

En esa propia fecha, graba el trío otro número donde la alusión política sí es más directa, no tan sutil: **La bomba lagrimosa** V-46691.

> Hoy lo que pasa en La Habana
> solo lo sabe mi moza
> juegan los guardias con ganas
> con la bomba lagrimosa.
>
> Tírame una bomba lagrimosa
> que tengo ganas de llorar
> porque se han puesto las cosas
> que no se puede comprar
> Y el coro dice:
> Guardia, tu bomba no tira
> Guardia, tu bomba no suena

Quizás por el carácter lúdico del número, aparentemente no tuvo problemas el trío con el gobierno, pero el son se las traía. Estas bombas se usaban para dispersar manifestaciones populares.

El día 30 del propio mes grabaron otro son, que fue mucho más popular que éste, y que contenía una estampa callejera, pero con una sutil crítica social: **El paralítico.** Vitor V-46401, reeditado en TCD-16. Para esos años había visitado Cuba un famoso médico español, el Dr. Asuero, que decía tener un nuevo tratamiento para ciertos tipos de parálisis o de insuficiencia mental, consistente en pinchar un nervio situado en la base del cráneo, el trigémino. En definitiva, parece que no tuvieron mucho éxito las curaciones de Asuero. No es fácil escribir canciones con palabras terminadas en esdrújulas, pero Miguel lo hizo. El número ha sido grabado por el propio trío y en otras versiones: Roberto Torres, el dúo boricua de Corozo y Pepito, Raúl Planas y otros.

> Veinte años en mi término
> me encontraba paralítico
> y me dijo un hombre místico
> que me extirpara el trigémino

> Bota la muleta y el bastón
> y podrás bailar el son   (bis)
>
> Dice un loco farolero
> Mucho más bueno que el pan
> Anda ve a San Sebastiám,
> Para que te opere Asuero
>
> Bota, etc.

De la propia fecha es **Desfile lírico** V-46497, un número muy especial, en que se mencionan, las victrolas ortofónicas (que eran los equipos que vendía la Victor) pero además los otros grupos soneros que grababan, que casualmente en ese momento, ¡ eran artistas de la Victor!

> Hoy estamos tocando
> Con deleite sin igual,
> El pueblo está prosperando
> para orgullo nacional.
> Ortofónicas victrolas,
> Radio aparato parlante
> Hacen correr como olas
> Las voces de los cantantes
>
> Si te paras en la esquina
> De Galbán y Catedral, (1)
> Oye al *Sexteto Nacional*,
> que dice así, allá voy, allá voy:
> vamos a ver si es verdad:
> Bururú barará
> Donde esta Miguel…
>
> Y si coges por Habana
> Entre---   y Matadero
> Oye al *Sexteto matancero*
> Que dice asi, allá voy, allá voy:
> Vamos a ver si es verdad
> Que no tengo machetero,
> Engancha carretero.

Y si entras en un café
Y te sientas a descansar
Oye al *Típico Oriental*
Que dice.etc:
Por eso cuando te veo
Se me agita el alma entera
Y si tenerte pudiera, china,
Te brindaría mi deseo:
Martillo y clavo,
Clavo y martillo.

Y si coges para arriba
Por el Cuartel de Bomberos
Oye al *Sexteto Habanero*
Que dice, etc.
Que dirán la gente, que dirán

Y si vas al paradero
Y te sientas en una fonda
Oye trinar a *La Ronda* (2)
Que dice asi, etc
Dos botellas de leche
Doy por un medio

Y si coges un tranvía
Al subir por Aguilera
La *Sonora Matancera*
Que dice asi, etc.
No te equivoques conmigo,
Cuá, cuá, cuá, cuá cuá cuá

Y si vas a una fiesta
Donde le entran al toro
Oye al *trío Matamoros*
Que dice así etc

El que siembra su maíz…

(1) Se refieren a direcciones en la ciudad de Santiago de Cuba
(2) Se refieren al grupo Ronda Lírica Oriental

En julio 30 graban **Demostración** V-46402 otra de las pocas veces en que Matamoros menciona géneros musicales que no sea la rumba, y aquí alude al "danzonete" que acababa de ser lanzado por Aniceto Díaz, y también menciona al danzón.

> Lo mucho que yo te quiero
> Te lo demuestro aquí
> En este *danzonete*
> Que he dedicado para ti….
>
> …Si no fuera por las mujeres
> Que alegran los corazones
> Y le saquen los *danzones*
> Para que bailen ustedes…

En 1930, y en medio de la situación económica y política reinante, graban solo siete números, uno de los cuales es **La china en la rumba** V-46871, primer número en que incluye en el título el género musical "rumba".

El 24 de febrero de 1931, y recordando un ciclón que acababan de pasar en República Dominicana, graban **El trío y el ciclón**, V-30398. La descripción que hace del ciclón, es magistral; pero cambia al tono lúdico cuando comenta sobre los "espiritistas inciertos" que al parecer, corrieron la noticia en Cuba que los integrantes del trío habían perecido.

> En una tarde de inquietud
> Quisqueya vióse de pronto
> De pavor sumida, reinaba allí
> La lluvia, la centella,
> Y la mar por doquiera
> Embravecida.
> Horas después,
> Quiso la aciaga suerte
> Solo dejar,
> Desolación, gemido,
> El imperio macabro de la muerte,
> Todo el pueblo entero destruído.
>
> Cada vez que me acuerdo del ciclón
> Se me enferma el corazón   (bis)

Ay… espiritistas inciertos,
Que muchos hay por allá
Porfiaban con terquedad
Que los del trío habían muerto
Cada, etc (bis)

Ay… esto fue lo más sabroso
Que el trío en un aeroplano
Volviera al suelo cubano
Para seguir venturoso
Cada vez, etc. (bis)

Ay… aquí termina la historia
De tan tremendo ciclón
Los muertos van a la gloria
Y los vivos a bailar el *son*
Cada vez, etc.

En 1931 graba también **Alegre conga**. V-3818, acompañado de orquesta, va a ser el primero en que usa el nombre de este género musical en el título, y como veremos, vendrán después muchas congas más por otros grupos musicales. Para que el público se aprenda bien el nombre de este género musical, se repite 23 veces en la letra…

En 1932, y durante su viaje por Europa, graban en España para el sello Regal el emblemático "Lamento cubano" de Grenet y Radillo, del que hablamos en otra parte de este libro, y que estaba prohibido en Cuba, con lo que se tomaron un gran riesgo.

No hay grabaciones hasta 1934 en Nueva York, porque el gobierno de Machado había terminado, sucediéndole una serie de gobiernos temporales, y para ese año fungía de Presidente Carlos Mendieta, pero el verdadero poder estaba en manos del Coronel Batista, Jefe del Ejército. En todo el país, y especialmente en La Habana, había huelgas, bombas, tiroteos. Así lo refleja Miguel en este son grabado en New York el 31 de julio, 1934, titulado **Quién tiró la bomba**, V-32191, reeditado en TCD-16.

Que triste mi tierra hoy está
sus hijos han perdido la fe
y en ella hoy solo se ve
que el odio ha aumentado tenaz.

Y es la ambición, lo que quiere
llevarte hasta el terrorismo
date cuenta que tú mismo,
el corazón de tu tierra hiere.
(Coro): ¿Quíen tiró la bomba,
¿Quíen tiró?, ¿Quíen tiró?, ¿Quien tiró?

Por orden del Coronel
registra la policía
ya de noche o bien de día
a ver si pueden saber.
¿Quín tiró, etc...

El coronel se refiere a Joaquín Pedraza, para aquel tiempo Jefe de la Policía Nacional. Vuelve el coro, y quizás para amortiguar el efecto con un poco de humorismo, se le agrega una cuarteta:

El gran comerciante Chávez
pregunta con mucho tino
en secreto a su vecino,
dime viejo, ¿si tú sabes?

(Coro): Quien tiró;, etc.

Y la ultima cuarteta, un tanto críptica:

Si no entienden con la clave
El secreto ya lo explica
Y lo que más mortifica
Que nadie en mi tierra sabe.

En la propia fecha graban **El nudismo en Cuba**, V-32227.

Se dice en el mundo entero
Que se está iniciando el nudismo
Y yo que tengo civismo
En Cuba yo no lo quiero
Si acaso esto llegaría
En Cuba a surgir,
Entonces me voy,
A otra tierra a vivir.

c) Yo no quiero estar en Cuba,
yo me voy para el Japón

Una escritora cubana
Amante del modernismo
Quiere implantar el nudismo (¡muchacha!)
Empezando por La Habana (no puede ser)

c) Yo no, etc.

Si yo desnudo te veo ¿cómo?)
Y tu me ves lo mismo (no puede ser)
Resulta que en el nudismo (muchacho)
Hay el gran rascabucheo (caballero)
c) Yo no, etc.

Delante de mi hermanita,
Mi papá se desnudó,
Y su misma mamacita,
Y también desnudo yo

c) Yo no, etc

Yo creo que harán felices
A los que tengan fiera ….
Y todos estarán con pena (muchacha)
No los que tengan cicatrices

c) Yo no, etc

El Habanero mencionó muchas veces en sus grabaciones varios instrumentos musicales, pero nunca los describió y menos explicó como construirlos, como hace Miguel en

Las maracas de Cuba, 1934. V-32190, reeditado en HQCD-23

Nace en mi Cuba la *güira*,
 Y en Oriente, las *maracas*,
Y en el mundo se destaca
Su rebombar (1) que me inspira (bis)

Ahora te voy a explicar
Como se hacen las *maracas*:
Se coge la güira, se le hace un hoyito,
La tripa se saca y se pone a secar,
Y por el hoyito, por buenas razones,
Se echan municiones, se le mete un palito,
Se raspa un poquito, se mueve un poquito
Y luego a tocar, y ya está.

Mira, como resuena ya
Oye, así resuena má
Mira, que sabrosona está

Ahora te vuelvo a explicar
(sigue bis completo)

(1) Sí, existe la palabra, está en RAE: Sonar ruidosa o estrepitosamente.

En la misma fecha graban **Mata que Dios perdona** V-32306, un son con una primera parte bastante críptica, pero que se explica si se tiene en cuenta el momento en que se escribe, en que en las calles de La Habana había frecuentes tiroteos sobre todo entre los miembros del partido ABC, y el Comunista:

No le temas al sendero
Tú camina francamente,
No te importe que la gente,
Hable de tí primero.
Si no estás de chambelona
Y te toca al fin tirar
Debes seguro matar,
Que luego Dios te perdona
Mata, que Dios perdona.

Chambeloneros, se les llamaba a los miembros del Partido Liberal, en aquel momento proscrito por haber apoyado a Machado; quizás el son estaba dando luz verde a los revolucionarios por las venganzas que se estaban efectuando; quizás fuese una ironía de Miguel, tirando a broma lo que era un problema bien serio. El resto de las estrofas parece indicar eso, pues sigue el tono festivo:

Un día me fui a pescar,
Se me prendió una salmona,

Ella me dijo al saltar,
Mata, que Dios te perdona,
Mata, que Dios perdona (bis)

También fui de cacería
Y al tirarle a una leona
Me dijo con sangre fría:
Mata, que Dios te perdona
Mata, que Dios perdona (bis)

En la punta de Cabrera
Pescaron una tiburona
Y dijo muy pinturera,
Mata, que Dios te perdona,
Mata, que Dios perdona (bis)

No eran tan sólo los problemas políticos los que afectaban a Cuba y preocupaban a Matamoros; entre otros, ya la droga era una presencia: y asi graban en 1934 **La Cocainómana** V-32252, reeditada en HQCD-40.

Era una cocainómana
consuetudinaria
que le entregó su alma
a la voluptuosidad
para vivir gozando
una vida imaginaria
y no sufrir viviendo
una vida de verdad.

La conocí una noche
de lúbricos placeres
en una burda infecta
de un trágico arrabal.
ella era la elegida
entre todas las mujeres
sensuales y lascivas
del dios del arrabal.

No quiero más coca,
no me quiero envenenar

yo quiero vivir Felina
sufriendo la vida real.

(Coro): No quiero coca,
    que me sofoco,
    a mí la coca, mamá,
    me vuelve loco.

Y sigue con una cuarteta, que resume en forma genial el dilema de la adicción:

El gozar es un sufrimiento,
el sufrimiento es el goce:
cuando más grande es el goce
mayor será el sufrimiento.

Hace pocos años Silvio Rodríguez grabó una excelente versión de este número. Este son tiene ciertas similitudes con una canción capricho de Manuel Luna con letra del Poeta Nacional de Cuba, Agustín Acosta, "La cleptómana" que en 1930 grabara Antonio Machín con su cuarteto y que es muy popular en Cuba como número antológico de La Vieja Trova. Ambos comienzan su primera estrofa con "Era una", en un caso cleptómana y en el otro, cocainómana (ambas esdrújulas); ambas continúan con la segunda estrofa igual: "la conocí una noche". Desde luego, las melodías son diferentes, y el desarrollo del argumento distinto. Quizás fue un guiño galante de Miguel, a su colega Luna y al poeta Acosta.

Los problemas de Cuba no le impedían a Matamoros estar atento al quehacer internacional: así en agosto 3 graba **El divorcio en España** V-32227 ¡y de paso aprovecha para hacerle propaganda al son!

El divorcio está en España
Prepárate, españolito
Para que goce un poquito
Con tu arte y con tu maña
La libertad es muy buena
No vivirán enyugados,
Y trabajar obligados
Arrastrando esa cadena.

c) Oye mi *son*, oye mi *son*
Oye mi *son*, Jovellar   (bis)4

Está de moda el divorcio
Del varón que dá su nombre
Por no vivir en conforme
Las mujeres con el hombre.

c) Oye mi, etc (bis) 4

Que están hechas el demonio
Las que van a divorciarse,
Pues no es bueno el matrimonio
Para luego descasarse.

c) Oye etc.

Hoy están que se maldicen
Las mujeres divorciadas
Y ante el juez siempre ellas dicen
Que han sido buenas y honradas.

c) Oye, etc.

Hasta lo nimio le da tema a Miguel para narrar las costumbres sociales de la época: en la misma fecha graba **Las mujeres que se pintan**, V-32347. Nótese su posición antidiluviana con la mujer, típica de la época.

Las mujeres que se pintan
Tienen como van a ver
Parecidos con las casas
Que se dan en alquiler.   (bis)

Las muchachas que se pintan
Desde que a la escuela van
Y no saben de costura
 Ni entienden de cocinar,
Es una casa muy nueva
Que nadie quiere ocupar
Pues por la parte de adentro,
No acabaron de sellar.

Las solteras que se pintan
Para poder conquistar

Y que salen muy compuestas
Todo el santo día están,
Es una casa bonita
Que nadie quiere ocupar
Por miedo a los alquileres
Que le van hacer pagar.

Las casadas que se pintan
Y luego sale a pasear,
Sin pensar que la casada
En su casa debe estar,
es una casa ocupada
en la puerta de la cual,
hay un letrero que dice:
tengo un cuarto pá alquilar.

Y la viuda que se pinta
Con la idea de reemplazar
Al pobre de su difunto
Que ya en mejor vida está,
Es la casa abandonada
Que nadie quiere ocupar
por temor a los espantos
Que en ella puede encontrar.

Y esa viejas que se pintan
Las arrugas sin pensar
Aunque llenas de pintura
Más ridículas están:
Son esas casas de paja
Que ya cayéndose están
por más que sus dueños digan
 que se pueden ocupar.

El relato del suceso importante, que tenga o no que ver con Cuba, es evidente que le atrae, inclusive aunque el autor sea otro, y así grabará en 1934 dos números que se harán muy populares: **El desastre del Morro Castle** V-32270, del español residente en los Estados Unidos, Leopoldo González :

Del puerto de La Habana
El Morro Castle se vió zarpar

Una tarde habanera
Linda, hechicera, como su mar.
En la extensa cubierta gozaban todos
Con gran primor,
En el barco lujoso
Que majestuoso,
Iba a Nueva York.

Las madres cariñosas
Llevaban hijos del corazón,
 novios recién casados,
y enamorados de su ilusión.
Al tercer día de viaje
Y a veinte millas para llegar,
Un viento huracanado
Levanta airado al inmenso mar.

El Morro Castle corría,
Corría navegando sin cesar
Bajo lo inmenso del cielo
Y el inquieto suelo
Azul de la mar.
Y mientras todos dormían
Llenos de un dulce sopor
Les esperaba la muerte
Que andando silente
Iba en el vapor.   (bis)

Las tres de la mañana
Y todos duermen sin un temor,
Cuando salió la llama
Que pronto inflama
Todo el vapor.
Las mujeres y niños
Pedían auxilio con gran temor
Los ancianos lloraban
Otros rezaban al Gran Creador.

La madre busca al hijo,
Otro a su esposa, todo es dolor,

Entre el fuego chispeante
Volcán bramante
Que causa horror
Se tiraban al agua
Mujeres y niños en confusión,
Y quedaron ahogados,
Otros quemados,
Como el carbón.

Ciento treinta y dos murieron,
Murieron sembrando un cruel dolor,
En la capital cubana,
Y en la americana
ciudad de New York.
Quien fue la mano incendiaria,
Sabe Dios quienes serán,
Mas los pobres que cayeron
Aquellos se fueron
Y no volverán,   (bis)

La otra canción, **El secuestro de un niño** de M. Sandoval, por la otra cara del disco, narraba el secuestro del hijo de Charles Lindbergh, el famoso aviador que recién aquello, había hecho el primer vuelo sin escalas entre los Estados Unidos y París.

En una noche muy triste
Un niñito se durmió
La madre muy amorosa
Dulces palabras cantó:
Tú eres el rey de mi alma
Tú eres mi vida y mi paz.
Si tú no quieres que muera,
No me abandones jamás.
En el cuartico del niño
Solo reinaba la paz,
Pobre mujer, tú no sabes
Que tú no lo verás jamás.
En esa noche tan triste
 esto fue lo que pasó:
Un hombre infame sin alma

Por la ventana subió,
Cogió al niño de la cuna,
Por la ventana bajó.
Solo la luz de la luna
Esa infamia presenció
Después de haberlo matado
El cuerpecito escondió,
se dio a la fuga espantado
Y corriendo se alejó.
En la mañana siguiente
El hogar se despertó
Y a los gritos de los padres,
El crimen se descubrió.
Llegó la ley enseguida
Para buscar al raptor
Pero por mucho que hicieron
No lo pudieron hallar.
 Cuando en el mundo se supo
La novedad tan atroz,
Todas las madres del mundo
Se encomendaron a Dios.
El padre juró vengarse
De ese crimen tan atroz
Por todo el mundo sin tregua
Al asesino buscó.
Y ya pasaron los años
y buscando continuó,
Hasta que un día la justicia
En Nueva York lo encontró.
Fue puesto luego en la cárcel,
Soy inocente, lloró
Pero el juez que lo juzgaba
Sin piedad lo condenó.
Pobre niñito, tú duermes,
Puedes dormir en paz,
Que la justicia divina
Tu triste muerte vengó.
La justicia triunfa siempre
Porque es el querer de Dios,
Quien la ley desobedece
Luego tarde pagará.

El 18 de noviembre de 1934, graban **Regulando el tráfico,** Vi-32669. Al parecer, se dictó una Ordenanza, posiblemente para la ciudad de La Habana, disponiendo que por cada acera se pudiera ir en una sola dirección: la grabación trata de retratar la escena real.

    (sonido de palito de guardia)
    Hab) Vamos, que ya está el guardia tocando,
    ¡éste siempre está atravesado!
    Otra voz) Vaya verraco, coja su derecha!

    No es mentira, es verdad,
    Lo que ahora está pasando
    La gente se está quejando
    Del problema de la acera (bis).

    Oye Pancho, la gente se está quejando
    Del problema de la acera.
    Pobre gente, pobre gente,
    Comentaba Romaguera,
    No puedes rozar la gente
    Que va por la otra acera.
    c) La gente, etc.

    Una mujer en la acera
    Cayó delante de mí,
    No pude saber quien era,
    Pues la cara no le vi.
    c) La gente, etc.

    Si caminas por la izquierda
    Vas contrario de la flecha
    Para que el pleito no pierdas
    Te aconsejo la derecha.
    C) La gente, etc.

    Si te toca ir detrás
    Del que para de repente,
    Una bronca se formará,
    ¡Que bochorno pá la gente!
    c) La gente, etc.
    Para que prenda no pierdas

Aunque no encuentro la flecha
No trafiques por la izquierda
Coge siempre tu derecha.
c) La gente, etc.

Se acabó el rascabucheo (1)
De amores tan imprudentes
Que ganaron apogeo
En varias clases de gentes.
c) La gente, etc.
No es mentira, es verdad.

(1) Es cubanismo, dice el RAE: Mirar o tocar libidinosamente…de manera disimulada.

La próxima canción no es de Matamoros, sino de Noemía Matos, la esposa de Rafael Cueto, miembro del trío; pero fue una de las favoritas del pueblo, por su homenaje a la región oriental y a la Virgen del Cobre, Patrona de Cuba, y además, un símbolo, un ícono de la cultura cubana. En la canción, que simplemente canta lo que el pueblo siente, la Virgen del Cobre es "Cachita", y también "mi negrita": así es como la percibe el pueblo cubano: **Veneración** V-82537, Noviembre 27, 1935.

Cuando tú vayas a Oriente,
Mi legendaria región
Tierra que tiembla caliente,
Cuna del sabroso son,
Llégate a Puerto Boniato
Mira la loma de San Juan,
Vete al Caney por un rato
Y prueba las frutas
Que allí dulce están:

Y si vas al Cobre,
Quiero que me traigas
Una virgencita de la Caridad;
Y si vas allá, donde está Cachita,
Tráeme una estampita para mi mamá.

Y si vas a Oriente, tráeme de allá
Algo reluciente de la Caridad.
Y si vas, etc.

Y si vas al Cobre
Busca a mi *negrita,*
Que es la virgencita de la Caridad.

Y si vas, etc.
Cuando pienso en mi **morena**
Que se llama Caridad
rezo como alma buena
Por toda la humanidad;
Virgencita tú eres buena
Hazme un milagro de amor,
Mira que muero de pena
Si tú no mitigas mi cruel dolor.

En 1937 la situación económica del país había mejorado, y el presidente era Federico Laredo Brú, pero en realidad gran parte del poder estaba todavía en manos del coronel Batista, Jefe del Ejército. Iban y venían presidentes, y todos se olvidaban de la región oriental, que recibía menos recursos y participación en el presupuesto de la nación que la zona occidental, sobre todo La Habana.

Y Matamoros graba un número inusual, el 23 de marzo de 1937, que se titula **La guajira delincuente**, Vi.82038, que es en realidad, una metáfora por su Santiago de Cuba olvidado:

Era muy linda, era *moren*a
de ojazos negros como sus penas
de carnes duras como el jiquí
de frases blandas cual una cuna
de dientes blancos cual la espuma,
qué desgraciada cuando la ví.
Era de Oriente la niña aquella
vino del campo a la capital
 formando noble, dura querella
contra el cacique del manigual.
No tengo calles, no tengo agua,
no tengo parque do reposar,
no tengo higiene, no tengo nada,
soy delincuente por reclamar.
Ellos surgieron con grandes ruegos
la masa entera el voto les dió

y estando arriba se han vuelto ciegos
no ven la turba que los subió.
Vete tranquila a tus rosales
a la montaña donde surgió
la tropa aquella de hombres leales
que de aquel yugo te liberó.
Dile a esa gente, mi gente buena
que habrá de todo mediante Dios
que son tan hondas todas tus penas
como las penas que sufro yo.

(Coro): A Santiago yo no voy, ¿Por qué?
S) Porque no tengo parque allí
Cr) A Santiago, etc.
Porque todo está muy mal allí;
Cr) A Santiago, etc.
Porque yo no tengo calle allí
Cr) A Santiago, etc..
Porque reina el paludismo allí
Cr) A Santiago, etc..
Hace mucho polvo allí;
Cr) A Santiago, etc..
Reina el abandono allí;
Cr) A Santiago, etc.
Yo no tengo higiene allí;
Cr) A Santiago, etc..
Todo está muy malo allí:
Cr) A Santiago, etc..
Porque hay plagas de mosquito allí;
Cr) A Santiago, etc..
Porque no se petroliza allí;
Cr) A Santiago, etc.
Y no tengo parque allá;
Cr) A Santiago, etc.
Todo está muy malo allá.
Cr) A Santiago, etc.

Pese a su alegato, no fue muy popular esta canción. Siguieron llegando gobiernos, que no ayudaron a la región oriental.

Habana-Santiago

V32988, 3/23/1937.

La construcción de la carretera Central que conectó a las seis provincias cubanas, aunque completada a principios de la década de los 30's, tardó algunos años a que sus efectos se hicieran sentir, y se acostumbrara el público a su uso; quizás algo de eso tuvo en mente Matamoros en este son-montuno en que hace el recorrido desde La Habana a Santiago, para avivar el interés de sus paisanos en viajar.

Del Capitolio salí (1)
por Fábrica y Luyanó,
Todo el pueblo se alarmó,
 por lo mucho que corrí,
Crucé a paso de zorro
 por San Francisco de Paula
y me gritó Antonio Caula:
"Caballito" (2) en el Cotorro!

(Coro)-Para Santiago me voy por la gran ruta central

Por Jamaica y San José
Hablamos de salsa fina (3)
Y al llegar a Catalina,
Muy gustoso la probé.
Madruga, Mocha y Matanzas;
Coliseo y Jovellanos
Pasé como un aeroplano;
Buena guagua, ¡como avanza!
En Perico y en Colón
Hube de hacer un retraso
Arabos, Cascajal, Mordazo,
Pasé de un acelerón.
Manacas, Santo Domingo,
Jicotea y La Esperanza
Me demoré por la asechanza
Del "caballo" (4) que distingo.

(Coro): Para Satiango, etc.

Por veloz motocicleta

No pude verle la cara,
No lo encontré en Santa Clara,
En Falcón ni por Placetas,
Al pasar de Cabaiguán,
Ya muy cerquita de Guayos
Iba más veloz que un rayo
El caballito en su afán.
Sancti Spiritus, Río Zaza,
Ramón y Jatibonico,
Los pasó muy despacito,
Está el radiador que abrasa.
En Ciego paré por ley,
Para arreglarlo enseguida;
Cogí la recta a Florida,
Un momento en Camagüey.

(Coro): Para Santiago, etc

Por la Cantera Cisneros,
Ignacio, Sibanicú
Iba tratando Lulú
De un famoso repostero.
Aunque soy hombre de ahorro,
Me gusta comer sabroso,
Almorcé en el Bar Pedroso
Que está situado en Cascorro.
Por Martí crucé a la una,
Guáimaro y Río Jobabo,
Sin sacar el pie del clavo
Hasta llegar a Tunas;
Por Holguín y Cacocún,
Cauto-Cristo y por Bayamo
Muchos baches encontramos,
 que molesto el capalán!(5)

(Coro): Para Santiago, etc.

Santa Rita y Jiguaní,
Por Baire y Contramaestre,
Me seguía el ecuestre

Caballlito por allí
En su carrera liviano
Éste corrió mas que yo,
De vista se me perdió
Llegando a Palma Soriano.
Y desde el Puerto de Moya
Diviso con claridad
Donde vive Caridad,
Mi virgencita criolla.
Sin espíritu ni halago,
de este viaje que relato
voy a descansar un rato
porque ya llegué a Santiago.

Y ya que me encuentro aquí,
Mientras la cama preparo
Traéme negra las cutaras (6)
Y un buen plato de congrí

(Al final se escucha la voz de Siro Rodríguez que dice:
Y mi botellita de Pru (7)

(1) Simbólicamente sale del Capitolio, donde marcado con un brillate incrustado en el piso, está marcado el Kilómetro O de la carretera Central.
(2) Se le decía "caballitos" a las motocicletas de la policía de tránsito.
(3) La salsa fina por supuesto, es la de las famosas butifarras del Congo de Catalina, popularizadas en el famoso son de Piñeiro, Échale salsita.
(4) Caballito y caballo, la misma cosa.
(5) Ni idea de lo que significa capalán!
(6) Chancletas o pantuflas, en la región oriental de Cuba.
(7) Bebida de plantas, típica de Oriente. Está en DAE

Chanlipó

V-32977 3/23/1937.

En enero de 1937 comienza una serie radial en Cuba, con episodios de un detective chino, escritos por Felix B. Caignet, que se convierte en un éxito extraordinario, al punto que para junio se estrena la primera película de largo metraje de ficción filmada en Cuba, con uno de esos episodios, llamada La serpiente roja, pero antes de eso, ya Miguel grabó un son de la autoría de Miguel Valdés.(Reynaldo González: " El más humano de los autores" Ed. Unión, 2009, p. 62)

El detective famoso
Que tiene loca a La Habana
Es un tipo muy jocoso
Que se expresa de jarana

Cr)Chanlipó,
El crimen se descubrió.

Donde Chanlipó investiga
No se escapa un delincuente
Y si hay duda que lo diga,
Que lo diga un radioyente.
Cr)Chanlipó, etc.

Chanlipó vino de China
Pero se quedó en La Habana
Por la boca purpurina
De una chiquita cubana.
Cr)Chanlipó, etc.

A pesar de su paciencia
Prende pronto al malhechor
Chanlipó vino de China
 Y en La Habana se quedó
Por la boca purpurina
De una niña que besó.
Cr) Chanlipó, etc.

A pesar de tanta envidia
El crimen se descubrió
Tenga paciencia, mucha paciencia…

La conga del Pilar V-82392- Ya desde esta grabación de abril 28 de 1937, comienzan a grabar en La Habana, no en Nueva York. Conga dedicada al barrio del Pilar, donde al mismo tiempo, se usa el nombre del género musical, conga, para anunciarlo. Se grabarán muchas congas este año, con motivo de que el alcalde de La Habana, Beruff Mendieta, autoriza que en la celebración de los carnavales, puedan aparecer nuevamente las comparsas que habían estado prohibidas durante muchos años, y con ellos la conga, que es al ritmo conque se van desplazando por las calle habaneras.

También de 1937 es **La mujer con voto** V-82392, de la autoría de Siro Rodríguez, quien es ofensivo con las mujeres.

>Las mujeres electoras,
>Siendo jóvenes y bellas
>Encontraron para ellas
>La más patente mejora.
>
>En cuestión de toma y dar
>Ya la .... no se niega
>Pídele, pídele entrega
>Y recogen su macaja (¿)
>Ja ja, caballero
>Eso si es verdad.
>
>Ellas cogen, pero dan
>Desde ahora voz cantante
>Que si ahora van palante
>Poco importa qué dirán.
>
>Esta es la realidad
>De las mujeres votantes,
>Nos sacaron de cantantes,
>Bien por la sensualidad.
>Ja ja, etc.

Alegre conga V-82084 también de 1937, en ella se repetirá unas quince veces la palabra "conga" hasta que el negro protagonista de la misma, se retire por cansancio, y por tener "una ampolla en el calcañar"de tanto arrollar...

Quirimbamba, V-82474, también de 1937, es un son de Miguel con cuartetas irónicas y críticas:

>Porque me llaman Quirino
>Ya me dicen Quirimbamba
>¿Por qué mi nombre me cambia,
>Si soy un *negro* fino?
>(Coro) Quirimbamba, ja ja ja (bis)3
>
>Si tu quieres bailar
>Con el *son* de quirimbamba

Este tema no se cambia
Solo se puede escuchar
(Cr) Quirimbamba, etc.

Tengo vaca, vaquería,
Tengo apoyo en la Aduana
Le vendo leche a La Habana
Por la noche y por el día.
Cr) Quirimbamba, etc.

Toma leche compañero
Este es un gran alimento
Con agua clara de Vento
Y polvo del extranjero. (1)
Cr) Quirimbamba, etc.

(1) O sea, leche adulterada, Vento era el acueducto que surtía de agua a La Habana, por supuesto sin purificar, y el polvo suponemos fuera leche en polvo)

Es una cosa segura
Lo de Pancho el bodeguero
Agitar como el primero
Para que le den leche pura.
Cr) Quirimbamba, etc.

Si compra café molido
Con garbanzo y con manteca
Esto cura la jaqueca
Si de este mal ha sufrido.
Cr) Quirimbamba, etc.

En el año treinta y uno
Pan con harina de yuca
Y en el treinta y siete, Cuca
Lo come en el desayuno.
Cr) Quirimbamba, etc.
(O sea, que la situación sigue igual)

En la guagua acelerada
Para subir o bajar
Nunca espere en la parada,

Que allí no tiene lugar
c) Quirimbamba, etc.

Del tintín del conductor
El chófer se va riendo
Para que subas corriendo
O te tumba, que es peor.
Cr) Quimbamba, etc.

(El tintin era el timbre que el conductor usaba para avisar al chofer que debía detenerse en la próxima parada, pero no siempre éste lo hacía)

El que tome la fritura
Que se vende en puesto *chino*
Será siempre mal vecino,
O comedor de basura.
Cr) Quirimbamba, etc.

En mi Cuba hay sanidad
Te lo dice un *negro* fino,
Ya todos los puestos de *chino*
Me los van a clausurar. (ja ja)
Cr) Quirimbamba

El que se va a consultar
Con baraja o con santero
Que ponga antes el dinero
Que así no lo va a ayudar.
Cr) Quirimbamba

Lo mismo sucede con **Baila y no comas bolas** V-82329 también de 1937. Otro número de críticas sociales y políticas, y tres menciones al son. El título era un dicharacho muy usado para la época, desgraciadamente sustituido por otro que nos habla de comer algo mas pestilente que las bolas…

En esta Cuba bendita
Igual que en el extranjero
Hay que aprender caballero
A menear la cinturita.

Así no, así no,
Mira *negra* como bailo yo
Suave, suave, así es mi son (bis)

Bailando se van las penas
Se auyentan los resquemores,
Los gangsters lucen señores
Y las malas gentes, buenas.

Así, etc.

La guerra no llegaría (1)
A provocar más dolores,
Terminarían los terrores,
La blanca paz brillaría.

Así, etc.

Político atracador
Se olvida de su ambición
Si baila sabroso *son*
Al compás de mi *tambo*r.

Asi, etc

Vean bailar al ladrón
Para el que el robo es vital,
Las chiquitas del solar
Y hasta el *chino* de Cantón.

Así, etc.

Baila aunque des pisotón
Baila y no comas bolas
Aunque te rompas la chola,
entrale como bueno al *son*.

(1) La guerra era la Segunda Guerra Mundial, que estaba comenzando.

Oye mi conga, V-82853-1939 sigue promocionando el género, con generosas menciones de "la conga" a lo largo del número, que por cierto tiene un ritmo irresistible.

La misma función, pero para otro género, hace **Hoy o Oye la rumba** V-83225-1940. Hay que señalar que en los casos anteriores, Matamoros "viste" bien su propuesta, el cantante alaba su vestuario, otros elementos de la puesta en escena de la comparsa, y en éste, hace una buena descripción de los sentimientos del bailador, que vale la pena repasar:

Cuando yo siento la *rumba*
Que en todo rezumba
Su alegre sonar
Con sus *tambores* que llaman,
Que cantan, que azoran,
Que invita a bailar:
Es que me siento por dentro
Todo movimiento, quisiera saltar
Ya no puedo contenerme
Quisiera meterme
En la *rumba* a arrollar.

Baila así, baila así,
Suave, no pierda el compás
Baila así, baila así
Para que puedas gozar
Baila así, baila así,
Con la cadera no más
Vuelta de izquierda a derecha
Pasito adelante y un paso para atrás.

Cuando yo muevo los hombros
El mundo con asombro
Se pone a pensar
Como puedo retorcerme
Y tan suave moverme
Y no pierdo el compás,
Es que yo siento *la clave*
Que con ritmo suave
Me pone a bailar
Y así no puedo perderme
Ya puedo meterme
En la *rumba* a arrollar.

Baila, etc

Son y no son V-83225, también de 1940, no tiene nada que ver con el son, es una canción protesta en defensa de la agricultura cubana, o por lo menos del nombre por el que se conocen frutos que son del país:

> Caserita me da pena
> (detrás de cada verso, se repite:
> Llevo, caserita, me da pena)
> La gallina de guinea
> Caserita, la naranja
> La naranja son de lima
> Caserita, la habichuela
> La habichuela americana
> Caserita, ya no puedo
> Con los mangos de mi Cuba,
> son los mangos filipinos
> Caserita, los melones,
> Los melones de Castilla
> Caserita, llevo ñames
> Son los ñames de Guinea,
> Caserita, la ciruela,
> La ciruela Cartagena,
> Caserita, la guayaba,
> La guayaba del Perú;
> Caserita, llevo panes
> Son los panes de Caracas,
> Caserita, mandarinas,
> Son mandarinas francesas
> Son extranjeros nacidos aquí, me voy,
> Debo decirte lo que llevo
> Caserita, la naranja,
> Las naranjas son de China
> Caserita, llevo mangos,
> Buenos mangos de Colero
> Caserita, la yuquita
> Yuca de Puerto Plata
> Caserita, la guayaba
> La guayaba del Perú
> Caserita, los mameyes
> Mamey de Santo Domingo
> Caserita que me voy, me voy, me voy

Caserita, me muero de pena
Vendiendo los frutos cubanos
Que son y no son, me voy.

El sueño de un indigente V-83440, septiembre 16, 1940, no necesita explicación:

La rueda de la fortuna
Vino a visitarme un día
Y olvidar nunca podría
Aquella hora oportuna
Fue tan grande mi alegría
Que recibí de repente
Que si no perdí la mente
Muy poco me faltaría.

Déjame durmiendo que es mejor
Déjame que duerma ya otra vez,
Mira que soñando me encontré
Una nueva vida sin dolor.

Me ví dueño en mi mente
De yates y lindos autos
Y por lo que mi retrato
Publicaban diariamente.
Fue elemento de mi trato
Desde el perro al financiero,
Y por cogerme el dinero
Fue amigo mío hasta el gato.

Déjame, etc, (bis)

Las mujeres me siguieron
Como la abeja a la miel
Y de todas fiel doncel
De sus sueños me predijeron
Me quisieron conocer
Princesas de sangre azul
Y hasta la corte imperial
Se extendía mi cartel.
Déjame, etc, (bis)

En rico lecho dormía,
Tomaba ponche caliente
Y me cuidaba la gente
Con burlesca hipocresía
Sentí un dolor en la frente,
Un guardia me despertó
Y del barrio me botó,
No era más que un indigente.

Déjame, etc, (bis).

Para 1941, era el mismo Batista el que ocupaba la presidencia. Los problemas de abastecimiento causados por la Segunda Guerra Mundial se hacen sentir en la capital, y Matamoros se encuentra que no había mucha diferencia entre lo que estaba sucediendo entonces en La Habana, y lo que siempre había pasado en Santiago, y esto le inspira esta vez una guaracha, **Tilín Tilán, la basura**.

Cuando a la Habana yo fuí,
a pasear por la ciudad,
enseguida comprendí
que no había sanidad;
con basura tropecé
por la calle al caminar,
con basura tropecé
hasta en el Parque Central.
(Coro): Qué ganas tengo de oir
el tilín, tilín tilán
que acompaña al basurero
cuando el latón va a botar.

La Víbora visité
el Vedado y Luyanó
y por doquiera encontré
el susodicho latón;
fatigado estaba ya
de tanta basura ver,
que me puse a recordar
esto que ya le canté:
Que, etc.

(Hablado) No eche tripas de gallina aquí, ¡ni latas, compadre! Eche pá llá, ¿no ve que está molestando?

>Una vez me levanté
>Y cuando fui a respirar
>Y no lo pude lograr
>Por el polvo que tragué.
>Cuando me fui a bañar
>Algo grande había que ver
>Pues agua no pude hallar
>Por mucho que la busqué.

(Hablado) Mire familia, no eche cenizas aquí; oiga, ni lata ni ceniza, esto no puede ser, esto es un abuso; ¡eche pa'llá eso hombre!

>Políticos conocí
>y pronto les pregunté
>que me dijeran porqué
>La Habana se hallaba así.
>Uno de ellos contestó
>con muchísima razón
>porque hay leones aquí
>que están pegados al jamón.

>Qué, etc.

También es de esa época y grabada el 10 de noviembre de l941 **A cinco reales**, un pregón que pegó mas, ya que estaba grabado con el Conjunto en vez del Trío, reflejando en este caso los problemas de precios, carestía, etc.

>Cuando llegaba a Santiago
>desde el tren iba escuchando
>los vendedores cantando
>este pregón que les hago.
>Los vendedores en pandilla
>por la calle iban cantando
>y yo les estaba copiando
>esta linda tonadilla:
>Cuatro pollos cinco reales,
>cuatro, cuatro y medio;

Cinco pollos cinco reales,
Cinco, cuatro y medio
Siete pollos cinco reales,
Siete, cuatro y medio;
Nueve pollos cinco reales,
Nueve, cuatro y medio
Once pollos cinco reales,
Once, cuatro y medio
Qué de pollos cinco reales,
Que de, cuatro y medio
Quince pollos cinco reales,
Quince, cuatro y medio
Veinte pollos cinco reales,
Veinte, cuatro y medio
Treinta pollos, cinco reales,
Treinta, cuatro y medio.

La situación de mi Cuba
Que buena se está poniendo
Los pollos se están vendiendo
Como racimos de uva.
De esta buena situación
no nos podemos quejar
hay pollos que cocinar
y no tenemos carbón.
Cuatro pollo cinco reales,
cuatro, cuatro y medio.

A las gallinas cluecas
Que no saquen más pollitos.
Que saquen arroz y manteca
Que es mi plato favorito
Un santiaguero de allí
Me dijo muy suavecito
Yo no dejo mi congrí
Para comer pollo frito.

Cuatro pollos, etc.

El absurdo está muy bien empleado en este caso.

Siguen los títulos que usan la rumba: En 1941 Siro Rodríguez escribe **La rumba llama** V-83760 y en 1942, Matamoros, **Rumbeando.** V-83831

Y también la pelota sigue, para 1942 Miguel escribe **Play ball** V-83943, reeditado en HQCD 69, en que usa mucho la narración para darle realismo a este juego. Y nos sirve para fijarnos en datos lexicográficos interesantes: Cómo los cubanos adoptaron o adaptaron los términos ingleses al español; ball, se convirtió en bola, pero short se convirtió en sior, y umpire en ompayar; sin embargo, strike se quedó así, pronunciándose estraik, pero se escribía correctamente en inglés, y lo mismo sucede con Play ball, que conservó su título en inglés, pero en la canción se pronuncia correctamente, no se dice play ball, que dirían los españoles, que hacen traducción fonética del inglés, sino "pley bol". Interesante.

Llegaron los peloteros
Que bueno, voy a jugar
No hay ompayar caballero,
Que bien voy a cantar.

Dicen que son dos novenas
De primera calidad
Vamos a ver si tu juegas
Y a quien le toca ganar.
Play ball, Play ball (bis)

Un strike, una bola
Otro strike y van dos
Una bola muy afuera,
Un strike, se ponchó (1)
Cero hit, cero carreras
Cero hit cero error
A jugar otro día
A ver si sale mejor.

Play ball, Play ball
Un strike, una línea
Entre segunda y el sior
Hace un bound la pelota (2)
Y se embasa el corredor

Play ball, play ball
Una bola y otra más
Otra bola y van tres,
Una mala y van cuatro,
Y se embasa(3) el bateador (4)

Play ball, etc.
Hay dos hombres ya embasados
Una bola y un strike
Una línea por tercera
Se convierte en doble play,
Cero hit, cero carrera,
Cero hit, cero error.

Queda suspendido el juego
Cero a cero, que no hay sol
Yo sigo corriendo el ruedo
Que se me perdió un spike. (5)

(1) Partiendo de la base que fue Cuba el primer país latino en que se jugó beisbol, creo que no es chauvinismo suponer que fueran creadas en Cuba las palabras con que se fueron traduciendo los términos en inglés. Cómo los cubanos convirtieron el strike-out en ponchado, no lo sé. El RAE no trae ponchar, pese a que el verbo tiene otros usos en español. Pero que es cubanismo, me parece que sí. DAE lo trae, pero se lo adjudica a casi todos los países latinoamericanos.
(2) Bound se traduce por rebote, pero muchas veces los narradores deportivos siguen usando la palabra en inglés, que pronuncian baund. No se como la puso Matamoros en la partitura que no he visto, pero así la pronuncian en la canción.
(3) Embasar. Llegar y quedarse en una base. Tampoco el RAE lo trae. Creo que es otro cubanismo. Curiosamente, el inglés no tiene un verbo equivalente. DAE lo trae como de varios países.
(4) El RAE admite el bate y el verbo batear, como relacionados con el béisbol, pero no bateador, para el que da otras aplicaciones. Igual, mientras no me prueben lo contrario, son cubanismos. Idem, aceptado por el DAE, pero no incluye a Cuba. ¡Que horror!
(5) Muchas veces se traducen como los pinchos, pero también he escuchado a narradores y leido a comentaristas, hablando de los spikes.

Sigue la guerra, y sus problemas. Un caso curioso es **Mi madre y la guerra**, V-83898 grabado el 22 de mayo de 1942, también con el conjunto. Reeditado en TCD44.

En ella Matamoros muestra un ímpetu bélico sorprendente:

> Adiós mi madrecita
> me despido de tí,
> no llores mi viejita
> que a la guerra me voy
> a pelear por mi tierra
> que es suelo divino
> donde yo nací.
> Mis valientes hermanos
> van también a luchar,
> por salvar este mundo
> de una casta feral,
> y así honrar mi bandera
> a mi patria y su honor.
> No llores madrecita
> Que a la guerra me voy
> a pelear por mi tierra
> que es suelo divino
> donde yo nací.

Otro número con nombre de género musical: **Rumba campestre** V-83971 de 1942, que no hemos escuchado.

En este caso en la propia composición, Matamoros señala la fecha de la inspiración u origen de la presente; **Camarón y Mamoncillo**, V-83986, reeditado en HQCD-64 y TCD-44, en que Matamoros advierte no es suya esta tonada aunque la introducción, y el montuno, si sean de él. Durante las guerras por la independencia de Cuba, se les llamaba "camarones" a los españoles y "mamoncillos" a los cubanos, y parece esto se recogió en un son de principios de siglo. Miguel aprovecha para reafirmar las bondades del son, y su origen oriental.

> Pararán pararán, pararán
> Allá por el año tres,
> Se bailó mejor el *son*,
> Era corto y a la vez,
> Más caliente y sabrosón.
>
> (Coro): Camarones,
> ¿Dónde están los mamoncillos?
> Mamoncillos:
> ¿Dónde están los camarones?

Y cantamos a la vez
En el coro de mi *son*
Al derecho y al revés,
Mamoncillo y camarón.

(Coro): Oyeló, bailaló
Gozaló, Allá va, tú verás

Este *son* tan sabrosón
Es el *son* tradicional
Que nació en el corazón
De la región oriental.

Para 1943 graban un son-guajira, **Ven pá la loma**, V-23-0004 de 1943, de la inspiración de Siro Rodríguez. Hubiera sido muy peligroso cantarla a fines de la década de los 50's:

Después de ponderar las bellezas campestres, el sol tras la loma, etc, termina diciendo:

¿Dí mi amada no es verdad
Que en esta bendita tierra
Todo es bello, y en la Sierra,
Se respira libertad?

A negarlo me resisto
Y puedo jurarlo airoso
Que es el lugar mas hermoso
Que ojos humanos han visto...

En Oye el chachá V-23-0004, también de 1943, se hace una descripción breve de este instrumento:

Y trae en su mano
El *güiro chachá*
Con cintas de tós colores
Amarrá;
Que bonito va a lucir
Que sabroso va a sonar/

En realidad el chachá es más bien una maraca de ruido más sordo, y no se frota sino se sacude.

Retumban los cañones V-23-0055-, 19443, es un son de Armando Beltrán, que resulta bastante retórico, hablando de una guerra que ya llegaba a su fin, incitando a "A pelear,a matar al traidor"…

La ruina del bohío V-23-0286, de 1944 es una guaracha-son en la que Miguel vuelve a desplegar su humor irónico:

>Juanito, Juanito,
>Muchacho te estoy llamando
>Y no quieres venir,
>Juanito, Juanito,
>Amarra la talanquera
>Que el toro quiere salir.
>(Coro) El toro, el toro se va
>
>Juanito, Juanito,
>Se han roto todos los huevos
>Que estaban en el nidal
>Cr) Allá en el nidal, (bis)
>Se han roto todos los huevos.
>
>Juanito, Juanito,
>Desamarra la chivita
>Que se está ahogando en el sol.
>
>Juanito, Juanito,
>Y para espantar las ruinas
>Voy a sonar mi bongó
>Sonar mi bongó (bis) 4

Baila mi pregón V-23-0634,1946, reeditado en TCD-20, es otro caso en que Matamoros usa el nombre de un género, en este caso el pregón, en una composición musical.

Soy maraquero V-23-1096, 1948. Reeditado en TCD-20. Aquí no entra en el detalle de su fabricación, como hizo en "Demostración" se limita a decir: "Fabrico mis maracas/ y las sueno de verdad/ las pinto de colores/y las vendo más allá". Y tras de convidar a que las compren y bailen a su sonido, se acaba el son.

Para 1946, el compositor cubano Eliseo Grenet había escrito un tango congo titulado "Facundo", que hasta Libertad Lamarque lo había grabado. En él se exhortaba al *negro* Facundo que se dejara de cuento y trabajara la tierra.

Por qué específicamente esta exhortación a Facundo, con muchos ribetes de racismo, no se explica en el texto que dice: "la tierra está abochorná/ ya no hay nadie que la cuide, Facundo/ la tienen abandoná/ porque casi todo el mundo/ se han ido pá la ciudad/". Y más adelante, la vuelve a emprender inequívocamente, con Facundo: "Trabaja *negrón*, trabaja/ Trabaja pá tu provecho,/ Pá que no te digan vago/ por la calle/" Y por ahí sigue.

¿Por qué tiene que ser el "*negrón* Facundo" el que trabaje? ¿Acaso no son vagos también los blancos que no trabajan? No me gusta el racismo evidente del número.

Parece que a Matamoros tampoco le gustó: En marzo 15 de 1946 grababa con su conjunto para el sello Seeco, S-561 el son-afro **Responde Facundo**:

> Yo soy el *negro* Facundo,
> nací como los demás
> con derecho en este mundo
> a vivir sin trabajá.
> Hay mucho que no trabajan,
> y tu nunca dice ná;
> tu quiere que yo trabaja, ah,
> pá el pobre *negro* explotá.
> Pá que tú ya no me mande má
> vamo todo a trabajá,
> vamo a trabajá tó el mundo,
> que así Dió nos va a premiá.
>
> Montuno;
> Eso si que no, eso si que no,
> No no, que va, no,no, que va.

Me parece muy justa y adecuada la respuesta, pero no tuvo eco; nadie más que sepamos, la grabó o cantó. Sin embargo, el "Facundo" de Grenet fue grabado por varios, entre ellos los afrocubanos Celia Cruz, Xiomara Alfaro, Facundo Rivero(¡) y el Trío América, la Sonora Matancera, la orquesta de Chico O'Farrill, y la orquesta peruana de José Valero.

Vuelve a incluir el nombre de un género musical en **Bailaré tu son**, V-23-1096, 1948 reeditado en TCD-70, y en **En mi casa oyen la rumba** V-23-1166, 1948, reeditado en TCD-70.

Con su conjunto graba un tema en mayo 10 de 1949 que luce desfasado: **La pena de mi tierra** Vi-23-1260.

> Hoy yo tengo un sentimiento
> porque me llevó la guerra
> las costumbres de mi tierra
> que me hacían vivir contento.
> Como guajiro me aterra
> vivir entre sinsabores,
> sufriendo tantos dolores
> que me dejaron la guerra.
> Miraré a mi tierra hermosa,
> libre de tantos pesares
> cuando brillen los azahares
> blancos de una paz honrosa.

Es posible se trate de una composición de época anterior, pero ¿Que objeto tenía grabarlo en 1949, sin actualidad ninguna?

Pelota, V-23-1565, 1950, reeditado en TCD-70 es un son en que lo que hace es quejarse de que todo el mundo hable solamente de pelota; posiblemente en esos días, su equipo favorito, (al parecer por mencionarlo en la letra) el Almendares, debe haber perdido, y de ahí su protesta…

La botellita V-23-5592, 1951, reeditado en TCD-70. Era de la inspiración de Juana María Casas, con la que estuvo ligada sentimentalmente y cantaba en el Conjunto Matamoros por aquel tiempo, y es la última canción de contenido político que grabó. En ella se vuelve a la carga con la corruptela de los empleos que no se trabajan:

> Me paso el tiempo llorando
> Y así no puedo cantar
> Hay muchos que están chupando
> Y yo no puedo chupar.
>
> Botellita, botellero,
> De botella, botellón,
> Que me den una chupeta
> Que me sepa a biberón.
>
> El que agarra una chupeta
> No la suelta con razón
> Pues no le sabe a galleta,
> bien le sabe a jamón.

Botellita, etc.

Ayer tarde una viejita
Me decía, con razón
No hago ná con botellita,
Que me den un garrafón.

Botellita, etc.

Y de la Sierra Maestra
Soy sanaco, sanacón (1)
Conocido por el pillo
Y otros me dicen pillón.

Botellita, etc.

Ayer te vi con chispita
Saliendo de una reunión
Hablando de botellita
Y también de botellón.

Botellita, etc..

(1) Sanaco, por tonto, no está en RAE, pero es cubanismo (o mas bien orientalismo) de vieja alcurnia, está en Esteban Pichardo.

Resumiendo: Matamoros comenzó incluyendo breves alusiones a temáticas políticas o sociales, en números de carácter festivo, y alcanzaron éxito, quizás no tanto por el mensaje, sino por el texto en su totalidad; cuando comienza a dedicar números específicamente a un tema político, como hace en "La cocainómana", "La guajira delincuente", "Tilín tilán la basura","Responde Facundo" el éxito no le acompaña. Y creo Matamoros lo sabía, pero no obstante, las grababa, como una necesidad ética de decir su verdad. Al hacerlo, arriesgaba sobre todo en las escritas durante el machadato y el batistato, no tan sólo el éxito económico (podía perder su popularidad, cerrársele fuentes de trabajo por presión del gobierno) sino la vida misma, ya que no fueron infrecuentes los asesinatos y agresiones a ciudadanos incluyendo artistas, en aquellos tiempos. Dice mucho de Matamoros, y de sus compañeros que al grabar con él en cierto modo se hacían coautores, de su honestidad, patriotismo, y dedicación a Cuba. Aparte de que fueron magníficos ejemplos en su mayoría de canciones de contenido político social, quizás no bien apreciadas por la sociedad a la que se dirigían, su figura se agiganta tras este estudio, que creo nos muestra un Matamoros que no conocíamos bien.

Por otra parte, sus comentarios sociales a veces mostraron un machismo propio de la época. Su uso de la canción para autoanunciar géneros e instrumentos, que cultivó aunque no tanto como el Habanero, me parece un recurso hábil e inteligente para ayudar a la divulgación de la música cubana.

Este capítulo en su forma original, fue leído en el II Congreso Internacional Música, Identidad y Cultura en el Caribe celebrado en Santiago de Los Caballeros, República Dominicana en 2007, y publicado en las Memorias de dicho congreso, El son y la salsa en la identidad del Caribe, publicado en 2008, por el Instituto de Estudios Caribeños.

Made in the USA
Lexington, KY
30 January 2013